Heike Specht
Die Ersten ihrer Art

PIPER

Zu diesem Buch

Die Anforderungen an Frauen, dorthin zu gelangen, wo Männer seit Jahrhunderten ganz selbstverständlich agieren – an die Schaltstellen der Macht –, sind enorm. In den 1970er-Jahren hielt der französische Premierminister Jacques Chirac seiner Gesundheitsministerin Simone Veil noch entgegen, Abtreibung sei »Weibersache«, und selbst in den späten 1990er-Jahren nannte der deutsche Kanzler Gerhard Schröder das Bundesministerium für Familie, Senioren, Frauen und Jugend schlicht »Familie und das ganze Gedöns«. Themen und Anliegen der Frauen in der Politik wurden über Jahrzehnte kleingeredet, in die sogenannten klassischen Ressorts wie Finanz- oder Außenpolitik drangen sie lange Zeit gar nicht erst vor.
Tatsächlich aber haben Frauen in den letzten hundert Jahren Weichen gestellt und Akzente gesetzt, die unsere Gesellschaften maßgeblich geprägt haben. Heike Specht widmet sich in »Die Ersten ihrer Art« Frauen, die in Männerdomänen einbrachen, Posten und Ämter einnahmen und sich ihren Platz am Tisch der Macht eroberten – von Louise Schroeder und Marie-Elisabeth Lüders, die zu den ersten weiblichen Abgeordneten im Weimarer Reichstag zählten, bis zu Kamala Harris und Annalena Baerbock, den Ersten dieser Tage.

Heike Specht, Jahrgang 1974, studierte Geschichte und Literaturwissenschaft in München. Sie promovierte über die Familie Lion Feuchtwangers und arbeitete mehrere Jahre als Verlagslektorin. Heute lebt sie als freie Autorin in Zürich. Zuletzt erschienen im Piper Verlag ihre Bücher »Ihre Seite der Geschichte. Deutschland und seine First Ladies von 1949 bis heute«, »Im Mittelpunkt der Mensch – 50 Jahre Deutsche Krebshilfe« sowie »Die Frauen der Familie Feuchtwanger«. heikespecht.com

Heike Specht

DIE ERSTEN IHRER ART

Frauen verändern die Welt

Mit 31 Schwarz-Weiß-Abbildungen

PIPER

Mehr über unsere Autorinnen, Autoren und Bücher:

www.piper.de

Von Heike Specht liegen im Piper Verlag vor:
Ihre Seite der Geschichte
Die Ersten ihrer Art
Im Mittelpunkt der Mensch – 50 Jahre Deutsche Krebshilfe
Die Frauen der Familie Feuchtwanger

MIX
Papier | Fördert gute Waldnutzung
FSC® C021394

VERANTWORTUNG • PRODUZIERT MIT

Aktualisierte Taschenbuchausgabe
ISBN 978-3-492-32054-2
1. Auflage April 2024
4. Auflage Januar 2026

www.piper.de
Für einen direkten Kontakt und Fragen zum Produkt wenden Sie sich bitte an:
info@piper.de
Umschlaggestaltung: FAVORITBUERO, München
Umschlagmotiv: ullstein bild – Hans G. Lehmann (Ulrike Meinhof); John Minihan / Freier Fotograf / Getty Images (Margaret Thatcher); ullstein bild – ullstein bild (Louise Schroeder); Helene Bamberger/Opale / Bridgeman Images (Simone Veil); ullstein bild – Marlene Gawrisch/WELT (Aminata Touré); Pool / Getty Images (Angela Merkel)
Satz: Eberl & Koesel Studio, Altusried-Krugzell
Gesetzt aus der Minion Pro
Litho: Lorenz & Zeller, Inning am Ammersee
Gedruckt von ScandBook in Litauen
Printed in the EU

Für Éloïse

»You can't be what you can't see.«

Marian Wright Edelman

Inhalt

Einleitung

»*Mr. Vice President, I'm speaking*«, die Kandidatin im dunkelblauen Blazer mit US-Flagge am Revers hebt mahnend die Hand, blickt nur einmal knapp und kühl in Richtung ihres Konkurrenten, der sie in dieser Vizepräsidentschaftsdebatte im Herbst 2020 in Utah erneut unterbrochen hat, und wiederholt dann noch einmal nachdrücklich: »*I'm speaking!*«

»Jetzt rede ich!« – Unzählige Frauen daheim vor den Bildschirmen konnten sich spätestens zu diesem Zeitpunkt problemlos mit Kamala Harris identifizieren. Nahezu jede von ihnen hatte das schon erlebt, im Büro, bei einem Meeting, bei einem Arzttermin, in geselliger Runde. Ein Mann unterbricht, belehrt, macht das von ihr Gesagte lächerlich oder redet es klein. Und nahezu jede steckte schon mal in dem Dilemma: Wie adäquat reagieren? Wie sich zur Wehr setzen, ohne entweder aggressiv und zornig zu wirken oder, genauso fatal, hilflos und überfordert? Mit einiger Genugtuung beobachteten Frauen weltweit an diesem Abend, wie souverän die Vizepräsidentschaftskandidatin der Demokraten dem amtierenden Vizepräsidenten von den Republikanern Paroli bot – mit Ruhe und Entschiedenheit ließ sie den quengelnden Mike Pence lächelnd auflaufen.

Harris gewann diese TV-Debatte, da waren sich Beobachter*innen hinterher ziemlich einig. Und sie gewann wenig später zusammen mit Joe Biden auch die Präsidentschaftswahlen. Aber während Joe Biden der 46. Mann in einer Liste von 45 weißen und einem Schwarzen Präsidenten war, zog Kamala Harris im

Januar 2021 als eine Erste ins Weiße Haus: Sie ist nicht nur die erste Vizepräsidentin, sondern auch die erste mit jamaikanisch-indischen Wurzeln. Sieht man sich die Porträtgalerie ihrer ernst und wichtig dreinblickenden 48 Vorgänger an, so stellt man fest, dass es in 230 Jahren zwar fünf Johns, drei Thomasse und drei Charles' gab, aber keine einzige Frau. Sicher, ein bisschen Variation lässt sich beim Anblick der honorigen Herren schon konstatieren, schließlich änderten sich Moden und Trends innerhalb der letzten Jahrhunderte, so waren manche der Amtsvorgänger glatt rasiert, andere wiederum trugen Backen-, wieder andere einen rauschenden Vollbart und selbstverständlich gab es auch die Moustache-Fraktion. Die frühen Herren waren angetan mit Musselinhemd mit steifem »Vatermörder« und Gehrock, spätere bevorzugten Jackett, dazu Hemd und Fliege, und die modernen Vizepräsidenten griffen zu dunklem Anzug und Krawatte.

Allen bisherigen Vizepräsidenten aber war gemeinsam gewesen, dass sie Männer waren. Weiße Männer. Allen, bis zu Kamala Harris. Plötzlich vollendete die Reihe der VP-Porträts das Bild einer Frau mit brauner Haut und schwarzen, schulterlangen Haaren, mit Hosenanzug und wahlweise High Heels oder bunten Chucks. Es kursierten Fotos von Harris als kleinem Mädchen mit dunklem Lockenkopf oder geflochtenen Zöpfen, Abbildungen mit ihr und ihrer aus Madras stammenden Mutter, die einen Sari trägt, und Fotos der erwachsenen Harris mit ihrer Patchworkfamilie.

Vielfach in ihrem Leben und in ihrer beruflichen Karriere, so Harris, sei sie in Räume gekommen, in denen sie niemand fand, der oder die aussah wie sie selbst. Mit dieser Feststellung spricht die Politikerin den springenden Punkt an, der uns in diesem Buch beschäftigen wird: Die Erste sein – das ist natürlich verbunden mit einem Erfolgserlebnis, mit Triumph, mit einem weiteren beachtlichen Loch in der gläsernen Decke, es ist aber vor allem auch ein Kraftakt. Während ihre Vorgänger im Weißen Haus aussahen, sprachen und sich verhielten wie Dutzende der Herren, die dieses Amt bereits innegehabt hatten, sticht Harris heraus. Die Erste sein heißt aufzufallen, nicht reinzupassen, keine Vorbil-

[1] Kamala Harris bei der Vereidigung zur ersten Vizepräsidentin der USA am 20. Januar 2021 und ihr Ehemann Douglas Emhoff, der erste Second Gentleman des Landes.

der zur Nachahmung zu haben. Es heißt auch, dass es keine ausgetretenen Pfade gibt, vielmehr gilt es, sich erst einen Weg freizuschlagen und Neuland zu erobern. Und schließlich heißt es, sich permanent rechtfertigen zu müssen. Ein Anzug tragender Mann in fortgeschrittenem Alter muss kaum jemandem auseinandersetzen, warum er diesen oder jenen Job möchte, dieses oder jenes Amt anstrebt. »Obrigkeit ist männlich. Das ist ein Satz, der sich eigentlich von selbst versteht«, schrieb der sächsische Historiker, Antisemit und Frauenfeind Heinrich von Treitschke Ende des 19. Jahrhunderts, und bis zum heutigen Tag machen Politikerinnen, Funktionärinnen, generell Frauen, die für diesen oder jenen Posten die Hand heben, die Erfahrung, dass ihr Engagement erklärungsbedürftig ist. Unser mentales kulturelles Modell einer mächtigen Person, so die Historikerin Mary Beard, sei weiterhin eindeutig männlich.[1] Frauen, die Machtanspruch erheben, sind noch immer suspekt. Wieder und wieder, so Hillary Clinton, sei sie 2016 gefragt worden, warum sie Präsidentin werden wolle:

»*Why? But, really – why?*« Die klare Implikation von derlei Fragen war, dass irgendetwas nicht stimmen könne mit ihr, dass ihrer Kandidatur etwas anderes zugrunde liegen müsse, ein unerklärlicher, fast widernatürlicher Machthunger. Niemand, so Clinton, habe dagegen Bernie Sanders oder Ted Cruz einer Psychoanalyse unterzogen. Die Tatsache, dass diese Herren ins Rennen um das höchste Amt gingen, wurde als völlig normal betrachtet.[2]

Männliche Herrschaft, so der französische Soziologe Pierre Bourdieu, sei deswegen so dominant, weil sie der Rechtfertigung nicht bedürfe.[3] Es verlangt einer Frau also viel ab, Erste zu sein. Neben all dem Engagement, dem Durchhaltevermögen und der Arbeit, die ohnehin nötig sind, um eine außergewöhnliche Karriere zu machen, müssen es die Ersten zusätzlich aushalten, dass ihre schiere Gegenwart in diesem oder jenem Umfeld, ihre bloße Existenz auf diesem oder jenem Posten unentwegt infrage gestellt wird. Die Anforderungen also an Frauen, dorthin zu gelangen, wo Männer seit Jahrhunderten ganz selbstverständlich agieren – an die Schaltstellen der Macht –, waren und sind zum Teil noch heute enorm. Um es mit den Worten der US-amerikanischen Politikerin Faith Whittlesey zu sagen: »Ginger Rogers tat nichts anderes als Fred Astaire, aber sie tat es rückwärts und mit High Heels.«

Die Ersten ihrer Art widmet sich den ersten Frauen, die in den letzten gut hundert Jahren in Männerdomänen einbrachen, aufstiegen, Posten und Ämter einnahmen. Es geht um Frauen – vor allem um Politikerinnen, aber auch um Juristinnen, Journalistinnen, Bischöfinnen, Künstlerinnen und, ja, auch um eine Terroristin –, die ihren Platz am Tisch der Macht eroberten. Nach dem Ersten Weltkrieg erhielten Frauen in mehr und mehr Ländern der westlichen Welt das aktive und passive Wahlrecht. Seit sich rund fünftausend Jahre zuvor patriarchale Strukturen durchgesetzt hatten, konnte nun erstmals die weibliche Hälfte der Menschheit in der Masse politisch und gesellschaftlich Einfluss nehmen, zu dieser Zeit wurde für sie auch der Weg frei in die Verwaltung, an die Universitäten und in die Gerichtssäle.[4]

Sicher hat es in der überlieferten Geschichte immer wieder mächtige Frauen gegeben, von der ägyptischen Königin Hatschepsut über Elizabeth I. von England bis zur Habsburgerin Maria Theresia, doch diese Herrscherinnen waren eben genau das – HERRscherinnen. Sie blieben Ausnahmen, die die Regel bestätigten. Das patriarchale System sollte durch sie nicht angetastet werden, und so ließ sich die mächtige Hatschepsut mit dem pharaonischen Knebelbart abbilden und Elizabeth I. wurde als Kriegerkönigin in Rüstung und zu Pferde mystifiziert. »Politisch«, so die Maria-Theresia-Biografin Barbara Stollberg-Rilinger, »galt Maria Theresia als Mann«. Die Regentin hörte auf, eine Frau zu sein, sobald sie den Thron bestieg.[5] Auch wenn diese Herrscherinnen natürlich trotz der nach außen an den Tag gelegten männlichen Machtinszenierung auf dem Thron Frauen blieben – ein Fakt, der gerade bei Maria Theresia als Mutter von sechzehn Kindern, kaum übersehen werden konnte –, machten sie nicht dezidiert als Frauen und schon gar nicht für Frauen Politik.

Erst im 19. und beginnenden 20. Jahrhundert wurden mit dem Streben nach Nationalstaat, Menschenrechten, Verfassung und Demokratie auch Stimmen laut, die eine staatsbürgerliche Gleichstellung der Frau forderten. In den USA, Großbritannien und auch in Deutschland wurden Frauenvereine gegründet, 1865 etwa der Allgemeine Deutsche Frauenverein unter der Führung von Louise Otto-Peters und Auguste Schmidt oder 1866 der unter der Schirmherrschaft von Kronprinzessin Victoria stehende Berliner Lette-Verein. In England kämpften Suffragetten zum Teil mit Guerilla-Methoden um das Recht auf politische Mitbestimmung. In Deutschland forderten mutige Frauenrechtlerinnen und Publizistinnen wie Hedwig Dohm, Helene Lange, Anita Augspurg oder Minna Cauer bessere Bildung für Mädchen, das Recht auf weibliche Erwerbstätigkeit und das Frauenwahlrecht. In diesen Jahren zeigte sich außerdem eindrucksvoll, dass die Arbeiterbewegung eben auch eine Arbeiterinnenbewegung war. Sozialistinnen wie Marie Juchacz und Kommunistinnen wie Clara Zetkin kämpften für gleiche Löhne, bessere Arbeitsbedingungen und wirksamen Mutterschutz. Die soziale Frage und deren Lösung brannte vielen Frauen – bürgerlichen wie sozialistisch gesinnten – unter den Nägeln, soziale Berufe entstanden, und Reformerinnen wie Alice Salomon waren federführend an der Professionalisierung der Sozialarbeit beteiligt. Neben dem Kampf für fairere und sicherere Arbeitsbedingungen rückte der häusliche Bereich in den Fokus. Die Idee kam auf, dass auch Gesundheit, Hygiene und Erziehung politisch waren. Und es waren vor allem Reformer*innen*, die diese Idee trugen. Der Aufbruch der Frauen war weltweit vermutlich der wichtigste Emanzipationsprozess in der Reformzeit um 1900, konstatiert die Historikerin Hedwig Richter.[6]

Warum aber wird die umwälzende Veränderung, die diese frühen Frauen in Gang gesetzt haben und die dann von all den Ersten, denen wir in diesem Buch begegnen, auf die eine oder andere Art fortgesetzt wurde, bis heute vielfach nicht als bahnbrechend wahrgenommen? Sicher, die Frauen veranstalteten keine dröhnenden Aufmärsche, sie schwangen keine Fahnen und schrien: »Es lebe die Revolution!«, äußerst selten legten sie die Arbeit nieder und streikten. Im Gegenteil, sie krempelten die Ärmel hoch und machten sich ans Werk. Sie griffen, von einzelnen militanten Suffragetten einmal abgesehen, nicht zu Pistolen und Gewehren, ihre Waffen waren der gespitzte Bleistift, die Schreibmaschine, das geschliffene Wort, ihre Rüstung waren Krankenschwesternschürzen, Richterinnenroben, die Aktentasche der Sozialarbeiterin, das Dossier der Parlamentarierin.

Vielleicht wird der Einfluss, den Frauen auf unsere Gesellschaften in den letzten hundert Jahren nahmen und nehmen, in der Geschichtsschreibung und politischen Berichterstattung so oft übersehen, weil ihr Kampf so gänzlich unmartialisch ausgefochten wurde und wird, weil so wenig Triumphgeheul im Spiel ist, so wenig brennende Barrikaden. Unser Fokus auf Revolutionen, die stets als etwas durch und durch Männliches wahrgenommen wurden, verstellen uns den Blick auf die große, aber langwierige und meist wenig glamouröse Reformarbeit der Frauen.[7] Hinzu kommt, dass die Themen und Anliegen der Frauen über Jahrzehnte kleingeredet und marginalisiert wurden. »Frauenpolitik«, das galt vielen als ein kleiner Garten ganz am Rande der großen, wichtigen Politik, den ein paar emsige Damen beackern durften. Tatsächlich aber, auch das wird in den folgenden Kapiteln deutlich, haben Frauen in den letzten hundert Jahren Weichen gestellt und Akzente gesetzt, die unseren Gesellschaften erst jenes Antlitz gaben, das wir heute kennen. Viele ihrer Ziele – Geschlechtergerechtigkeit, wertschätzende Erziehung, Bildungsgerechtigkeit, Ehe als Partnerschaft und Ehe für alle, Gesundheitsschutz, körperliche Selbstbestimmung – haben unser Leben stärker geprägt als so manche viel diskutierte außen- oder sicherheitspolitische Entscheidung.

Das, was jahrzehntelang als »Frauenpolitik« verniedlicht wurde, ist in Wahrheit wirkmächtige Gesellschaftspolitik. Und dennoch konnte noch in den 1970er-Jahren der französische Premierminister Jacques Chirac seiner Gesundheitsministerin Simone Veil entgegenhalten, Abtreibung sei »Weibersache«, und selbst in den späten 1990er-Jahren nannte der deutsche Kanzler Gerhard Schröder das Bundesministerium für Familie, Senioren, Frauen und Jugend schlicht »Familie und das ganze Gedöns«. Lange Jahre wurde die »Frauenpolitik« auch als Abstellgleis für Politikerinnen betrachtet und die eine oder andere potenzielle Konkurrentin auf diese Weise aus dem Weg geschafft. Nach dem Einzug in die Parlamente dauerte es viele Jahrzehnte, bis Politikerinnen erstmals sogenannte »klassische« Ressorts übernahmen beziehungsweise das, was Männer dafür hielten: das Justiz-, Finanz-, Verteidigungs- oder Innenressort etwa. 1992 wurde Sabine Leutheusser-Schnarrenberger die erste deutsche Justizministerin, 2007 übernahm Christine Lagarde als erste Frau das französische Finanzministerium, 2021 bekamen die USA mit Janet Yellen ihre erste weibliche *Secretary of the Treasury*, und im selben Jahr wurden Annalena Baerbock und Nancy Faeser Deutschlands erste Außen- bzw. Innenministerin.

Nur nach und nach also konnten Frauen damit beginnen, ihre Perspektiven in das einzuspeisen, was lange als »allgemeine« Politik verstanden worden war, was tatsächlich vielfach aber eben »Männerpolitik« war. Und tatsächlich gibt es bis heute noch immer Erste. Deswegen reicht dieses Buch auch ganz bewusst bis in die unmittelbare Gegenwart. All die Ersten aber, die in den letzten hundert Jahren in die Parlamente und Amtsstuben, Gerichtssäle und Redaktionen eingezogen sind und die Welt veränderten, auch das sei betont, stehen auf den Schultern von Gigantinnen: Von der Pariserin Olympe de Gouges, die während der Französischen Revolution die damals ungeheuerliche Meinung vertrat, Menschenrechte seien auch Frauenrechte; über die Engländerin Mary Wollstonecraft, die mit ihrem 1792 erschienenen Buch *A Vindication of the Rights of Woman* auf das Recht der Frauen auf Bildung pochte und damit ein erstes feministisches Manifest vorlegte; über Sojourner Truth, die als ehemalige Sklavin in den USA ihren Kampf gegen die Sklaverei mit dem Kampf um Frauenrechte verband; bis zu den bereits erwähnten deutschen Frauenrechtlerinnen und vielen mehr.

Sämtliche Ersten, die uns in diesem Buch begegnen, brachten Aspekte und Themen ein, die die herrschenden Männer zuvor jahrzehnte-, zuweilen jahrhundertelang einfach nicht auf dem Schirm gehabt hatten. Wenn heute zu Recht Frauenquoten und vielfach auch Parität gefordert wird, halten vor allem Männer häufig dagegen, dass in einer repräsentativen Demokratie Abgeordnete das ganze Volk vertreten sollen und das Parlament eben keine Ständevertretung sei. Das stimmt schon. Aber erstens stellen Frauen die Hälfte der Menschheit dar, sie sind keine Minorität, keine Kaste oder soziale Schicht, keine spezielle Sondergruppe mit Partikularinteressen. Und zweitens muss man mit Blick auf die Geschichte leider sagen, dass die Interessen und Rechte von Frauen oft erst dann ausreichend berücksichtigt wurden, als sie auch in den entsprechenden staatlichen Organen vertreten waren. Es war mit Louise Schroeder eben eine der ersten Parlamentarier*innen*, die in der Weimarer Republik den Mutterschutz durchsetzte. Es war in der Geburtsstunde der Bundesrepublik Elisabeth Selbert und nicht einer der 61 Männer im Parlamentarischen Rat, die die Formulierung »Männer und Frauen sind gleichberechtigt« im Grundgesetz verankerte. Es war Erna Scheffler und keiner ihrer männlichen Kollegen am Bundesverfassungsgericht, die dem väterlichen Stichentscheid den Todesstoß verpasste und der patriarchalen Familie damit einen empfindlichen Schlag beibrachte. Es war mit Gesundheitsministerin Simone Veil eine Frau, die Abtreibung in Frankreich endlich aus der Illegalität rausholte. Und es war schließlich ein überfraktionelles Bündnis von Parlamentarier*innen* im Bundestag, das dafür sorgte, dass Vergewaltigung in der Ehe zur Straftat wurde.

Wenn heute also Parität gefordert wird, so soll diese für mehr Pluralität, für mehr politische Teilhabe und eine gerechtere Verteilung der Macht sorgen. In der Politik, aber auch im Recht, im Journalismus, in der Literatur, im Film und in vielen anderen Bereichen unseres Lebens fehlt die Hälfte, wenn Frauen nicht mit am Tisch sitzen. Die italienische Schauspielerin Anna Magnani brachte es auf den Punkt: »Die Phantasie der Männer reicht bei weitem nicht aus, um die Realität Frau zu begreifen.« Dass der weibliche Blick aber noch immer als eine Abweichung von der Norm betrachtet wird, zeigt sich daran, dass es Etiketten wie »Frauenliteratur«[8], »Frauenfilm« oder eben »Frauenpolitik« gibt, wohingegen Bücher von Männern einfach Literatur sind, Filme von Männern häufig als großes Kino betrachtet werden und Politik von Männern schlicht Politik ist. Der weiße, heterosexuelle Mann, so noch immer vielfach die Auffassung, ist das Basismodell des Menschen.[9] Alle anderen, auch die Frauen, sind mehr oder weniger exotische Sondermodelle. Wenn Männer ihre Argumente vortragen, ihre Geschichten erzählen – egal, ob in der Politik, in einem Zeitungskommentar, in einem Roman oder Film –, gelten diese als universell. Und mit genau diesem Impetus und dieser Selbstverständlichkeit – dass eben ihre Perspektive die allgemein gültige ist – tragen die Herren seit Jahrhunderten ihre Betrachtungen und Thesen vor, während Themen, die das Leben und den Alltag von Frauen betreffen, vielfach banalisiert und marginalisiert werden.

An vermeintlichen Selbstverständlichkeiten zu rütteln, ist mühsam. Aber genau das taten und tun die Ersten ihrer Art durch ihre bloße Existenz. Und wenn wir auf die letzten hundert Jahre schauen, haben sie durchaus beachtliche Erfolge zu verbuchen. Herausragende Spitzenpolitikerinnen haben die Gesellschaften, in denen sie wirkten und wirken, dauerhaft geprägt – von Tel Aviv über London, Berlin, Brüssel und Washington bis Buenos Aires, Monrovia und Wellington. Manche dieser Frauen – Golda Meir mit Zigarette in der Hand etwa, Margaret Thatcher mit Perlenkette und Handtasche, Angela Merkel, die Raute formend, oder auch die trauernde Jacinda Ardern mit schwarzem Kopftuch nach dem Terrorangriff auf zwei Moscheen in Christchurch – sind zu wahren Ikonen geworden. Aber Vorsicht: Der Hinweis auf diese Ersten dient zuweilen als Ausrede, um nötige strukturelle Veränderungen auszubremsen. Wenn diese Frauen es geschafft haben, dann sei der Weg doch prinzipiell frei, so die Behauptung. Aber eine Schwalbe macht noch keinen Sommer. Die Präsenz von Frauen auf ehemals genuin männlichem Territorium ist in den letzten hundert Jahren sicht- und hörbarer geworden. Seit mit Margaret Thatcher 1979 die erste Frau Regierungschefin eines westlichen Industriestaates wurde, übernehmen regelmäßig Politikerinnen in aller Welt den Posten der Premierministerin, der Kanzlerin, der Präsidentin – auch wenn sie immer noch weit in der Minderheit sind. Der Frauenanteil unter den Abgeordneten stieg in den letzten Jahrzehnten seit Ende des Zweiten Weltkriegs kontinuierlich und kommt erst in jüngerer Zeit durch den Einzug rechter Parteien in die Parlamente ins Stocken. Auch die Zahl von Autorinnen, Regisseurinnen, Professorinnen, Chefredakteurinnen und Verfassungsrichterinnen wuchs in den letzten Jahrzehnten, ja selbst in immer mehr Unternehmensvorständen und Aufsichtsräten sitzt inzwischen die eine oder andere Frau. Aber mit dem Zugewinn an weiblichem Einfluss und weiblicher Macht verstärkt sich auch die Gegenreaktion. Je präsenter Frauen werden, desto krasser werden die misogynen Angriffe jener Männer, die mit dieser Moderne nicht umgehen können oder wollen. Gerade in den letzten Jahren ist vor allem auf Social-Media-Plattformen ein erschütterndes Ausmaß an Frauenfeindlichkeit zu verzeichnen. Frauen werden überdurchschnittlich häufig Opfer von Hasskommentaren und Beleidigungen bis hin zu konkreter Androhung von Gewalt.

Noch immer ist in der öffentlichen Debatte außerdem ein deutlicher *Double Standard* zu beobachten, oder wie Hildegard Knef einmal sagte: »Brüllt ein Mann, ist er dynamisch. Brüllt eine Frau, ist sie hysterisch.« Was bei Männern als engagiert, führungsstark und leidenschaftlich gilt, wird Frauen allzu oft als überehrgeizig, übereifrig und schrill ausgelegt. Frauen sind entweder zu emotional oder zu kaltherzig, sie sind die graue Maus oder die männermordende Schwarze Witwe, die sorgende Mutti oder berechnende Karrierefrau. Hillary Clinton, eine, die es wissen muss, sagte einmal in einem Interview: »*You know as a woman we are many things.*«[10]

Solcherlei Stereotypen zu entkommen, ist nicht leicht und viele der Ersten haben deswegen ihr Frausein sicherheitshalber kaum zum Thema gemacht. Das ändert sich in den letzten Jahren spürbar mit einer neuen Generation, die auf Demut pfeift. Aber auch diese Jungen haben noch mit einem Phänomen zu kämpfen, das die britische Journalistin Mary Ann Sieghart den *Authority Gap* nennt.[11] Sieghart zeigt eindrücklich, wie häufig und intensiv weibliche Expertise infrage gestellt wird, während wir noch immer dazu neigen, Männern in dunklen Anzügen Autorität und Wissen zuzuschreiben. Das hängt zum Teil mit Körpergröße und Stimmlage zusammen, aber eben vor allem mit tradierten Mustern und Stereotypen, die schwer aus den Köpfen zu bekommen sind und die den Ersten ihrer Art von Weimar bis heute zu schaffen machen.

»Wenn es die Lehman-Sisters statt den Lehman-Brothers gewesen wären, sähe die Welt heute anders aus«, sagte die ehemalige IWF-Chefin Christine Lagarde mit Blick auf die Finanzkrise von 2008. Das männlich dominierte Bankenwesen hatte die Finanzwelt an den Abgrund geführt und Lagarde hielt es für möglich, dass sich dies wiederholen könnte, falls man nicht endlich für mehr Diversität in diesem Sektor sorgte.[12] Das ist ein ganz entscheidender Punkt: Bei der Forderung nach mehr Teilhabe geht es nicht darum zu sagen, dass Frauen die besseren Politikerinnen, die besseren Bankerinnen, womöglich die besseren Menschen sind, es geht um Diversität. Frauen bringen aufgrund ihrer biografischen Erfahrungen andere Themen ein, sie setzen Schwerpunkte auf eigene Weise. Überdies zwang allein die Tatsache, dass sie über Jahrzehnte wenig oder keinen Zugang hatten zu den etablierten männlichen Machtnetzwerken, Frauen dazu, eigene Verhaltens- und Machtstrategien zu entwickeln. Homogene Gruppen neigen dazu, sich gegenseitig zu bestärken und zu verstärken, je vielfältiger dagegen Stimmen in einem Entscheidungsprozess sind, desto ausgewogener und facettenreicher ist das daraus resultierende Handeln. Was also machen Frauen anders? Welche inhaltlichen Schwerpunkte setzen sie? Wie sehr können sie die bestehenden Spielregeln überhaupt verändern, solange Parität nicht erreicht ist? Welches Verhältnis haben sie zur Macht? Und wie sieht weibliches Machtgebaren aus?

Unsere Reise zu den Ersten ihrer Art erstreckt sich auf über ein Jahrhundert, blickt vor allem auf Deutschland und Europa, bringt uns aber auch in verschiedene andere demokratische Länder, in denen politisches System und Gesellschaft vergleichbar sind: in die USA, nach Israel und Neuseeland. Diese *Tour des Femmes* führt mit Louise Schroeder und Marie-Elisabeth Lüders zu den allerersten weiblichen Abgeordneten im Weimarer Reichstag; zu Frauen wie Elisabeth Selbert, Erna Scheffler und Annemarie Renger, Juristinnen und Politikerinnen, die entscheidend mithalfen, die Bundesrepublik nach dem Zweiten Weltkrieg zu einem modernen demokratischen Sozialstaat zu machen; sie nimmt uns mit zur französischen Gesundheitsministerin und ersten Präsidentin des Europaparlaments Simone Veil; zur ersten Schweizer Bundespräsidentin Ruth Dreifuss, deren Land erst 1971 das allgemeine Frauenstimmrecht einführte; aber auch zu einer der ersten und sicher bekanntesten Terroristinnen, Ulrike Meinhof, die die Gesellschaft mit Gewalt verändern wollte; zu den »neuen Frauen«, die in den 1980er-Jahren die Politik umkrempelten, Frauen wie Petra Kelly, Renate Schmidt und Claudia Roth; zu Ersten, die zunächst wenige auf dem Plan hatten und die doch zu Anführerinnen der freien Welt wurden: Margaret Thatcher und Angela Merkel; und zu den Ersten dieser Tage, die selbstbewusst sagen: »Jetzt spreche ich«, Frauen wie Kamala Harris, Ursula von der Leyen und Annalena Baerbock.

Aktuell kann man den Eindruck gewinnen, dass die Art, wie Frauen Politik machen, wieder zurückgedrängt wird von einer Renaissance der maskulinen Breitbeinigkeit. Diese geht nicht zuletzt vom neuen Mann im Weißen Haus aus, denn Kamala Harris, die erste Vizepräsidentin der Vereinigten Staaten, kandidierte im Herbst 2024 gegen Donald Trump, um die erste US-Präsidentin zu werden – und verlor. Droht uns nun ein veritabler Backlash? Die Worte von Harris' Mutter – »Kamala, du kannst in vielen Dingen, die Erste sein, aber bleib nicht die Einzige«[13] – bekommen in jedem Fall eine neue Dringlichkeit.

In diesem Sinne: Auf zu den Ersten ihrer Art.

1 Die Systemrelevanten

Marie-Elisabeth Lüders – Louise Schroeder

Als es vorbei war, erkannten die beiden Frauen ihre Stadt kaum wieder. Wie abgebrochene Zähne ragten die Häuser aus dem traurigen Geröll, das die Straßen säumte. Als hätte Berlin durch die Luftangriffe der vorangegangenen Monate nicht schon genug gelitten, hatte die selbstmörderische Schlacht um die Hauptstadt in den letzten Wochen noch zusätzliche schreckliche Verheerungen angerichtet, unzählige Leben gekostet, das, was an Infrastruktur noch geblieben war, in Schutt und Asche gelegt. Im sogenannten »Volkssturm« hatte das Regime noch in den letzten Kriegsmonaten Greise und Kinder für den längst verlorenen Kampf aufgeboten und erbarmungslos geopfert.

Der Krieg hatte auf Berlins Antlitz seine grausamen Spuren hinterlassen und Gleiches konnte man wohl von den zwei Frauen sagen, die sich hier im Sommer 1946 wiedertrafen. Auch sie, die sich seit Jahrzehnten kannten und schätzten, hatten Mühe, jene Frau, mit der sie im Reichstag zusammengearbeitet hatten, in dem ergrauten, müden und ausgemergelten Gesicht ihres Gegenübers wiederzufinden. Abgemagert und gesundheitlich schwer angeschlagen von Jahren des Krieges, der Mangelernährung und der Verfolgung, begegneten sich Marie-Elisabeth Lüders und Louise Schroeder nun wieder. Sie konnten sich selbst kaum gerade halten und sollten doch in den folgenden Jahren ihrer Stadt und ihrem Land unschätzbare Aufbauhilfe leisten.

In der Weimarer Republik hatten Lüders und Schroeder einer sehr kleinen, aber durchaus wirkmächtigen Minderheit angehört. Sie waren zwei von wenigen Dutzend Frauen im Deutschen Reichstag gewesen. Der weibliche Anteil an den Abgeordneten hatte nie mehr als knapp 9 Prozent ausgemacht und war mit den Jahren eher geschrumpft als gewachsen. Je weiter das Parlament in den 1920er-Jahren nach rechts driftete, desto männlicher wurde es. Ein Phänomen, das wir übrigens auch dieser Tage wieder beobachten können. Mit dem Erstarken rechtspopulistischer Parteien in Europa sinkt der Frauenanteil in den Parlamenten. Bei der Reichstagswahl im März 1933 machten weibliche Abgeordnete nur noch 3,8 Prozent aus. Da war Marie-Elisabeth Lüders und Louise Schroeder längst klar, dass in diesem neuen Deutschland kein Platz mehr für sie war.

Als die beiden Politikerinnen sich etwa ein Jahr nach Kriegsende in ihrer Stadt wiedersahen, waren sie im Grunde in einem Alter, in dem man eher daran dachte, sich zur Ruhe zu setzen, als nochmals neu anzufangen. Ob Lüders und Schroeder einander von ihren Erlebnissen der letzten Jahre berichteten? Wir wissen es nicht. Vermutlich war dazu kaum Zeit. Der helle, flirrende Sommer stand in seltsamem Widerspruch zur deprimierenden Situation, in der sich die Berliner*innen befanden. Es herrschte eklatante Wohnungsnot, die Versorgungslage war katastrophal, Geflüchtete mussten untergebracht werden, Kinder waren verwaist, Männer und Frauen versehrt an Körper und Seele.

Marie-Elisabeth Lüders und Louise Schroeder hatten vor dem Krieg unterschiedlichen Parteien angehört und das sollte auch nach 1945 so bleiben. Die eine war echte Liberale, die andere durch und durch Sozialdemokratin, und doch wussten beide, dass sie in der verzweifelten Lage, in der sich die Stadt befand, gebraucht wurden. Sie waren überzeugte Demokratinnen, tief durchdrungen von der Notwendigkeit und Geltung der Menschenrechte, der Gleichberechtigung der Geschlechter, der Rechtsstaatlichkeit, kurz: all jenen Werten, die in den vorangegangenen Jahren mit Füßen getreten worden waren und an die es nun anzuknüpfen galt. Darüber hinaus waren sie beide erfahrene und ausgewiesene Sozialpolitikerinnen mit jeder Menge administrativem Know-how, das nun so bitter nötig war. »Ich müsste zwölf Jahre jünger sein«, konstatierte Louise Schroeder trocken und krempelte die Ärmel hoch. Während die junge Generation nach zwölf Jahren Diktatur stark vom Nationalsozialismus geprägt oder gänzlich desillusioniert war und mit Politik nichts mehr zu tun haben wollte, übernahmen nun Frauen und Männer fortgeschrittenen Alters noch einmal das Ruder. »Wer nach den Erfahrungen der sechs Kriegsjahre noch Kraft und Willen zum Leben hatte«, so erinnerte sich Marie-Elisabeth Lüders später an diese Zeit, »durfte auf keinen Fall den Anruf, mitzuarbeiten und mitzuhelfen, überhören, wenn die persönlich-menschlichen Bedenken auch noch so groß waren.«[1]

So wurden Marie-Elisabeth Lüders und Louise Schroeder im Alter von 67 beziehungsweise 58 Jahren noch mal zu dem, was sie knapp dreißig Jahre zuvor als junge Frauen bereits gewesen waren – zu Pionierinnen. Auch damals hatten sie die politische Arena betreten als ein grauenhafter, verlustreicher Krieg zu Ende gegangen war. Auch damals hatten sie die Chance ergriffen, ihre Werte und Überzeugungen in das gerade entstehende politische Gebilde einzubringen und es dauerhaft mitzuprägen. Ihre ersten politischen Schritte aber taten beide Frauen noch im Kaiserreich. In einer Ära, in der Frauen zwar weder wählen noch gewählt werden durften, die aber dennoch eine Zeit des Aufbruchs war. Wie nie zuvor wurden im ausgehenden 19. Jahrhundert Geschlechterrollen infrage gestellt, Vereine gegründet, Schriften publiziert, es wurde debattiert und gestritten. In diese Zeit, in der der unerhörte Gedanke, Männer und Frauen könnten gleichberechtigt sein, erstmals massenhaft und schichtenübergreifend durch die Köpfe blitzte – vor allem durch weibliche, versteht sich –, in diese Zeit also wurden Marie-Elisabeth Lüders und Louise Schroeder hineingeboren. Und das hatte Folgen.

[2] Die Juristin und Parlamentarierin Marie-Elisabeth Lüders kämpfte in Kaiserreich, Weimarer Republik und Bundesrepublik für Geschlechtergerechtigkeit.

Geistiges Vorwärtskommen

Wenn der Wirkliche Geheime Oberregierungsrat Carl Christian Lüders morgens am Frühstückstisch Platz nahm – sorgsam gescheiteltes Haar, gepflegter Vollbart, steifer Stehkragen, der strahlend weiß aus dem schwarzen Anzug herausragte –, kam er nicht selten zu spät. Seine Tochter, ein aufgeweckter, hochgeschossener Teenager, das, was man damals einen Backfisch nannte, hatte sich oft schon die *Vossische Zeitung* geschnappt und war vertieft in die Lektüre, während sie ihre Schrippen mit Marmelade bestrich. Die Mutter, Friederike Laura Sophie Lüders, hob missbilligend die Augenbraue. Was für Marotten das Kind hatte! Marotten, so nannte Marie-Elisabeths Mutter das frühe Interesse ihrer Tochter für Politik. Ganz und gar unpassend für ein junges Mädchen, fand sie.

Marie-Elisabeth, Lisbeth genannt, aber liebte es, sich in Reichstagsreden zu vertiefen, die damals seitenweise in den Zeitungen abgedruckt wurden. Das parlamentarische Hin und Her, das Argumentieren, Streiten und Aushandeln faszinierte sie. Es war, als wäre man ganz nah dran, quasi mit dabei. Die Reichstagsreden gaben dem jungen Mädchen einen ersten Eindruck davon, wie parlamentarische Prozesse abliefen. Noch durften Frauen nicht wählen, Lisbeth als Minderjährige sowieso nicht, noch gab es keine weiblichen Abgeordneten, keine Ministerinnen oder höheren Beamtinnen. Daran war gar nicht zu denken. Und doch gaben ihr die abgedruckten Reden einen Einblick in den Maschinenraum der Macht, in die Abläufe des Parlaments, in das Austarieren des politisch Möglichen. Ihr Vater fragte sie einmal, was ihr an der Zeitungslektüre so gefalle. »Man kann darin lesen«, so Lisbeth, »was der Kaiser täglich tut (Hofbericht!) und was die Leute möchten, warum sie es möchten, und was andere Leute dazu sagen.« Dagegen war wenig einzuwenden, fand wohl auch Carl Christian Lüders. »So fing es an. – Und es endete im Reichstag, im Berliner Abgeordnetenhaus und Senat und im Bundestag«, erinnert sich die Politikerin viele Jahre später.[2]

Marie-Elisabeth Lüders wurde 1878 in Berlin in eine preußische Beamtenfamilie hineingeboren. Ihr Vater arbeitete im Kulturministerium und neigte der Deutschen Volkspartei zu. Intellektuelle wie der Historiker Theodor Mommsen und die Physiker Wilhelm Conrad Röntgen und Max Planck kamen regelmäßig ins Haus. Der Bildungsdrang, die wissenschaftliche Neugier, die Lust am intellektuellen Austausch – all das umgab Lisbeth wie die Luft zum Atmen, all das sog sie begierig auf.

Lisbeth war das jüngste von sechs Kindern und wurde nach eigener Aussage »in Freiheit dressiert«. »In Freiheit ja – dressiert nur so weit, wie es unbedingt notwendig und in Familien mit vielen Kindern überhaupt möglich ist.« Wenn man die alten Porträts betrachtet, ist die Ähnlichkeit zwischen Lisbeth und ihrem Vater frappierend. Vermutlich hat sich Carl Christian Lüders nicht selten über seine Tochter gewundert, aber auch hin und wieder in ihr erkannt, jedenfalls hat er sie offenbar vielfach ihrer Wege gehen lassen und sie in ihrer Besonderheit akzeptiert. Das heranwachsende Mädchen hatte nicht nur für ihr Alter und die Zeit eher ungewöhnliche Lesegewohnheiten, auch ihre äußere Erscheinung fiel auf. Sie war groß gewachsen und hatte eine tiefe Stimme. Zwei Eigenschaften, die ihr später durchaus zugutekommen sollten. Ihr Konfirmationsspruch stammte aus dem Buch des Propheten Jesaja: »Fürchte dich nicht, denn ich bin bei dir, ich habe dich bei deinem Namen gerufen, du bist mein.« In diesen Worten fand Lüders lebenslang nicht nur Halt und Trost, sie spornten sie auch an. »Es stand als Forderung gegen jede unbequeme Kapitulation«, schreibt sie in ihren Memoiren, »es stand hilfsbereit neben dem bitteren Kampf mit dem Tode, der jahrelang unerbittlich alle meine Pläne durchkreuzte. Es war später Schutz gegen alle familiären und sozialen Widerstände, die uns Frauen das Leben so schwer machten.«[3]

Auf Widerstände stieß Marie-Elisabeth Lüders früh. Sie testete die Grenzen, lotete aus, wie weit sie gehen konnte und fand schmerzhaft heraus, wo für Mädchen Schluss war. Sie wollte keinesfalls das Schicksal so vieler Gleichaltriger teilen, junger Frauen aus gutem Hause, die darauf warteten, weggeheiratet zu werden, und sich die Zeit bis dahin mit Sticken und Klavierspielen vertrieben. Ihr Traum war es, Architektin zu werden. Daher bat sie um ein Gespräch mit dem Rektor der Technischen Hochschule, der ihr eröffnete, das sei nichts für Mädchen, die würden doch nicht verstehen, was hier gelernt werde, worauf Lüders ihm entgegnete: »Die Brüder sind auch nicht klüger als ich.« Der Rektor wird erstaunt gewesen sein angesichts eines derart provokativen Selbstbewusstseins und eines zweifellos entwaffnenden Arguments, seine Meinung aber änderte er nicht. Junge Frauen der gehobenen Gesellschaftsschicht hatten um die Jahrhundertwende nicht allzu viele Optionen. Die meisten Mädchen besuchten ein Pensionat oder eine Schule für höhere Töchter, erlernten aber keinen Beruf, sondern wurden mehr oder weniger nahtlos Ehefrau und Mutter. Das erschien Lisbeth allerdings wenig erstrebenswert. Ein solches Leben versprach ihr, wie sie es ausdrückte, kein geistiges Vorwärtskommen. Typische Frauenberufe der Zeit waren Lehrerin, Krankenschwester und Gesellschafterin. Nichts, was Lüders begeistert hätte. In der Nachbarschaft hatte sich die junge Frau unterdessen mit dem freisinnigen Abgeordneten Eugen Richter angefreundet, mit dem sie viel über gesellschaftliche Fragen diskutierte. Auch diese Bekanntschaft – Richter war zu diesem Zeitpunkt nicht nur vierzig Jahre älter als Lisbeth, sondern auch ein bekannter Publizist und Parlamentarier im Preußischen Abgeordnetenhaus und im Reichstag – zeugt von Lüders' Entschlossenheit, ihren Interessen zu folgen, egal was Freunde und Freundinnen oder die Mutter sagten, und einer ordentlichen Portion Selbstbewusstsein. Als Richter einmal eher nebenbei bemerkte, dass es ja schade sei, dass sie kein Junge sei, weil sie sonst in die Politik gehen könne, hat sich in Marie-Elisabeth Lüders' Kopf wohl einiges in Bewegung gesetzt.[4]

Den skeptischen Eltern zum Trotz begann sie, Gesangsunterricht zu nehmen, beschäftigte sich mit Fotografie und entschied sich schließlich, an die Frauenschule in Niederofleiden zu gehen. In dieser Pioniereinrichtung der Frauenbildung wurden Mädchen nach dem Oberschulabschluss in Land-, Haus- und Ernährungswissenschaft sowie Sozialwesen ausgebildet. Der Szenenwechsel vom großbürgerlichen Berliner Beamtenhaushalt in die hessische Provinz bescherte der jungen Lisbeth eine wichtige Erweiterung ihres Horizonts. Die Schülerinnen, Maiden genannt, trugen eine spezielle Tracht und lebten in recht einfachen Verhältnissen. Dass Lüders in Niederofleiden auch im Kindergarten Dienst tat und in direkten Kontakt mit der Not der dort lebenden Familien kam, sollte für sie lebenslang prägend sein. Nach ihrer Rückkehr nach Berlin stand sie aber erneut vor der quälenden Frage, wie es beruflich mit ihr weitergehen sollte. Der gesellschaftliche Druck, den Konventionen zu folgen und zu heiraten, wuchs mit jedem Lebensjahr. »Wie andere junge Menschen strebte ich von zu Hause fort, um dem ewigen Kreislauf des Lebens einer ›höheren Tochter‹ zu entgehen«, erinnerte sie sich später an diese Zeit.[5] Der Lehrerinnenberuf bot ihr zunächst den gangbarsten Ausweg. In einem Weimarer Mädchenpensionat lehrte sie Deutsch. Sosehr sie sich auch dagegen sträubte zu unterrichten, so wichtig sollte diese Etappe doch für sie werden, denn hier knüpfte sie Kontakte zu Kolleginnen, die dem Bund Deutscher Frauenvereine angehörten.

Erst wenige Jahre zuvor gegründet, bot diese Organisation den einzelnen Vereinen der bürgerlichen Frauenbewegung ein gemeinsames Dach. Lüders kam in intensive Berührung mit der sogenannten Frauenfrage und fing Feuer. Sie stellte fest, dass die Themen, die sie seit Langem umtrieben, die ungleiche Behandlung von Jungen und Mädchen, die unzähligen Wege, die ihr im Gegensatz zu ihren Brüdern verschlossen blieben, nicht nur sie bewegten, sondern auch viele andere Geschlechtsgenossinnen. Das muss ziemlich befreiend auf dieses groß gewachsene, selbstbewusste Mädchen aus gutem Hause gewirkt haben. Bisher hatte sie Frauenrechtlerinnen nur aus der Entfernung gekannt, vom Hörensagen. Sie waren ihr als »verschrobene alte Jungfern« geschildert worden. Nun konnte sie sich selbst ein Bild machen. »Keine war ›verschroben‹.«[6] Im Herbst 1901 fuhr sie mit den neuen Freundinnen zur Generalversammlung des Bundes Deutscher Frauenvereine nach Wiesbaden – der Vater hatte die Erlaubnis gegeben – und lernte zentrale Gestalten der deutschen Frauenbewegung wie Alice Salomon, Margarete Friedenthal und Anna Pappritz persönlich kennen.

Pappritz war eine entschiedene Abolitionistin, sie forderte die Abschaffung der staatlich reglementierten Prostitution. Überwiegend wurde damals noch die Meinung vertreten, Prostitution sei nötig, weil Männer nun einmal Geschlechtsverkehr brauchten, allerdings sei diese staatlich zu kontrollieren und zu überwachen. Das bedeutete im Klartext, dass die Prostituierten in den Fokus genommen wurden. Um Geschlechtskrankheiten einzudämmen, mussten allein sie sich regelmäßigen Zwangsuntersuchungen unterziehen, während die Rolle der Männer bei der Übertragung der Krankheiten, ganz im Einklang mit der damals herrschenden Doppelmoral, geflissentlich ignoriert wurde. Gleichzeitig öffnete diese Art der staatlichen Gängelung der Korruption Tür und Tor und lieferte die Frauen schutzlos einem männlichen Überwachungssystem aus. Pappritz und ihre Kampfgefährtinnen wollten dem ein Ende machen. Vor allem die Begegnung mit der entschlossenen Anna Pappritz, die auf dem brandenburgischen Rittergut Radach aufgewachsen war und neben ihrer politischen Arbeit auch Novellen und Romane veröffentlichte, machte großen Eindruck auf die junge Marie-Elisabeth Lüders und sollte überaus prägend für ihre eigene politische Arbeit werden. »Meinen damals noch gänzlich ungeübten Augen erschloss sich eine völlig neue – wie mir schien – grenzenlose Welt: die Welt, die ich unbestimmt seit Jahren gesucht hatte.«[7]

Eugen Richters Bemerkung, es sei schade, dass sie kein Junge sei, die Arbeit im Kindergarten von Niederofleiden sowie die soziale Not, deren Zeugin sie dort wurde, und schließlich die persönliche Begegnung mit den führenden Frauenrechtlerinnen und Sozialreformerinnen der Zeit bestärkten Marie-Elisabeth Lüders in ihrer Entscheidung, mehr zu wollen als einen Ehemann und eine Familie. Sie sah die vielen gesellschaftlichen Baustellen mit glasklarem Blick und war bereit, tätig zu werden. Nur – noch war es Frauen unmöglich, an Posten und Positionen zu gelangen, um Einfluss geltend zu machen. Die Schaltstellen der Macht – in Politik, Justiz, Verwaltung – waren mit Männern besetzt. Auch die Universitäten wanden sich seit Jahren, fanden immer wieder neue Ausreden, warum Frauen nicht geeignet seien für ein Hochschulstudium. Das preußische Kultusministerium etwa befragte die verschiedenen Fakultäten der Friedrich-Wilhelms-Universität in Berlin, ob ein Frauenstudium denkbar wäre. Jede Fakultät lehnte ab und verwies auf die Nachbardisziplin, die doch für Studentinnen viel besser geeignet sei. Die männlich besetzten Gremien schmetterten regelmäßig Eingaben der Frauenvereine ab, das Frauenstudium – etwa in der Medizin – endlich zuzulassen. Zwar wurden Frauen hier und da als Gasthörerinnen geduldet und es wurden zum Teil auch Sondergenehmigungen erteilt, aber erst ab 1908 wurde es Frauen in Preußen generell gestattet, sich für ein Hochschulstudium einzuschreiben.

Während die Männerwelt also zunächst noch verschlossen blieb, sollte für Marie-Elisabeth Lüders' politische Identitätsfindung die Zusammenarbeit mit Alice Salomon an deren 1908 gegründeter Sozialer Frauenschule prägend werden. Hier machte Lüders regelmäßig Hausbesuche bei Arbeiterfamilien und die soziale Frage stellte sich ihr immer dringlicher. In vielen Bereichen, das war ihr klar, brauchte es rasch Reformen, gerade für Frauen, Familien und Kinder. Auch der für sie persönlich anstehende nächste Schritt stand längst für sie fest: Sie wollte Nationalökonomie studieren. Die alte Faszination für Politik, die Frage, wie alles zusammenhing, trieben sie an. 1909 immatrikulierte sie sich, zusammen mit ihrer Freundin Agnes von Harnack, als eine der ersten Frauen an der Friedrich-Wilhelms-Universität in Berlin. »Mit besonderem Hochgenuss überreichten wir dem damaligen Dekan Professor Roethe unsere Immatrikulationshefte, nachdem er uns absichtlich lange hatte warten lassen«, erinnerte sie sich an diesen besonderen Moment. In vielen Seminaren und Kollegs war sie die einzige Frau, deren Eintreten ins Auditorium von vernehmbarem Scharren der Kommilitonen begleitet wurde. Marie-Elisabeth Lüders musste neben dem Studium aber auch noch das Abitur nachholen und die Begegnung mit dem Dünkel der Gymnasiallehrer war fast noch schlimmer als die scharrenden und höhnenden jungen Männer im Hörsaal. Sie solle doch lieber Strümpfe stopfen, statt zu studieren, hielt ihr einer der Lehrer entgegen. Lüders, zu diesem Zeitpunkt schon eng mit der Frauenbewegung verbandelt und bestens vernetzt, ließ sich von derlei Vorurteilen nicht aus der Ruhe bringen, machte nicht nur Abitur, sondern wurde auch in kürzester Zeit als erste Frau an der Berliner Universität zum Dr. rer. Pol. promoviert.

Nach ihrem Studienabschluss wurde sie die erste Wohnungspflegerin der Stadt Berlin und knüpfte damit an ihre sozialreformerische Arbeit für Alice Salomon an. Erschüttert war die junge Frau aus bildungsbürgerlichem Haus, als sie mit der nackten Realität der Arbeiterwohnungen konfrontiert wurde. Kinderreiche Familien in kleinen, schlecht gelüfteten, feuchten Mietskasernen. Der Berliner Maler Heinrich Zille hatte zweifellos recht, wenn er sagte, man könne jemanden mit einer Wohnung genauso umbringen wie mit einer Axt. Tatsächlich litten viele der Bewohner unter Lungenkrankheiten, Mangelernährung, Kinder bekamen zu wenig frische Luft, zu wenig Licht, hatten Wachstumsprobleme, die Säuglingssterblichkeit war hoch, die Mütter wurden, kaum hatten sie ein Kind zur Welt gebracht, wieder schwanger.

Gegen derlei Missstände, zu dieser Überzeugung gelangte Lüders, halfen nur politische Maßnahmen. Eine Tür, hier aktiv zu werden, öffnete sich endlich, als es im Jahr 1908 zur Neufassung des Vereins- und Versammlungsrechts kam, die für Frauen den Weg zu organisierter und öffentlicher Betätigung frei machte. Lüders erinnert sich daran, mit welchem Hohn die männlichen Parlamentarier dieser Gesetzesänderung begegneten. Die Vorstellung, Frauen könnten die neuen Möglichkeiten, Politik zu machen, tatsächlich nutzen, muss den Herren gänzlich abwegig erschienen sein. »Die Reden und Lachsalven, mit denen die ›Volksvertreter‹ – in völliger Unkenntnis der dynamischen Kräfte in der Frauenbewegung – die Verabschiedung dieses für uns entscheidenden Gesetzes begleiteten, haben mich mehr als alles andere auf den politischen Weg gedrängt«, schreibt Lüders in ihren Memoiren.[8]

Schwestern, zur Sonne, zur Freiheit

Die Neuregelung des Vereins- und Versammlungsrechts machte auch für Louise Schroeder eine Türe auf. Nur wenige Monate nachdem das Gesetz erlassen worden war, trat sie mit 23 Jahren in die SPD ein. 1887 in Altona geboren, war Louise Schroeder neun Jahre jünger als Marie-Elisabeth Lüders. Ihre Kindheit und Jugend standen in starkem Kontrast zu den Verhältnissen, in denen Lüders aufgewachsen war. Schroeders Vater war Bauarbeiter, ihre Mutter kam vom Lande und führte einen kleinen Gemüseladen. Während Lüders in einem bildungsbürgerlichen Beamtenhaushalt groß geworden war, mit Herrenzimmer, Sommerfrische und Dienstmädchen, wurde Louise Schroeder in ein durch und durch proletarisches Milieu hineingeboren. Der Vater war überzeugter Sozialdemokrat und nahm die kleine Louise regelmäßig mit zu Parteifesten und Maifeiern.

Es ist faszinierend, dass diese beiden Frauen, die unter so unterschiedlichen Bedingungen ins Leben starteten, und sich schließlich auch in verschiedenen Parteien engagierten, als Politikerinnen doch ähnliche Hürden zu überwinden hatten und sich außerdem in Bezug auf die Verbesserung der Situation von Frauen und Familien vielfach ähnlichen politischen Zielen verschreiben sollten. Beide zeichnete ein unbändiger Bildungshunger aus. Selbstverständlich verfügte Louise Schroeder nicht über die gleichen finanziellen Voraussetzungen – man konnte es sich nicht leisten, das Kind auf eine höhere Schule zu schicken, von einem Studium ganz zu schweigen –, aber sie nutzte die vielfältigen Möglichkeiten, die die Arbeiterbewegung bot. Orts- und Bibliotheksvereine, sozialdemokratische Zeitschriften und Zeitungen versorgten junge Arbeiter*innen mit reichlich geistiger Nahrung. Die Hochachtung für Bildung dürfte in vielen Elternhäusern proletarischer Kreise ebenso ausgeprägt gewesen sein wie in so manch höherem Beamtenhaushalt. Wachsendes Selbstbewusstsein und Zukunftsoptimismus inspirierten viele Männer und Frauen nach langen Schichten in der Fabrik, nach einem anstrengenden Arbeitstag als Verkäuferin oder Schneiderin noch einen Abendkurs zu besuchen, sich zur politischen Arbeit zu treffen, zu debattieren über die Themen, die sie alle beschäftigten: bessere Arbeitsrechte und -bedingungen, mehr Gesundheitsschutz, Hygiene, sexuelle Aufklärung und – die Beteiligung von Frauen am politischen Prozess.

Louise Schroeder besuchte nach ihrem Mittelschulabschluss in Hamburg die Gewerbeschule und arbeitete zunächst in einem der damals aufkommenden modernen »Frauenberufe« als Stenotypistin. In relativ kurzer Zeit gelang der ambitionierten jungen Frau der Aufstieg zur Chefsekretärin in einer Versicherungsgesellschaft, wo sie auch Fremdsprachen lernte. Das sollte ihr später sehr zugutekommen, als sie nach dem verlorenen Krieg als Bürgermeisterin mit den englisch- und französischsprachigen Besatzern Berlins zu verhandeln hatte – doch so weit sind wir längst nicht. Noch herrschten die Hohenzollern in Deutschland.

Die junge Louise Schroeder war unabhängig. Ein Zustand, nach dem sich eine wachsende Zahl von Frauen sehnte. Sie verdiente ihr eigenes Geld, über das sie selbst entscheiden konnte, denn sie war als Unverheiratete nicht vom Gutdünken des Ehemannes abhängig. Im Kaiserreich hatte der Ehemann das alleinige Bestimmungsrecht über Frau und Kinder. Er verwaltete das gemeinsame Vermögen, auch das Geld, das seine Frau in die Ehe brachte. Er entschied – übrigens bis weit übers Kaiserreich hinaus bis 1977 –, ob seine Frau einer Arbeit nachgehen durfte. Die Rollenverteilung war strikt geregelt: Der Ehemann galt als Alleinverdiener, die Ehefrau hatte sich um den Haushalt und die Kinder zu kümmern.

Ledig zu bleiben, wie Louise Schroeder, garantierte also eine gewisse Freiheit, aber nur wenige konnten es sich leisten. Gut bezahlte Jobs für Frauen waren rar gesät, ihre Gehälter waren in der Regel niedriger, weil man davon ausging, dass sie nicht für eine Familie sorgen mussten. Auch einige Töchter aus dem gehobenen Bürgertum blieben unverheiratet und strebten nach alternativen Lebensentwürfen, doch hier grätschte nicht selten der

Vater oder ein anderer männlicher Verwandter dazwischen, argumentierte mit finanzieller Abhängigkeit oder Familienehre und sorgte dafür, dass die junge Frau an dem ihr zugedachten Platz blieb. Junge Büroangestellte aus proletarischem Milieu dagegen, noch dazu, wenn sie in einer Großstadt lebten, hatten da – wenn auch im bescheidenen Rahmen – nicht selten größere Chancen, eigenständige Wege zu gehen.

Ein Foto von Louise Schroeder aus dem Jahr ihres Parteieintritts 1910 zeigt eine aufrechte junge Frau, die geflochtenen Zöpfe am Hinterkopf hochgesteckt, mit großem Hut, hochgeschlossenem Kleid mit weißem Stehkragen und dunkler Stola. Das Bild ist beindruckend, beweist es doch, wie sehr auch Sozialdemokratinnen sich auf Fotografien wie Angehörige des Bürgertums in Szene setzten – Handschuhe, Hüte und Spitzenkragen inbegriffen. Es belegt aber auch das wachsende Selbstbewusstsein einer erwachenden Schicht moderner Frauen, die in gerade neu geschaffenen Berufen die Arbeitswelt entdeckten und veränderten.

Wir wissen nicht viel über Louise Schroeders Privatleben in diesen Jahren, aber wir kennen dennoch ihre große Leidenschaft. Wie Marie-Elisabeth Lüders waren auch Schroeder die Umstände, unter denen viele Arbeiterfamilien ihr Leben fristen mussten, nur zu vertraut. Immer stärker zog es sie im Laufe des Ersten Weltkriegs zur Sozialpolitik, auch weil in diesen Jahren die Not besonders drängend wurde. Schließlich übernahm sie das Pflegeamt in Altona und sammelte praktische Erfahrung. Dieser Job war ein Crashkurs in Sachen Verwaltungsarbeit und Teamführung. Mädchenjahre einer Bürgermeisterin sozusagen.

Louise Schroeder war fest im sozialdemokratischen Milieu verankert. Auch auf die Frage der Frauenemanzipation sah sie aus diesem Blickwinkel, hatte doch der sozialdemokratische Vordenker August Bebel bereits 1879 die politische und gesellschaftliche Gleichstellung der Frau gefordert. Sein Buch *Die Frau und der Sozialismus* war inzwischen ein Standardwerk. Schroeder erlebte die Probleme der Proletarierinnen an vorderster Front. In ihrer Altonaer Arbeit war sie mit der sozialen Not von Familien konfrontiert, mit Frauen, die nicht wussten, wie sie ihre Kinder-

[3] Empowerment: Arbeiterkind Louise Schroeder engagierte sich früh bei der SPD, zog 1919 als jüngste Abgeordnete in die Weimarer Nationalversammlung ein und wurde zu einer der profiliertesten Sozialpolitikerinnen.

schar durchbringen sollten, die Gewalt und Alkoholismus ihrer Männer ausgesetzt waren. Sie kannte das Elend lediger Mütter und unehelich geborener Kinder und die ewige Sorge vieler Frauen, ungewollt schwanger zu werden, und verfolgte daher einen sexualreformerischen Kurs, setzte sich für sexuelle Aufklärung und die Ausgabe von Verhütungsmitteln ein.[9]

Auch Marie-Elisabeth Lüders' politische und soziale Arbeit erfuhr durch den Ersten Weltkrieg einen ordentlichen Schub. Im dritten Kriegsjahr, die anfängliche Begeisterung, die zumindest einen Teil der Bevölkerung – überwiegend den städtischen, bürgerlichen, männlichen Teil – im Sommer 1914 zunächst erfasst hatte, war längst einer brutalen Desillusionierung gewichen, war Marie-Elisabeth Lüders zur Leiterin der Frauenarbeitszentrale im Kriegsministerium ernannt worden. Die Hoffnung auf einen schnellen Sieg war im Schlamm des zermürbenden Stellungskrieges stecken geblieben. Während die Jugend Europas in Flandern und Frankreich, in Galizien und Wolhynien starb, junge Männer schwer versehrt an Körper und Seele in Lazaretten darbten, versetzten Meldungen von grauenhaften neuen Waffen, wie Gift- und Senfgas, die Menschen in Angst und Schrecken. Auch in der Heimat wuchsen die Not und der Wunsch, dass dieses erbarmungslose Schlachten endlich ein Ende haben würde.

Während die Kaiserin persönlich Lüders' Arbeit unterstützte und förderte, bekam diese im Kriegsministerium erheblichen Gegenwind. Auguste Viktoria schoss eine Million zu, um die Arbeits- und Lebensbedingungen von Arbeiterinnen während des Krieges zu verbessern, was zahlreiche höhere Offiziere im Ministerium nachhaltig verärgerte, »deren Männerstolz sich vor allem durch die Millionenspende für die Arbeit einer ›Frau‹ verletzt fühlte«. Viele Industrielle wehrten sich überdies dagegen, ihre männlichen Arbeitskräfte durch weibliche zu ersetzen, geschweige denn die Arbeitsbedingungen für diese Frauen, die sie ja ohnehin nicht wollten, erträglicher zu machen. Einmal eröffnete ein Unternehmer Lüders, der Krieg sei sowieso bald gewonnen und dann kämen die Deutschen in den Besitz des französischen Erzbeckens im Val de Briey. »Mein Erschrecken über so viel gefährliche Blindheit war groß«, erinnert sich Lüders. »Alle Hinweise auf die militärischen Tatsachen nutzten nichts. Plötzlich sagte ich rücksichtslos: ›So sicher wie Sie das Erzbecken von Briey zu bekommen glauben, so gut kann ich Ihnen den Vollmond als Eierkuchen zum Nachtisch versprechen!‹ Der Kommerzienrat schwieg. Das Unheil nahm seinen Lauf.« Wenig später bekam Lüders von ihrem neuen Vorgesetzten im Ministerium, einem aufgrund eines angeblichen Herzleidens heimatversetzten Major, die Anweisung, ihm sämtliche »Frauenberufe« aufzulisten. »Ich konnte wahrheitsgemäß nichts anderes tun, als ihm zu schreiben, dass es nur einen spezifischen Frauenberuf gäbe, und zwar den der Amme; alle anderen Berufe könnten und würden auch von Männern ausgeübt. Diese Mitteilung nahm er übel.«[10]

Dass Lüders es mit zahlreichen ihrer männlichen Kollegen verbal durchaus aufnehmen konnte, ja, ihnen wohl zuweilen deutlich überlegen war, zeigt eine weitere Begebenheit. Kronprinzessin Cecilie, die der Frauenbewegung gegenüber durchaus aufgeschlossen war, wohnte in den Kriegsjahren einer Vortragsreihe über die Einbeziehung der Frauen in den Vaterländischen Hilfsdienst bei. An einem Abend sprach zunächst ein berühmter Nationalökonom, der kein Ende finden konnte, sodass für Marie-Elisabeth Lüders im Anschluss nur zwanzig Minuten blieben. »Es gelang ihr«, so die ebenfalls anwesende Frauenrechtlerin Dorothee von Velsen, »in dieser Zeit alles Wesentliche zu sagen.« Als die Kronprinzessin und Lüders einander nach der Veranstaltung vorgestellt wurden, bekundete Erstere ihre Hochachtung für diese rhetorische Leistung. »Ja, Kaiserliche Hoheit«, erwiderte Lüders ungerührt, »Geheimrat S. ist eben an das Klingelzeichen gewöhnt, und das war hier leider nicht vorgesehen.« Von Velsen war beeindruckt von der großen, unerschrockenen Frau. »Sie war als Tänzerin, Tennisspielerin und Schlittschuhläuferin begehrt. (…) Eine echtere Berlinerin wäre schwer vorstellbar. Denn was kennzeichnet die Bewohner dieser Stadt? Schnelle Reaktion, schlagfertiger Witz, nicht leicht zu erschütternde Sicherheit und ein Mut, der mit der Gefahr wächst.«[11]

Ganz so früh und so klar wie bei Louise Schroeder fiel bei

Marie-Elisabeth Lüders die Entscheidung für eine politische Partei nicht. Ihr Vater war deutsch-national, sie selbst bewegte sich aber mehr und mehr in freisinnigen Kreisen rund um den Theologen und großen Liberalen Friedrich Naumann, außerdem war sie tief von der bürgerlichen Frauenbewegung geprägt, beeindruckt von Vorkämpferinnen wie Minna Cauer, Helene Lange sowie der gerade erwähnten Dorothee von Velsen. 1918 schließlich beteiligte sich Lüders an der Gründung der Deutschen Demokratischen Partei, DDP, und wurde direkt Vorstandsmitglied auf Reichsebene. Wie einige andere Aktivistinnen der bürgerlichen Frauenbewegung, wie etwa Anna Pappritz und deren Lebensgefährtin Margarete Friedenthal sowie Gertrud Bäumer, schien ihr die DDP die geeignetste politische Heimat zu sein – auch wenn ihrem Vater das Bauchgrimmen verursachte.

Frauenwille siegt

Als klar wurde, dass der Krieg verloren war und es überall im Reich zu Aufständen und Demonstrationen kam, stand für die frauenbewegten Politikerinnen fest, dass nun Nägel mit Köpfen gemacht werden mussten. Aktivistinnen der bürgerlichen wie auch der proletarischen Frauenbewegung der jüngeren Generation – Marie-Elisabeth Lüders war bei Kriegsende vierzig Jahre alt, Louise Schroeder gerade mal Anfang dreißig – waren sich der Vorkämpferinnen bewusst, die bereits im Kaiserreich für die Sache der Frau und das Frauenwahlrecht eingetreten waren. Nun war die Stunde gekommen, die lange gehegten Forderungen nach Gleichberechtigung und Wahlrecht auf den Tisch zu bringen und umzusetzen. Monarchen flohen aus ihren Palästen, Revolution lag in der Luft. Allerorten gründeten sich Ausschüsse, Gruppen und Räte, um Interessen zu formulieren, Machtverhältnisse zu ändern, die Zeichen auf Zukunft zu setzen. Noch war nicht klar, wie diese Zukunft aussehen würde, doch den Frauen war bewusst, dass sich hier ein Zeitfenster öffnete. Zur Gunst der Stunde und der erheblichen Vorarbeit, die vonseiten der Frauenbewegung

Jahrzehnte lang geleistet worden war, kam das gewachsene Selbstvertrauen und Selbstbewusstsein vieler Frauen. In den vorangegangenen vier Jahren hatten sie nicht nur vielfach in der Familie das Sagen übernommen, einfach weil die Ehemänner an der Front gewesen waren, sie hatten auch zahlreiche Tätigkeiten ausgeübt, die einstmals Männern vorbehalten waren, und damit die Arbeitswelt in einem Maße verändert, wie man es sich vor dem Krieg niemals vorstellen hätte können. Dieser kriegsbedingte, ganz praktische Emanzipationsprozess, den viele Frauen durchlaufen hatten, verlieh ihren Forderungen in der nun anstehenden Umbruchsphase die nötige Wucht.[12]

»Der erste Wahlgang der Frauen. Ziel eines Jahrhunderts – Beginn eines Jahrtausends. (…) Es ist schön, und wie selbstverständlich; dieser Aufmarsch der Familien am Wahlbureau. Vater und Mutter und Töchter. Die kleinen Kinder laufen mit. Sie wollen sehen, wie Mutter wählt. Und die Mutter sagt: Sie sollen ihr ganzes Leben an diesen Tag denken«,[13] so erinnert sich die DDP-Politikerin und Frauenrechtlerin Gertrud Bäumer an diesen revolutionären Moment, in dem Frauen in Deutschland im Januar 1919 erstmals ihre Stimme abgeben durften. Revolutionär war der Moment zweifellos, und doch fällt nicht nur bei Bäumer der Begriff »selbstverständlich«. »Die Frauen«, so Elly Heuss-Knapp, Vorsitzende der »Propagandagruppe« der Frauenverbände Deutschlands und spätere erste First Lady der Bundesrepublik, »hatten das Wahlrecht bekommen (…), nach der Kriegsarbeit der Frau kam es als Selbstverständlichkeit.«[14] Heuss-Knapp, die in den 1930er-Jahren auch als Werbetexterin arbeitete, hatte für die Frauen-Propagandagruppe Wahlslogans geschrieben, die tausendfach auf Plakate und Flugblätter gedruckt wurden: »Frauen, werbt und wählt. Jede Stimme zählt. Jede Stimme wiegt. Frauenwille siegt.« Eine Selbstverständlichkeit nannte denn auch Marie Juchacz das Frauenwahlrecht. Die ehemalige Schneiderin und einflussreiche Gewerkschafterin war 1919 eine von 41 Parlamentarierinnen unter 423 Abgeordneten des frisch gewählten Hauses und hielt am 19. Februar als erste Frau eine Rede im Reichstag: »Es ist das erste Mal, dass in Deutschland die

Frau als Freie und Gleiche im Parlament zum Volke sprechen darf. Ich möchte hier feststellen, und glaube damit im Einverständnis vieler zu sprechen, dass wir deutschen Frauen dieser Regierung nicht etwa in dem althergebrachten Sinne Dank schuldig sind. Was diese Regierung getan hat, das war eine Selbstverständlichkeit: sie hat den Frauen gegeben, was ihnen bis dahin zu Unrecht vorenthalten worden ist.«[15]

In der Einleitung war bereits die Rede davon: Unsere Vorstellung von Revolution, die Bilder, die dieser Begriff evoziert, sind meist männlich aufgeladen. Revolution, das waren und sind in den Augen vieler aufgeputschte Gruppen von meist jüngeren Männern, wehende Flaggen, aufrüttelnde Sprechchöre, gelegentlich auch Gewaltexzesse. Die friedlich wählenden und in Ausschüssen debattierenden Frauen wurden dagegen nicht als revolutionär wahrgenommen. Obwohl die Erlangung des Wahlrechts für Frauen genau das war – revolutionär. Und selbstverständlich war es schon gar nicht gewesen. Es hatte hart errungen werden müssen. Tatsächlich hatten sich im Herbst 1918 Frauenrechtlerinnen aller Couleur zusammengetan, um in einem überfraktionellen Vorstoß sicherzustellen, dass ihre Forderungen in all dem männlichen Umsturzstreben nicht vergessen wurden. Die Liberale Gertrud Bäumer, die Vorsitzende des Frauenstimmrechtsbundes Anita Augspurg und die Sozialistin Marie Juchacz verbündeten sich und potenzierten damit die Kräfte.[16]

In diesen Umbruchsjahren nach dem Ersten Weltkrieg wurden Frauen in verschiedenen Ländern der Welt zu vollen Staatsbürgerinnen und erhielten das Wahlrecht: Die Polinnen wie die deutschen Frauen im Jahr 1918, die US-Amerikanerinnen 1920, die Engländerinnen, soweit sie über dreißig Jahre alt waren, 1918, zehn Jahre später wurde das Wahlrecht im Vereinigten Königreich auf alle Frauen über einundzwanzig ausgeweitet. Interessant ist, dass die beiden westlichen Nachbarn Deutschlands, Belgien und Frankreich, im Vergleich dazu spät dran waren und erst in den 1940er-Jahren das allgemeine uneingeschränkte Frauenwahlrecht einführten.

Kaum dreißig Jahre alt, wurde Louise Schroeder 1919 als jüngste Abgeordnete in die Weimarer Nationalversammlung gewählt. Die Sozialdemokratin hatte eine beachtliche Karriere hingelegt und schon reichlich sozialpolitische Erfahrungen gesammelt, sodass man sie auf die schleswig-holsteinische Wahlliste gesetzt hatte. Ihr engagierter Wahlkampf hatte sie bei beißender Winterkälte durch Norddeutschland bis hinauf nach Helgoland geführt und ihr schließlich den Sieg eingebracht. »Das war der Moment, wo mein Leben einen anderen Verlauf nahm, wo ich aus dem Privatleben – dem täglichen Brotverdienen, den Eltern helfen – ausschied und ins politische Leben eintrat.«[17]

Die ebenfalls versierte Sozialpolitikerin Marie-Elisabeth Lüders nahm erst ein paar Monate später ihren Sitz im Reichstag ein, sie rückte für den verstorbenen Friedrich Naumann nach. Es war ein großer Triumph für die Vierzigjährige, nach den vielen individuell erfochtenen kleinen Erfolgen, nun einen Sieg der Frauen insgesamt konstatieren zu können. Das Frauenwahlrecht, aktiv und passiv, das war ihr klar, war ein entscheidender Schritt in Richtung Gleichberechtigung. »In jahrzehntelangem Ringen ist es gelungen«, so führte sie aus, »die Frau in die Reihe der Staatsbürger einzugliedern. Soziale Vorurteile, wirtschaftliche Hemmnisse, berufliche Hindernisse, gesetzliche Verbote mussten beseitigt werden, um die Frau in ihrer staatsbürgerlichen Wertung aus dem Kreise der Lehrlinge, Unmündigen, unter Kuratel Gestellten oder der bürgerlichen Ehrenrechte Beraubten zu befreien.« Dieser Kampf sei aufgenommen worden in der Erkenntnis und Überzeugung, dass »die Verschiedenartigkeit der geistigen und seelischen Kräfte von Mann und Frau der Gesamtheit – nicht nur der Frauen – ein Recht auf die Kräfte beider im Dienst des Ganzen gibt«. Dieser Punkt ist interessant. Für Lüders war die Mitarbeit der Frauen essenziell für das große Ganze. Nicht nur verbesserten Politikerinnen und Reformerinnen das Leben von Frauen entscheidend und brachten deren Interessen ein in den nationalen Diskurs, auch Männer profitierten von dieser Kooperation. Alle hätten ein »Recht auf die Kräfte der Frauen im Dienst der Gesamtheit«.[18] Kurz gesagt: Wenn die

Frauen nicht mit am Tisch sitzen, fehlt deren Perspektive und Input und das schadet allen, nicht nur den Frauen selbst. Ein starkes Argument für die Partizipation und ein sehr selbstbewusstes.

1919 zogen mit Louise Schroeder und Marie-Elisabeth Lüders, aber auch mit Frauen wie Marie Juchacz, Gertrud Bäumer, Hedwig Dransfeld und Helene Weber Politikerinnen in die Weimarer Nationalversammlung, die fest entschlossen waren, ihre Stimme einzubringen, und die überzeugt waren, dass dies zum Wohle der Gesamtheit sein würde. Die meisten dieser Frauen hatten einen sozialpolitischen Hintergrund und nicht wenig praktische Erfahrung im Bildungs- und Sozialwesen. Das verwundert nicht, bedenkt man, dass eine Betätigung für Frauen auf dem Gebiet der Sozialarbeit und Bildung seit vielen Jahren möglich war, während ihnen die meisten anderen Berufsfelder verschlossen geblieben waren. Die Politikerinnen kannten aus eigener Anschauung die alltäglichen Probleme vieler Menschen, die sozialen Missstände und Ungerechtigkeiten und setzten sich nun entschieden dafür ein, diese Punkte auf die politische Tagesordnung zu setzen.

Der parlamentarische Start war für die Mehrheit dieser Frauen nicht leicht. Sie verfügten im Gegensatz zu vielen männlichen Abgeordneten oft nicht über eine akademische Ausbildung und durften sich von den arrivierten Herren, die sie misstrauisch beäugten, nicht einschüchtern lassen. Die Sozialdemokratinnen und Sozialistinnen hatten, so erinnert sich Marie-Elisabeth Lüders, meist etwas mehr Routine im Reden und Vortragen, weil sie in der Gewerkschaftsarbeit schon Erfahrung sammeln hatten können. Es fehlten den Frauen bei der politischen Arbeit zunächst die sogenannten *Buddy-Connections*, die Männer etwa zu ehemaligen Kommilitonen, Kollegen und Geschäftsfreunden pflegten, sowie die langjährige Erfahrung in Institutionen und Vereinen. Sie mussten sich ihre eigenen Netzwerke erst schaffen und damit klarkommen, schlicht überall und immer eine verschwindend kleine Minderheit zu sein. Das führte zuweilen auch zu einem gewissen Maß an Frauensolidarität über Fraktionszugehörigkeiten hinaus. Ja, die wenigen Frauen legten durchaus großen menschlichen Respekt füreinander an den Tag. So erinnert sich Dorothee von Velsen an eine Szene im Reichstag: Clara Zetkin von der KPD hatte, so von Velsen, am Rednerpult den anderen Fraktionen hart zugesetzt und war im Begriff die Treppe hinabzusteigen. Marie-Elisabeth Lüders von der DDP, die hinter ihr ging, sah die unsicheren Schritte der Halbblinden, nahm sie am Arm und geleitete sie sicher nach unten.[19] Auf einer Fotografie, die die ersten SPD-Parlamentarierinnen 1919 zeigt, tragen die Frauen dunkle, lange Röcke, weiße Blusen oder Spitzenkragen, die Haare sind in Knoten oder Zöpfen hochgesteckt. Von den berühmten Zwanzigerjahren mit ihren Bubiköpfen und knielangen Röcken, ja womöglich Damenhosen, ist noch nichts zu spüren, und doch liegt etwas ungeheuerlich Neues in der Luft.

Marie-Elisabeth Lüders gelang es relativ rasch, sich in Parlament und Fraktion Gehör zu verschaffen. Ihre große Gestalt, ihre Stimme und ihr gesamtes Auftreten waren einigermaßen Respekt

[4] Parlamentarierinnen fühlten sich der jungen Weimarer Republik besonders verpflichtet, schließlich erlangten sie mit ihr erstmals aktives und passives Wahlrecht. Das Bild zeigt die Abgeordneten der Mehrheitssozialdemokratie.

einflößend. Schwerpunkt ihrer Arbeit war die Sozialpolitik, so setzte sie sich zum Beispiel dafür ein, dass Referentinnen aus den Kriegsamtstellen nun in den Verwaltungsdienst übernommen wurden. »In der Not hatten sie plötzlich alles gekonnt, ohne den Widerspruch der Männer, aber im Frieden konnten sie angeblich wenig oder nichts.« Lüders war klar, dass es mit dem Frauenwahlrecht nicht getan war, bis zur Anerkennung der Frau als gleichwertiger Staatsbürgerin in allen gesellschaftlichen Bereichen war es noch ein weiter Weg. Regelmäßig machte sie sozialreformerische Vorstöße unter anderem für Kriegerwitwen, aber auch weibliche Erwerbslose. Einen wichtigen Sieg konnte Lüders schließlich für Beamtinnen verbuchen. Bis dato waren verbeamtete Frauen, die unehelich schwanger geworden waren, als »untragbar« entlassen worden, während männliche Beamte diskret versetzt wurden, wenn herauskam, dass sie ein uneheliches Kind hatten. Lüders forderte »Gleiche Moral für beide Geschlechter« und erreichte, dass dem Reichsbeamtengesetz von 1873 der Zusatz beigefügt wurde: »Die Tatsache der unehelichen Mutterschaft bildet allein keinen Grund zur Einleitung disziplinarer Maßnahmen.« Entschlossen kämpfte sie, unterstützt von Louise Schroeder und vielen weiteren Frauen unterschiedlichster Fraktionen, dafür, dass uneheliche Mütter und ihre Kinder gleichgestellt wurden mit verheirateten Müttern, konnte dafür aber bei den Männern keine Mehrheiten gewinnen. Dass sie bei den männlichen Kollegen oft auf wenig Verständnis stieß, erstaunte Lüders nicht. Nicht nur die unehelichen Mütter wurden von den Herren zuweilen als unsittlich diffamiert, sondern auch deren politische Fürsprecherinnen. Der Reichsfinanzminister, der sich von Schroeder, Lüders und ihrer Zentrums-Kollegin Christine Teusch unter Druck gesetzt fühlte, eine Unterstützung auch für das zweite uneheliche Kind zu gewähren, giftete: »Meine Damen und Herren, die Reichsregierung ist bereit, der Kollegin Teusch auch noch das zweite uneheliche Kind zu bewilligen.« Diese Zweideutigkeit sollte die gut katholische und unverheiratete Teusch beschämen, was sie wohl auch tat – die gestandene Politikerin ertrug den Angriff mit hochrotem Kopf –, das politische

Ziel der Frauen aber war erreicht. Viele männliche Abgeordnete waren so irritiert und genervt von diesen Parlamentsneulingen, die Themen auf den Tisch brachten, die bislang völlig unter ihrem Radar geblieben waren, dass sie Lüders & Co. ebenso schlicht wie verunglimpfend »die Klageweiber« nannten.[20]

Das hat die Frauen allerdings nicht davon abgehalten, sich für die Belange jener einzusetzen, die bislang kaum eine Lobby im Reichstag gehabt hatten. Dazu gehörten auch die Prostituierten. Wie Anna Pappritz war Marie-Elisabeth Lüders vehement gegen die staatliche Reglementierung der Prostitution, die die Frauen schikanierte und sie als Alleinschuldige bei der Verbreitung von Geschlechtskrankheiten abstempelte. Einmal mehr schlossen sich 1927 Frauen aller Fraktionen zusammen und machten mit dem Erlass des Gesetzes zur Bekämpfung der Geschlechtskrankheiten dieser frauenfeindlichen Praxis ein Ende.

Interessanterweise tat sich die Liberale Lüders auch mit der Sozialdemokratin Louise Schroeder zusammen, um für gerechtere Löhne zu kämpfen. Ohne Ausbildung und Aufstiegsmöglichkeiten wurden Arbeiterinnen als eine Art Reservearmee betrachtet, wie Lüders ausführte, und je nach Bedarf willkürlich eingestellt und entlassen. Man bezahlte sie schlechter als Männer mit der oft nicht nachzuvollziehenden Begründung, dass sie nicht die gleiche Arbeit leisteten.[21] Ein Vorstoß zur Verbesserung der Lage von Heimarbeiterinnen wurde von Parlamentarierinnen aller Fraktionen mitgetragen.

Louise Schroeders wohl wichtigstes Ziel in der parlamentarischen Arbeit war die Durchsetzung eines Mutterschutzgesetzes. Seit Beginn ihrer Zeit im Reichstag kämpfte sie dafür. Die Säuglingssterblichkeit war mit 300 000 toten Babys im Jahr in Deutschland beschämend hoch. Für Schroeder stand der Schutz des Lebens von Kind und Mutter im Vordergrund, nicht wie für die meisten ihrer männlichen Kollegen die Anhebung der Geburtenrate. Nach langem Ringen schließlich setzte sich ihr Vorschlag durch. 1927 wurde das erste Mutterschutzgesetz Deutschlands, nicht zufällig »Lex Schroeder« genannt, verabschiedet, das zu den wichtigsten Wohlfahrtsgesetzen der Weimarer Republik gehörte. Es gewährte Kündigungsschutz, dehnte Schutzbestimmungen werdender Mütter erheblich aus und verschaffte ihnen ein Recht auf Arbeitsruhe sechs Wochen vor und weitere sechs Wochen nach der Entbindung.[22]

Schroeder profitierte im Reichstag sicher von ihrer praktischen Erfahrung und ihrer guten Vernetzung in sozialdemokratischen und gewerkschaftlichen Kreisen. Aber sie verstand auch, dass es neben ungeheurem Fleiß, Dossierkenntnis und sachlichem Wissen noch auf andere Faktoren ankam. Als eine der jüngsten Abgeordneten und eher kleine Frau war es wichtig, überhaupt wahrgenommen zu werden und sich Geltung zu verschaffen. Sie belegte deswegen bei einer Schauspielerin Sprechunterricht und bemühte sich um eine klare, direkte Sprache. Mit Erfolg: Ihre Reden fesselten die Abgeordneten, so erinnert sich Paul Löbe, Reichstagspräsident und Lebensgefährte Schroeders, »[sie] vergaßen einen Augenblick ihre Handreichungen und lauschten ergriffen ihren Darlegungen«. Aus der leidenschaftlichen jungen Sozialarbeiterin aus Altona war in wenigen Jahren im Reichstag eine professionelle, durchsetzungsstarke Politikerin geworden, der es gelang, auch überfraktionelle Bündnisse zu schmieden.[23]

Wider die Diktatur des Mannes

»Auch du Höltermann wirst mit uns stimmen. Ich werde ›Nein‹ sagen, und wenn sie uns in Stücke reißen sollten.« Wie viel Respekt und Einfluss sich Louise Schroeder in den vorangegangenen dreizehn Jahren im Reichstag erworben hatte, beweist dieser mutige Appell an ihren Fraktionskollegen Karl Höltermann und andere, die noch zögerten, an jenem Frühlingstag Ende März 1933 im Reichstag gegen das sogenannte »Ermächtigungsgesetz« zu stimmen.

Die Republik, die Louise Schroeder und viele ihrer Kolleg*innen mit Engagement und Optimismus aufgebaut hatten, stand am Abgrund. Gerade die weiblichen Abgeordneten hatten in den vergangenen Jahren tatkräftig daran mitgewirkt, Deutschland in die Moderne zu holen, das Land zu einem sozialeren und gerechteren Ort zu machen. Sie hatten zentrale sozial- und bildungspolitische Impulse gegeben und sich größtenteils voll mit dieser jungen, noch fragilen demokratischen Republik identifiziert – sogar mehr als viele ihrer männlichen Kollegen. Die Weimarer Republik hatte den Frauen das Wahlrecht gegeben und sie erstmals in der deutschen Geschichte in der Masse in die Lage versetzt, politisch mitzuwirken und mitzubestimmen. Die Politikerinnen waren daher fest entschlossen, diesen Staat zu verteidigen. Viele von ihnen mahnten seit Jahren zur Wachsamkeit. Den Chauvinismus der neuen braunen Bewegung bekamen Politikerinnen von Anfang an stärker zu spüren als männliche Abgeordnete. Die Nationalsozialisten verachteten die parlamentarische Demokratie auch für ihre Zivilität, ihre Fähigkeit zum Austausch, zur Diskussion, zum Kompromiss. All das kristallisierte sich für sie auch darin, dass Frauen in diesem, in ihren Augen verachtenswerten, Parlament saßen und mitreden durften.

Louise Schroeder hatte früh gewarnt vor dem Nationalsozialismus mit seinen frauenfeindlichen, antisemitischen und revanchistischen Parolen. Sie wollte den Menschen die Augen öffnen, warnen vor dem drohenden Umsturz, einer »Umwandlung der demokratischen Republik in einen von der Diktatur des Mannes, nämlich Adolf Hitlers, beherrschten Staat«. Sie fragte, »ob auch alle Frauen wissen, dass das weibliche Geschlecht wieder um jedes Recht im Staate gebracht werden soll?«[24] – das nämlich, so Schroeder, stand zu befürchten, wenn die Nationalsozialisten erst mal an der Macht wären.

Am Morgen des 24. März 1933, Hitler war bereits seit knapp zwei Monaten Reichskanzler, war das Parlament längst zu einem Ort der Schikane geworden. Abgeordnete wurden bedroht, lächerlich gemacht, ja sogar misshandelt. Als die SPD-Parlamentarier*innen erfuhren, dass eine Genossin kurz zuvor von SA-Männern angegriffen worden war, schlug der Abgeordnete Karl Höltermann vor, lediglich eine schriftliche Erklärung abzugeben, dass man nicht für das »Ermächtigungsgesetz« stimme, und sich anschließend in Sicherheit zu bringen. Louise Schroeder aber sprach sich vehement dafür aus, bei der Abstimmung anwesend zu sein – allen Gefahren zum Trotz. »Diese erhebende moralische Ermahnung beseitigte den letzten Rest begreiflicher Depression der Fraktion«, erinnert sich der junge Abgeordnete Josef Felder Jahre später an diese nervenaufreibenden Stunden.[25] Louise Schroeders Mut trug dazu bei, dass die SPD, als einzige Fraktion – die verfolgten KPD-Abgeordneten waren bereits geflohen, verhaftet oder untergetaucht – gegen das »Ermächtigungsgesetz« stimmte, jenes Gesetz, das das Ende der demokratischen Republik besiegelte.

Wie sehr Louise Schroeder mit ihren Warnungen recht gehabt hatte, zeigte sich rasch. Die neuen Machthaber gingen umgehend daran, die liberalen und demokratischen Errungenschaften der vergangenen Jahrzehnte rückgängig zu machen. So stellten sie nicht nur die Judenemanzipation infrage, sondern auch die Frauenemanzipation. Während die deutschen Juden seit 1871 gleichberechtigte Staatsbürger waren, lag die Einführung des Frauenwahlrechts und die rechtliche Gleichstellung der Frau gerade einmal vierzehn Jahre zurück und war längst nicht abgeschlossen. Die Nationalsozialisten machten keinen Hehl daraus, dass sie das Rad der Geschichte zurückdrehen wollten. Mit einer Flut an neuen Gesetzen und Erlassen begann nicht nur die brutale Diskriminierung der deutschen Jüdinnen und Juden, sondern auch die systematische Herausdrängung der Frauen aus zahlreichen Lebensbereichen, die sie eben erst erobert hatten.

Marie-Elisabeth Lüders, die dafür gekämpft hatte, dass Frauen als Juristinnen tätig werden durften, musste nun mitansehen, wie Anwältinnen, Staatsanwältinnen und Richterinnen ihre Stellen verloren und aus dem Staatsdienst verbannt wurden. Und auch sie selbst rückte in den Fokus. Mit ihrer Abgeordnetentätigkeit im Reichstag verlor sie wie ihre Kolleginnen und Kollegen im Parlament auch ihr monatliches Einkommen. Das »Dritte Reich« benötigte nur noch eine Partei und einen »Führer«. Schon wenige Monate nach der »Machtübernahme« wurde Lüders zudem bei der Gestapo in der Prinz-Albrecht-Straße vorgeladen, ihre Verbindungen zur Frauenbewegung und ihre langjährigen Beziehungen zum Auswärtigen Amt und dem Reichswirtschaftsministerium hatten sie wohl verdächtig gemacht. Ab 1934 durfte sie nicht mehr veröffentlichen und auch nicht mehr öffentlich auftreten.

Auch Louise Schroeder stand nun ohne Reichstagsmandat und ohne Lebensunterhalt da und zog zunächst zurück nach Altona. Sie arbeitete in einem kleinen Brotladen und hielt so sich und ihre Mutter über Wasser. Selbst an hohen Feiertagen des Regimes hing keine Flagge an ihrem Laden, sie blieb beim »Moin«, auch wenn ihr ein zackiges »Heil Hitler« entgegengeschmettert wurde, und weigerte sich, einen »Ariernachweis« zu erbringen, weil sie die Ausgrenzung und Verfolgung der jüdischen Bürger*innen aufs Schärfste verurteilte. Zweimal am Tag musste sie sich auf dem Polizeirevier melden, regelmäßig tauchten Kriminalbeamte in ihrer Wohnung auf, um sie zu kontrollieren.[26]

Während Schroeder Ende der 1930er-Jahre nach Berlin umzog, weil sie hoffte, in der Anonymität der Großstadt weniger stark unter Beobachtung zu stehen, zog sich das Netz um Marie-Elisabeth Lüders enger und enger. Dreimal durchsuchte die Gestapo 1937 ihr Haus, setzte ihren Sohn, der noch ein halbes Kind war, unter Druck, ein Protokoll voller Lügen zu unterschreiben, was dieser jedoch ablehnte. Ihre Familie bat Lüders wiederholt, sich im Ausland in Sicherheit zu bringen, noch wäre dies möglich gewesen, doch die willensstarke Politikerin lehnte ab. Flucht, so erklärte sie später, hätte nur von einem schlechten Gewissen gezeugt, und das hatte sie ganz und gar nicht gehabt. Man muss sich bewusst machen, dass Lüders die Entscheidung zu bleiben traf, obwohl sie alleinerziehende Mutter war. Der Vater ihres Sohnes – ebenfalls Politiker und ehemaliger Fraktionskollege – hatte sich nie zu dem Kind bekannt.

Nachdem man ihr Haus mehrfach auf den Kopf gestellt hatte, wurde Lüders schließlich im Juni 1937 nach Moabit gebracht. Man beschuldigte sie der »Heimtücke«: »Ein Vorwurf, der begrifflich ebenso dehnbar war wie unbestimmt in der Länge und Schwere der dafür angesetzten Strafe. An eine offizielle Verteidigung war aufgrund dessen gar nicht zu denken.« Kolleginnen aus der internationalen Frauenbewegung, die sich unermüdlich für sie einsetzten, hatte sie es zu verdanken, dass sie nicht ins Konzentrationslager gebracht, sondern ins Gestapo-Gefängnis am Alexanderplatz verlegt wurde. Dort war die Tochter aus gutem Haus mit einer Gruppe junger Metallarbeiterinnen inhaftiert. Berührungsängste gab es offenbar auf beiden Seiten nicht, das geteilte Schicksal schweißte zusammen. »Was wir Sie noch fragen wollten«, wandte sich denn auch die Anführerin der Metallarbeiterinnen direkt an Lüders, kurz nachdem diese eingeliefert worden war, »Sind Sie eijentlich selber Doktor, oder haben Sie det nur von Ihr'm Mann?« Auf Lüders' Erwiderung, sie habe selbst ihren Doktor gemacht, entschieden die jungen Frauen: »Jut, denn nennen wir Ihnen auch so.« Fortan kümmerte sich die Gruppe aufopfernd um die inzwischen fast Sechzigjährige. »Welch ein Glück für mich, dass ich jahrelang in den Berliner und Charlottenburger Arbeitervierteln gearbeitet hatte und auch die Frauenfabrikarbeit genau kannte«, schreibt Lüders in ihren Memoiren, »So merkten wir schon bald, dass wir trotz aller sozialen Unterschiede großartig zueinander passten.« Lüders hatte aber nicht nur im Gefängnis gute Kontakte zu hilfreichen Frauen, sie verfügte glücklicherweise auch außerhalb der Mauern über wichtige Fürsprecherinnen. Eine Bekannte aus besseren Zeiten, Lady Nunburnholme, die Erzieherin der beiden englischen Prinzessinnen Elizabeth und Margaret, verwandte sich beim deutschen Botschafter in London, Joachim von Ribbentrop, für die inhaftierte Politikerin und hatte schließlich Erfolg. Im Oktober 1937 wurde Marie-Elisabeth Lüders entlassen. Die entbehrungsreiche Haft aber hatte Spuren hinterlassen, ihre Galle und Leber waren dauerhaft geschädigt.[27]

Während des Krieges brachte Lüders sich und ihren Sohn mit Sozialarbeit, aber auch mit Gelegenheitsjobs durch. Sie selbst beschreibt die Jahre als beängstigend und zermürbend, auch weil sie sich zerrissen fühlte zwischen dem »Wunsch nach einer Niederlage des Nationalsozialismus im Kriege und dem Bewusstsein, dass die militärische Niederlage die politische und nationale

Existenz Deutschlands vernichten würde«. Die Sorge um jüdische Bekannte und Freunde, aber auch um jene an der Front war quälend. Schließlich verließ sie ihre Heimatstadt Berlin, die durch die zunehmenden Bombardierungen, die dauernde Verdunkelung, die Not und den Hunger zu einem immer bedrohlicheren Ort geworden war. Die letzten Kriegsmonate verbrachte Lüders in einem bayerischen Dorf. Die Einheimischen hatten große Angst vor den herannahenden Amerikanern und flehten Lüders an, bei ihnen zu bleiben. Vermutlich erhofften sie sich, dass sie mit einer liberalen Politikerin im Ort besser vor den GIs dastehen würden. Hinzu kam, dass Lüders gut Englisch sprach und so vielleicht vermitteln konnte, wenn die Situation brenzlig würde.[28]

Während Marie-Elisabeth Lüders in der bayerischen Provinz bei einer Bauernfamilie die Ankunft der amerikanischen Truppen erwartete, hätte Louise Schroeder das Kriegsende um ein Haar nicht mehr erlebt. Sie hatte unter Beobachtung der Gestapo gestanden, hatte immer wieder befürchtet, verhaftet zu werden, mehrfach war sie ausgebombt worden. Als im Frühling 1945 die Schlacht um Berlin tobte und die Tage des Naziregimes für alle spürbar gezählt waren, wurde Schroeder bei einem Bombenangriff verschüttet und konnte nur in letzter Minute gerettet werden. Die entbehrungsreichen Kriegsjahre und nun die Verletzungen, die sie sich unter den Trümmern ihres Hauses zugezogen hatte, machten Louise Schroeder schwer zu schaffen. Die kleine, schmale Frau war während des Krieges noch dünner und blasser geworden. Im Mai 1945 wog sie gerade noch 42 Kilo.[29]

Marie-Elisabeth Lüders war wohl etwas besser durch die letzten Kriegsmonate gekommen, musste sie doch auf dem Land zumindest keinen Hunger leiden. Im Frühsommer 1945 übertrug man ihr die Leitung einer amerikanischen Militärschule in Oberammergau, wo sie den GIs, die sie »*Granny*« nannten, Deutsch beibringen und Wissen vermitteln sollte über Land und Kultur der Besiegten. Die benachbarte Gemeinde berief sie außerdem in den Entnazifizierungsausschuss des Ortes. Als sich aber herausstellte, dass Dr. Lüders eine Frau Dr. Lüders war, machte sich Entsetzen breit: »Die dortigen Gemeindespießer« wehrten sich mit Händen und Füßen gegen sie, »und zwar nicht nur weil ich Preuße und Protestant war, sondern vor allem wegen der ›würdelosen‹ Zumutung, dass eine Frau über Männer urteilen sollte. Die Stellungnahme der Ortsgewaltigen erinnerte mich an die längst verhallten Ausführungen über die Fähigkeiten der Frau, die sich preußische Oberlehrer, Richter und Regierungsvertreter geleistet hatten.«[30]

Frau Oberbürgermeister

So sehr der Krieg seine Spuren hinterlassen hatte – an ihrem Körper, aber zweifellos auch an ihrer Seele –, so selbstverständlich war es für Louise Schroeder, dass sie nun, da das Land am Boden lag, wieder zusehen musste, dass es auf die Beine kam. Mit Erfolg versuchte sie, alte Strukturen der Arbeiterwohlfahrt wiederzubeleben, übernahm den stellvertretenden Vorsitz der Berliner SPD und wurde im Oktober 1946 nicht nur in die Stadtverordnetenversammlung gewählt, bei der die Sozialdemokraten 63 von 130 Mandaten erringen konnten, sondern auch zu einer der Stellvertreterinnen des Oberbürgermeisters. Entsprechend ihrer Expertise und ihrer Tätigkeit in Vorkriegszeiten, war sie in der umkämpften Stadt nun zuständig für Volksbildung, Gesundheit, Ernährung, Jugend- und Frauenfragen. Die Aufgaben, die auf Louise Schroeder warteten, waren enorm. Die Stadt lag in Trümmern, es galt, Vermisste aufzuspüren, verwaiste Kinder unterzubringen, Unterkünfte für Ausgebombte, Geflüchtete und Vertriebene zu finden, die Versorgungslage war miserabel, im bitterkalten Winter 1946/47 waren Heizmittel äußerst knapp. Zu all diesen Nöten der Berliner*innen quälte sie noch die Sorge um die ungewisse Zukunft. Schnell war die ehemalige Hauptstadt zur neuen Frontstadt geworden. Und je heißer der Kalte Krieg wurde, desto unerträglicher wurde auch die Lage Berlins. Die Situation sollte sich bald zuspitzen und im Zentrum des Sturms stand: Louise Schroeder.

Im Juni 1947 folgte Ernst Reuter auf Otto Ostrowsky als neuer Oberbürgermeister. Die Sowjets aber erhoben Einspruch gegen den Sozialdemokraten, sodass einer der drei Stellvertreter das Amt übernehmen musste. Angesichts der Mehrheitsverhältnisse in der Stadtverordnetenversammlung war das die SPD-Kollegin Louise Schroeder. Eine Rolle mag auch gespielt haben, dass Schroeder im vorangegangenen Winter eine harte Bewährungsprobe in einem überaus schwierigen Ressort bestanden hatte und bei den Berliner*innen hoch respektiert war. »Ich hatte eigentlich in der Nazizeit immer gedacht, ich wollte nie mehr politisch tätig sein, sondern nur sozial«, erinnert sich Louise Schroeder, »Aber als man von mir verlangte, dass ich Stadtverordnete werden sollte und in der Folge davon auch Bürgermeister, nun, da konnte ich mich den Dingen nicht entziehen, denn die Verhältnisse in Berlin waren zu schwer, als dass man daran hätte denken können, sich persönlich etwas Schonung aufzuerlegen.« Sie habe sehr mit sich gekämpft, musste aber doch einsehen, dass »vielleicht in dem Moment eine Frau es leichter machen konnte als ein Mann«. Als sie am 8. Mai 1947, zwei Jahre nach Kriegsende, zur Oberbürgermeisterin gewählt wurde, verbuchte sie das als einen großen Erfolg für die Gleichberechtigung und als »höchste Erfüllung meines politischen Lebens«.[31]

Dass nun eine Frau an der Spitze Berlins stand, beschäftigte auch die internationale Presse. »Niemals hat bis jetzt eine deutsche Frau eine so wichtige Stellung innegehabt«, berichtete die *New York Times*, »noch wurde jemals eine Stadt von vergleichbarer Größe irgendwo in der Welt von einem Mitglied des ›zarten Geschlechts‹ verwaltet … Da, wo Männer aller Parteien Fehlschläge erlitten, gelang es ihr, Erfolge zu erzielen.«[32] Wenig später blickte die ganze Welt auf Berlin. Im Juni 1948 trat die UdSSR aus dem Alliierten Kontrollrat und der Berliner Alliierten Kommandantur aus. Gleichzeitig kam es in der amerikanischen, britischen und französischen Besatzungszone zur Währungsreform. Die Deutsche Mark löste die Reichsmark ab. Ein paar Tage später riegelten die Sowjets Berlin ab, die Blockade der Stadt, die fast ein Jahr dauern sollte, begann.

Die Westsektoren Berlins waren nun abgeschnitten von sämtlichen Versorgungswegen, ihre Bewohner*innen waren quasi zu Geiseln geworden. Die Situation hätte kaum dramatischer sein können. Wie würden die Westalliierten auf die sowjetische Aggression reagieren? Würden sie den Menschen in Westberlin beistehen? Und wie konnte man die Versorgung der Stadt überhaupt aufrechterhalten? Tatsächlich gelang es, die Amerikaner, Engländer und Franzosen auf ein Bekenntnis zu Berlin zu verpflichten. Die Kräfte, die in den kommenden Wochen und Monaten mobilisiert wurden, waren enorm und eindrucksvoll und brannten sich in den Köpfen und Herzen der Menschen ein. Mit Flugzeugen, die mehrfach täglich vor allem in Tempelhof landeten, versorgten die Westalliierten über Monate die verzweifelten Berliner*innen mit Nahrungsmitteln, Medikamenten, Kohle, Benzin und allem anderen, was so eine Großstadt zum Leben brauchte.

Schroeder selbst erkrankte schwer in dieser Zeit, ihr Kollege Ferdinand Friedensburg musste sie über drei Monate lang vertreten. In einer Rede im Bundestag kurz nach Beendigung der Blockade – inzwischen war sie selbst wieder zu Kräften gekommen und Ernst Reuter Oberbürgermeister der Stadt – berichtete sie über diese ungewissen Monate und sah nicht zuletzt in ihrer Haltung als »Pazifistin und als Frau« den Grund für die friedliche Überwindung der Krise und der Blockade.[33] Ihr Gefährte Paul Löbe erinnerte sich nach Schroeders Tod an ihre Rolle während dieser schweren politischen Krise: »Die zähe Ausdauer der sowjetischen Besatzungsorgane erschütterte ihre Widerstandskraft nicht. In der Zeit der Blockade verkörperte sich in ihr vor der ganzen Welt der tapfere Widerstand des schwer bedrohten Berlin.«[34]

Die Grandes Dames bauen auf

Dringend benötigte Führung während der aufreibenden Monate der Luftbrücke übernahm übrigens nicht nur Louise Schroeder, sondern auch Marie-Elisabeth Lüders. Sie wurde 1948 in Berlin Stadträtin und Leiterin des Amtes für Sozialwesen. Schroeder und Lüders, die sich aus ihrer Zeit im Reichstag bestens kannten und sehr schätzten, arbeiteten in den Nachkriegsjahren in Berlin wieder Seite an Seite. Lüders war damals bereits siebzig Jahre alt, aber genau das, was die gebeutelte Stadt brauchte. Sie hatte die Erfahrung, die Kontakte, die Expertise und die Energie, das Wohlfahrtssystem Berlins wieder aufzubauen. Die Herausforderungen waren außerordentlich und wurden auch nach dem Ende der Blockade nicht geringer. »Die Arbeit in meiner Abteilung nahm ständig zu«, schrieb Lüders in ihren Memoiren, »Die Zahl der Arbeitslosen, der Hilfsbedürftigen, der Obdachlosen, der Alten und Kranken, der vielen von ihren Angehörigen auf der Flucht getrennten minderjährigen und unversorgten Kinder stieg.«[35]

Gleichzeitig machte sich die Liberale aber auch daran, politische Netzwerke, die während der Diktatur notgedrungen geruht hatten oder weggebrochen waren, wieder zu beleben. Sie formte die neu entstandene FDP mit, engagierte sich bei der Neugründung des Bundes der Akademikerinnen und beim Juristinnenbund und reaktivierte ihre Kontakte zur internationalen Frauenbewegung. 1953 zog sie für die FDP in den Bundestag ein, wo Louise Schroeder bereits seit 1949 saß. Man muss sich die Situation vorstellen: Beide Frauen kamen zum zweiten Mal in ihrem Leben in ein noch junges Parlament in einer eben gegründeten Republik. Erneut traten sie voller Tatendrang an, diesem noch fragilen Staat Leben einzuhauchen und ihn entscheidend zu prägen. Zwischen 1919 und 1949 bzw. 1953 lagen Jahre der Diktatur und des Krieges. Aus den enthusiastischen jungen Frauen der frühen Weimarer Republik waren ergraute ältere Damen geworden. Und doch war ihnen ihr Kompass in all den Jahren nicht abhandengekommen. Eine demokratische Republik, daran glaubten sie fest, musste starke wohlfahrtsstaatliche Strukturen haben, musste die Belange von Familien, Frauen und Kindern großschreiben und die Gleichberechtigung von Mann und Frau durchsetzen. Diese Überzeugungen speisten sie nun in den Blutkreislauf der Bundesrepublik ein. Beide Politikerinnen wussten, dass es viel zu tun gab, dass es Bestrebungen geben würde, ihre Vorstöße in Sachen Sozialreform und Gleichberechtigung hintanzustellen. Andere Dinge – die vermeintlich große Politik – seien doch jetzt wichtiger. Diese Sprüche hatten sie in Weimar gehört, diese Sprüche hörten sie nun wieder – und waren bereit, sie zu parieren.

Und noch einer Gefahr waren sich diese ersten Parlamentarierinnen der Bundesrepublik bewusst – ein gesellschaftliches Rollback musste verhindert oder zumindest gebremst werden. Regelmäßig, das hatten sie bereits nach dem Ersten Weltkrieg miterleben müssen, wurde der Versuch gemacht, Frauen nach Kriegs- und Krisenzeiten wieder in die private Sphäre zurückzuschubsen. Hatten sie, während die Männer an der Front waren, mitanpacken müssen, wurden sie nun systematisch wieder aus dem Erwerbsleben hinausgedrängt. Die Männer wollten ihre Arbeit wieder und sie wollten eine Frau, die Hausarbeit und Familie übernahm. Hinzu kam, dass die Herausforderungen der Nachkriegszeit und die Lebensmittelknappheit vielen Frauen so viel Zeit und Erfindungsgeist abverlangten, dass neben dem Schlangestehen, dem Kleidungflicken, dem Hamstern, dem Gemüseanbau und Einkochen kaum noch Zeit blieb, einer geregelten Arbeit außer Haus nachzugehen.

Louise Schroeder und Marie-Elisabeth Lüders blieb im Privaten ein solches Rollback erspart, hatten sie doch wie viele Politikerinnen der ersten und übrigens auch noch der zweiten Generation nie geheiratet. Lüders' Sohn war längst erwachsen. So konnten sie sich auch nach Ende des Zweiten Weltkriegs wieder in die politische Arbeit stürzen, ohne von einem Ehemann oder familiären Pflichten gebremst zu werden. Dass so viele politische Frauen gerade dieser frühen Phase ledig blieben, ist, wie wir noch sehen werden, jedenfalls kein Zufall.

Schroeder war seit den 1920er-Jahren mit ihrem Kollegen Paul Löbe liiert. Der war verheiratet und Schroeder dürfte klar gewesen sein, dass das für ihre eigene Karriere gar nicht schlecht war. Ehepaare hatten damals wenig Chancen, von der Partei mit zwei Ämtern oder Mandaten ausgestattet zu werden. Eine Person mit gut dotiertem und einflussreichem Posten pro Paar musste genügen – und natürlich war diese Person in den allermeisten Fällen der Mann. Hätte sich Löbe, der während der 1920er- und zu Beginn der 1930er-Jahre Reichstagspräsident war, scheiden lassen und Schroeder geheiratet, wäre das mit großer Wahrscheinlichkeit das Ende ihrer eigenen politischen Laufbahn gewesen. Schroeder kämpfte zeitlebens gegen bürgerliche Heuchelei und Doppelmoral und beanspruchte sexuelle Selbstbestimmung und Freiheit auch für alleinstehende Frauen. Marie-Elisabeth Lüders hatte ihren Sohn alleine durchgebracht und kannte die Sorgen und Nöte alleinerziehender Mütter. Mit einem Mann, der ihr sagte, wo ihr vermeintlicher Platz war, oder der eifersüchtig auf ihre beruflichen Erfolge blickte, musste sie sich nicht herumschlagen. Wie viel Kraft und Nerven es Lüders gekostet haben musste, in den 1920er-Jahren eine alleinstehende und alleinerziehende Politikerin zu sein, lässt sich nur erahnen. Schroeder dagegen blieb kinderlos, was die Bürger*innen nicht davon abhielt, sie gerade in den Jahren der Blockade zu einer Art Übermutter Berlins zu stilisieren. Ein Phänomen, dem wir im Laufe unserer Reise zu den Ersten übrigens immer wieder begegnen werden: Frauen, auch und gerade jene ohne eigene Kinder, werden mit mütterlichen Attributen beschrieben. Die Bezeichnung »Mutti« für Kanzlerin Angela Merkel passt in diese Reihe und zeigt, dass wir in den letzten achtzig Jahren in dieser Hinsicht nicht recht weitergekommen sind.

2 Justitia ist eine Frau

Elisabeth Selbert – Erna Scheffler – Ruth Bader Ginsburg – Jutta Limbach – Susanne Baer

»Als ich 1953 die parlamentarische Arbeit wieder begann, war Gefahr im Verzuge, dass der Artikel 117 des Grundgesetzes, der die volle Gleichberechtigung der Frauen vorsah, nicht eingehalten wurde«, erinnert sich Marie-Elisabeth Lüders an ihren Start als Abgeordnete im Deutschen Bundestag. Sie war schon Mitte siebzig, als sie ins Parlament gewählt wurde – und langsam wurde sie ungeduldig.

Die 1950er-Jahre waren für die Frage, wie die sich gerade etablierende Bundesrepublik sich in Sachen Gleichberechtigung von Mann und Frau verhalten würde, ganz entscheidend. Die politischen Auseinandersetzungen darüber wurden gewissermaßen zum Lackmustest für den Charakter dieses neuen Staatsgebildes. In diesen frühen formativen Jahren ging es nicht nur um Westintegration und soziale Marktwirtschaft, sondern auch um die Frage, ob jetzt Ernst gemacht würde mit der Gleichstellung der Geschlechter oder ob dieses Westdeutschland eine patriarchale Gesellschaft bleiben würde, in der der Frau zwar das Wahlrecht gewährt wurde und sie als gleichberechtigte Staatsbürgerin galt, in der aber in Ehe und Familie weiterhin der Mann das letzte Wort hatte.

»Ich nehme an, ich bin hier die Älteste«, konstatierte Marie-Elisabeth Lüders trocken im Hohen Haus, als sie 1953 als Alterspräsidentin den Bundestag eröffnete. Der junge Egon Bahr, damals Journalist in Bonn, erinnert sich an die große, Ehrfurcht einflößende, ein wenig gebeugte ältere Dame mit Stock: »Sie war die Älteste. Aber selbst wenn dies nicht zugetroffen hätte – es hätte niemand gewagt, ihr zu widersprechen.«[1] Lüders war nicht nur die Älteste, sie zählte auch zu jenen Politikerinnen, die bereits in Weimar für die volle Gleichberechtigung der Frau gekämpft hatten und nur zu gut wussten, dass sie diese in der ersten deutschen Republik noch längst nicht erreicht hatten. Zudem war Lüders schmerzhaft bewusst, dass die Jahre des Nationalsozialismus einen gigantischen Rückschlag auf diesem Wege bedeutet hatten. Man musste zwar nicht wieder bei null beginnen, aber man hatte durch die zwölf Jahre der Diktatur wertvolle Zeit verloren.

Dennoch waren seit 1949 ganz entscheidende Grundlagen gelegt worden, auf die man nun bauen konnte. Die Frauen hatten aus den Versäumnissen von Weimar gelernt. Sie hatten getreu dem Motto gehandelt: *»build back better«*; sie wollten nicht zu den Zuständen vor 1933 zurück, sondern noch einen Schritt weitergehen. Dass dies gelang, war vor allem einer engagierten Sozialdemokratin zu verdanken, die es im Parlamentarischen Rat mit 61 Männern aufnahm.

Selbert greift ein

Im September 1948 wurde im Bonner Museum Koenig feierlich der Parlamentarische Rat eröffnet, der in den folgenden Monaten die Gründung der Bundesrepublik vorbereiten und ein Grundgesetz erarbeiten sollte. Vier Frauen mussten genügen, um die Hälfte der Bevölkerung zu repräsentieren: die einflussreiche Zentrums- bzw. CDU-Politikerin Helene Weber, die ehemalige Fürsorgerin Helene Wessel, die ab 1928 ebenfalls für das Zentrum im Preußischen Landtag gesessen hatte, die Sozialdemokratin Frieda Nadig, die wie Wessel aus der Sozialarbeit kam, und die promovierte Juristin und erfahrene Anwältin Elisabeth Selbert, ebenfalls SPD.

Selbert erinnert sich an die bedrückende Atmosphäre an diesem Tag in dem behelfsmäßig hergerichteten Museum. Auch die Beethovenklänge konnten nicht »über das Grau der Szene hinweghelfen«. Die Anwesenden waren vom Krieg gezeichnet: »Sie waren blaß und schmal«, kaum wiederzuerkennen. »Wir alle standen ja noch unter dem Eindruck des Schreckens.« Diese 61 Männer und vier Frauen arbeiteten gewissermaßen »mit dem Januskopf«: Sie waren entschlossen, die Fehler der Weimarer Republik nicht zu wiederholen. Jetzt wollten sie alles besser machen.[2]

[5] Vier Frauen mussten reichen, die Interessen der Hälfte der Bevölkerung einzubringen. Die »Mütter des Grundgesetzes«: v. l. Frieda Nadig, Helene Wessel, Helene Weber, Elisabeth Selbert.

Elisabeth Selberts politische Karriere und ihr Einsatz, mit dem sie tatsächlich Geschichte schreiben sollte, ist selbst Ausdruck des enormen Modernisierungsschubes, den Deutschland in der ersten Hälfte des 20. Jahrhunderts durchlaufen hatte und den es nun, in Selberts Augen, in der Bundesrepublik fortzuführen galt. Selbert steht für einen ganz neuen Typ Politikerin. Sie war eine echte Erste, unterschied sich in vielem nicht nur von den Herren im Parlamentarischen Rat, sondern auch von den drei Kolleginnen. Wie so viele Erste hatte sie eine Extraportion Energie aufzubringen, um für ihre Ideen zu werben und ihre Überzeugungen schließlich durchzusetzen. Und sie zahlte einen hohen Preis dafür.

Elisabeth Selbert wurde als Elisabeth Rohde 1896 in eine kleinbürgerliche Kasseler Familie hineingeboren. Ihr Vater, eigentlich Handwerker, arbeitete nach einem Unfall im juristischen Staatsdienst. Geprägt wurde das Mädchen aber besonders von ihrem Großvater mütterlicherseits, der Bauer und Schmiedemeister war. Mit ihm fuhr sie in den Ferien mit dem Kutschwagen über die Felder zu den umgebenden Gütern und half beim Pferdebeschlagen. Ihre Neugier für Menschen wurde wahrscheinlich in jenen Jahren geweckt. Die Familie Rohde lebte in einfachen Verhältnissen. Es gab eine große, gemütliche Wohnküche, in der sich der Alltag abspielte. Einmal die Woche wurde die Volksbadewanne vorgeholt und die Küche verwandelte sich in ein Badezimmer. Die gute Wohnstube mit Klavier und Plüschvorhängen dagegen wurde nur zu hohen Feiertagen beheizt und genutzt. Die Bildung der drei Töchter, auch die musische, war den Eltern wichtig. Die Mutter legte zwar großen Wert darauf, dass die Mädchen traditionelle Aufgaben übernahmen – Sticken und Nähen vor allen Dingen –, sie sollten aber auch einen Beruf erlernen. Die begabte Elisabeth wäre gern aufs Oberlyzeum gegangen und wollte Lehrerin werden, dafür war aber nicht genug Geld da und so begann die junge Frau eine Laufbahn bei der Post im mittleren Dienst.[3]

Am Postschalter sollte sie auch den Mann treffen, der nicht nur ihr Partner fürs Leben wurde, sondern der von Anfang an das politische Talent der jungen Elisabeth sah und es anfeuerte. Adam Selbert, Buchdrucker und überzeugter Sozialdemokrat, war in den Wintermonaten 1918/19 Vorsitzender des Arbeiter- und Soldatenrates in Niederzwehren und wurde in Weimarer Jahren Kommunalpolitiker in Kassel. Die beiden heirateten und bekamen ihre beiden Söhne rasch hintereinander in den Jahren 1921 und 1922. Elisabeth Selbert holte, motiviert und unterstützt durch ihren Mann, nicht nur ihr Abitur nach und schrieb sich zum Jurastudium ein, sie begann sich auch selbst politisch zu engagieren. In kurzer Zeit entwickelte sie sich zu einer Art Politikerin, wie sie damals noch äußerst selten war: verheiratet mit Kindern, eigenem Beruf und einem breiten, nicht ausschließlich sozialpolitischen Profil.

Viele der frühen Parlamentarierinnen in Weimar und später auch in Bonn – genau wie übrigens auch Selberts drei Kolleginnen im Parlamentarischen Rat – waren dagegen ledig und kinderlos. Man könnte Selbert also als eine Art Vorläuferin für Käte Strobel und sogar Renate Schmidt bezeichnen, die Jahre, ja Jahrzehnte später in höchste Ämter gelangten. So groß die Unterschiede zwischen diesen drei Sozialdemokratinnen schon allein generationenbedingt auch waren, gab es doch bemerkenswerte Parallelen. Wie die beiden späteren SPD-Ministerinnen bekam Selbert ihre Kinder früh, sie entwickelte ihre beruflichen Ambitionen weiter, als sie längst Mutter war, und konnte – genau wie Strobel und Schmidt – auch deswegen eine außergewöhnliche politische Karriere machen, weil ihr Mann mitzog. Das Thema Partnerschaft und Familie müssen wir bei unserer Reise zu den Ersten ihrer Art im Blick behalten. Die Frage, welche Anforderungen die Politik gerade an Frauen mit Familie stellt beziehungsweise welche Auswirkungen es hat, wenn jüngere Frauen und Mütter in Parteien und Parlamenten nicht ausreichend vertreten sind, beschäftigt uns schließlich bis in die Gegenwart hinein.

Doch zurück in die 1920er-Jahre. Nach nur sieben Semestern hatte Elisabeth Selbert nicht nur das Jurastudium beendet, sondern auch ihre Promotion zum Thema »Ehezerrüttung als Scheidungsgrund« abgeschlossen. Ihr Dissertationsthema wies übrigens weit in die Zukunft, denn noch bis 1977 beruhte die Ehescheidung auf dem Schuldprinzip. Wenige Wochen bevor 1935 ein Gesetz in Kraft trat, das Frauen den Zugang zum Anwaltsberuf versperren sollte, wurde Selbert in Kassel zur Anwaltschaft zugelassen. Quasi in letzter Sekunde. Was für ein ausgesprochenes Glück das war, wurde den Selberts schnell bewusst. Nachdem Adam kurz nach der »Machtübernahme« der Nationalsozialisten seine Arbeit in der Kommunalverwaltung verloren hatte und als Sozialdemokrat vier Wochen in einem Konzentrationslager interniert worden war, wurde Elisabeth Selbert zur Alleinverdienerin. Sie brachte ihre Familie durch die Jahre des Krieges.

Elisabeth und Adam Selbert waren sich von Anfang an auf Augenhöhe begegnet. Schon vor den Jahren der NS-Diktatur hatte die Ehefrau gleichberechtigt gearbeitet, war sogar höher qualifiziert als ihr Mann, hatte als Anwältin wohl auch mehr verdient. Die durch das Regime erzwungene Arbeitslosigkeit machte Adam Selbert quasi zum Hausmann, der sich um die Teenager kümmerte, bis die beiden Jungs eingezogen wurden. Die Eltern sorgten sich fortan nicht nur um die Söhne an der Front, auch das Leben zu Hause wurde mit jedem Tag, den der Krieg voranschritt, unerträglicher. Die Versorgungslage in den Städten, vor allem aber der Bombenkrieg zermürbte die Menschen. »Im Kriege unter Bombenwürfen die Anwaltstätigkeit auszuüben, war keine Kleinigkeit«, konstatierte Elisabeth Selbert Jahre später in einem Interview. Auch für eine Frau, für die Verzicht auf persönliche Erholung und Vergnügungen selbstverständlich war – jahrelang hatte sie mit zwei relativ jungen Kindern nicht nur eine Anwaltspraxis geführt, sondern sich auch politisch engagiert –, waren die letzten Kriegsjahre eine psychische und physische Belastung, die kaum zu ertragen war. Nur dank der Geistesgegenwart ihrer jungen Assistentin, die sie am Abend des 22. Oktober 1943 erinnerte, sich nicht in Akten zu verlieren, sondern die Kanzlei in der Innenstadt zu verlassen und nach Hause zu fahren, überlebte Selbert den schwersten Bombenangriff auf Kassel, der die Altstadt dem Erdboden gleichmachte – einschließlich des vierstöckigen Eckhauses am Königsplatz, in dem sich ihr Büro befand. Alle Bewohner, auch jene, die sich im Keller in vermeintliche Sicherheit gebracht hatten, kamen ums Leben. »Ich glaube, diese erschütternden Bilder, die wir damals gesehen haben, werden mich bis zu meinem letzten Stündlein nicht mehr loslassen.« Immer wieder trieb es Selbert auf den Königsplatz, sie konnte den Anblick einfach nicht verwinden. »Es standen ja im Kern nur noch Ruinen. Da wurde ich Zeuge eines furchtbaren Geschehens: Ein Luftschutzkeller wurde ausgeräumt, in dem 400 Tote gelegen hatten. Da war ein öffentlicher Luftschutzkeller unter einem großen Geschäft geöffnet worden, man legte die Leichen auf die Straße, aneinandergereiht, die Handtaschen der Frauen danebengestellt, dann wurden die Handtaschen durchsucht, man lud die Toten auf Kraftwagen und fuhr sie ab zum Friedhof in ein Massengrab, wo sie in drei Etagen übereinandergelegt wurden.«[4]

Man muss sich solcherlei Szenen vor Augen führen, um zu verstehen, was viele der Männer und Frauen, die sich nach dem Krieg wieder politisch engagierten, antrieb. »Das Schicksal hat so hart mit mir gehadert in all den Jahren, daß daher auch der starke Antrieb kam, mitzugestalten, daß so etwas nie wieder kommen würde«, erinnert sich Selbert, die 1946 zunächst Stadtverordnete in Kassel und Abgeordnete im hessischen Landtag wurde. Neben ihrer politischen Tätigkeit arbeitete sie weiterhin als Anwältin. Außerdem galt es unter schwierigsten Bedingungen den Alltag zu organisieren. Ein ehemaliges »Wehrmachtsmädchen« aus Gliwice (Gleiwitz), das nicht mehr zurück in die Heimat konnte, kam noch mit dem Tornister auf dem Rücken zu ihr und half ihr im Haushalt.[5]

Elisabeth Selbert war eine moderne Frau. Sie war im späten Kaiserreich aufgewachsen und hatte die Chancen, die die neu gegründete Republik den Frauen 1919 eröffnet hatte, zielstrebig genutzt. In den 1920er-Jahren hatten sich ihr und ihren Geschlechtsgenossinnen neue Tätigkeitsfelder eröffnet, ja, die berufstätige Frau war zu einem Massenphänomen geworden. Zudem hatten Künstlerinnen wie Claire Waldoff, Anita Berber, Greta Garbo und Marlene Dietrich die Bühnen der Tanzpaläste und die Leinwände der Lichtspielhäuser erobert. Frauen hatten sich die Zöpfe abschneiden lassen, hatten begonnen, kürzere Röcke zu tragen, sie waren mobiler, sichtbarer, vernehmbarer geworden. Wichtige Männerbastionen waren eingenommen worden. Ja, diese innovative deutsche Republik hatte sogar die erste Rabbinerin hervorgebracht. 1930 hatte eine junge Frau namens Regina Jonas ihren Abschluss an der Berliner Hochschule für die Wissenschaft des Judentums gemacht und war Mitte der 1930er-Jahre ordiniert worden – ein Novum weltweit. Als das »Fräulein Rabbiner Jonas« 1935 ihren Dienst in der liberalen jüdischen Gemeinde von Berlin antrat, hatten allerdings die neuen Machthaber nicht nur die frauenemanzipatorischen Entwicklungen der vergangenen Jahre auf einen Schlag beendet, die deutschen Jüd*innen waren inzwischen ihrer Reichsbürgerschaft beraubt und zu Staatsangehörigen zweiter Klasse erklärt worden und brutaler Diskriminierung ausgesetzt. Die mörderische Maschinerie der Nationalsozialisten wurde in Gang gesetzt. Regina Jonas wurde im Herbst 1942 nach Theresienstadt deportiert, wo sie zunächst auch noch als Rabbinerin tätig war. Zwei Jahre später wurde sie nach Auschwitz gebracht und ermordet.

Elisabeth Selbert war sich der Fragilität von Reformbestrebungen und -erfolgen schmerzhaft bewusst. Alles Mühen um die Gleichberechtigung der Frau war durch die Nationalsozialisten um Jahre zurückgeworfen worden. Gleichzeitig aber hatte der Zweite Weltkrieg, ähnlich wie der Erste, vielen Frauen einen ganz realen Emanzipationsschub verpasst. Sie hatten, während Ehemänner, Väter, Söhne an der Front waren, Aufgaben übernommen, die zuvor »Männerarbeit« gewesen waren. Und mehr als das: Sie waren in den Familien in die Entscheiderinnenrolle hineingerutscht. »Ich hatte es nach zwei Weltkriegen (…) für selbstverständlich gehalten, daß die Gleichberechtigung ohne Kampf über die politische Bühne gehen würde«, so Selbert, »Ein Irrtum, wie sich herausstellen sollte.«[6]

Wie bereits 1919 war auch 1945 gar nichts selbstverständlich. Ganz praktisch hatten sich viele Frauen zwar in den vorangegangenen Kriegsjahren eine gewisse Autonomie erobert, auf der verfassungsrechtlichen Ebene – und wohl auch in den Köpfen vieler Männer – gab es aber noch erhebliche Hürden zu nehmen. Eigentlich war Elisabeth Selbert im Rechtspflege- und Bundesverfassungsgerichtsausschuss des Parlamentarischen Rates aktiv, wo sie sehr konkrete Vorstellungen hatte, die sie einzubringen gedachte. Nach und nach wurde ihr aber klar, was in Sachen Gleichberechtigung auf dem Spiel stand: Der Grundrechtskatalog nämlich, der inzwischen ausgearbeitet worden war, enthielt zu Selberts Überraschung keinen Satz, der die Frauen in allen Rechtsgebieten gleichstellte. Die Juristin war entsetzt. Für sie stand fest, dass es für Artikel 3 nur eine Formulierung geben konnte, um die Gleichberechtigungsfrage im Grundgesetz ein für alle Mal zu klären: »Männer und Frauen sind gleichberechtigt.« Kurz und knapp und unmissverständlich. Oder wie Selbert selbst sagte: »So einfach und doch so revolutionär.«[7]

Selberts Formulierungsvorschlag aber stieß bei vielen Mitgliedern des Parlamentarischen Rates, sogar bei ihrer SPD-Kollegin Frieda Nadig, zunächst auf Skepsis. Das gesamte bürgerliche Recht, in dem die Vormachtstellung des Mannes vor allem in Ehe und Familie ja gewissermaßen seit Jahrzehnten betoniert war, würde dann verfassungswidrig, wurde argumentiert, man müsse das Familienrecht komplett umschreiben. Genau das aber war es, was Selbert wollte. Die Juristin mit langjähriger Erfahrung im Familienrecht wusste genau, dass ihre Formulierung eine Änderung zahlreicher Gesetze im Bürgerlichen Gesetzbuch, das noch aus dem Kaiserreich stammte, nach sich ziehen würde. Schon Ende des 19. Jahrhunderts, als das BGB entstanden war, hatten Frauenrechtlerinnen Kampagnen gestartet, um weitreichendere Rechte für Frauen durchzusetzen, waren aber an der Ignoranz und dem Unwillen der Männer gescheitert.[8] Damals hatten keine Juristinnen und Politikerinnen mit am Tisch gesessen, diesmal aber, dazu war Selbert fest entschlossen, würde sie den Frauen Gehör verschaffen und die antiquierten Regelungen des BGB in Sachen Familienrecht modernisieren: »Ich hatte ja als Jurist die Minderstellung der Frau in ihrer ganzen Tiefe und ihrem Leid erlebt, und zwar am Schreibtisch und in Gerichtssälen.« Zusammen mit der Staatsrechtlerin Wiltraut Rupp-von Brünneck verfasste sie daher den Artikel 117, der besagte, dass sämtliche Rechte, die Artikel 3 entgegenstanden, bis zum 31. März 1953 überarbeitet werden sollten. Die Gegner ihres Vorschlags aber blieben skeptisch. Man versuchte, Selbert für eine Formulierung zu gewinnen, die ein »grundsätzlich« oder ein »insbesondere« enthielt und so Ausnahmen zugelassen hätte. Sie aber wich keinen Millimeter: »In dem Augenblick, wo wir katalogisieren, (...) haben wir verloren!«[9]

Man muss sich Selbert in diesen Wochen wohl als eine recht einsame Frau vorstellen – zumindest im Parlamentarischen Rat. Ihr gegenüber stand eine ganze Armee männlicher Juristen, die Szenarien an die Wand malten, die keiner herbeisehnte. Schriebe man Selberts Vorschlag ins Grundgesetz, prophezeiten sie, würde es Chaos geben. Der Widerstand, der ihr entgegenschlug, war gewaltig. Selbst aus ihrer eigenen Fraktion. Als zu befürchten stand, dass die Formulierung auch in der dritten Abstimmung durchfallen würde, griff die Juristin zum Äußersten: Sie mobilisierte weiblichen Widerstand.

Elisabeth Selbert war sich des bahnbrechenden Charakters ihrer Forderung – Rechtsgleichheit der Frau auf allen Gebieten – durchaus bewusst und ihr war klar, dass sie nur diese eine Gelegenheit hatte, die entscheidenden Weichen zu stellen. Das war der Moment, in dem über die Zukunft der Republik und die Rolle, die Frauen in ihr spielen würden, entschieden wurde. Glücklicherweise hatte Elisabeth Selbert die Frauenverbände auf ihrer Seite – von den Gewerkschaftsfrauen, den sozialistischen Frauenvereinen bis zu überparteilichen Verbänden, »ich möchte sagen, die Frauen auf der ganzen Linie«: »Es war geradezu begeisternd und erschütternd, wie die Proteste aus dem ganzen Bundesgebiet (...) in die Beratungen des Parlamentarischen Rates hineingeschüttet wurden. Körbeweise!«, erinnert sie sich. Einen ungeheuren Einfluss, so Selbert, habe diese politische Bewegung der Frauen genommen, »die wie ein Sturm über den Rat hinweg ging«. Es sollte Elisabeth Selberts großer Triumph werden. Dieses Ausmaß der öffentlichen Empörung von Frauen konnte man nicht mehr ignorieren. Eine, die für Selberts Sache wirbelte, war übrigens eine gewisse Hildegard Hamm-Brücher, die seit 1948 für die FDP im Münchner Stadtrat saß. »Elisabeth Selbert«, so erinnert sich Hamm-Brücher später, »hat uns mobilisiert nach der zweiten Lesung. Und ich habe Waschkörbe mit Postkarten an den Parlamentarischen Rat als junge Stadträtin organisiert.« Mit diesem enormen öffentlichen Rückenwind gelang es Elisabeth Selbert schließlich, ihren Satz »Männer und Frauen sind gleichberechtigt« und damit die Gleichstellung als imperativen Auftrag an den Gesetzgeber im Grundgesetz zu verankern. »Ich hatte einen Zipfel der Macht in der Hand gehabt und den habe ich ausgenutzt«, erinnert Selbert sich. »Es war die Sternstunde meines Lebens, als die Gleichberechtigung der Frau damit zur Annahme kam.«[10]

Bei der Erarbeitung der DDR-Verfassung, die zeitgleich im Osten Deutschlands entstand, war dieser Punkt übrigens nicht strittig. In einem sozialistischen Staat mussten, marxistischer Theorie zufolge, Mann und Frau selbstverständlich gleichberechtigt sein. Artikel 7, Absatz 1 lautete denn auch schlicht: »Mann und Frau sind gleichberechtigt.« Um auf Nummer sicher zu gehen, hatten die ostdeutschen Frauenverbände unter der Leitung von Elli Schmidt und Käthe Kern allerdings darauf gedrungen, dass noch ein entscheidender Satz hinzugefügt wurde: »Alle Gesetze und Bestimmungen, die der Gleichberechtigung der Frau entgegenstehen, sind aufgehoben.« Und man ging sogar noch einen Schritt weiter, um die reale Umsetzung dieser hehren Verfassungsziele möglich zu machen. In Artikel 18 hieß es: »Durch Gesetz der Republik werden Einrichtungen geschaffen, die es gewährleisten, dass die Frau ihre Aufgabe als Bürgerin und Schaffende mit ihren Pflichten als Frau und Mutter vereinbaren kann.« Der sozialistische deutsche Staat im Osten erwies sich in der Stunde seiner Geburt in Sachen Geschlechtergerechtigkeit also als deutlich fortschrittlicher.

Die Fragen des Lebens

Ohne Elisabeth Selbert wäre in Sachen Gleichstellung eine deutlich weniger klare Formulierung im Grundgesetz verankert worden, das kann man wohl mit einiger Sicherheit sagen. Das hinderte männliche Kollegen aber nicht daran, Selberts Verdienst im Nachhinein herunterzuspielen. Während sie selbst bei jeder Gelegenheit prominent auf die öffentliche weibliche Empörung hinwies, war vielen Herren im Parlamentarischen Rat diese große Aufmerksamkeit gar nicht recht. Schnell erkannten sie, dass man jetzt, nachdem die Angelegenheit einmal so entschieden war, das Fähnlein wechseln musste. Man habe natürlich immer aufseiten der vollen Gleichberechtigung gestanden, wurde nun betont. Theodor Heuss, der wenige Monate später zum ersten Bundespräsidenten gewählt werden sollte, verniedlichte den Frauenprotest als »Quasistürmlein«. Die Tatsache, dass die Abgeordneten erst in letzter Sekunde auf Selberts Formulierung eingeschwenkt waren, konnten derlei Manöver nicht verschleiern. Die Presse erkannte in weiten Teilen durchaus, dass da Geschichte geschrieben worden war, so fragte sich die *Süddeutsche Zeitung*, was die revolutionäre Frauenrechtlerin Olympe de Gouges zu diesem Meilenstein sagen würde. De Gouges hatte erleben müssen, dass die Befreiung des Menschen in den Augen vieler männlicher Revolutionäre eben nicht auch die Befreiung der Frauen bedeutete. Ihre Überzeugung, dass Menschenrechte auch Frauenrechte waren, bezahlte sie 1793 auf der Guillotine mit dem Leben. »Vielleicht wäre sie traurig, daß sie anderthalb Jahrhunderte zu früh gelebt hat: vielleicht wäre sie glücklich, daß ihr Kampf, wenn nicht von ihr, so doch von ihren Nachfahrinnen siegreich beendet worden ist.«[11]

Frauen, so Elisabeth Selbert, sollten sich politisch engagieren, »weil ja die Fragen des Lebens dort entschieden würden«.[12] Die Bedeutung von Selberts Ringen und ihrem letztendlichen Sieg sind in der bundesrepublikanischen Geschichte gar nicht hoch genug zu veranschlagen. Bitter ist allerdings zweierlei. Zum einen ist auffallend, dass Selberts Karriere nach ihrer »Sternstunde« recht abrupt endete. Und das lag nicht daran, dass sie nicht gerne weiter auf großer Bühne Politik gemacht hätte. Ihre Partei verpasste ihr schlicht einen derart miserablen Listenplatz für die anstehende Bundestagswahl, dass sie den Einzug in das erste bundesdeutsche Parlament verpasste. Eine weitere Niederlage erlebte sie, als sie wider Erwarten nicht ans Bundesverfassungsgericht berufen wurde. Beides wirft Fragen auf: War die resolute Juristin ihren – vor allem männlichen – Kollegen, selbst der Mehrzahl ihrer Genossen, zu kämpferisch? Hatte sie sich im Streit um Artikel 3 zu viele Feinde gemacht und wurde deswegen politisch kaltgestellt? Und nahm man übel, dass sie so offen Partei für jene Hälfte der Bevölkerung ergriffen hatte, die doch bitte nicht zu selbstbewusst ihre Belange verhandeln sollte? Fest steht, dass Elisabeth Selbert in den 1950er-Jahren zwar noch im Hessischen Landtag saß, sich dann aber in die Privatheit ihrer Anwaltskanzlei zurückzog.

Bitter war zum anderen auch, dass den Frauen in der Bundesrepublik schnell klar wurde, dass es noch ein weiter Weg war von der Postulierung des Artikel 3, Absatz 2 bis zur Anpassung des übrigen Rechts an diesen Grundrechtsartikel. Und die Regierung Adenauer, auch das war kaum zu übersehen, hatte es nicht eilig damit, patriarchale Vorrechte des Bürgerlichen Gesetzbuches zu reformieren. Wie Marie-Elisabeth Lüders 1953 ganz richtig sagte: Es war Gefahr im Verzuge. Die Frist, innerhalb derer laut Artikel 117 die nötigen Anpassungen vorgenommen werden sollten, verstrich, ohne dass die Regierung die wichtigsten Schritte auch nur angestoßen hatte. Der Streit entzündete sich auf dem Feld des Familienrechts, genauer gesagt am sogenannten Letztentscheidungsrecht des Ehemannes beziehungsweise des Vaters. Im innerfamiliären Streitfall sollte nach dem Willen der Regierung im Stichentscheid der Mann weiterhin das letzte Wort haben. Man plante also – entgegen dem Gleichheitsgebot –, an traditionellen Familienstrukturen festzuhalten. Als Ehefrau und Mutter sollte die Frau dem Mann also doch nicht so ganz gleichgestellt sein.

Es stand nun eine überaus heikle Phase an: Würde das, was im Grundgesetz in Artikel 3, Absatz 2 niedergeschrieben worden war, auch im politischen Alltag verwirklicht werden? Oder behielten am Ende doch traditionelle Kräfte die Oberhand, die die männliche Vormacht retten wollten? Selbert selbst konnte mangels Mandat oder Richterposten, wie gesagt, nicht auf Bundesebene weiter für ihren Artikel und dessen Umsetzung in den Ring steigen. Marie-Elisabeth Lüders, die wie viele Frauen in den frühen 1950er-Jahren um die Verwirklichung des Gleichheitsartikels bangte, setzte ihre Hoffnung nun in Erna Scheffler, die sie selbst noch aus ihrer Zeit im Kriegsministerium kannte, ja, die damals sogar Lüders' Mitarbeiterin gewesen war. Während Elisabeth Selbert vielen als »politisch zu profiliert«[13] galt, um als oberste Richterin tätig zu sein, war ebenjene Erna Scheffler 1951 als erste und einzige Frau in den ersten Senat des Bundesverfassungsgerichts nach Karlsruhe berufen worden.

Der weiße Rabe

Erna Scheffler, geboren 1893 als Erna Friedenthal in eine wohlhabende Breslauer Fabrikantenfamilie, erlebte schon als junges Mädchen, was es hieß, eine Frau und damit rechtlich nicht gleichgestellt zu sein. Nachdem ihr Vater 1905 plötzlich starb, änderte sich das Familienleben schlagartig. Aus dem heiteren Elternhaus, in dem man großen Wert auf Bildung gelegt hatte, in dem musiziert und viel gelesen worden war, wurde nun ein entrechteter Frauenhaushalt, dem ein männlicher Vormund bestellt wurde. Wie damals nicht unüblich, wurde Ernas Mutter Margarethe nach dem Tod ihres Mannes quasi entmachtet – als Mutter und als Unternehmer(ehe)frau. Nicht nur die Firma wurde fortan von Ernas Onkel geführt, er übernahm auch die elterliche Entscheidungsgewalt. Margarethe Friedenthal und ihre Kinder wurden zu Bittstellerinnen, die vom Gutdünken eines Mannes, der weder Ehemann noch Vater war, abhängig waren.

Diese dramatische Veränderung der Lebensumstände ließen

Erna Scheffler bereits in jungen Jahren beschließen, einen Beruf zu ergreifen, der ihr Unabhängigkeit bescheren würde. Später, als Juristin, brachte sie diese frühen Erfahrungen auf den Punkt: »Volle Rechtspersönlichkeit hat nur der, den man für voll nehmen muß, und für voll nimmt man nur denjenigen, der für sich selbst einstehen kann.« Für sich einstehen konnte in früheren Zeiten jener, der eine Waffe führte, später jener, der wirtschaftlich für sich selbst sorgen konnte. »Im Waffenhandwerk wie im Wirtschaftsleben aber trat die Frau völlig hinter dem Mann zurück, und ihre Leistung als Hausfrau und Mutter – und das scheint mir der entscheidende Punkt – wurde rechtlich für nichts geachtet, weil diese Leistung keinen Marktwert hatte.«[14] Die Juristin schrieb diese Zeilen in den 1970er-Jahren über längst vergangene Zeiten, doch das große Problem der unbezahlten Care-Arbeit ist bis heute ungelöst. Die rechtliche Gleichstellung ist inzwischen erreicht, dennoch klingen Schefflers Worte in unseren Ohren brandaktuell.[15]

Der Weg raus aus diesem Dilemma der Rechtlosigkeit und des Ausgeliefertseins, das war der jungen Erna damals sehr klar, lag in Bildung und Ausbildung. An der höheren Mädchenschule, die sie besuchte, konnte sie kein Abitur machen, Gymnasien für Mädchen existierten in Breslau und vielen anderen Orten noch nicht. Sie bereitete sich also alleine auf die Prüfung vor, so wie einige andere Mädchen ihres Jahrgangs, und bestand schließlich die Reifeprüfung am Knabengymnasium in Ratibor. Sich selbst und die anderen jungen Frauen, die sich da zwischen all den Jungs und Lehrern behaupten mussten, nannte sie »weiße Raben«.[16]

Einmal mehr wird hier ein entscheidendes Charakteristikum vieler Erster deutlich: Ob sie wollen oder nicht, sie stechen aus der Masse heraus. Dieser weiße Rabe konnte sich nicht in der Menge verstecken, erwies sich aber als mindestens genauso gut vorbereitet und intelligent wie der Rest des Schwarms. Erna bestand nicht nur das Abitur, sondern entschied sich im Anschluss für ein Studium. Gegen den Rat der Mutter, die mahnte, es könne als Studierte schwer werden, einen Mann zu finden, immatrikulierte sich Erna Scheffler in Heidelberg an der medizinischen Fakultät, wechselte aber bereits nach einem Semester zu Jura. Dass die Mutter das vermeintliche Blaustrumpf-Stigma der gebildeten Frau mehr fürchtete als die Entrechtung, dass sie es trotz eigener leidvoller Erfahrungen lieber gesehen hätte, Erna hätte sich qua Ehe versorgt, zeugt von den tief verankerten Rollenbildern, die offenbar schwer abzulegen waren. Die junge Frau ließ sich aber weder von den Unkenrufen ihrer Mutter noch vom machistischen Verhalten der Professoren und Kommilitonen abhalten. Sie wurde an der juristischen Fakultät, die damals eine reine Männerbastion war, meist ignoriert. Wie Marie-Elisabeth Lüders erlebte sie aber auch das Ritual des »Ausgescharrt«-Werdens. Kaum betrat eine junge Frau den Hörsaal, scharrten Dutzende, ja Hunderte von anwesenden Männern mit den Füßen. Pubertär, aber dennoch demütigend. Da Frauen 1914, als Erna Scheffler ihr Studium beendete, in Breslau noch kein juristisches Staatsexamen ablegen durften, promovierte sie zunächst und arbeitete später als Sachbearbeiterin in Rechtsfragen bei der Fürsorge, dem Feld, das Frauen schon vor dem Ersten Weltkrieg offenstand. Die letzten drei Kriegsjahre war sie in der Justiz- und Finanzabteilung der deutschen Militärverwaltung in Belgien tätig. Ihre Chefin war keine andere als Marie-Elisabeth Lüders, die sich zeitgleich, wie wir gesehen haben, im Berliner Kriegsministerium mit den Vorurteilen männlicher Vorgesetzter herumzuärgern hatte. 1916 hatte Erna Scheffler den Juristen Fritz Haßlacher geheiratet und war ein Jahr später Mutter einer Tochter geworden. Dass sie nun als verheiratete Frau rechtlich eingeschränkt war – ein Zustand, den sie immer vermeiden hatte wollen –, entsetzte sie. Sie sei »hell empört« gewesen, als sie nicht mehr allein über ihr Konto verfügen konnte, sondern für alles und jedes auch die Unterschrift ihres Mannes benötigte.[17]

Nach dem Ersten Weltkrieg brachte die Weimarer Verfassung schließlich die Zulassung von Frauen zum juristischen Staatsexamen, dem Referendar- und Assessorexamen und machte damit den Weg frei in die Gerichtssäle. Die Zulassung von Frauen zu den Justizberufen war im Übrigen zu einem nicht unbeträchtlichen Teil der liberalen Reichstagsabgeordneten und ehemaligen Chefin Schefflers, Marie-Elisabeth Lüders, zu verdanken. Sie hatte sich für die volle Gleichberechtigung der Frau in der Rechtspflege eingesetzt und 1922 eine flammende Rede im Reichstag gehalten: »Für uns Frauen ist die Verfassung nicht eine Zusammenstellung schöner Sentenzen, sondern wir sind so naiv, die Verfassung wortwörtlich zu nehmen, und wir glauben daher, daß grundsätzliche programmatische Erklärungen – auch mit dem besonderen Zusatz des Grundsätzlichen – nur deshalb gemacht werden, um bei der nächsten Gelegenheit in die Tat umgesetzt zu werden.«[18]

Ab 1928 arbeitete Scheffler im preußischen Justizdienst und war dort eine der ersten Volljuristinnen, 1932 wurde sie Amtsgerichtsrätin. »Aber«, so erinnerte sich Scheffler nach dem Krieg, »ehe das hier Erarbeitete sich auswirken konnte, trug die furchtbare Arbeitslosigkeit die Nationalsozialisten an die Macht, und alle Lichter des Fortschritts löschten aus.«[19] Die junge Richterin war den neuen Machthabern nicht nur als Frau ein Dorn im Auge, sondern auch als »Halbjüdin«, als die sie sie kategorisierten. Tatsächlich war bereits Schefflers Vater getauft gewesen und evangelisch erzogen worden, die Nationalsozialisten allerdings folgten einer völkisch-rassistischen Logik, derzufolge auch Erna Scheffler außerhalb der »Volksgemeinschaft« stand und daher aus dem Staatsdienst auszuschließen war. Um Beamt*innen jüdischer Herkunft loszuwerden, ließ sich die nationalsozialistische Regierung rasch einen perfiden Trick einfallen: Das »Gesetz zur Wiederherstellung des Berufsbeamtentums« vom 7. April 1933 versetzte jüdische Beamt*innen in den Ruhestand. Ausgenommen waren vorerst noch »Frontkämpfer« und jene, die vor 1914 verbeamtet worden waren. Schon diese Regelung traf Beamtinnen härter als Beamte, denn Frauen waren nun einmal keine »Frontkämpfer« gewesen und hatten auch vor 1914 keine Möglichkeit gehabt, in den Staatsdienst zu gelangen. Tatsache ist aber, dass es dieser Regelung gar nicht unbedingt bedurft hätte, um viele Richterinnen und Staatsanwältinnen loszuwerden – übrigens auch jene nicht jüdischer Herkunft. Auch nach Erlangung der Gleichberechtigung in den Justizberufen 1922 war nämlich eine diskriminierende Klausel, die sogenannte »Zölibatsklausel«, stehen geblieben. Derzufolge bestand jederzeit die Möglichkeit, eine Frau bei ihrer Heirat zu entlassen.

Erna Scheffler wurde wie so viele jüdische Beamt*innen im Frühjahr 1934 in den Ruhestand geschickt. Mit einer kleinen Pension und einer Tätigkeit als Buchhalterin hielt sie sich über Wasser. Ihre Ehe mit Fritz Haßlacher war schon zu Beginn der 1920er-Jahre geschieden worden. Inzwischen war sie mit Georg Scheffler, ebenfalls Jurist, liiert. Heiraten konnten die beiden aufgrund von Regelungen, die es »arischen« Beamten untersagten, Personen »nicht arischer« Herkunft zu heiraten, ab 1935 auch aufgrund der »Nürnberger Gesetze«, allerdings nicht. Erna Schefflers Tochter Lore lebte bereits seit Mitte der 1930er-Jahre in London und studierte dort Medizin. Gegen Kriegsende, als sich die Situation in Berlin zuspitzte – immer heftiger wurde die Stadt bombardiert, die Versorgungslage war dramatisch, eventuell fürchtete Erna Scheffler auch, doch noch auf eine Deportationsliste gesetzt zu werden –, gewährte ein befreundeter Anwalt ihr Unterschlupf in seinem außerhalb gelegenen Gartenhäuschen, wo sie schließlich die Nachrichten von der erlösenden Befreiung vernahm.[20]

Die Kronjuwelen des Patriarchats

Erna Scheffler war bei Kriegsende 52 Jahre alt. Die systematische Benachteiligung der Frau hatte sie aus nächster Nähe mannigfach erleben müssen – die Entmachtung ihrer Mutter nach dem Tod des Vaters, die eigene Benachteiligung in Schule und Studium, die späte Zulassung zum Justizdienst und die Entfernung aus demselben bei der »Machtübernahme« der Nationalsozialisten. In dem neuen Staat, der nach Kriegsende in den westlichen Besatzungszonen entstehen sollte – davon war sie überzeugt –, musste man an die Weimarer Erfolge anknüpfen und die rechtlichen Leerstellen, die auch damals geblieben waren, rasch und entschieden füllen. Die volle staatsrechtliche *und* bürgerliche Gleichstellung der Frau musste nun vollzogen werden. Elisabeth Selbert hatte das Fundament gelegt, Erna Scheffler sollte die Vollstreckerin werden.

Mit einem Vortrag zum Thema Gleichberechtigung auf dem Juristentag 1950 schlug Erna Scheffler ein paar Pflöcke ein, an denen man in den folgenden Jahren nicht mehr vorbeikam, gleichzeitig empfahl sie sich damit für einen Posten am höchsten Gericht des Landes. Sie widmete sich darin der Gleichstellung in Fragen des Staatsbürger-, des Steuer- und des Beamtenrechts – die völlig anachronistische »Zölibatsklausel« musste endlich weg –, erkannte aber in den Fragen des Ehe- und Familienrechts die eigentlich brennendste und schwierigste Herausforderung. In der Vorrangstellung des Ehemannes und des Vaters sah sie gewissermaßen die »Kronjuwelen des Patriarchats« – und gerade das, so führte sie aus, mache den gefühlsmäßigen Widerstand der Männer am größten. Dieser Frankfurter Juristentag sei ein »Wahrzeichen der Wandlung« gewesen, erklärte Scheffler später, »alle Argumente gegen die Gleichordnung der Frau« seien aufgewärmt worden, »aber sie hatten keine Kraft mehr«.[21]

So wie Elisabeth Selberts Präsenz im Parlamentarischen Rat sich als unbedingter Segen für die Frauen der Bundesrepublik erweisen sollte, brachte die Berufung Erna Schefflers an den Ersten Senat des Bundesverfassungsgerichtes im Jahr 1951 die rechte Frau zur rechten Zeit an den rechten Ort. Am Obersten Gericht des Landes saß fortan eine Richterin, die mit Argusaugen auf die Umsetzung des Verfassungsauftrages achten würde.

Mit Konrad Adenauer war 1949 ein Mann Kanzler geworden, der zwar politisch unbeschädigt durch die NS-Zeit gekommen und selbst sogar interniert gewesen war, der aber nicht gerade für seine Progressivität bekannt war. In seiner eigenen kinderreichen Familie und auch in der Öffentlichkeit pflegte er das Image des Patriarchen. Als Zentrumspolitiker hatte er von jeher einen konservativ-katholischen Kurs vertreten, den er nun auch als Kanzler der Union nicht groß änderte. Zudem entstand im Osten ein Staat, von dem man sich nicht nur in wirtschafts- und außen-

[6] Die Frau, die die Kronjuwelen des Patriarchats klaute: Erna Scheffler wurde 1951 erste Richterin am Bundesverfassungsgericht.

politischen Fragen, sondern gerade auch in Sachen Familie und Kindererziehung deutlich zu unterscheiden gedachte. Gegen das sozialistische Ideal der berufstätigen Mutter setzte die Union das Bild der Hausfrau, die Erfüllung findet als Ehefrau und Mutter.

Die frühen 1950er-Jahre waren geprägt von einer gewissen Restauration, die auch in Alltag und Kultur spürbar war. Sieht man sich beispielsweise die populären Spielfilme dieser Jahre an, so findet man sie dominiert von Liebesgeschichten, angesiedelt in grüner Heidelandschaft oder vor beeindruckender Bergkulisse. Die prägenden Liebespaare jener Schmachtstreifen waren Dieter Borsche und Maria Schell, Paul Klinger und Sonja Ziemann und natürlich Karlheinz Böhm und Romy Schneider. Auffällig ist, dass die Männer in diesen Storys meist deutlich älter waren als die hübschen, aber harmlosen jungen Protagonistinnen, die die Herren paternalistisch und von oben herab »Kindchen« nannten, während sich die Holde an ihre Schultern schmiegte. Überflüssig zu erwähnen, dass es so gut wie keine Regisseurinnen gab. Der Blick auf die Welt war ein durch und durch männlicher. Das galt auch für Theater, Literatur und Kunst. Eine der ganz wenigen Intendantinnen dieser Tage war Helene Weigel, gerade zurück aus der amerikanischen Emigration, wo sie so gut wie gar nicht arbeiten hatte können. Ab 1949 leitete sie das Berliner Ensemble am Deutschen Theater in Ostberlin. Im Journalismus sah es nicht viel besser aus. In den meisten Redaktionen waren Frauen nur geduldet, um zu tippen und Kaffee zu kochen. Ihre Themen, ihre Fragen, ihre Analysen waren nicht von Interesse. Journalistinnen wie Marion Gräfin Dönhoff bei der Wochenzeitung *Die Zeit* in Hamburg oder Hilde Purwin bei der *Neuen Ruhr Zeitung* waren absolute Ausnahmen. Der *Internationale Frühschoppen* in der ARD, moderiert von Werner Höfer, war eine Männerveranstaltung, bei der Weißwein getrunken und Kette geraucht wurde. Frauen traten meist nur ins Bild, wenn den Herren nachgeschenkt oder ein randvoller Aschenbecher geleert werden musste. Erst in den späten 1950er- und 1960er-Jahren wurde mit Frauen wie Heli Ihlefeld, Wibke Bruhns oder Heilwig von der Mehden eine Generation jüngerer Frauen vernehmbar. Ihre Vertreterinnen stachen aber bei Pressekonferenzen mit ihren bunten Kleidern und ihren hochtoupierten Haaren immer noch krass heraus aus dem Meer der dunklen Anzugträger.

Die ersten beiden Regierungen unter Konrad Adenauer hatten nicht vor, die Vormachtstellung, die der Ehemann und Vater in der Familie einnahm, anzutasten. Das in der zweiten Legislaturperiode vorbereitete Gleichberechtigungsgesetz, das 1957 in Kraft trat, stärkte die sogenannte »Hausfrauenehe« und bekräftigte die patriarchale Geschlechterordnung, denn es hielt am Stichentscheid des Vaters fest, sollte es zwischen dem Elternpaar keine Einigung geben.[22] Damit war die Frau zwar als Staatsbürgerin gleichgestellt, nicht aber als Mutter – und das war verfassungswidrig. Marie-Elisabeth Lüders zeigte sich enttäuscht und verärgert über diese Weigerung der Regierung, die Gleichstellung endlich ein für alle Mal durchzusetzen. Nun musste das Bundesverfassungsgericht ran, das war Lüders klar. Die ehrwürdige Alterspräsidentin und ihre Mitstreiterinnen machten einige

Ehepaare ausfindig, die bereit waren, Verfassungsklage einzureichen.

Auch in den Augen Erna Schefflers verstieß das »Letztentscheidungsrecht« des Vaters gegen Artikel 3 Abs. 2. Aber wie standen die Chancen Schefflers als einziger Frau unter vierundzwanzig, später zwanzig Richtern, hier Verfassungsrecht durchzusetzen? Es spricht für ihr großes Geschick und den außerordentlichen Respekt, den Erna Scheffler sich unter den Kollegen erworben hatte, dass es ihr gelang, das Bundesverfassungsgericht dazu zu bringen, der Politik, namentlich der Regierung, »Nachhilfeunterricht« in Sachen Gleichstellung zu geben. Am 29. Juli 1959 erklärte das oberste Gericht Paragraf 1628 und Paragraf 1629 Abs. 1 des BGB im Rahmen des Gleichberechtigungsgesetzes von 1957 für nichtig. Das Bundesverfassungsgericht und allen voran Erna Scheffler hatten den Stichentscheid des Vaters und damit die letzten Reste des patriarchalen bürgerlichen Familienrechts gekippt. Auch als einzige Frau habe man die Möglichkeit gehabt, so erinnert sie sich später, »eine Mehrheit für den eigenen Standpunkt zu gewinnen, wenn man ihn mit Sachkenntnis, Geschick und Intensität« vertrat. In einem Nachruf wurde Scheffler Jahre später als »der maßgebende Mann im Ersten Senat« bezeichnet.[23] Solcherlei »Auszeichnungen« werden uns im Zusammenhang mit den Ersten übrigens immer wieder begegnen. In Zeiten, in denen Männer das Maß aller Dinge waren, hielt man es offenbar für das größte Kompliment, einer Frau zu sagen, sie sei der beste Mann im Team. Was die Frauen selbst von derlei »Komplimenten« hielten, bleibt meist offen. Vielleicht fühlten sich manche tatsächlich geschmeichelt, viele dachten sich wohl ihren Teil und schwiegen.

Laut *Frankfurter Allgemeine* verkündete Erna Scheffler – wer könnte es ihr verdenken? – das Urteil im Juli 1959 mit »einem Lächeln«. Auch in einem Schreiben an ihre ehemalige Chefin Marie-Elisabeth Lüders hielt sie nicht hinterm Berg mit ihrer Freude. »Hochverehrte und liebe Seniorin! Ihnen das Urteil schicken zu können, an dem Sie so großen Anteil haben, ist eine der schönsten Freuden.«[24]

Marie-Elisabeth Lüders zog sich 1961 mit 83 Jahren aus der Bundespolitik zurück. Nachdem mit dem Bundesverfassungsgerichtsurteil von 1959 nun die Umsetzung von Artikel 3 Abs. 2 zumindest in einer ersten wichtigen Etappe abgeschlossen war, konnte diese bedeutende Sozial- und Rechtspolitikerin endlich beruhigt in Pension gehen. Zuvor hatte sie mit dem sogenannten »Lex Lüders« noch die rechtliche Stellung deutscher Frauen, die mit einem Ausländer verheiratet waren, deutlich verbessern können.

Während für Lüders feststand, dass sie nun abtreten würde, tat sich Konrad Adenauer, immerhin zwei Jahre älter als sie, schwer damit. Die Niederlage, die er mit dem Bundesverfassungsgerichtsurteil einstecken musste, wies ziemlich öffentlich darauf hin, dass der Kanzler nicht mehr auf der Höhe der Zeit war. Er war ein Jahrhundertpolitiker, ein verdienstvoller Mann, ohne Zweifel, aber dennoch einer von gestern. Die Tage der Restauration waren gezählt. Das Verhältnis zwischen Lüders und Adenauer, die sich noch aus Weimarer Tagen kannten, war immer angespannt gewesen. Als der Kanzler nun erfuhr, dass die altgediente Parlamentarierin nicht noch einmal antreten wollte, fragte er sie nach den Gründen dafür. Lüders, gewohnt schlagfertig, erwiderte: »Ich bin der Meinung, Herr Bundeskanzler, man muß auch mal aufhören können.« Daraufhin wandte sich Adenauer an Heinrich Vockel, den Bundesbevollmächtigten für Berlin, der auch dabeistand: »Haben Se jehört, Vockel, dat jing auf mich!« Lüders entgegnete: »Herr Bundeskanzler, ich würde mir niemals eine Kritik an Ihnen erlauben.« Wieder an Vockel gewandt, sagte der Bundeskanzler daraufhin: »Haben Se jehört, Vockel, wie liebenswürdig die sein kann!« »Ich kenne sie gar nicht anders, Herr Bundeskanzler«, meinte darauf Vockel, woraufhin der Kanzler trocken konstatierte: »Da haben Se aber Jlück jehabt, Vockel!«[25]

»Ich widerspreche«

Frauen, so die bedeutende amerikanische Juristin und 2020 verstorbene Richterin des *Supreme Court* Ruth Bader Ginsburg, müssten an allen Orten vertreten sein, an denen Entscheidungen getroffen werden. Hört sich an wie eine Selbstverständlichkeit, schließlich machen Frauen die Hälfte der Bevölkerung aus, ist aber mit Blick auf etwa fünftausend Jahre Patriarchat tatsächlich ein Novum. Die Beispiele von Elisabeth Selbert und Erna Scheffler zeigen eines ganz deutlich: Hätten Frauen nicht am Tisch der Macht gesessen – in diesem Fall im Parlamentarischen Rat und am Bundesverfassungsgericht – sähe es in Sachen Gleichstellung der Frau in der Bundesrepublik in den letzten siebzig Jahren anders aus. Sehr wahrscheinlich hätten die Männer in jenen Gremien die Besitzstände des Patriarchats weiterhin gepflegt – aus fehlender Empathie für die Situation der Frau, aus Ignoranz, aus einem zutiefst konservativ geprägten Weltbild oder aus kalkuliertem Machtbewusstsein. Es kann einem fast ein wenig schwummrig werden, bedenkt man den Glücksfall, dass ausgerechnet diese beiden Frauen auf jenen entscheidenden Posten saßen, als es galt, Weichen zu stellen. Dabei sollte allerdings nicht übersehen werden, dass Selbert und Scheffler nicht alleine waren – das beweist die große öffentliche, vor allem weibliche Unterstützung für ihr Tun. Zudem ist zu betonen, dass das Werk dieser beiden Frauen nicht im luftleeren Raum stattfand. Vielmehr standen die beiden in einer feministischen Tradition, die sich von der frühen Frauenbewegung des 19. Jahrhunderts über die Weimarer Jahre bis in die 1950er-Jahre der Bundesrepublik gerettet hatte. Auf den Erkenntnissen und Grundlagen, die sowohl bürgerliche wie auch sozialdemokratische und sozialistische Frauenrechtlerinnen in den vorangegangenen hundert Jahren erarbeitet hatten, konnten Selbert und Scheffler aufbauen.

Interessant ist, dass sich mit Selbert und Scheffler zwei Frauen für eine neue moderne Form der Ehe einsetzten und schließlich die Regentschaft des überkommenen, patriarchalen Familienrechts stürzten, die selbst partnerschaftliche Ehen führten und Mütter waren. Viele der frühen Politikerinnen, das wurde bereits erwähnt, blieben unverheiratet. Vielfach war es in Zeiten der Weimarer Republik, aber auch noch in der frühen Bundesrepublik ein Entweder-oder zwischen einer politischen, öffentlichen Karriere und einer Ehe beziehungsweise Familie gewesen. Frauen wie Elisabeth Selbert und Erna Scheffler waren absolute Ausnahmen. Und ihre Ehemänner waren es auch.

Adam Selbert war wohl der glühendste Unterstützer seiner Frau. Er ermutigte sie, in die Politik zu gehen und unterstützte sie voll und ganz bei ihrer Entscheidung, Jura zu studieren. Auch die Beziehung der Schefflers war von Anfang an nicht nur eine auf Augenhöhe, Georg Scheffler erkannte das Talent seiner Frau und die einmalige Chance, die sich ihr bot, Geschichte zu schreiben. Er begleitete sie auf ihren Reisen quer durchs Land, wenn sie Vorträge zur Gleichstellungsfrage hielt. Elisabeth Schwarzhaupt, die spätere erste Bundesministerin und Kollegin Erna Schefflers im Juristinnenbund, erinnert sich an das Paar, dessen Zusammenspiel auf sie sehr harmonisch wirkte. »Die Zeit ist kostbar. Wir trennen uns nie«, habe Erna Scheffler ihr einmal gestanden, so Schwarzhaupt. Die Zeit der NS-Diktatur, als die Verbindung des Paares der Rassenideologie des Führerstaates zuwiderlief, und die Angst vor Verfolgung hatten die beiden fest zusammengeschweißt. Schwarzhaupt, die die beiden auch zu Hause in Wolfahrtsweier bei Karlsruhe besuchte, war beeindruckt von den beiden gleichen Schreibtischen, die so aneinandergerückt waren, dass das Paar sich bei der Arbeit ansehen konnte. »Diese beiden Schreibtische wirkten wie ein Symbol für die gleichberechtigte und intensive Gemeinschaft dieser beiden bedeutenden Menschen.«[26] Für Elisabeth Schwarzhaupt, deren jüdischer Verlobter in den 1930er-Jahren in die Schweiz und später in die USA emigrierte und die nach dieser Beziehung zeitlebens alleine blieb, muss die Begegnung mit dem innigen und sich gegenseitig unterstützenden Ehepaar zugleich tröstlich und schmerzhaft gewesen sein. Im Gegensatz dazu hatte Schwarzhaupt die politischen Kämpfe, die sie auf dem Weg zur Ministerin und anschließend im

Amt ausfechten musste, allein zu bestreiten. Doch dazu später mehr.

Auch die eben erwähnte Ruth Bader Ginsburg hatte übrigens in ihrem Mann ihren größten Fan. Ruth Bader lernte Marty Ginsburg bei einem Blind Date im Jahr 1953 kennen, als Ruth bereits an der Cornell University Jura studierte. Die beiden waren sehr verschieden – sie ernst und zurückhaltend, er lebhaft und unbeschwert – und ergaben offenbar dennoch ein perfektes Paar. Marty, so Bader Ginsburg später, sei der erste Mann gewesen, der sich dafür interessiert habe, was sie im Kopf hatte.[27] Wie Elisabeth Selbert und Erna Scheffler wurde Ruth Bader Ginsburg zu einer wirkmächtigen Juristin und zu einer entschiedenen Vorkämpferin für Frauenrechte.

Bader Ginsburg hatte von Anfang an doppelte Diskriminierung erfahren, als Jüdin und als Frau. Antisemitismus war in den 1950er-Jahren auch und gerade in der gehobenen US-amerikanischen Gesellschaft und an den Universitäten weit verbreitet. Auch die Zugehörigkeit zum weiblichen Geschlecht erwies sich als wenig hilfreich. »Eine Frau zu sein, war ein Hindernis«, erinnerte sie sich. Nachdem man ihr und ihren Kommilitoninnen an der Universität erklärt hatte, sie nähmen den männlichen Studenten den Platz weg, musste die junge Juristin trotz Harvard-Diplom in der Tasche erleben, dass die meisten Kanzleien schlicht keine Frauen anstellten. Auch Bader Ginsburg hatte ihre Kinder früh bekommen und startete ihre Karriere als zweifache Mutter, was damals absolut unerhört war. Zudem vergiftete der McCarthyismus der 1950er-Jahre die gesellschaftliche und politische Atmosphäre, was Bader Ginsburg mit wachsender Beunruhigung registrierte. Zunächst arbeitete sie als Rechtsreferendarin an einem New Yorker Gericht, wechselte dann wieder in die akademische Welt und unterrichtete und forschte an der Columbia Law School, später an der Rutgers University.

Inspiriert von der Frauen- und der Bürgerrechtsbewegung der Schwarzen, verschrieb sie sich in den 1960er- und 1970er-Jahren dem Kampf für die Gleichstellung der Frau und gründete das Frauenrechtsprojekt der American Civil Liberties Union. Ruth

Bader Ginsburg wurde durch ihre persönlichen Erfahrungen als Juristin, als Ehefrau und als *Working Mom* zur Feministin. Die Worte der frühen amerikanischen Frauenrechtlerin Sarah Grimké »*I ask no favor for my sex. All I ask of our brethren is that they take their feet off our neck*« wurden ihr zum Leitmotiv. Sie übernahm bewusst Rechtsstreitigkeiten, in denen es um Geschlechterdiskriminierung ging, und brachte diese Fälle vor den Supreme Court. So vertrat sie unter anderem die Soldatin Sharron Frontiero. Ihr Fall war bahnbrechend, denn am Ende wurde entschieden, dass Leistungen für Angehörige von Soldat*innen sowie Armee-Mitarbeitenden nicht aufgrund ihres Geschlechts unterschiedlich behandelt werden dürfen. Frontiero hatte darauf bestanden, dass ihrem Mann Joseph, wie jeder Ehefrau eines Angehörigen der Streitkräfte, das Recht auf Unterkunft und medizinische Versorgung zuteilwurde. Bader Ginsburg nutzte die ganz große Bühne des Obersten Gerichts, um auf die lange Geschichte und Tradition der Frauendiskriminierung in den USA hinzuweisen. Schritt für Schritt führte sie aus, dass Frauen noch immer Bürgerinnen zweiter Klasse waren. Geschlechterdiskriminierung, so Bader Ginsburg, sei genauso zu verurteilen wie Rassendiskriminierung. Der Sieg vor dem Supreme Court war ein Triumph für Bader Ginsburg und ihre Mitstreiterinnen und sollte die US-amerikanische Gesellschaft dauerhaft verändern.

Bader Ginsburg, die Anwältin der Frauen, erlangte landesweite Berühmtheit. 1980 wurde sie von Jimmy Carter an das Bundesberufungsgericht für den District of Columbia geholt. Marty kündigte seine Stelle in New York und zog mit seiner Frau nach Washington. 1993 wurde sie vom frisch gewählten Präsidenten Bill Clinton als Richterin am Supreme Court nominiert und mit überwältigender Mehrheit gewählt, obwohl sie sich bei den Anhörungen im Senat offen für Frauenrechte und für das Recht auf Abtreibung ausgesprochen hatte. Spätestens jetzt erlangte Bader Ginsburg Bekanntheit weit über die USA hinaus und wurde mit ihrem freundlichen, aber dezidierten »*I dissent*«, »Ich widerspreche«, zu einer Ikone der Gleichstellung. Wir wissen übrigens, dass bei der Entscheidung Bill Clintons für Bader Ginsburgs Nominierung seine Frau eine nicht unbedeutende Rolle gespielt hat, was nicht weiter überrascht, wenn man das Engagement der damaligen First Lady und Vollblutpolitikerin Hillary Clinton für Frauenrechte bedenkt. »Es kann durchaus sein, dass ich die eine oder andere Idee hatte, welchen Namen er an die Spitze der Liste setzen soll«, sagte Hillary Clinton schmunzelnd bei einem Interview zu diesem Thema.[28]

1951 war Erna Scheffler die erste Frau am Bundesverfassungsgericht und blieb bis zu ihrer Pensionierung dort auch die einzige Richterin. Bis in die 1980er-Jahre gab es jeweils nur eine einzige Frau am höchsten Gericht in Karlsruhe. 1994 wurde mit Jutta Limbach die erste Frau Präsidentin des Bundesverfassungsgerichts. Im gleichen Jahr wurde übrigens Artikel 3 des Grundgesetzes ergänzt um den Satz: »Der Staat fördert die tatsächliche Durchsetzung der Gleichberechtigung von Frauen und Männern und wirkt auf die Beseitigung bestehender Nachteile hin.« Ein überfraktionelles Bündnis von Parlamentarierinnen hatte diese Formulierung erkämpft. Der Staat sollte demnach fortan auch selbst aktiv werden in Sachen Gleichstellung und darauf hinwirken, dass sie im realen Leben umgesetzt wurde. Limbach selbst war vorab im Verfassungsrat an der Empfehlung dieser Ergänzung beteiligt gewesen.

Inzwischen sind beide Senate des Bundesverfassungsgerichts paritätisch besetzt. Mit Susanne Baer ist seit 2010 eine bekennende Feministin und erstmals eine offen lesbisch lebende Richterin in Karlsruhe tätig. Baer beschäftigte sich zuvor als Wissenschaftlerin und Professorin für Öffentliches Recht und Geschlechterstudien an der Humboldt-Universität unter anderem mit Genderstudien, Antidiskriminierungs- und Gleichstellungsrecht. Ihre Expertise war überaus hilfreich im Zusammenhang mit den Beratungen zu den Rechten Intersexueller. Im November 2017 forderte das Bundesverfassungsgericht die Einführung eines dritten Geschlechts im Geburtenregister. Intersexuelle Menschen sollten künftig die Möglichkeit haben, ihre geschlechtliche Identität »positiv« eintragen zu lassen. »Das ist ein Urteil«, so Baer, »das auch davon lebt, dass man was davon versteht, dass man nicht Inter- und Transsexualität miteinander verwechselt, dass man weiß, wie es um Genderdimensionen in der Gesellschaft steht, dass man einfach möglichst kundig darüber nachdenken kann. Da hat sicherlich geholfen, womit ich mich beschäftigt habe (…).«[29]

Baer, Limbach, Bader Ginsburg, Scheffler, Selbert – all diese Frauen zeigten und zeigen, dass Diversität mehr Perspektiven in die Diskussion bringt. Die Stimmen gesellschaftlicher Gruppen – sei es mit den Frauen die Hälfte der Bevölkerung oder die kleine Minderheit der Intersexuellen –, deren Rechte und Themen bis dato übersehen und beschnitten gewesen waren, wurden endlich vernehmbar. Das Bundesverfassungsgericht ist sicher noch längst nicht so bunt und vielfältig wie die Gesellschaft, aber seit 1951, als die erste deutsche Bundesverfassungsrichterin ihre Robe anlegte, ist viel passiert. Und man kann mit einiger Gewissheit sagen, dass Juristinnen und Richterinnen das Land moderner, diverser und gerechter gemacht haben.

3 Parteisoldatinnen

Annemarie Renger – Marta Schanzenbach – Käte Strobel – Golda Meir

»In Israel erzählt man sich«, berichtete Golda Meir, »Ben-Gurion habe mich ›den einzigen Mann‹ in seinem Kabinett genannt. Dachte er (oder wer immer die Geschichte erfunden haben mag) etwa, dies sei das größte Kompliment, das man einer Frau machen kann?«[1] Derlei Denken gibt es übrigens offenbar schon lange, bereits Maria Theresia war von ihrem großen Rivalen Friedrich II. bescheinigt worden: »Einmal haben die Habsburger einen Mann, und dann ist es eine Frau.«[2] Aber auch die bereits erwähnte Erna Scheffler sowie die erste britische Premierministerin Margaret Thatcher, von der später noch die Rede sein wird, und die erste sozialdemokratische Ministerin der Bundesrepublik, Käte Strobel, wurden auf diese Art »gepriesen«. Es scheint in manchen Männeraugen ein überwältigendes Lob für eine Frau zu sein, ihr zu sagen, sie sei der beste Kerl an Bord. Der Mann ist, in dieser Weltsicht, der Goldstandard – an ihm muss sich alles messen lassen. Erst wenn Frauen so handeln, denken, sich benehmen wie Männer, gehören sie dazu und können in diesem System Erfolg haben. Gleichzeitig wird dieses vermeintliche Kompliment dazu genutzt, alle anwesenden Männer zu demütigen, indem sie quasi entmannt werden.

Auch Helmut Schmidt war offenbar der Meinung, dass er einer Frau einen Gefallen tue, wenn er sie als ganzen Kerl bezeichnete, zumindest in den späten 1960er-Jahren, als im Kabinett Brandt seine Genossin Käte Strobel die einzige Ministerin war. Willy Brandt hatte die Angewohnheit, am Ende einer jeden Kabinettsitzung noch einen Witz zu erzählen. Einmal meinte er: »Ah, ich wüßte noch einen schönen Witz, aber der ist eigentlich nichts für Frauenohren. Käte, hör halt mal weg!« Darauf entgegnete Helmut Schmidt: »Wieso, Käte habe ich immer für einen Mann gehalten.« Interessant ist Strobels Reaktion. Sie erzählte diese Anekdote Jahre später, um zu verdeutlichen, was für ein gutes Verhältnis Schmidt und sie gehabt hätten. Sie betonte: »So war seine Art, eine Person zu akzeptieren.«[3]

Die ersten Politikerinnen waren stets und überall eine winzige Minderheit – im Parlament, in der Fraktion, in Ausschüssen und Arbeitsgruppen, in den Parteien und in Parteivorständen sowieso. 1949 betrug der Anteil der Frauen im Bundestag 6,8 Prozent. Er war damit niedriger als im Reichstag der Weimarer Jahre und das, obwohl in den Nachkriegsjahren im Land deutlich mehr Frauen lebten, da viele Männer als Soldaten gefallen waren oder sich noch in Kriegsgefangenschaft befanden. In den vorangegangenen beiden Kapiteln haben wir gesehen, dass es Frauen in der Weimarer Republik und auch in der frühen Bundesrepublik gelungen ist, den Fokus auf Themen zu lenken, die ihre männlichen Kollegen nicht auf dem Schirm hatten oder lieber unter den Tisch fallen ließen. So erkämpfte Louise Schroeder den Mutterschutz, so konnte Marie-Elisabeth Lüders durchsetzen, dass Frauen Zugang zu allen Justizberufen gewährt wurde, und so brachte Elisabeth Selbert schließlich die vollständige Gleichstellung von Mann und Frau ohne Wenn und Aber ins Grundgesetz. Das waren enorme Erfolge, Meilensteine, für deren Erreichung weibliche Kooperation nötig war. Die frühen Parlamentarierinnen haben vielfach zusammengearbeitet, um ihre Themen voranzubringen und durchzusetzen. Man darf allerdings nicht vergessen, dass sie umgeben waren von einer überwältigenden männlichen Mehrheit. Und diese Mehrheit gab die Spielregeln vor. Am Beispiel der wenigen Frauen in der sozialdemokratischen Parteispitze und Fraktion in den 1950er- und frühen 1960er-Jahren kann man deutlich sehen, wie sehr diese Politikerinnen selbst Teil des Systems werden mussten. Eine Frau allein – oder auch zwei oder drei – veränderten weder die herrschende Atmosphäre noch die etablierten Machtverhältnisse.

Mit der Partei verheiratet

Das Foto ist eine Ikone der Nachkriegszeit geworden: Der hagere, streng gescheitelte Mann, gezeichnet von den Entbehrungen der jahrelangen KZ-Haft, stützt sich auf die junge Frau an seiner Seite im dunklen Mantel und mit Hut. Kurt Schumacher und Annemarie Renger waren in den unmittelbaren Nachkriegsjahren das ungewöhnliche Paar an der Spitze der SPD. Schumacher, in der Weimarer Republik sozialdemokratischer Abgeordneter zunächst im württembergischen Landtag, dann ab 1930 im Reichstag, verbrachte die Jahre der Diktatur mehr oder weniger durchgehend in Haft beziehungsweise unter strenger Beobachtung der Gestapo in Hannover. Im Ersten Weltkrieg hatte sein rechter Arm nach einer schweren Verwundung amputiert werden müssen. Im Konzentrationslager war er mehrmals in Hungerstreik getreten, die Entbehrungen und Umstände der Haft hatten ihm schwer zugesetzt. Schumacher war bei Ende des Zweiten Weltkriegs fast fünfzig Jahre alt und ein kranker Mann. 1948 musste ihm aufgrund einer Durchblutungsstörung das linke Bein abgenommen werden.

Annemarie Renger war gerade mal halb so alt wie Schumacher. Auf besagtem Foto wirkt sie jung und aufrecht. Ein krasser Kontrast zu dem versehrten Mann, der sich an ihr festhält. Und doch haben der Zweite Weltkrieg und die Jahre der NS-Diktatur auch bei der jungen Frau deutliche Spuren hinterlassen, wenn auch keine, die man auf den ersten Blick sehen konnte. Nicht nur ihr Mann, sondern auch drei ihrer vier Brüder waren gefallen. Als Kriegerwitwe musste sie alleine für sich und ihren kleinen Sohn Rolf sorgen. 1946 wurde sie Schumachers Privatsekretärin und Lebensgefährtin. Im Grunde aber führte sie, wie wir sehen wer-

[7] Sie stützte ihn und lernte zugleich das politische Geschäft: Annemarie Renger und Kurt Schumacher waren das politische Paar der unmittelbaren Nachkriegszeit.

den, die wichtigste und stabilste Beziehung in ihrem Leben mit ihrer Partei.

»Parteisekretärin!«, entgegnete die zehnjährige Annemarie bei der Aufnahme ins Lyzeum auf die Frage, was sie denn mal werden wolle. Die Partei aber, deren Sekretärin sie werden wollte, daran konnte kein Zweifel bestehen, war die SPD. Ihr Vater Fritz Wildung war in der Wolle gefärbter Sozialdemokrat und Chefredakteur der *Arbeiter-Turn-Zeitung* in Berlin. Die Eltern waren überzeugte Republikaner, Mitglieder bei den »Naturfreunden«, bei der Arbeiterwohlfahrt und beim Arbeiter-Samariter-Bund und besuchten regelmäßig die Volksbühne. »Wir Wildungs fühlten uns als aufgeklärte moderne Familie«, so Renger. Bereits als kleines Mädchen engagierte sich Annemarie bei den »Kinderfreunden« und den »Roten Falken«. »In diese große sozialdemokratische Gesinnungsgemeinschaft«, erinnert sie sich, »fühlte ich mich schon als Kind eingebettet.« Die Eltern ermunterten die Kinder zum kritischen Nachfragen, bestärkten ihren unbändigen Wissensdurst und vermittelten ihnen eine ordentliche Portion Selbstbewusstsein. »Vater hat uns Mädchen nachdrücklich untersagt, einen Knicks zu machen – das wäre unterwürfig –, und wir brauchten vor niemandem den Nacken zu beugen. Natürlich lehnten wir es auch ab, so einen riesigen ›Propeller‹, eine Schleife, im Haar zu tragen oder eine Schürze umzubinden. Wir hielten das für unter unserer Würde.«[4]

Als 1933 die Nationalsozialisten an die Macht kamen, musste Annemarie Renger das Lyzeum verlassen. Aufgrund der politischen Orientierung ihrer Eltern bekam sie kein Stipendium, ihr Vater wurde arbeitslos. Bei der Verlagslehre, zu der sie sich nun entschloss, lernte sie ihren zukünftigen Mann Emil Renger kennen, der ebenfalls aus sozialdemokratischem Elternhaus stammte. Das sei eine große Erleichterung gewesen, so Renger. In einer Zeit, in der man überall fürchten musste, bespitzelt zu werden, konnte man im geschützten Raum der Familie zumindest offen sprechen. Die beiden heirateten im Frühjahr 1938, ihr Sohn Rolf wurde wenige Monate später geboren: »Es war das Übliche: Die junge Mutter bekommt das Kind, eine schwere Geburt, aber der Vater fällt in Ohnmacht«, konstatierte Renger in ihren Memoiren trocken. Als der Krieg begann, wurde ihr Mann eingezogen, er fiel 1944 bei Chartres an der Westfront. Erst in den letzten Kriegsmonaten suchte die Berlinerin Schutz bei Verwandten in der Lüneburger Heide, wo sie auch die Befreiung erlebte. Dort las sie im Frühsommer 1945 eine im *Hannoverschen Kurier* abgedruckte Rede Kurt Schumachers, die sie ungeheuer beeindruckte. Renger, die in den vorangegangenen Jahren drei Brüder und ihren Ehemann verloren hatte, deren Heimat in Schutt und Asche lag, folgte ihrem Instinkt. Es spricht für Annemarie Rengers tiefe Verwurzelung in der Sozialdemokratie, ihr ausgeprägtes Selbstbewusstsein und für ein beindruckendes Maß an Resilienz, dass sie umgehend ein Schreiben aufsetzte und diesem inspirierenden Mann mitteilte, dass sie für ihn tätig werden wolle: »Ich bin die Tochter von Fritz Wildung und möchte bei Ihnen arbeiten. Kann ich als Sekretärin anfangen?« Im Herbst zog sie nach Hannover, wurde Schumachers Assistentin und bald auch seine Lebensgefährtin. »Vor uns lag das Trümmerfeld Deutschland. Ich war fest entschlossen, mich politisch zu engagieren und am Aufbau eines demokratischen Deutschlands mitzuwirken.«[5]

Die Arbeit und das Leben mit diesem Mann, der körperlich, wie so viele dieser Generation, die sich nach 1945 wieder politisch betätigten, durch die Jahre der Diktatur und des Krieges gezeichnet war, muss eine ungeheure Herausforderung gewesen sein. Renger hatte rund um die Uhr zur Verfügung zu stehen. Die Parteiarbeit hatte immer Vorrang. Zu Weihnachten 1945, Renger war gerade dabei, zum Fest bei ihrer Schwester aufzubrechen, zitierte Schumacher sie zurück, um ihr rasch ein Thesenpapier zu diktieren, in dem er die sich abzeichnende Zwangsvereinigung von SPD und KPD in der Sowjetzone scharf verurteilte. Sie pendelte zwischen Hannover und Berlin, wo sie das Büro des Parteivorstands einrichten und auch die Kontakte zu den Westalliierten pflegen sollte. Darüber, wie sie ihren Alltag organisierte – Rengers Sohn war damals gerade einmal acht Jahre alt – sagt sie in ihren Erinnerungen und in Interviews nicht viel. In Berlin hatte sie das Kind wenigstens immer um sich. Als Schumacher schwer erkrankte, wurde Renger zwischen einem leidenden Mann, der mehr und mehr seinen Lebenswillen zu verlieren drohte, der Parteiarbeit und der Sorge um ihren Sohn aufgerieben. Gleichzeitig war diese Zeit an Schumachers Seite ein Crashkurs in Sachen Politik – und zwar sowohl nach außen als auch nach innen in die Partei hinein. Renger war ganz nah dran an den zentralen Entscheidungen und der Neupositionierung der SPD in diesen prägenden Jahren, aber natürlich auch am politischen Spitzenpersonal.

Als Annemarie Renger schließlich 1953 in den Bundestag einzog, war sie zweifach verwitwet. Auch wenn sie mit Schumacher nicht offiziell verheiratet gewesen war, so riss sein Tod im August 1952 erneut eine tiefe Lücke in ihrem Leben. Mit diesem Mann, der so viel älter war als sie, der einer anderen Generation entstammte, hatte sie doch die Leidenschaft für die Politik geteilt und den unbedingten Willen, Deutschland wieder zu einem demokratischen, einem sozialdemokratischen, Land zu machen. Als der Parteivorsitzende Erich Ollenhauer und andere Genossen auf Renger zukamen und ihr vorschlugen zu kandidieren, rannten sie bei ihr offene Türen ein. Sie hatte längst den Entschluss gefasst. »Ich hatte eine gesunde Portion Selbstvertrauen, ich kannte ja schließlich das politische ›Geschäft‹«, erinnert sie sich, »Meine Lehrjahre bei Kurt Schumacher und die politischen Kenntnisse, die mir mein Vater vermittelt hatte, waren eine hervorragende Grundlage für die kommenden Aufgaben. Politik war mein Lebenselement.« Renger kam auf den sogenannten »Frauenplatz« der schleswig-holsteinischen Landesliste. Dieser war nur frei geworden, weil die in der Fraktion recht einflussreich gewordene Anni Krahnstöver nicht wieder auf die Liste durfte. Sie hatte 1953 in zweiter Ehe den SPD-Politiker Wilhelm Mellies geheiratet, der ebenfalls kandidierte. Von echter Gleichstellung konnte in der SPD in diesen frühen 1950er-Jahren überhaupt keine Rede sein. Auf der Wahlliste wurde Frauen ohnehin kaum Platz eingeräumt und eine verheiratete Politikerin durfte, falls ihr Mann schon mit einer Kandidatur versorgt war, nicht ebenfalls antreten. Der Beginn von Annemarie Rengers Karriere war also zugleich das Ende der Karriere von Anni Krahnstöver. »Auch diese SPD (…) hielt noch nicht sehr viel von der Gleichberechtigung«, so Renger. »Man war der Meinung, ein Ehepaar könne nicht zur gleichen Zeit dem Parlament angehören. Leider haben wir uns alle nicht darüber empört, weder die Männer noch die Frauen. Und eben auch nicht Anni Krahnstöver.«[6]

Die verheiratete Frau war, wie wir gesehen haben, in den 1950er-Jahren in der Ehe noch immer nicht gleichgestellt und – wie das Beispiel Anni Krahnstövers zeigt – im politischen Betrieb auch nicht. Es ist kein Wunder, dass so viele der Politikerinnen der frühen Bundesrepublik, wie Annemarie Renger oder auch ihre Fraktionskollegin Marta Schanzenbach, alleinstehend waren – ledig geblieben oder verwitwet.

Als Annemarie Renger 1953 nach Bonn kam, hatte Marta Schanzenbach das Schlimmste schon hinter sich. Die Rede ist nicht nur von den verheerenden Kriegsjahren, sondern auch von der schwierigen Zeit, die Schanzenbach zunächst als Parlamentarierin durchmachte. Als sie 1949 in den Bundestag gewählt wurde, hatte sie zwei kleine Kinder und ein chronisch schlechtes Gewissen, nicht genug Zeit für sie zu haben. Gleichzeitig nagten Zweifel an ihr, ob sie die Aufgabe, die sie mit dem Mandat übernommen hatte, auch zur Zufriedenheit aller erfüllen konnte. Die Augen der Parteioberen ruhten auf ihr, das war ihr durchaus bewusst. Viele dieser frühen Politikerinnen wurden von den Männern als »Alibi«-Frauen betrachtet, zum Teil auch offen so genannt. Man wusste, dass man Wählerinnen gewinnen musste, dass man als Volkspartei auch Frauen in den eigenen Reihen vorzuweisen hatte; inwieweit man diesen Frauen aber auch echte Teilhabe zuzugestehen bereit war, darüber durften doch, gerade in den ersten beiden Jahrzehnten der Bundesrepublik, erhebliche Zweifel bestehen. Und zwar in sämtlichen Parteien.

Eine sogenannte »Alibi«-Frau zu sein, barg Chancen, aber auch Gefahren. Das werden wir an den Biografien Annemarie Rengers, Marta Schanzenbachs und weiterer Politikerinnen der früheren Bundesrepublik sehen. Entscheidend bei den Frauen aus dem linken Spektrum war, dass sie meist in einem stark sozialdemokratischen Milieu sozialisiert worden waren und zeitlebens eine enorme Loyalität gegenüber der Partei empfanden. Selbst dann, wenn sie als Genossinnen Diskriminierung erfuhren. Sie hatten meist früh gelernt, Fragen der Gleichberechtigung anderen politischen Zielen unterzuordnen. Wenige Politikerinnen brachen damals aus dieser Logik, vorgegeben von den männlichen Parteiführern, aus. Und wenn sie es doch taten, wie zum Beispiel Elisabeth Selbert, wurden sie dafür nicht selten abgestraft.

Marta Schanzenbach war ihr Leben lang eine treue Parteisoldatin. Sie selbst nannte sich hin und wieder ein »Parteipferd« – und dieses Parteipferd scheute nicht und scherte niemals aus. Marta Schanzenbach stammte aus einer Arbeiterfamilie, war in den Parteistrukturen groß geworden, hatte sich bei den »Kinderfreunden« und der »Sozialistischen Arbeiterjugend« (SAJ) engagiert und später als Fürsorgerin gearbeitet. Geboren im katholischen Schwarzwald, ging sie 1929 nach Berlin an Marie Juchaczs Wohlfahrtsschule der Arbeiterwohlfahrt. »Für mich«, so Schanzenbach, »bedeutete der Umzug nach Berlin ja eine Reise zum Mond.«[7] Die Ankunft in der pulsierenden Metropole Berlin muss ein Schock und zugleich eine Befreiung gewesen sein für das junge Mädchen aus der Provinz. Das engmaschige Netz der ländlichen Sozialkontrolle, der strenge Blick der Nachbarn, der Lehrer, des Pfarrers – all das existierte hier nicht. Besonders aufregend und prägend war der direkte Kontakt mit der sozialdemokratischen Hautevolee – mit Marie Juchacz, Louise Schroeder, Paul Löbe und vielen mehr.

Auf der Wohlfahrtsschule lernte Marta Schanzenbach auch ihren späteren Mann Albert kennen. Als Hitler an die Macht kam, beschlossen die beiden, dass sie zusammen wohl besser durch die schwierige Zeit, die nun zweifellos anbrach, kämen. Schnell aber merkte Schanzenbach, dass ihr Mann keine Beziehung auf Augenhöhe wollte. »Sie können sich nicht vorstellen, wie das für eine Frau ist, die selber eine Persönlichkeit war und dann dem Mann gehorchen muss, nur alles ihm zuliebe tun, damit man keinen Krach miteinander bekommt, damit man diese schwierige Zeit miteinander übersteht«, erinnert sich Schanzenbach. Ihr Mann verbot ihr, sich eine neue Stelle zu suchen, als sie arbeitslos wurde. Gegen seinen erklärten Willen nahm sie dennoch eine Arbeit als Fürsorgerin in Berlin an. »Geldverdienen ist doch für Frauen ein enorm wichtiger Punkt.« Und ihre Entscheidung war weise, denn schon bald wurde ihr Mann eingezogen. Und doch stellte diese Aufgabe sie vor enorme Herausforderungen und brachte sie in schwere Gewissenskonflikte, denn sie betreute fürsorgerisch auch arme jüdische Familien, Sinti und Roma. Sie habe sich ohnmächtig gefühlt, habe sehr wohl gewusst, dass es Konzentrationslager gab, dass jüdische Männer abgeholt wurden und nicht wieder zurückkamen.[8]

Als sich die Situation in Berlin zuspitzte, ordnete Albert an, dass Marta mit den beiden Kindern, die sie inzwischen hatten, zurückkehrte in den Schwarzwald. Dort erlebte die junge Frau das Kriegsende. Doch der Moment, nach dem sie sich so gesehnt hatte, geriet zu einer existenziellen Krise. Die französischen Besatzer plünderten und vergewaltigten in den ersten Wochen, es herrschte das blanke Chaos. »Da war ich so tief enttäuscht«, erinnert sie sich Jahrzehnte später, »daß ich im Grunde nicht mehr leben wollte. Ich werde nie vergessen, wie ich meine beiden Kinder an die Hand genommen und gedacht habe, wenn ich jetzt nur mit meinen Kindern sterben könnte. Dieses Leben war sinnlos.«[9] Schanzenbach sagt nicht ausdrücklich, dass sie selbst sexuelle Gewalt erfahren hat. Die Bodenlosigkeit der Depression, in die sie aber offenbar verfiel – so tief, dass sie am liebsten mit ihren Kindern sterben wollte –, spricht dafür. Sie hatte die Zeit der Diktatur überstanden, weil sie auf ein Leben in Freiheit und Demokratie gehofft hatte, wenn sich nun aber Angehörige der westlichen Alliierten so maßlos und brutal verhielten, worauf konnte man dann noch bauen? Doch wie so viele Frauen dieser Generation vergrub sie die schrecklichen Bilder und Erfahrungen, stürzte sich in die Bewältigung des Alltags, die Sorge für die Familie und fand neue Hoffnung in der politischen Arbeit. In Gengenbach, ihrem Heimatort, war sie immer noch bekannt, beliebt und gut vernetzt. Gemeinsam mit ein paar versprengten Genossen gründete sie den SPD-Ortsverein neu, sie selbst kam in den Vorstand.

Wie Annemarie Renger startete Schanzenbach in ihre politische Karriere als alleinerziehende Mutter. Albert war seit dem Sommer 1944 verschollen. Immer wenn in den ersten Nachkriegsjahren wieder Kriegsgefangene heimkehrten, hoffte sie, er sei dabei. »Dieses Nichtwissen lässt einen nicht zur Ruhe kommen. Es bleibt die Hoffnung, bis man einen Schlussstrich zieht. Ich habe einen Schlussstrich gezogen, damit ich mich nicht jeden

Tag quäle.« Als Adenauer 1955 die letzten Spätheimkehrer aus der Sowjetunion herausholte und ihr Mann wieder nicht dabei war, schrieb Marta Schanzenbach mit Herbert Wehners Hilfe sämtliche zuständigen Stellen an – ohne Erfolg. Da beschloss sie, dass es nun genug war: »Da habe ich mir gesagt, ich muss meine eigenen Wege gehen.«[10] Vermutlich wurde Marta Schanzenbach auch nach und nach klar, dass ihr die Witwenschaft, so schmerzhaft diese war, ein unabhängiges Leben ermöglichte. Schon vor dem Krieg war das Zusammenleben der Schanzenbachs nicht frei gewesen von Spannungen, Marta sollte sich unterordnen und hatte dies um des lieben Friedens willen meist getan. »Er wollte unbedingt der Stärkere von uns beiden sein. Er konnte es nicht ertragen, wenn ich mehr Ansehen hatte oder mehr konnte als er (…) Als Persönlichkeit habe ich völlig abgebaut.« Nun, nach Jahren des Alleinlebens, Alleinentscheidens, wäre die Ehe vermutlich in eine ernsthafte Krise geraten. »Wenn mein Mann aus dem Krieg zurückgekommen wäre«, so reflektiert Schanzenbach Jahrzehnte später, »hätte ich mit ihm nicht mehr in der abhängigen Weise leben können.«[11]

Was Schanzenbach hier ausspricht, wurde tatsächlich für viele Ehen nach 1945 zum Problem. Die Frauen hatten in Abwesenheit ihrer Männer an Selbstbewusstsein gewonnen, hatten sich ihren Platz in der Arbeitswelt erobert und waren die Ernährerinnen der Familie geworden. Die zurückkehrenden Ehemänner fanden ihre Frauen vielfach verändert vor. Aber auch sie selbst waren nicht dieselben. Sie hatten Dinge gesehen und getan, die sie lieber verdrängten, aber nichts konnte daran rütteln, dass sie als Verlierer zurückkehrten. Das war eine Herausforderung für das eigene Selbstbild, ließ aber nicht selten, bewusst oder unbewusst, auch ihr Ansehen bei der eigenen Ehefrau sinken. Das krampfhafte Festhalten an patriarchalen Familienstrukturen bis weit in die 1950er-Jahre hinein kann durchaus auch als Reaktion auf diesen massiven Imageschaden des deutschen Mannes gewertet werden.

»... deshalb darf die Stimme der Frauen nicht fehlen«

Als Marta Schanzenbach 1949 in den Bundestag kam, war sie auf dem Papier zwar verheiratet, stand aber alleine da. Und erst diese Ungebundenheit ermöglichte es ihr, die Beziehung zu ihrer Partei, die ihr ernsthafte Avancen machte, nun zu intensivieren. Die Parteioberen, allen voran Carlo Schmid, erkannten früh das politische Talent, das in dieser gut vernetzten und allseits beliebten Schwarzwälderin steckte. Gegen ihre Bedenken drängte man sie zur Kandidatur für den Bundestag. Die Anfangszeit muss hart gewesen sein für Schanzenbach. Sie wohnte in Bonn bescheiden zur Untermiete in einer überfüllten Wohnung. Manchmal war ihr Bett, wenn sie spätabends heimkam, schon besetzt, dann legte sie sich auf die Couch im Lesesaal des Bundeshauses. Sie betrachtete sich als absolute Anfängerin, hatte große Ehrfurcht vor den tonangebenden Genossen. »Ich habe zugehört«, so Schanzenbach, »ich habe nicht gewagt, eine Meinung zu sagen, bei so viel fähigen, intelligenten Leuten ... Ich habe mich als Lehrling angesehen, in der großen Politik im ersten und zweiten Bundestag.« Die ehemalige Fürsorgerin erarbeitete sich allerdings rasch Renommee als Sozialpolitikerin und übernahm den stellvertretenden Vorsitz des Ausschusses für Jugendfürsorge, außerdem saß sie im Ausschuss für Kriegsopfer- und Kriegsgefangenenfragen sowie im sozialpolitischen und im Verteidigungsausschuss. 1958 wurde sie »Frauenvertreterin« im ehrenamtlichen SPD-Vorstand und die erste Frau im Parteipräsidium. Beide Posten stärkten ihre Machtposition innerhalb der Partei gehörig. Zu betonen ist, dass bis in die frühen 1970er-Jahre das Amt der Frauenvertreterin bzw. jenes der Vorsitzenden des Bundesfrauenausschusses von den Herren vergeben wurde. Nicht die Genossinnen wählten ihre Vertreterin, sondern die Genossen. Schanzenbachs Vorgängerin Herta Gotthelf hatte das zu spüren bekommen. Sie war eine entschiedene Mitstreiterin Elisabeth Selberts gewesen, vertrat eine deutlich klassenkämpferischere Ausrichtung der SPD als die tonangebenden Männer, etwa Herbert Wehner oder Fritz Erler, und scheute sich nicht, mit den Genossen auf Konfrontationskurs zu gehen. Schanzenbach dagegen versuchte vor allem Wehner, den mächtigen Strippenzieher in der Fraktion, ins Boot zu holen. »Ich wollte keinen Streit mit ihm haben, sondern eher ein Programm entwickeln, das von ihm mitgetragen wurde. (...) Meine Konzeption war nach vorne gerichtet. Ich wollte moderne Gesichtspunkte für die Gleichberechtigung der Frau und die Partnerschaft in der Familie«, erinnert sich Schanzenbach. Für all das setzte sie sich auch aus eigener leidvoller Erfahrung ein.[12]

Marta Schanzenbach sah realistisch, dass sie für ihre Arbeit im Kreis der Männer nur Unterstützung finden würde, wenn sie mit ihnen kooperierte. Frauen in der Politik waren in diesen frühen Jahren der Bundesrepublik derartige Ausnahmen, dass sie kaum Möglichkeiten hatten, aus den männlich geprägten Strukturen auszubrechen. Wenn es doch eine wagte, war sie schnell raus. Dieser Mechanismus besteht zum Teil im Übrigen noch heute in männlich dominierten Parteien. Im Frühjahr 2021 gingen einige Frauen der Jungen Union an die Presse. Sie beklagten Sexismus. Zudem benutze die JU sie als »Schaufensterfrauen« und »Trophäen«, um sich einen modernen Anstrich zu geben, aber wehe, die Frauen wollten ernsthaft mitreden. Weibliche Mitglieder würden gefördert, so erzählt eine JU-Frau, »solange man keine Meinung hat und nicht sonderlich auffällt«.[13]

Die Tatsache, dass Marta Schanzenbach und andere frühe Politikerinnen Rücksicht nahmen auf die Stimmung und Ausrichtung der sie umgebenden Männer, bedeutet aber keinesfalls, dass sie nicht eigene Akzente setzten und ihre Themen einbrachten. Sie mussten allerdings stets ganz genau ausloten, was angesichts der herrschenden Machtverhältnisse durchsetzbar war. Und es bedeutete zudem, dass sich diese Frauen extrem anpassen mussten und darüber nicht selten zu Einzelkämpferinnen wurden. Die große Frage für den Feminismus der zweiten Welle, so die Soziologin Joni Lovenduski, sei gewesen, ob die Frauen die Institutionen ändern konnten, bevor die Institutionen sie änderten.[14]

Suchten die wenigen Frauen Unterstützung bei anderen Parlamentarierinnen? Taten sie sich zusammen? Nun, in den Anfangsjahren der Republik kam es durchaus hin und wieder zur Zusammenarbeit der Frauen im Bundestag, auch über Parteigrenzen hinweg, vor allem in Sachen Friedenspolitik. Marta Schanzenbach stellte sich vehement gegen Adenauers »Politik der Stärke«. Diese habe bereits zwei Generationen ins Verderben geführt. »Bei den Herren der Regierung scheint das alles vergessen zu sein«, so Schanzenbach, »Wir Frauen tragen noch zu schwer an dem Leid der vergangenen Jahre, als dass wir vergessen können, deshalb darf die Stimme der Frauen nicht fehlen.« Unter den Parlamentarierinnen herrschte eine größere Skepsis gegen die geplante Wiederaufrüstung als unter den Männern. Gerade Frauen, auch über das Parlament hinaus, engagierten sich in der pazifistischen »Ohne mich«-Bewegung. Schon nach dem Ersten Weltkrieg hatte sich in der Frauenbewegung und unter Politikerinnen eine starke pazifistische Dynamik entwickelt, die nicht zuletzt 1919 im Zürcher Frauenfriedenskongress zum Ausdruck gekommen war. »Wir stehen an einem kritischen Punkt unserer staatlichen Entwicklung«, erklärte Schanzenbach dreißig Jahre später eindringlich, »dass die Frau aktiv werden muss – für Frieden und Verständigung. Die Frauen dürfen jetzt nicht schweigen, denn die Sehnsucht aller Frauen ist der Frieden.« Doch je stärker sich die Fronten zwischen den Parteien im eskalierenden Kalten Krieg der späten 1940er- und frühen 1950er-Jahre verhärteten, desto schwieriger wurde auch die überfraktionelle Kooperation der Frauen. Die Parlamentarierinnen passten sich an den Kurs ihrer jeweiligen Partei an und stellten diesen über die Ziele, die sie mit Frauen anderer Fraktionen teilten. So wurde beispielsweise zunächst ein überfraktioneller Gesetzesentwurf mehrerer weiblicher Abgeordneter eingebracht, der den Vertrieb und die Herstellung von Kriegsspielzeug verbieten sollte. Doch nach und nach äußerten auch Frauen in der Union Bedenken, ein solches Verbot könne die Wehrbereitschaft der Söhne beeinflussen. Männliche Abgeordnete fürchteten gar eine »Entmannung des deutschen Volkes«. Schanzenbach aber blieb bei ihrer Linie:

»Glauben diese Leute wirklich, dass eine Frau, deren Mann gefallen oder vermisst ist, die das Leid eines Flüchtlingsschicksals oder die Nächte im Bombenkeller erlebt hat – die innere Bereitschaft aufbringen kann, ihre Kinder wieder einmal der Politik der Stärke zu opfern?«[15]

Nur in einem weiteren Fall kam es in den frühen Jahren der Bundesrepublik zu einem interfraktionellen Antrag von Parlamentarierinnen. Und auch hier scherten schließlich die Unions-Frauen aus. Zunächst hatte man gemeinsam für eine Neufassung des Lebensmittelgesetzes gekämpft. Die Parlamentarierinnen forderten die Kennzeichnung sämtlicher verarbeiteter Lebensmittel und sorgfältige Kontrollen sowie Strafen bei Nichtbeachtung. Vielfach wurde mit »Wir Mütter« und »Wir Hausfrauen« argumentiert und auf die eigene Erfahrung rekurriert. Das Beispiel ist interessant, denn gerade bei der Verbesserung des Verbraucherschutzes sollten die Expertise und das Engagement von Politikerinnen auch in den folgenden Dekaden eine erhebliche Rolle spielen. Hier wurde der Grundstein dazu gelegt. Übrigens unter dem maßgebenden Einfluss einer Sozialdemokratin, die ebenfalls als stramme Parteisoldatin bezeichnet werden kann. Käte Strobel, seit 1949 im Bundestag, sollte später als Gesundheitsministerin in Sachen Verbraucherschutz neue Maßstäbe setzen und auch sie brachte ganz bewusst ihre Erfahrung als Mutter und Hausfrau in die Debatte ein.

Wie Renger und Schanzenbach stammte Käte Strobel aus einer durch und durch sozialdemokratischen Familie. Aufgewachsen in der Nürnberger Gartenstadt, war sie früh Mitglied bei den »Falken« und leitete bald zusammen mit ihrem Freund und späteren Ehemann Hans eine Gruppe der »Kinderfreunde«, engagierte sich im »Verein für Sexualhygiene« und setzte sich für sexuelle Aufklärung, gerade in Arbeiterfamilien, ein. Nach dem Abschluss der Wirtschaftsschule machte sie eine kaufmännische Ausbildung beim Bayerischen Landesverband für Obst- und Gartenbau. Sie wusste also, wovon sie sprach, als sie im Mai 1950 im Parlament ihre »Jungfernrede« zum Thema Brotpreis und

Ernährungsfrage hielt. Der Verbraucher*innenschutz blieb ihr Thema, was ihr in der Presse den wenig schmeichelhaften Spitznamen »Kartoffel-Käte« einbrachte.[16]

Überhaupt mussten sich diese ersten Frauen im Bundestag ein ausgesprochen dickes Fell zulegen. Marta Schanzenbach und Käte Strobel zum Beispiel litten sehr darunter, nicht studiert zu haben. Strobel wurde noch, als sie längst im Kabinett saß, als »Volksschülerin auf dem Ministersessel« verunglimpft. Wie könne man denn der Ärzteschaft eine Volksschülerin vor die Nase setzen, wurde da gegiftet. Auch innerhalb der eigenen Partei war das männliche Besitzstandswahrungsdenken stark ausgeprägt. Dass eine Frau den so mächtigen Industriestandort Nürnberg im Wahlkreis vertrat, wurde nicht von allen Genossen gutgeheißen. Fast wäre es Strobel übrigens ergangen wie der bereits erwähnten Anni Krahnstöver. In der unmittelbaren Nachkriegszeit warb die Partei sehr um Strobel. Die SPD brauchte aufbaubereite Hände und sie brauchte Frauen. Käte Strobel, ganz loyale Genossin, ließ sich gerne in die Pflicht nehmen, warf sich in die Arbeit und stieg schnell auf in der Parteihierarchie. Ihr Mann hatte während der Diktatur im sozialdemokratischen Widerstand gearbeitet, hatte Informationen in die Tschechoslowakei geschleust, er war im Nürnberger Lochgefängnis gefoltert worden, hatte im Konzentrationslager Dachau gesessen und war schließlich mit einem Strafbataillon an die Front geschickt worden. Erst 1946 kam er aus der Kriegsgefangenschaft zurück – und genau dieser Umstand ermöglichte Käte Strobel wohl den Sprung in die große Politik. »Ich bin überzeugt, wenn mein Mann damals dagewesen und nicht erst 1946 gekommen wäre, daß es dann anders gelaufen wäre«, so Strobel. »Die SPD hätte sicher damals nicht Ehepartnern je ein Mandat angetragen.«[17] So aber waren die wegweisenden Entscheidungen bereits getroffen, als Hans heimkam: Käte Strobel war aufgestellt für den ersten Deutschen Bundestag.

Annemarie Renger, Marta Schanzenbach, Käte Strobel, Anni Krahnstöver – all diese Beispiele zeigen, dass eine politische Karriere für eine Frau in den 1950er-Jahren leichter war, wenn sie keinen Mann an ihrer Seite hatte. Selbst in einer Partei, die sich die Gleichberechtigung der Geschlechter deutlich früher als andere auf die Fahnen geschrieben hatte. Manchmal erwies sich der Ehemann geradezu als Karrierekiller.

Im Falle Strobels muss man allerdings gerechterweise hinzufügen, dass ihr Ehemann die Entscheidung seiner Frau für die Politik zu hundert Prozent akzeptierte. Nach seiner Rückkehr aus der Gefangenschaft stellte er sich hinter sie und tat alles, um ihre Karriere zu fördern. Hans Strobel, der Personalrat in der Nürnberger Stadtverwaltung wurde, übernahm – damals noch sehr ungewöhnlich – wichtige Care-Arbeit und kümmerte sich intensiv um die beiden Töchter, während seine Frau in Bonn war oder durchs Land reiste. Als Willy Brandt Strobel 1966 beim Zustandekommen der Großen Koalition fragte, ob sie als Gesundheitsministerin zur Verfügung stehe, traf sie diese Entscheidung allein, allerdings »in Übereinstimmung mit meinem Mann«. Sie sagte zu, obwohl sie lieber Europaministerin geworden wäre. Sie sei ein Pflichtmensch, so Strobel, »und ich bin es der Partei gegenüber auch immer gewesen«. Wenn man einer Frau ein Ministerinnenamt schon anbot, das war Strobel klar, dann durfte man nicht Nein sagen.[18] Käte Strobel stand, wie bereits erwähnt, mit ihrem für die damalige Zeit ungewöhnlichen Familienmodell in der Tradition Elisabeth Selberts und war gleichzeitig in gewisser Weise Vorläuferin einer weiteren Sozialdemokratin, die ab den späten 1970er-Jahren für einen neuen Politikerinnentyp stehen sollte und die ebenfalls aus Nürnberg stammte. Renate Schmidt machte Schlagzeilen, weil ein Hausmann ihr den Rücken frei hielt. Doch dazu später mehr.

In den Nachkriegsjahren konnte man Hausmänner an einer Hand abzählen, und Gleiches galt für jene Herren, die die Größe hatten, die Karriere ihrer Ehefrauen an erste Stelle zu setzen. Ein berühmtes Paar, das in diesen Jahren die Weltbühne betrat und das traditionelle Rollenverständnis auf den Kopf stellte, gehörte nicht einer linken Partei an, nein, es handelte sich um Angehörige einer der wohl konservativsten Institutionen der Welt: der britischen Monarchie. Im November 1947 hatte die gerade mal 21-jährige Thronfolgerin Elizabeth in der Westminster Abbey in London den fünf Jahre älteren Philip Mountbatten geheiratet. Ein Ereignis, das im Königreich enthusiastisch gefeiert worden war, war es doch mitten in der entbehrungsreichen Ernüchterung der Nachkriegszeit der erste Großanlass, der Millionen Menschen Grund zu uneingeschränktem Jubel gab.

Als Elizabeths Vater König Georg VI. dann im Februar 1952 seinem Lungenkrebsleiden erlag, wurde aus der Thronfolgerin, früher als von ihr selbst und sicherlich auch Philip erhofft, die Königin des Vereinigten Königreichs Großbritannien und Nordirland. Während Elizabeths Rolle klar definiert war, musste Philip sich selbst an der Seite der Monarchin ganz neu erfinden. Der groß gewachsene, gut aussehende Philip und die attraktive junge Königin gehörten in den 1950er-Jahren zu den beliebtesten Staatsgästen. Als das Paar im Mai 1965 unter ausgelassenem Jubel auch in der Bundesrepublik willkommen geheißen wurde, hatte Philip sich bereits mit seiner Rolle als Prinzgemahl arrangiert. Der Weg dahin war allerdings nicht leicht gewesen. Der *Prince Consort* hatte Eliteschulen besucht und bei der Royal Navy gedient, sein Geschlechterrollenverständnis war durch und durch traditionell geprägt. Dass er, kaum war Elizabeth gekrönt, stets zwei Schritte hinter seiner Frau gehen und so offensichtlich eine untergeordnete Position einnehmen musste, war für einen Mann dieser Kreise und Generation nicht leicht zu verdauen. Natürlich hatte es vor ihm Prinzgemahle gegeben, Königin Victorias Ehemann Albert beispielsweise oder den Mann der großen Maria Theresia, Franz I. Stephan, allerdings entfaltete der monarchische Alltag im Zeitalter der Massenmedien eine ganz neue Wirkmacht. Die Bilder von der strahlend inszenierten Königin und dem ihr unauffällig folgenden, sie stets unterstützenden Prinzen erreichten ein Millionenpublikum. Die Royals waren natürlich keine Durchschnittsbürger, lebten unerreichbar im Glamour ihrer Paläste und in den unerschöpflichen Klatschgeschichten der Regenbogenpresse, und doch verkörperte dieser ehemalige Soldat und Repräsentant einer im Grunde anachronistischen Institution ein Männerbild, das moderne Züge trug und die Sehgewohnheiten der Menschen nach und nach veränderte.

Frau Bundestagspräsidentin

Die beiden Frauen in Bergmannskleidung mit Helm und Schutzbrille sind unter Tage, in einem durch und durch männlichen Revier, und doch scheint das ihrer Laune keinen Abbruch zu tun. Ein Foto aus dem Jahr 1969 zeigt die lachende Annemarie Renger und die verschmitzt dreinschauende Käte Strobel umgeben von Bergleuten in einem Schacht. Für den Wahlkampf hatten sich die beiden wohl prominentesten Sozialdemokratinnen etwas Neues ausgedacht: Sie taten sich zusammen und gingen auf Tour. Ein bisschen war diese Aktion wohl auch Revanche für den verletzenden Wahlslogan ihrer Partei. »Wir haben die besseren Männer« prangte den Wähler*innen allerorten entgegen. Konnte man die Existenz der wenigen Frauen im Parlament noch krasser ignorieren, ihre Arbeit und ihre Themen mit noch mehr Nonchalance unter den Tisch fallen lassen? Strobel und Renger muss dieser Slogan wie ein giftiger Stachel unter die Haut gegangen sein. Um ihre Sichtbarkeit und Schlagkraft zu erhöhen, bildeten sie also ein Team. Sechs Wochen lang reisten sie durch die Bundesrepublik, entwickelten eine neue Form von Wahlkampfveranstaltungen, sie ermunterten die Anwesenden mitzumachen, Fragen zu stellen, Meinungen kundzutun. Auf Einladungskarten konnten die Bürger*innen vorab ihre Anliegen einbringen.

Insgesamt war die Stimmung in diesem 1969er-Wahlkampf angespannt. Nicht nur die beiden großen Kontrahenten Union und SPD kämpften mit harten Bandagen, mit der Studentenbewegung stieg zudem die außerparlamentarische Opposition in den Ring. Einmal beispielsweise riss ein Student Käte Strobel auf einem Diskussionsabend einfach das Mikrofon aus der Hand. Entschlossen schritt die groß gewachsene Renger ein: »Manchmal ist Wut eine positive Reaktion: Ich ergriff den jungen Mann sozusagen bei Schlips und Kragen, stellte ihn etwas unsanft beiseite – er war kleiner als ich –, und man soll's nicht glauben, von da an war Ruhe im Saal.«[19] Die beiden Politikerinnen bewiesen mit ihren Versammlungen im *Townhall*-Stil durchaus den richtigen Riecher und hatten schließlich auch Erfolg. Beide wurden erneut in den Bundestag gewählt. Renger und Strobel waren vermutlich die zwei mächtigsten Frauen der SPD in diesen späten 1960er-Jahren, beide saßen im Bundesvorstand der Partei. Käte Strobel wurde 1969 erneut Gesundheitsministerin, Annemarie Renger die erste weibliche Parlamentarische Geschäftsführerin.

Renger modernisierte und professionalisierte im Laufe der späteren 1960er-Jahre auch die »Frauenarbeit« der Partei. 1966 hatte sie den Vorsitz des Bundesfrauenausschusses von Marta Schanzenbach übernommen. Sie wollte diesen Bereich stärker öffnen. »Denn unsere Auffassung war immer, die Frauenarbeit überflüssig zu machen, wenn wir gleichberechtigt sein würden«, so Renger. In einer »Nacht der Frauen der Fraktion« setzten die Parlamentarierinnen einen Brief an Willy Brandt auf, in dem sie ein Programm von Maßnahmen und Aktionsmöglichkeiten für eine erfolgreiche Frauenpolitik entwarfen. Vor allem im Berufsleben, in der Familie und im Hinblick auf die soziale Sicherheit, so hieß es darin, mussten die Belange der Frauen engagierter in den Blick genommen und vertreten werden. Auch eine Reform des Paragrafen 218 stand auf der To-do-Liste. Die Sozialdemokratinnen brachten Themen ein, die Frauen unter den Fingernägeln brannten, die aber für den Kanzler und viele andere Genossen kaum von Interesse waren. Mehrfach hatten Marta Schanzenbach und Annemarie Renger erleben müssen, dass für die Herren eine Reform des Abtreibungsparagrafen weit hinten auf der Prioritätenliste rangierte. Schanzenbach berichtet, dass sie nach einer Sitzung des Parteivorstands, wo sie diesen Punkt explizit angesprochen hatte, entsetzt und tief betroffen gewesen sei angesichts des demonstrativen Desinteresses der Männer. Auch die ganz handfesten Probleme, vor denen viele berufstätige Mütter standen, wenn die Tochter oder der Sohn morgens mit Fieber aufwachte und an Kindergarten oder Schule nicht zu denken war, bereitete den meisten männlichen Politikern nicht allzu viel Kopfzerbrechen. Sie hatten ja vielfach eine Frau zu Hause, die ihnen die Care-Arbeit komplett abnahm. Die Sozialdemokratinnen um Annemarie Renger dagegen machten sich für eine Gesetzesinitiative stark, die zusätzlichen Krankheitsurlaub für erwerbstätige Eltern vorsah.[20]

Für Renger stand die berufstätige Frau im Zentrum ihrer »Frauenarbeit«. Ihre natürlichen Verbündeten waren daher die Gewerkschaftsfrauen, aber auch einige liberale Politikerinnen im Bundestag. Die Herren der eigenen Partei dagegen mussten mühsam von den Anliegen der Arbeitnehmerinnen überzeugt werden. Auch in der SPD hieß nicht jeder den Abschied von der Hausfrauenehe willkommen. »Doppelverdiener« galt vielen als verächtliches Schimpfwort. Und Annemarie Rengers Forderung nach gleichem Lohn für gleiche Arbeit war selbst für einige Genossen nicht das drängendste aller Ziele. Gerade wenn die Wirtschaft ins Stocken geriet und die Angst vor Arbeitslosigkeit umging, waren vielen Politikern und Gewerkschaftlern die Nöte männlicher Arbeitnehmer näher als jene der Arbeitnehmerinnen. Das Argument, dass Frauen Männern die Arbeitsplätze wegnähmen, wurde aus der Mottenkiste geholt, wann immer es konjunkturell in den Kram passte, und zeigte, dass weiblicher Erwerbstätigkeit, von weiblicher Karriere ganz zu schweigen, jederzeit die Existenzberechtigung abgesprochen werden konnte. Weil Annemarie Renger aus eigener Erfahrung, aber auch durch den Austausch mit Wählerinnen und Kolleginnen wusste, wie schwierig es war, Job und Familie unter einen Hut zu bringen – bis zum Kindergartenalter gab es in der Bundesrepublik damals praktisch keine Kinderbetreuung, es sei denn, man konnte sich eine Nanny leisten, mittags um zwölf standen Schulkinder wieder vor der Tür, Hortplätze waren rar –, machte sie sich für das Recht auf Teilzeitarbeit stark. Zusammen mit ihrer FDP-Kollegin Lieselotte Funcke formulierte sie einen Vorstoß für Beamtinnen. »Zunächst ist es in der Bundestagsfraktion auf harten Widerstand bei den Männern gestoßen, wie immer!«, erinnert sich Renger. »Durch hartes Bohren haben wir es dann durchbekommen. Wir meinten auch, dass der öffentliche Dienst eine Signalfunktion haben könnte für die Wirtschaft.«[21]

Der Bundestagswahlkampf 1972 war ein optimistischer und mitreißender, die SPD war voll in Fahrt, junge Menschen, sehr viele Frauen engagierten sich für den Kanzler, seine Ostpolitik, aber auch seinen innenpolitischen Reformkurs. Die SPD fuhr mit 45,8 Prozent einen rauschenden Sieg ein. Der Fraktionsvorsitzende Herbert Wehner hatte schon während des Wahlkampfs angekündigt, dass man sich für eine Bundestagspräsidentin starkmachen wolle, sollte man ein gutes Ergebnis erreichen. Annemarie Renger war entschlossen, den Finger zu heben. »Weil Frauen nicht länger nur Alibi-Funktionen erhalten sollten, habe ich schlicht und ergreifend zu Herbert Wehner gesagt, daß eine Reihe von Genossen es für richtig hielten, daß ich kandidierte. (...) Die Partei hat mit diesem Amt zeigen wollen, daß sie aufgeschlossener gegenüber Frauen ist als bisher«, so Renger. Sie habe einfach das Gefühl gehabt, hier Anspruch erheben zu müssen und habe sich deshalb selbst vorgeschlagen. Mit Erfolg. Am 13. Dezember 1972 wurde Annemarie Renger zur ersten Bundestagspräsidentin gewählt. »Die Wahl einer Frau für dieses Amt hat verständlicherweise einiges Aufsehen erregt. Das Erstmalige und mithin Ungewohnte gerät in die Gefahr zum Einmaligen und Besonderen erhoben zu werden«, so Renger in ihrer Antrittsrede, »Damit wäre niemandem gedient, nicht diesem Amt und schon gar nicht der Abgeordneten aus Ihrer Mitte, die es verwaltet. Ich meine, dass die Frauen unter den Mitgliedern, auch wenn sie zahlenmäßig nicht so stark vertreten sind, wie es ihre Rolle in Staat und Gesellschaft erfordern würde, keine Ausnahmestellung wünschen.«[22]

Annemarie Renger, das macht ihr Aufstieg zur Bundestagspräsidentin deutlich, vertrat innerhalb ihrer Partei schon einen deutlich emanzipierteren Kurs als etwa eine Marta Schanzenbach. Sie brachte sich aktiv ins Gespräch ein, baute ihre Macht systematisch aus und scheute keine Konflikte. Sie gehörte dem eher konservativen, gewerkschaftsnahen Kreis der sogenannten »Kanalarbeiter« an und geriet wiederholt mit Kanzler Brandt aneinander. Als Bundestagspräsidentin nutzte sie die erheblich sichtbarere und einflussreichere Position, um ihre politischen Themen gezielt voranzubringen. So setzte sie erneut gegen mannigfache Widerstände und wiederum mit Lieselotte Funcke als Mitstreiterin einen Kindergarten für die Mitarbeiter*innen des Bundestages durch.

Für noch mehr Aufsehen sorgte ihr Engagement für Arbeiterinnen und deren Lohnforderungen. Laut Anpassungsgesetz der Europäischen Gemeinschaft durften Frauen in der Arbeitswelt gegenüber Männern nicht mehr benachteiligt werden, die Realität sah aber vielfach anders aus. Noch immer wurden Frauen oft in sogenannten Leichtlohngruppen mit deutlich geringerer Bezahlung abgespeist, obwohl ihre Tätigkeit zum Teil genauso anstrengend und fordernd war wie jene der männlichen Arbeiter. Renger wollte gezielt jede Diskriminierung aufgrund des Geschlechts sichtbar machen und unterstützte daher Frauen, die gegen derlei Umstände klagten, öffentlich: Fabrikarbeiterinnen bei einem Honigproduzenten, die unter erheblicher Lärmeinwirkung einen Arbeitstag lang bis zu 130 Gläser in der Minute prüfen mussten und geringer bezahlt wurden als männliche Kollegen, die mit der Palette Kartons bewegten; eine junge Frau, die bei der Stadtverwaltung lediglich zur »Bürogehilfin« ausgebildet wurde, während ihr männlicher Kollege bei besserer Bezahlung Verwaltungsfachangestellter werden konnte; eine werdende Mutter, der eine Gehaltserhöhung verweigert wurde, weil der Arbeitgeber stillschweigend davon ausging, dass sie nach der Geburt ihres Kindes ohnehin die Firma verlassen würde. Die Reduzierung der Arbeitnehmerin auf »unselbstständige Zuarbeitertätigkeiten« war für Renger absolut inakzeptabel. Empörend fand sie auch, dass Frauen beim Vorstellungsgespräch noch immer Auskunft geben sollten, wo ihre Kinder untergebracht waren, während sie arbeiteten. Bei arbeitssuchenden Vätern krähte danach kein Hahn. Konnten Mütter keine lückenlose Betreuung vorlegen, galten sie als nicht vermittelbar und bekamen kein Arbeitslosengeld.[23]

[8] Eine Frau sorgt für Ordnung: Nach der gewonnen Bundestagswahl 1972 schlug sich Annemarie Renger von der SPD selbst für das Amt der Bundestagspräsidentin vor und setzte sich durch.

Annemarie Renger schubste ihre Partei und das ganze Land in den 1960er- und 1970er-Jahren mit ordentlichem Schwung aus dem Muff der Adenauer-Jahre in die Gegenwart. Für sie stand außer Frage, dass das Modell der »Hausfrauenehe« der Vergangenheit angehörte. Entschlossen warf sie ab 1972 auch das Gewicht ihrer Bundestagspräsidentschaft in die Waagschale. Als erste Frau auf diesem Posten änderte sie die Sehgewohnheiten der Deutschen: Plötzlich präsidierte da im Bundestag eine elegante Frau, leitete Sitzungen und erteilte den Männern das Wort. Der Druck, der auf ihr lastete, war immens. Vor allem in den ersten Monaten beobachteten die Kollegen und auch die Presse sie mit Argusaugen. Wie so viele Erste plagten auch Renger heftige Versagensängste. Erlaubte sie sich Patzer oder Fehler, würde es heißen: Die Frauen können es einfach nicht. Diese Sorge vor einer Gruppenhaftung konnte lähmend sein. Doch Renger hatte eine Agenda. So entschlossen sie den Schritt in die Politik gemacht hatte, als sie 1945 ihren Brief an Kurt Schumacher gesandt hatte, so dezidiert stand sie hinter diesem westdeutschen Staat und so sehr fühlte sie sich berufen, diese Gesellschaft mitzuprägen. Lange war sie die unbestrittene *Grande Dame* der SPD-Fraktion, auf dem Höhepunkt ihrer Macht aber wurde diese plötzlich infrage gestellt. Und zwar nicht von den Männern, sondern von »den neuen Frauen« – doch dazu später mehr.

Wie zentral Annemarie Renger aber noch heute gerade im kollektiven Gedächtnis der SPD-Frauen verankert bleibt, beweist die Tatsache, dass die neue Bundestagspräsidentin Bärbel Bas in ihrer Antrittsrede ausdrücklich an sie erinnerte. Und auch Rengers selbstbewusstes Handheben, als es um die Vergabe des Postens ging, haben sich die Genoss*innen wohl zum Vorbild genommen. Zwar hatte Bas ihren Namen nicht selbst ins Spiel gebracht, aber als einige SPD-Politikerinnen und die Arbeitsgemeinschaft sozialdemokratischer Frauen (AsF) Wind davon bekamen, dass der zweithöchste Posten im Staat eventuell an den bisherigen Fraktionsvorsitzenden Rolf Mützenich gehen würde und damit auf den drei wichtigsten Stühlen der Republik – in Kanzleramt, Schloss Bellevue und Parlament – jeweils ein Mann sitzen würde, intervenierten sie und mobilisierten die Öffentlichkeit. Sie habe, sagt Bas, im richtigen Moment Ja gesagt. Am 26. Oktober 2021 wurde sie mit überwältigender Mehrheit zur neuen Bundestagspräsidentin gewählt, der dritten in der Geschichte der Bundesrepublik. »Hier im Bundestag werden die Debatten ausgetragen«, sagte Bas, nachdem sie im Anschluss an Schäubles Abschiedsworte seinen Platz eingenommen hatte, »die Debatten, die das Land bewegen, Regierung und Opposition treffen aufeinander, Politik wird verständlich und sichtbar jeden Abend in den Nachrichten. Es tut unserem Land gut, wenn die Bürgerinnen und Bürger sehen, im Herzen der Demokratie trägt eine Frau die Verantwortung.«[24]

Käte klärt auf

Dass Käte Strobel gerade im Jahr 1966 Gesundheitsministerin wurde, war perfektes Timing. Die Gesellschaft geriet in Bewegung. Die unmittelbare Nachkriegszeit war zu Ende, in den westlichen Ländern lebten die Menschen in wachsendem Wohlstand, Zukunftsoptimismus, Technikbegeisterung und Fortschrittsglaube hielten Einzug, gleichzeitig wurde die Stimme der jungen Generation immer hörbarer, Autoritäten, Hierarchien, Rollenmuster wurden offen infrage gestellt, der Ruf, auszubrechen aus überkommenen Konventionen, wurde lauter. Das galt auch im Hinblick auf die Geschlechterbeziehungen und die Sexualität.

Die neue Gesundheitsministerin war zwar gut dreißig Jahre älter als die Student*innen, die es in den späten 1960er-Jahren auf die Straße zog und die in Wohngemeinschaften und Kommunen neue Formen des Zusammenlebens erprobten, aber nicht wenige der Themen und Probleme dieser erwachenden Jugend waren Käte Strobel durchaus vertraut. Welch großes Unheil mangelnde Aufklärung und eine verstockte Haltung zur Sexualität nach sich ziehen konnte, wusste sie aus eigener Anschauung. In den 1920er-Jahren hatte sie sich als junge Frau im »Verein für Sexualhygiene« engagiert. Aus ihrer unmittelbaren Nachbarschaft in der Nürnberger Gartenstadt kannte sie die Notlage vieler kinderreicher Arbeiterfamilien. Der Verein klärte auf, bot Hilfe zur Empfängnisverhütung und, wenn nötig, auch zum Schwangerschaftsabbruch. Käte Strobel hatte unzählige Male miterlebt, in welch verzweifelte Situation ungewollt schwangere Mädchen und Frauen gerieten. Als Ministerin setzte sie sich vehement für eine Enttabuisierung der Sexualität ein und sprach offen Fragen der Familienplanung an – ein absolutes Novum, das so manchem konservativen Kollegen den Schweiß auf die Stirn und die Schamesröte ins Gesicht trieb.

Dass Käte Strobel Gesundheitsministerin war, als nicht nur die Erfindung der Pille die Welt veränderte, sondern in Deutschland auch endlich die Reform des Paragrafen 218 angegangen wurde, kann man ohne Übertreibung als absoluten Glücksfall bezeichnen. Während die Kirchen und konservative Kreise in Politik und Gesellschaft zum Teil mit drastischem Vokabular gegen diese neue Form der Geburtenkontrolle zu Felde zogen, war die Ministerin von Anfang an eine überzeugte Befürworterin der Pille: »Ich konnte das aus eigenem Erleben tun, weil ich wußte, was es bedeutete, Kinder zu bekommen, wenn man sie noch nicht wollte.« Aus derselben Motivation heraus setzte sich Strobel für eine Reform des Abtreibungsparagrafen ein. Ihre Mutter hatte sieben Kinder geboren, »aber sicher nicht sieben gewollt«. Die junge Käte hatte erlebt, dass Frauen nach verpfuschten illegalen Abtreibungen gestorben waren. »Das war sehr prägend. (…) Der Paragraf 218 war eine fürchterliche Belastung für die Bevölkerungsschicht, die sich eine Abtreibung, die gesundheitlich gefahrlos war, nicht leisten konnte.«[25] Die Pille verschaffte Frauen eine ungekannte Freiheit über ihren Körper. Sie konnten fortan selbst entscheiden, wann und mit wem sie Kinder haben wollten. Diese neue weibliche Autonomie war für Strobel ein Segen, in den Augen vieler Politiker, Kirchenmänner, Journalisten und auch Ärzte stellte sie allerdings eine brennende Gefahr dar.

Auch der Gesundheitsministerin war klar, dass neben dem Zugang zur Pille und zu sicheren Schwangerschaftsabbrüchen vor allem die sexuelle Aufklärung gestärkt werden musste. So gab Strobel nicht nur einen Sexualkundeatlas für Jugendliche in Auftrag, sondern auch den Aufklärungsfilm *Helga*, der für reichlich Diskussionen sorgte, aber beeindruckende Wirkung zeigte. Der Film wurde zum Blockbuster und spielte eine Million Mark ein, Geld, das direkt an die Bundeskasse floss. *Helga* erzählte von einer jungen, sexuell unerfahrenen Frau, die heiratet und schwanger wird. Die Zuschauer*innen erfuhren alle Einzelheiten über Geschlechtsverkehr, Empfängnisverhütung und Schwangerschaft und erlebten schließlich auf der Leinwand sogar eine Geburt. Das muss nicht nur für das junge Publikum, sondern auch für einige männliche Zuschauer fortgeschrittenen Alters ein herber Schock gewesen sein, denn im Kreißsaal waren die werdenden Väter damals noch nicht anwesend. Noch lieferten die Männer ihre hochschwangeren Ehefrauen in der Klinik ab, gingen wahlweise ins Büro oder in die Kneipe, kauften am nächsten Tag ein paar Blumen und besuchten die frisch ondulierte Gattin und das sauber gebadete Kind im Krankenhaus, als die Arbeit längst getan war.

Sowohl der Aufklärungsfilm als auch der Sexualkundeatlas brachten einige Aufmerksamkeit, aber durchaus auch Anfeindungen für die innovative Gesundheitsministerin. Manche Kultusministerien, beispielsweise das bayerische, weigerten sich, den Atlas im Schulunterricht zu verwenden. Erzkonservative Christen drohten, Strobel komme in die Hölle. Die aber ließ sich nicht beirren. Sie forderte sogar eine Pille für den Mann, was geradezu unerhört war. Seit wann hatten die Herren der Schöpfung sich um Verhütung zu kümmern? Auf Strobels Konto ging auch die Einführung von obligatorischen Vorsorgeuntersuchungen für Schwangere und Kleinkinder. Hier stand die Ministerin klar in der Tradition Louise Schroeders. Der Kampf gegen die Säuglingssterblichkeit, die in Deutschland noch immer hoch war im Vergleich zu anderen europäischen Ländern, musste offensiv geführt werden. Ab den 1970er-Jahren begannen ihre Maßnahmen tatsächlich Wirkung zu zeigen und die Sterblichkeit nahm deutlich ab.

Während Marta Schanzenbach sich selbst noch als »Ausnahmefrau« sah und in Ermangelung weiblicher Kolleginnen in vielen Gremien gezwungenermaßen eine Einzelkämpferin war und Annemarie Renger ab den frühen 1970er-Jahren, wie bereits angedeutet, massiv unter Beschuss geraten sollte durch jüngere Genossinnen, war Käte Strobel eine echte Brückenbauerin. Sie stand zwischen den Generationen und pflegte gute Kontakte zu den etablierten älteren SPD-Frauen wie Marta Schanzenbach oder Irma Keilhack, hatte aber auch keine Scheu vor den jungen Frauen, die spätestens seit dem »Willy wählen«-Wahlkampf in die Partei strömten, und förderte diese ganz bewusst.[26]

Wie Annemarie Renger allerdings warnte auch Strobel davor, sich thematisch beschränken zu lassen. Das, was gemeinhin und vor allem von einigen Genossen etwas abschätzig »Frauenpolitik« genannt wurde, gehörte für sie in sämtliche Politikbereiche hinein. Sie ermunterte Frauen, sich mit dem gesamten politischen Spektrum zu befassen, denn »Frauenpolitik« konnte allzu leicht als Abstellgleis für ambitionierte Politikerinnen missbraucht werden. Mehr als eine vielversprechende Politikerinnenkarriere war auf diese Weise kaltgestellt worden. War eine Politikerin erst mal auf dieses Thema gebucht, erhob sie schon keine Ansprüche mehr auf andere Politikbereiche, die man immer noch als »klassisch« bezeichnete – die Innen- und Außenpolitik, die Justiz, die Finanzen – und die die Herren ungern preisgaben. Diese Lehre ist im Übrigen noch heute gültig, denn die Gefahr, vor der Strobel warnte, besteht noch immer. Belange, die Frauen zentral betreffen, dürfen nicht marginalisiert werden und allein in einem eigens für sie geschaffenen und von ihnen verwalteten Eckchen beackert werden, sie müssen vielmehr auf sämtlichen politischen Feldern bewusst mitgedacht werden.

Innerhalb Partei und Parlament aber einen echten Wandel zu schaffen, war enorm schwierig. Sieht man sich Fotos oder Filmaufnahmen aus diesen Jahren an, ahnt man, wie sehr sich diese Frauen als Fremdkörper gefühlt haben müssen. Käte Strobel, einzige Frau im Kabinett Brandt, sitzt etwas verloren in ihrem Kostüm unter einem Dutzend Herren in dunklen Anzügen auf der Regierungsbank. Marta Schanzenbach im gemusterten Kleid ist nach ihrer Wahl ins Präsidium 1958 umringt von schlipstragenden Genossen. In der Politik, wie in vielen anderen Bereichen, wurden und werden Personalentscheidungen und thematische Weichenstellungen nicht selten im informellen Rahmen angebahnt. Bei einem Bier oder einem Schoppen Wein, beim Golfen oder Fußballschauen, manchmal auch spätnachts an einer Hotelbar werden Posten versprochen, Meinungen ausgetauscht, Beziehungen gepflegt. Zu solcherlei Männernetzwerken hatten die frühen politischen Frauen der Bundesrepublik allerdings kaum Zutritt. Viele von ihnen bemühten sich durchaus darum, mal gingen sie mit in das Gasthaus von Ria Maternus auf ein Gläschen, fühlten sich – wie Käte Strobels Beispiel zeigt – geschmei-

[9] Die Erste zu sein bedeutet oft auch die Einzige zu sein: 1958 wurde Marta Schanzenbach als erste Frau ins SPD-Parteipräsidium gewählt.

chelt, wenn sie als einer der Jungs betrachtet wurden –, aber wirklich Teil der Gruppe zu werden, war fast unmöglich.

Unter enormen Kraftanstrengungen und nicht selten der Häme der männlichen Kollegen ausgesetzt, gelang es diesen Frauen dennoch Schritt für Schritt, ihre Themen auf die nationale Tagesordnung zu setzen. Der konkrete Einfluss, den diese erste Politikerinnen in Bonn nahmen, war erheblich. Die Innovationen, die Frauen wie Marta Schanzenbach, Annemarie Renger und Käte Strobel anstießen, veränderten das gesellschaftliche Klima und den Alltag der Menschen gravierend. Soziale Absicherung, Lohngerechtigkeit, eine gerechte und präventive Gesundheitsversorgung, ein verbesserter Verbraucherschutz – all das trug ganz entscheidend bei zu einem gesellschaftlichen Wandel, der sich in den 1960er-Jahren anbahnte und der das Gesicht des Landes veränderte – weg von den restaurativen und patriarchalen Strukturen der Adenauer-Ära, hin zu einem Staatsgebilde, das auf Partizipation und mündige Bürger*innen setzte.

Königin – Schreckschraube – Hexe

22 Jahre nach dem Ende des Zweiten Weltkriegs und des Holocaust reiste Annemarie Renger erstmals nach Israel. Erst ein Jahr zuvor waren diplomatische Beziehungen zwischen den beiden jungen Staaten aufgenommen worden. Die Abgeordnete des Deutschen Bundestages war angespannt. Die Vergangenheit lastete schwer. Als sie aber in Tel Aviv landete, fand sie den jüdischen Staat in einem enthusiastischen Ausnahmezustand. In nur sechs Tagen hatten die israelischen Streitkräfte kurz zuvor die alliierten Armeen Syriens, Ägyptens und Jordaniens besiegt. Besondere Bedeutung hatte die Eroberung der gesamten Jerusalemer Altstadt samt *Kotel*, der Klagemauer. Überall ertönte Naomi Schemers sentimentale Hymne *Jeruschalajim schel Sahav* über das »goldene Jerusalem«, gesungen von Shuli Nathan, in der die Schönheit der Stadt und ihre außerordentliche Bedeutung für das jüdische Volk gepriesen wurde. Mit dem glorreichen Sieg hatte Israel der Welt eindrucksvoll seine militärische Überlegenheit bewiesen und seinen Nachbarn klargemacht, dass seine Existenz in der Region eine dauerhafte sein würde. Gleichzeitig begann mit dem Sechstagekrieg die unheilvolle Besatzung Ostjerusalems und des Westjordanlandes. Der große israelische Philosoph Jeschajahu Leibowitz beklagte das früh. Israel, so Leibowitz, habe den Sechstagekrieg am siebten Tag verloren. Das sah die Mehrheit der Israelis anders – auch die *Grande Dame* der israelischen Politik und eine wahrhaft Erste ihrer Art, die Annemarie Renger bei ihrem Besuch traf.

Golda Meir, damals Generalsekretärin der Mapai, der israelischen Arbeiterpartei, hatte zugestimmt, die hochrangige deutsche Sozialdemokratin zu empfangen. Zu Willy Brandt pflegte Meir ein freundschaftliches Verhältnis, der Regierende Bürgermeister von Berlin hatte Israel 1960 erstmals besucht, grundsätzlich aber hegte sie großes Misstrauen gegenüber Deutschland, war Bonn gegenüber weit weniger aufgeschlossen, als David Ben-Gurion es gewesen war. Annemarie Renger war tief beeindruckt von ihren Begegnungen mit der erfahrenen Politikerin. »Als sie Ministerpräsident war«, so erinnert sich Renger, »hatte ich immer das Gefühl, sie breite einen weiten Mantel über das ganze Land, unter dem die jüdischen Menschen Schutz suchen konnten. Dabei war sie keineswegs sentimental, sondern konnte äußerste Härte und Ungeduld an den Tag legen. Ich habe sie sehr verehrt, hatte ich doch das Glück, von ihr sehr freundschaftlich aufgenommen zu werden.«[27]

Annemarie Renger spricht ein Bild von Meir an, das weitverbreitet war und ist. Die jüdische Mutter, die ihren Kindern, die aus aller Welt nach Israel strömen, Zuflucht bietet. Hier ist sie also wieder, die Stilisierung von Politikerinnen zu Mutterfiguren, die uns von Louise Schroeder bis Angela Merkel immer wieder begegnet – unabhängig davon, ob diese Frauen tatsächlich Kinder hatten beziehungsweise haben. Überhaupt fällt auf, dass bei der Beschreibung von Politikerinnen ganz häufig auf jene Stereotype zurückgegriffen wird, die traditionell für das weibliche Geschlecht im Umlauf sind: Mutter, Gouvernante, Blaustrumpf, Medusa, Hexe. Golda Meirs innerparteilicher Konkurrent und der damalige Ministerpräsident Levi Eschkol nannte Meir beispielsweise mal bewundernd »*Malke*«, Jiddisch für »Königin«, mal genervt »*Klafte*« (»Kratzbürste«) und, wenn er richtig sauer war, »*Machscheifa*« (»Hexe«).[28] Zwischen diesen drei extremen Kategorien finden sich all die Schubladen, in die Politikerinnen bis heute gesteckt werden.

Eher unwahrscheinlich, dass Annemarie Renger und Golda Meir sich über die Herausforderungen unterhalten haben, die das Leben für Politikerinnen in einer Männerwelt bereithielt. Meir sah sich nie als Vorkämpferin der Frauenbewegung. Für sie standen Sozialismus und Zionismus immer an erster Stelle. Die Frauenfrage war ein Nebenwiderspruch, in guter marxscher Tradition, und würde sich von selbst erledigen, wenn im *Jischuv*, der jüdischen Ansiedlung in Palästina, beziehungsweise im Staat Israel erst mal eine sozialistische Gesellschaft aufgebaut wäre.

1898 in Kiew geboren, erlebte Golda Mabovitch, später Meyerson und noch später Meir, die Armut des *Schtetl* und eine scharfe

[10] Strammstehen für die Premierministerin: Golda Meir war Israels erste und bislang einzige Regierungschefin.

Diskriminierung durch die Mehrheitsgesellschaft. Ihr Vater Mosche Jizchak suchte eine bessere Zukunft in der »Goldenen Medine«, den Vereinigten Staaten von Amerika, und holte Frau und Töchter 1906 nach. Schon als junges Mädchen kam Golda in Berührung mit den Ideen der zionistischen Arbeiterbewegung, und schon früh bewies sie einen eigenen Kopf. Sie weigerte sich, eine von den Eltern arrangierte Ehe einzugehen und heiratete stattdessen den jungen Plakatmaler Morris Meyerson. Der erkannte schnell, dass er eine Frau geheiratet hatte, deren größte Liebe eine Idee war – die Idee von einem sozialistischen jüdischen Staat. Obwohl Morris erhebliche Zweifel hegte, bereitete das Paar Anfang der 1920er-Jahre die Überfahrt nach Palästina vor und landete 1921 in Tel Aviv. Der Schock war groß, denn in der kleinen jüdischen Ansiedlung am Mittelmeer, zwölf Jahre zuvor gegründet, mangelte es quasi an allem – außer an Stechmücken. Wiederum auf Goldas ausdrücklichen Wunsch fand das Paar Aufnahme im Kibbuz Merhavia, 1911 gegründet und im Norden des Landes gelegen. Wenn schon *Alijah*, wenn schon

Übersiedlung nach Palästina, so die junge Golda Meir, dann das volle Programm – und dazu gehörte das Gemeinschaftsleben des Kibbuz. Morris war keineswegs angetan vom Leben auf dem Land, vom Hühnerzüchten und Feldbeackern, aber seine Frau setzte sich durch.

Golda Meir hat zeit ihres Lebens betont, dass sie keine Feministin im modernen Sinne sei. »Ich bin keine große Bewunderin jenes Feminismus, der zur Büstenhalterverbrennung, zu Männerhaß und zu Kampagnen gegen die Mutterschaft führt.« Sie machte nie einen Hehl daraus, dass die Belange von Frauen auf ihrer politischen Prioritätenliste nicht gerade weit oben rangierten, und doch zeigt ihr Leben – privat wie beruflich –, dass sie von Anfang an die gleichen Rechte für sich in Anspruch nahm, die einem Mann zustanden. »Frauen«, so Meir, »sollten nicht besser als Männer sein müssen, um als menschliche Wesen betrachtet zu werden. Sie sollten nicht das Gefühl haben, sie müssten Wunder vollbringen, um angenommen zu werden.«[29]

Nachdem ihr Mann schwer an Malaria erkrankt war, musste das Paar den Kibbuz verlassen und ließ sich in Jerusalem nieder. Inzwischen war Golda Meir Mutter eines Sohnes geworden, wenig später wurde eine Tochter geboren. Bei einer großen Konferenz im legendären Kibbuz Degania hatte Meir außerdem Kontakte zur Hautevolee der Arbeiterpartei geknüpft, hatte David Ben-Gurion, Levi Eschkol und Berl Katznelson persönlich kennengelernt. Und Ben-Gurion wiederum war auf das politische Talent der jungen Frau aufmerksam geworden. Als man ihr eine Stelle in Tel Aviv bei der Frauenorganisation *Moetzet Hapoalot* anbot, sagte sie zu, obwohl das eine zumindest vorübergehende Trennung von ihrem Ehemann bedeutete. Liest man Golda Meirs Aufzeichnungen aus dieser Zeit und ihre späteren Memoiren, sieht man eine junge Mutter, gestellt zwischen Familie und Karriere – eine Situation, die vielen Frauen heute noch bekannt vorkommen dürfte. Es zerriss sie schier zwischen dem Wunsch, etwas zu gestalten und zu bewirken, und dem Schuldgefühl, das sie gegenüber ihrem Mann und ihren Kindern hatte. »Ich musste ich selber sein«, schrieb sie, »aber gerade das machte es mir unmöglich, ihm die Frau zu sein, die er wünschte und brauchte.«[30]

Wie Marta Schanzenbach oder Annemarie Renger war Golda Meir von Anfang an eine stramme Parteisoldatin, deren Loyalität gegenüber der Partei und deren Vorsitzenden grenzenlos war. Und wie Schanzenbach und Renger machte sie die Erfahrung, dass eine politische Karriere als alleinstehende Frau einfacher war. Formal blieb Golda Meir zwar bis zu dessen Tod mit Morris Meyerson verheiratet, tatsächlich gingen sie aber getrennte Wege. In den 1930er-Jahren war Meir eine alleinerziehende Mutter auf dem Sprung zu einer großen politischen Karriere, umgeben von und in Konkurrenz zu Männern, die zu Hause eine Frau hatten, die sich um den Alltag und die Familie kümmerte. »Das Leben«, so notierte Meir, »einer arbeitenden Mutter, die ohne ständige Anwesenheit und Unterstützung des Vaters auskommen muss, ist dreimal so schwer wie das irgendeines Mannes, dem ich je begegnet bin.« Bereits in einem Artikel, den sie in den 1920er-Jahren geschrieben hatte, hielt sie fest: »Die inneren Kämpfe und Zweifel einer berufstätigen Mutter sind – alles in allem – mit kaum etwas auf der Welt zu vergleichen. (…) Die arbeitende Mutter leidet unter der doppelten Beanspruchung, immer hat sie das Gefühl, ihre Pflicht nicht zu erfüllen – einmal gegenüber der Familie, dann gegenüber der Arbeit. Das ist das Problem der arbeitenden Mutter.«[31]

Und noch eine Erfahrung teilte sie mit den deutschen Genossinnen und vielen politischen Frauen dieser Jahre: das Gefühl, nicht zu genügen. Wie Marta Schanzenbach und Käte Strobel litt Golda Meir darunter, keine höhere akademische Bildung zu haben. Hinzu kam, dass Hebräisch ihre dritte Sprache war. Am meisten zu Hause fühlte sie sich im Jiddischen, der Sprache ihrer Kindheit. Auch Englisch ging ihr gut von der Zunge, hatte sie doch in Milwaukee die Schule besucht und ihre Jahre als junge Erwachsene in den USA verbracht. Hebräisch aber lernte sie erst richtig in Palästina mit Mitte zwanzig. Der israelische Diplomat und spätere Außenminister Abba Eban, der für seine rhetorische

Brillanz berühmt war, lästerte einmal, Meir beherrsche nicht mehr als zweihundert hebräische Wörter. Als sie davon erfuhr, strafte sie ihn mit Nichtbeachtung. Auf die Frage, warum sie ihn nicht mehr grüße, erwiderte sie, sie habe einen derart begrenzten Wortschatz, da wolle sie keine Worte an ihn verschwenden.[32]

Meir mit ihren sehr guten Beziehungen zu jüdischen Verbänden und Organisationen in den USA wurde wiederholt auf längere Auslandstourneen geschickt, um für die zionistische Sache zu werben und vor allem Spenden einzutreiben, was ihr meist bravourös gelang. Ende November 1947 wurde der Teilungsplan der UNO verkündet, ein jüdischer Staat sollte Wirklichkeit werden. Die Menschen in Tel Aviv feierten ausgelassen auf den Straßen. Die Araber aber hatten den Plan abgelehnt und Meir wusste, dass das Krieg bedeutete. Ihr war nicht nach Party. Vielmehr packte sie ihre Koffer und machte sich auf zu einer weiteren Spendentour, denn was der entstehende Staat nun brauchte, waren Waffen. Die sogenannte »Wirbelwind«-Tour war ein gigantischer Erfolg. Innerhalb von sechs Wochen sammelte Meir fünfzig Millionen Dollar. »Eines Tages«, so Ben-Gurion, »wenn Geschichte niedergeschrieben wird, wird es heißen, dass es eine jüdische Frau war, die das Geld beschaffte, um die Gründung unseres Staates möglich zu machen.«[33] Als am 14. Mai 1948 im alten Kunstmuseum am Rothschild Boulevard die Unabhängigkeitserklärung unterzeichnet wurde, war Golda Meir eine von zwei anwesenden Frauen. Neben ihr signierten die Frauenrechtlerin Rachel Cohen und 35 Männer das Dokument. »Meine Augen füllten sich mit Tränen«, so Meir, »meine Hände zitterten. Wir hatten es geschafft. Wir hatten den jüdischen Staat ins Leben gerufen, und ich, Golda Mabowitsch Meyerson, war dabeigewesen.«[34] Der Staat Israel war geboren. Am nächsten Tag begann der Unabhängigkeitskrieg.

Golda Meir war aus der politischen Szene des jungen Staates in den folgenden Jahrzehnten nicht wegzudenken, Ben-Gurion hielt große Stücke auf sie, als eine von sehr wenigen Vertrauten hatte sie stets direkten Zugang zum Premierminister. Gehorsame Genossin, die sie war, ließ sie sich 1948 für ein Jahr als Israels erste

Botschafterin nach Moskau schicken, obwohl sie weit lieber nach Washington gegangen wäre. Anschließend wurde sie Arbeitsministerin, Außenministerin und schließlich 1969 Israels erste Ministerpräsidentin. Sie war die erste Regierungschefin im Nahen Osten und nach Indira Ghandi die zweite Frau an der Spitze eines demokratischen Staates in der Welt überhaupt.

4 Wider die erstarrte Gesellschaft

Simone Veil – Ulrike Meinhof – Ruth Dreifuss

Als die junge Frau den Hörsaal betrat, kam sie sich vor wie eine Art außerirdisches Wesen. Die Kommilitonen verstummten oder begannen hinter ihrem Rücken zu flüstern. Die Aufnahmeprüfung, die es am renommierten Pariser *Institut d'Études Politiques* unmittelbar nach dem Zweiten Weltkrieg übrigens nur für Studentinnen gab, hatte man ihr erlassen, aufgrund ihrer »Situation«. Die Professoren hatten betreten ihren Blick gesenkt, sich geräuspert und waren zur Tagesordnung übergegangen. Die junge Frau war durch die Hölle gegangen, aber jetzt war sie fest entschlossen, Jura zu studieren und Rechtsanwältin zu werden. Die Zukunft sollte heller werden. Sie wollte ihr Leben selbst in die Hand nehmen, Herrin ihres eigenen Schicksals werden – ein Gedanke, der noch ein Jahr zuvor geradezu grotesk gewesen wäre. Dass die männlichen Kommilitonen ihre Anwesenheit irritierte, war nicht zu übersehen, aber eben unvermeidbar: »Denn ich war nicht nur selbst deportiert worden, sondern obendrein auch noch … ein Mädchen.«[1]

La Capitale stand in diesen Monaten unmittelbar nach Kriegsende noch unter dem Eindruck der jahrelangen deutschen Besatzung und der Kämpfe um ihre Befreiung. Noch hallte der Klang der Militärstiefel in den Köpfen der Pariser*innen nach, aber langsam fand man zurück zu einem Alltag, in dem auch wieder andere Themen als die Grauen des Krieges Platz hatten. Junge Leute trafen sich in den Bistros und Cafés, diskutierten über Gott und die Welt, verliebten sich. Simone Veil fühlte sich deplatziert und fremd. Sie hatte in den vorangegangenen Jahren in den Abgrund geblickt und musste nun erleben, dass ihre Nachbarinnen und Bekannten, ihre Kommilitonen und Professoren, ja ihr gesamtes Umfeld lieber nicht so genau wissen wollte, was sie als Jüdin erlitten hatte. Der Krieg war vorbei, so die allgemeine Stimmung, jetzt wollte man nach vorne blicken. Für Überlebende der Lager war diese Erfahrung niederschmetternd.

Simone Veil, als Simone Jacob 1927 in Nizza geboren, wuchs in einer säkularen jüdischen Familie auf. Ihr Vater war stolzer Franzose und strammer Republikaner, im Ersten Weltkrieg war er in deutsche Gefangenschaft geraten und hasste seither die *Boches*. Da die Eltern politisch uneins waren – der Vater André hielt sich zum rechtskonservativen Spektrum, Mutter Yvonne stand eher links –, war das Thema am heimischen Tisch eigentlich ein Tabu. Im Laufe der 1930er-Jahre aber, so Veil, schlich sich die Politik »auf Zehenspitzen in mein Schülerinnenleben ein«. Die Zahl der jüdischen Flüchtlinge, die sich aus dem nationalsozialistischen Deutschland, ab 1938 auch aus Österreich nach Südfrankreich retteten, wuchs stetig. Prominente Intellektuelle und Künstler, wie Lion Feuchtwanger und seine Frau Marta, Katja und Thomas Mann oder Joseph Roth etwa, suchten Zuflucht im benachbarten Sanary-sur-Mer. Simone, gerade mal ein Teenager, hörte die Erwachsenen mit betretenen Mienen von Kriegsgefahr, Asylsuchenden und Emigration reden und fürchtete sich. Im Sommer 1939 fuhr sie mit ihren Freundinnen ins Ferienlager, das allerdings abgebrochen werden musste, weil unter den Schülerinnen Scharlach ausbrach. Der Krieg, so Veil in ihren Memoiren, sei das traurige Ende völlig missratener Ferien gewesen.

Es wurde düster über Europa. Im September überfiel das Deutsche Reich das Nachbarland Polen, im Mai 1940 begann der deutsche Westfeldzug zunächst gegen die Niederlande, Luxemburg und Belgien und schließlich gegen Frankreich. Bereits einen Monat später kapitulierte Paris. Ein Teil des Landes wurde von den Deutschen besetzt, Hitler schlenderte im langen Militärmantel mit seinen Mannen am Eiffelturm vorbei, ließ sich effektvoll als Herrscher Europas ablichten, im anderen Teil des Landes wurde das sogenannte Vichy-Regime unter Marschall Pétain installiert, das willig mit den Nationalsozialisten zusammenarbeitete. Die französischen Jüd*innen saßen in der Falle. Im Oktober 1940 wurde das »Erste Judenstatut« erlassen, das sie aus dem öffentlichen Dienst ausschloss, ab 1941 mussten sich jüdische Männer, Frauen und Kinder registrieren lassen.

Nizza, die Heimatstadt der Jacobs, lag weder in Vichy-Frankreich noch im besetzten Teil, sondern in einem dritten, von den mit den Deutschen verbündeten Italienern besetzten Gebiet. Nach Mussolinis Sturz im Sommer 1943 aber rückte zunächst die Gestapo in die Stadt ein, dann folgten Wehrmacht und SS. In die Ausweise der jüdischen Bürger*innen wurde das »J« gestempelt, das sie als jüdisch identifizierte und damit Diskriminierung und Schikane preisgab. Man ließ, erinnert sich Simone Veil, das Prozedere über sich ergehen mit einer Mischung aus Resignation, Gesetzestreue und auch Stolz. In dieser von Angst und Demütigung geprägten Atmosphäre machte die 17-jährige Simone im März 1944 mit ihren Klassenkameradinnen die Abiturprüfungen. Wie manch andere jüdische Bewohner*in von Nizza hatte auch sie sich einen falschen Ausweis anfertigen lassen. Als sie eines Abends unterwegs war, um das bestandene *Baccalauréat* zu feiern, wurde sie auf der Straße von deutschen Beamten in Zivil gestoppt und kontrolliert. Sie flog auf, wurde auf der Stelle festgenommen und im »Hotel Excelsior«, das zum Gestapo-Gefängnis umfunktioniert worden war, inhaftiert. Einen Monat später wurde Simone zusammen mit ihrer Mutter und ihrer Schwester Madeleine zunächst nach Drancy, dann weiter nach Auschwitz deportiert. Ihre Schwester Denise, die sich der Résistance angeschlossen hatte, geriet ebenfalls in die Hände der Deutschen und wurde ins KZ Ravensbrück gebracht. Die Spuren ihres Vaters André und ihres Bruders Jean verlieren sich in Litauen.[2]

In ihren Erinnerungen beschreibt Simone Veil eindrucksvoll die demütigende Prozedur, die sie nach ihrer Ankunft in Auschwitz-Birkenau über sich ergehen lassen mussten. Unter den anzüglichen Blicken und Kommentaren der Kapos mussten sie sich ausziehen und wurden desinfiziert. Jede bekam eine Nummer in den Unterarm tätowiert: »Man hatte uns unserer Identität beraubt.« Jahre später, in den frühen 1950ern, so erinnert sich Veil, deutete einmal ein hochrangiger französischer Beamter bei einem Botschaftsempfang auf die Nummer über ihrem Handgelenk und fragte, ob es sich dabei um die Garderobennummer handle. »Danach habe ich es für einige Jahre vorgezogen, langärmelige Oberteile zu tragen«, kommentiert Veil.[3] Die französische Nachkriegsgesellschaft legte eine bemerkenswerte Ignoranz an den Tag, wenn es um das Schicksal jüdischer Bürger*innen während des Zweiten Weltkriegs ging. Man wollte sich nicht belasten mit den grauenvollen Berichten der Überlebenden, vielleicht wollte man auch nicht erinnert werden – an das Wegschauen, als die jüdischen Nachbarn abtransportiert wurden, oder gar an die eigene Zusammenarbeit mit den deutschen Besatzern. Jedenfalls mussten Simone und ihre Schwester weitgehend allein mit ihrem Schmerz fertigwerden, mit der Trauer über den Tod des Vaters und Bruders und jenen ihrer geliebten Mutter, die die gesamte Leidenszeit mit ihnen durchgestanden hatte, in Auschwitz, in Buchenwald und schließlich in Bergen-Belsen, wo sie nur wenige Wochen vor der Befreiung durch britische Truppen an Typhus gestorben war. Simone stand kurz vor ihrem 18. Geburtstag und war Vollwaise.

Die Aktivistin

Während Europa in jenem Frühling 1945 aufatmete, verstand in Deutschland eine ganze Generation die Welt nicht mehr. Jene, die in den späten 1920er- und 1930er-Jahren geboren waren und nichts anderes kannten als martialische Aufmärsche, die hetzenden Reden Hitlers und Goebbels' aus den knisternden Volksempfängern und schließlich den grausamen Kriegsalltag mit Bombenalarm, Zerstörung und Tod, schauten sich benommen um. Der »Führer« hatte sich das Leben genommen, prominente Nationalsozialisten waren tot oder saßen in den Gefängnissen der Alliierten, Deutschland war ein besetztes Land.

Ulrike Meinhof war elf Jahre alt, als der Krieg zu Ende ging. Sie wuchs, wie viele Kinder und Jugendliche in Deutschland, vaterlos auf. Werner Meinhof aber war nicht gefallen, der Kunsthistoriker und Leiter des Jenaer Stadtmuseums war im ersten Kriegsjahr einem Krebsleiden erlegen. Die Mutter begann daraufhin zu studieren, wenig später zog ihre Kommilitonin Renate Riemeck zu der frisch verwitweten Ingeborg Meinhof und ihren beiden Töchtern Ulrike und Wienke. 1946 gingen die zwei Frauen mit den Mädchen in Ingeborgs Heimatstadt Oldenburg zurück und Ulrike besuchte die dortige katholische Liebfrauenschule. Die Familie hatte sich gerade etwas eingerichtet im neuen Nachkriegsalltag, da folgte der nächste Schicksalsschlag. Ende der 1940er-Jahre erkrankte Ingeborg Meinhof an Brustkrebs und starb 1949 auf dem Operationstisch. Riemeck übernahm die Vormundschaft für Ulrike und Wienke, die nun früh selbstständig werden mussten.[4]

Noch ein Teenager, stand Ulrike Meinhof, wie Simone Veil, nun ohne Eltern da. Und wie Veil machte sie die Erfahrung, dass die sie umgebenden Erwachsenen nicht über die vorangegangenen zwölf Jahre sprechen wollten. Die Deutschen stürzten sich lieber in die neue, bunter werdende Welt der Bundesrepublik. »Jetzt kommt das Wirtschaftswunder. Der deutsche Bauch erholt sich auch und ist schon sehr viel runder«, sangen die Kabarettisten Wolfgang Neuss und Wolfgang Müller in Kurt Hoffmanns Film *Wir Wunderkinder*. Und tatsächlich füllten sich die Läden und Schaufenster, es wurde schick, an Sonntagen mit Braten, Kaffee und Kuchen wieder groß aufzutischen. So ganz allmählich begann man auch wieder die Fühler auszustrecken, zunächst ging es mit Zug oder Käfer Richtung Schwarzwald oder Lüneburger Heide, nach und nach wagten sich die ersten auch nach Österreich und Italien.

Ulrike, ein ernstes junges Mädchen mit Pagenschnitt, begann sich, im Gegensatz zu zahlreichen ihrer Landsleute, früh mit der allerjüngsten deutschen Vergangenheit und der Frage, wie es zum Nationalsozialismus hatte kommen können, auseinanderzusetzen. Kritisch hinterfragte sie das Tun der Eltern, der Großeltern, der Lehrer. Die Tatsache, dass ehemalige NS-Beamte wieder auf hohen Posten der Adenauer-Administration saßen, war für Meinhof unerträglich. Das »Nie wieder!« wurde für sie handlungsleitend. Auch wenn viele Altersgenoss*innen, mehr aber noch die Elterngeneration nichts mehr hören wollten von der NS-Diktatur und der Schuld, die das Land auf sich geladen hatte, beschloss Meinhof, nicht zu schweigen, selbst mit offenen Augen und wachem Gewissen durch die Welt zu gehen.

Die Bundesrepublik, gerade gegründet, war auf Identitätssuche. Vorsichtig tastete man sich voran. Deutschland war geteilt und die Bonner Republik musste sich positionieren im heißer werdenden Kalten Krieg. Unter Konrad Adenauer wurde ein konsequenter Kurs der Westanbindung verfolgt. Deutschland sollte Teil des westlichen Verteidigungsbündnisses werden und schon wurden Stimmen laut, die nach einer deutschen Wiederbewaffnung riefen. Doch es regte sich Widerstand. Die »Ohne mich«-Bewegung wandte sich vor allem gegen atomare Waffen und wurde gerade von zahlreichen Frauen unterstützt, auch Prominente standen an ihrer Spitze, unter anderem der spätere Bundespräsident Gustav Heinemann und seine Frau Hilda sowie Pfarrer Martin Niemöller.

Das politische Erwachen der Ulrike Meinhof vollzog sich im Kontext dieser Debatten. Inzwischen hatte sie ihr Studium der Psychologie, Pädagogik und Kunstgeschichte in Marburg begonnen und sich mit dem Atomphysikstudenten Lothar verlobt. Allerdings wurde die Beziehung immer wieder auf harte Proben gestellt, denn Ulrike sah die Praxis der Kernspaltung immer kritischer. Eine Radioansprache Albert Schweitzers zu Ostern 1957, in der er eindringlich vor den immensen Gefahren dieser Technologie warnte, alarmierte sie geradezu. Die Studentin engagierte sich immer vehementer im »Anti-Atom-Ausschuss«. Die Kindheit in Kriegs- und Nachkriegszeit sowie die persönlichen Verluste der vergangenen Jahre machten die Sache für Ulrike Meinhof immer dringlicher, sie wurde im wahrsten Sinne zu einer Frage von Leben und Tod. Am 20. Mai 1958 sprach Meinhof leidenschaftlich bei einer Demonstration in Münster gegen die atomare Bewaffnung. Häufig wird in der Meinhof-Rezeption betont, dass ihr Antrieb zunächst eher ein moralischer, weniger ein politischer, eher ein emotionaler, weniger ein analytischer gewesen sei. Bei der Bewertung von Männern wie Heinemann, Niemöller oder Schweitzer, die sich allesamt auch sehr energisch gegen Kernwaffen engagierten, hört man diese Einwände dagegen selten. Da scheint der Blick auf und das Urteil über Meinhofs Aktivitäten dieser Jahre doch nicht selten von der Tatsache bestimmt zu werden, dass es sich um eine sehr junge Frau handelte.

Meinhofs politische Arbeit und ihre entschiedene Haltung gegenüber der Kernspaltung führten schließlich zur Lösung ihrer

[11] In den 1960ern versuchte die Journalistin Ulrike Meinhof die Gesellschaft mithilfe von Kolumnen und Sozialreportagen aufzurütteln. Mit der Baader-Befreiung im Mai 1970 wechselte sie endgültig die Seiten und wurde zur Staatsfeindin Nummer 1.

Verlobung mit Lothar. Erstmals kam sie in dieser Zeit in Kontakt mit der Redaktion der linken Zeitschrift *konkret*, namentlich Klaus Rainer Röhl und Peter Rühmkorf. Röhl, Mitglied der illegalen KPD, war, so Meinhof-Biograf Mario Krebs, »Organisator, Propagandist und Don Juan zugleich«. Laut Röhl herrschte bei der ersten Begegnung zwischen ihm und Meinhof »Abneigung auf den ersten Blick. Auf beiden Seiten«. Meinhof erinnerte sich an ihn als einen »fiesen Typ«. Die gut recherchierten, klaren Artikel der jungen Frau waren bei den Herren in der Redaktion hochwillkommen, gleichzeitig unterstellte man ihr auch hier regelmäßig, aus emotionaler Betroffenheit zu handeln, weniger aus echtem politischem Engagement.[5]

Dieser Topos ist typisch im Zusammenhang mit der politischen Arbeit von Frauen. Obwohl Meinhof später zur intellektuellen Vordenkerin der RAF werden sollte, während Andreas Baaders Hang zu Krawall und Gewalt wohl über wenig substanziellen theoretischen Unterbau verfügte, wird das Bild von Deutschlands bekanntester Terroristin noch heute dominiert vom durch Männer geprägten Narrativ der von ihren Gefühlen geleiteten Aktivistin. Frauen, die sich auf die öffentliche politische Bühne wagen, bewegen sich stets im Spannungsfeld zwischen zwei Polen. Entweder man unterstellt, sie seien emotional zu sehr involviert, zu dünnhäutig, zu wenig rational und analytisch. Oder aber man malt das Schreckensbild der kalten Machtpolitikerin an die Wand, die gegen die eigene weibliche Natur handelt. Wir werden diesen hartnäckigen Klischees bei unserer Reise zu den Ersten immer wieder begegnen, unter anderem bei Petra Kelly, der vielfach nachgesagt wurde, zu sensibel und unrealistisch für die Politik zu sein, und, quasi am anderen Ende des Spektrums, bei Margaret Thatcher, der vielzitierten *Iron Lady*. Grundsätzlich kann man wohl sagen, dass die Öffentlichkeit sich lange Zeit schwerer getan hat mit Frauen vom Schlage Thatchers. Der radikal neoliberale Kurs der ersten britischen Premierministerin und ihre massive Sparpolitik passten so gar nicht in die landläufige Vorstellung vom angeblich klassisch Weiblichen. Dass Frauen Sozialpolitik betrieben oder sich für Erziehung und Familie einsetzten, schien vielfach noch einzuleuchten, dass sie aber knallharte Machtpolitik betrieben, sich an die Spitze eher unsozialer Reformen stellten oder aber, wie im Fall Ulrike Meinhofs, sich dem Terror verschrieben, schockiert zum Teil auch heute noch.

Zu impulsiv, zu altklug – das waren Etiketten, mit denen politische Frauen in den 1950er- und 1960er-Jahren regelmäßig versehen wurden. Vielfach steckte man auch Ulrike Meinhofs journalistische Arbeit in diese Schublade, obwohl die *konkret*-Redaktion längst nicht mehr ohne sie konnte. Seit 1959 hatte sie eine feste Kolumne und setzte eigene Akzente. Nicht nur inhaltlich, sondern auch in Sachen Arbeitsabläufe. Sie baute ein Archiv auf, übernahm häufig die Führung in den Redaktionssitzungen, brachte Ordnung in den Männerladen. Dennoch quengelten die Kollegen, dass sie jetzt auf weibliche Befindlichkeiten Rücksicht nehmen müssten.[6]

Eine Frau ist keine Insel

Eine weitere junge Journalistin, die wie Ulrike Meinhof in den frühen 1960er-Jahren ihre ersten publizistischen Schritte tat, konfrontierte man wiederholt mit dem Vorwurf, sie sei zu emotional für diesen Job. Auch die journalistische und politische Arbeit von Ruth Dreifuss, sechs Jahre jünger als Meinhof und dreizehn Jahre jünger als Simone Veil, stand unter dem Eindruck des Zweiten Weltkriegs – und das, obwohl sie 1940 als Jüdin an dem einen Ort in Europa geboren war, an dem man vor den Nationalsozialisten sicher war. »Nichts hat mich so stark geprägt wie die Shoah – was sehr schwer zu erklären ist, wenn man sie nicht selbst erlebt hat«, so Ruth Dreifuss.[7]

Als in Europa ein menschenverachtender Vernichtungskrieg tobte, verlebte die kleine Ruth eine friedvolle Kindheit in einem liebenden jüdischen Elternhaus in der Schweiz. Die Kinder wurden ermuntert, zu diskutieren, Fragen zu stellen, viel zu lesen. Aber obwohl die Familie Dreifuss zunächst in Bern, dann in Genf ein relativ beschauliches Leben führte, die Unruhe, die Unsicherheit, die Trauer, die die jüdische Welt in den Kriegsjahren durchlitt, konnten die Eltern doch nicht gänzlich fernhalten. So, wie sich die Politik im Laufe der frühen 1940er-Jahre bei den Jacobs in Nizza einschlich, so schnappte auch Ruth hier und da Versatzstücke aus Gesprächen auf, hörte Worte wie »Stalingrad«, »Bombenangriffe« und »Lager«, spürte die Anspannung der Erwachsenen. Die Schweiz war eine Insel – und war es doch nicht. Zahllose Emigranten suchten hier Zuflucht, ihr Leid war in den jüdischen Gemeinden allgegenwärtig. Zugleich war da stets die Unruhe: Was, wenn die Neutralität der Schweiz nicht respektiert würde? Was, wenn die Deutschen das Land überrannten?

Die Furcht vor Krieg und Verfolgung hing Ruth Dreifuss lange nach, sorgte für Albträume. Ihre Ängste verwandelte die junge Ruth später in Engagement. Getrieben von einem ausgeprägten Gerechtigkeitssinn, scheute sie keine Auseinandersetzung, wenn sie das Gefühl hatte, einer Ungerechtigkeit auf die Spur gekommen zu sein. Als Kind hatte Ruth als Wildfang gegolten, der am liebsten mit Jungs spielte, später als Teenager stellte sie daheim, aber auch in der Schule unerschrocken Konventionen infrage und brachte zuweilen auch den Rabbiner argumentativ in die Bredouille. Der erinnert sich daran, dass ihm bei seinen Diskussionen mit der heranwachsenden Ruth immer wieder durch den Kopf gegangen sei, dass dieses Kind »ein Licht sein würde«.[8]

Wie Simone Veil in Frankreich, beschäftigten in den 1950er-Jahren auch Ruth Dreifuss in Genf die Fragen des Kolonialismus, speziell des Algerien- und des Indochinakrieges. Während die Familie hohe Erwartungen in den Bruder setzte, schickte man das Mädchen auf die Handelsschule, gänzlich gegen ihre Neigungen. Nach dem überraschenden Tod des Vaters begann Ruth an der Schule für Sozialarbeit zu studieren, wo ihre Lehrerinnen das Talent des Mädchens rasch erkannten und sie dazu ermutigten, das Abitur nachzuholen und zu studieren. Über die bekannte Schweizer Philosophin Jeanne Hersch, bei der sie Vorlesungen hörte, bekam Ruth Dreifuss schließlich eine Stelle als Redakteurin bei der Konsumgenossenschaftszeitung von *COOP*. 1964 trat sie in die Sozialistische Partei ein. Sie blieb solo, war aber selten allein, denn ihre Wohnung wurde schnell zum Unterschlupf für Genoss*innen, die in Not geraten waren. Hin und wieder wurde sie aufgezogen, wegen ihrer etwas altbackenen Garderobe, aber ihre politischen Mitstreiter*innen schätzten ihre authentische Art und ihren ungeheuren Elan. Sie kämpfte für die Rechte der sogenannten Fremdarbeiter, gegen die atomare Aufrüstung und gegen die faschistischen Regime in Spanien und Portugal.

Zudem war Dreifuss eine glühende Verfechterin des Frauenstimmrechts. Während die Schweiz insgesamt auf eine lange demokratische Tradition zurückblickt, blieb die Hälfte des Landes bis weit in die zweite Hälfte des 20. Jahrhunderts von der Partizipation ausgenommen. Doch auch die Schweizerinnen lasen Simone de Beauvoirs *Das andere Geschlecht*, das 1949 erschienen war, und machten sich darauf ihren Reim. Zehn Jahre später legte die Basler Journalistin Iris von Roten mit ihrem Buch *Frauen im Laufgitter* nach und forderte die völlige Gleichstellung von Mann und Frau. Im selben Jahr scheiterte eine Volksabstimmung über das eidgenössische Frauenstimmrecht, die Mehrheit der Männer verwehrte ihren Frauen, Müttern und Schwestern kurzerhand die politische Teilhabe.

Die Schweiz hatte in den ersten Jahrzehnten des 20. Jahrhunderts nicht jene Erschütterungen erlebt wie viele andere europäische Länder, die beispielsweise in Deutschland, Polen oder Frankreich dazu geführt hatten, Frauen die gleichen staatsbürgerlichen Rechte zu gewähren wie Männern. Hier hatte es keine Weltkriege, keine Revolutionen gegeben. Zudem herrschte bei den Eidgenossen ein durch und durch männerbündisches Verständnis von Demokratie. Das Stimmrecht war hier stark mit Symbolen der Maskulinität verknüpft, mitreden durfte nur der wehrhafte Mann. Vielfach wurden zu den Abstimmungen noch Waffen getragen. Das Stimmrecht war geradezu essenziell für die Selbstvergewisserung bürgerlicher Männlichkeit. Die Forderung des Frauenstimmrechts stellte demnach die männliche Vorherrschaft infrage und wurde daher von vielen als Bedrohung empfunden.[9] Die Niederlage von 1959 spornte viele, auch Ruth Dreifuss, erst richtig an. Und in einigen Kantonen konnten bald auch tatsächlich Erfolge verbucht werden. Als erster Kanton führte das westschweizerische Waadtland 1959 das Frauenstimmrecht ein, Dreifuss' Heimat Genf zog ein Jahr später nach. Das allgemeine Frauenstimmrecht folgte erst elf Jahre später, im Jahr 1971.

Die Emanzipation der Mütter

Während die Schweizerinnen um politische Mitbestimmung kämpften, legten sich Simone Veil in Paris und Ulrike Meinhof im Hamburger Nobelvorort mit dem Patriarchat im eigenen Haus an. Ein Jahr nach Kriegsende hatte Simone Jacob Antoine Veil geheiratet. Das verwaiste Mädchen hatte mit dem jungen Mann nicht nur einen Lebenspartner, sondern auch eine neue Familie gefunden. Sie verstand sich gut mit den Schwiegereltern. Die Veils waren, wie einst Simones Eltern, jüdisch, aber säkular, mit einer großen Liebe für Kunst, Musik und ihr Land. Simone und Antoine bekamen nacheinander drei Söhne und lebten in den späten 1940er- und frühen 1950er-Jahren in Wiesbaden und Stuttgart, wo Antoine Veil Konsulatsposten innehatte. Die Holocaust-Überlebende war ihrem Mann ohne zu zögern in die gerade gegründete Bundesrepublik gefolgt.

Zurück in Paris besuchte Antoine die renommierte *École nationale d'administration* (ENA), während Simone sich um die Familie kümmerte. Das war der Deal gewesen, sie würde sich um die kleinen Kinder kümmern, bis ihr Mann mit dem Studium fertig war, dann wäre sie an der Reihe. »In meinem tiefsten Innern«, so Veil, »wusste ich, dass dieser Lebensabschnitt nicht von langer Dauer wäre; sobald mein Mann sein Studium abgeschlossen hätte, wollte ich ins Berufsleben einsteigen.« Ihre Ernüchterung muss brutal gewesen sein, denn als sie Antoine mitteilte, dass sie sich an der Anwaltskammer einschreiben würde, traute sie ihren Ohren nicht. »›Kommt nicht in Frage‹, antwortete er mir zu meiner großen Überraschung. (...) Nie hätte ich mit einer so ablehnenden Reaktion von seiner Seite gerechnet.« Antoine hegte keine große Wertschätzung für den Anwaltsberuf, vor allem aber sei das kein Beruf für Frauen, erklärte er. Die Diskussionen waren zermürbend, ihr Mann wollte ihren Entschluss einfach nicht akzeptieren und sie war nicht bereit, klein beizugeben. Schließlich fanden sie einen Kompromiss. Simone sollte einen Posten in der *Magistrature* übernehmen, denn neuerdings durften Frauen Staatsanwältin werden. »Im Gegenzug akzeptierte Antoine, dass mein Leben sich nicht auf Heim und Herd beschränkte.«[10]

»Aber Sie sind doch verheiratet! Sie haben drei Kinder, eines davon noch ein Baby!«, entgegnete ihr wenig später entgeistert der Generalsekretär der Pariser Staatsanwaltschaft, als sie ihm mitteilte, sich für das Referendariat einschreiben zu wollen.[11] Simone Veil hatte in ihrem Leben Schlimmeres gehört als machistische Vorurteile älterer Herren in dunklen Roben. Als man sie fragte, was passiere, wenn sie einen zum Tode Verurteilten zum Schafott führen müsse – damals gab es in Frankreich noch die Todesstrafe –, antwortete sie gelassen, dass sie dies dann eben, würde dieser Fall tatsächlich eintreten, auch tun würde.[12] Ob die Herren Staatsanwälte wohl eine Ahnung hatten, wem sie diese Frage stellten? Simone Veil hatte in den Konzentrationslagern schon in jungen Jahren vermutlich mehr Leid gesehen, als diese Männer sich überhaupt vorstellen konnten. Sie wirkte zerbrechlich und zart, aber sie ließ sich weder abwimmeln noch abschrecken. Das Referendariat war eine Herausforderung, denn die Familienarbeit blieb hauptsächlich ihre Angelegenheit, auch wenn sie nun voll berufstätig war. Später wechselte sie ins Justizministerium und war mit der Inspektion von Strafanstalten befasst. Überaus sensibel reagierte sie, wenn andere Menschen erniedrigt wurden, schließlich hatte sie am eigenen Leib erfahren müssen, was es hieß, eingesperrt zu sein. »Da mir körperliche Nähe genauso verhasst ist wie der Verlust moralischer Werte, habe ich mich immer als eine Art Gefängnisaktivistin begriffen.« Sie war entsetzt angesichts der Zustände in den Haftanstalten. Vor allem die Bedingungen für weibliche Insassen fand sie überaus bedrückend. »Ich war jedenfalls nicht geneigt, mich mit den herrschenden Zuständen abzufinden.«[13]

Die Emanzipation der Simone Veil, wie jene anderer arbeitender Mütter dieser Zeit, war nicht ein einmaliger Befreiungsschlag, sondern ein mühsamer, aufreibender Kampf, der meist, wenig glamourös, in den Niederungen des Alltags ausgetragen wurde. Veils Familie war nicht gerade begeistert davon, dass sie ständig im Land unterwegs war, sandte ihre Tätigkeit sie doch durch ganz Frankreich. Das schlechte Gewissen zerrte an ihr, immer wieder mussten Kompromisse gemacht werden. Nach sieben Jahren wechselte sie in die Abteilung für Zivilsachen und beschäftigte sich mit der längst überfälligen Reform des *Code Civil*, der noch aus napoleonischen Zeiten stammte. »Wir lebten sehr wohl in einer erstarrten Gesellschaft«, so Veil. Während Frauen wie Marie-Elisabeth Lüders, Elisabeth Selbert und Marta Schanzenbach, aber natürlich auch die Verfassungsrichterin Erna Scheffler die Bundesrepublik in den 1950er-Jahren in Sachen Ehe- und Familienrecht einen entscheidenden Schritt voranbrachten, nahm man sich im Laufe der 1960er-Jahre auch im Nachbarland dieser Themen an. 1965 räumte man einige Hürden für Ehefrauen aus dem Weg – so mussten sie nun nicht mehr die Genehmigung ihres Mannes einholen, um sich eine Arbeitsstelle zu suchen oder ein Bankkonto zu eröffnen. 1970 schließlich dankte der Ehemann und Vater als Familienoberhaupt endgültig ab. Die Formulierung des »*Chef de famille*« aus dem Code Civil wurde ersetzt durch die gemeinsame elterliche Autorität von Vater und Mutter. »Ich fand«, so Veil, »man müsse sich beeilen, um ein Rechtssystem, das mit der Entwicklung der Gesellschaft nicht Schritt gehalten hatte, wieder auf die Höhe der Zeit zu bringen. Aus diesem Grund haben mich die späteren Ereignisse im Mai 1968 mehr begeistert denn überrascht.«[14]

Zwischen Veils und Meinhofs Emanzipation als Ehefrau und Mutter liegt über eine Dekade, die praktischen Probleme einer arbeitenden Frau aber blieben in jenen 1950er- und 1960er-Jahren grundlegend die gleichen. Kinder und Haushalt waren Sache der Mutter, was eine Berufstätigkeit oder gar Karriere kompliziert, in vielen Fällen unmöglich machte.

Klaus Rainer Röhl und Ulrike Meinhof heirateten trotz anfänglicher Abneigung 1961 und wurden im darauffolgenden Jahr Eltern von Zwillingsmädchen. Sie standen zwar politisch weit links von den meisten ihrer Blankeneser Nachbarn, waren aber in Sachen Lebensstil und Statussymbolen von ihrer exklusiven Umgebung kaum zu unterscheiden. Sie veranstalteten regelmäßig Abendessen und Partys, hatten ein Kindermädchen und kannten alles, was Rang und Namen hatte. Ja, Ulrike Meinhof und Klaus Rainer Röhl waren beide Mitglieder der illegalen KPD, dennoch pflegten sie den Lifestyle der oberen Zehntausend. Und auch ihr Familienleben kann durchaus als einigermaßen konventionell beschrieben werden. Meinhof reduzierte nach der Geburt der Mädchen ihr Arbeitspensum, gab die Chefredaktion an Röhl ab. Wie viele Mütter rieb sie sich auf zwischen der Sorge um die Kinder und den eigenen beruflichen Ansprüchen. Mit dem Kindermädchen geriet sie regelmäßig aneinander, weil dieses eine deutlich autoritärere Pädagogik praktizierte, als Meinhof vorschwebte. Auch Röhl hatte wenig Sinn für die modernen Erziehungsmethoden seiner Frau. Ihr missfiel dafür sein Hang zum Schürzenjägertum. Selbst die Einweihungsparty ihres neuen Hauses verließ er mit einer anderen Frau und es fiel Meinhof wohl immer schwerer, darüber hinwegzusehen.[15]

Aber nicht nur zu Hause, auch in der Redaktion gab es im Laufe der 1960er-Jahre immer heftigere Auseinandersetzungen zwischen Meinhof und Röhl. Sie schrieb zwar weiter ihre Kolumnen, die immer bekannter und beliebter wurden, wollte sich aber von Röhl und *konkret* unabhängiger machen. Die zweifache Mutter startete also eine neue Karriere als Rundfunkjournalistin und setzte in dieser Männerdomäne ganz neue Akzente. Mit großen, aufwendig recherchierten und produzierten Features wurde sie zu einer der gefragtesten Journalistinnen des Landes, die Themen ins publizistische Spektrum einbrachte, die die männlichen Kollegen in der Regel links liegen ließen: Soziale Brennpunkte, Heimerziehung, das Zerissensein der Frau zwischen Familie und Beruf. In ihrem Feature »Halb Weib, halb Mensch« und »Frauen sind billiger« widmete sie sich Fabrikarbeiterinnen am Fließband, die doppelt ausgebeutet wurden: als Arbeiterinnen und als Frauen.[16] Meinhof lenkte in ihren Beiträgen die Aufmerksamkeit immer wieder auf das Thema der ungleichen Löhne. Hier gab es durchaus Berührungspunkte mit der Sozialdemokratie, namentlich den Positionen einer Annemarie Renger, die sich das Thema Lohngleichheit auf die Fahne geschrieben hatte. Doch Meinhof war bereits zu weit entfernt von den tragenden Parteien der Bundesrepublik. Dass die SPD 1966 eine Große Koalition mit der Union eingegangen war, enttäuschte sie tief.

Der Schah-Besuch ein Jahr später sollte zu einer weiteren Bruchstelle werden. Im Vorfeld hatte Meinhof einen offenen Brief publiziert, in dem sie auf die Situation der leidenden persischen Bevölkerung aufmerksam machte und den Herrscher auf dem Pfauenthron der Korruption bezichtigte. Der Brief kursierte in der Studentenszene. Vor der Deutschen Oper kam es wenig später zu heftigen Protesten, im Zuge derer der Student Benno Ohnesorg von dem Polizisten Heinz Kurras aus nächster Nähe erschossen wurde. Der Tod Ohnesorgs am 2. Juni 1967 war eine Art Initialzündung, die die Proteste der Student*innen und der außerparlamentarischen Opposition (APO) wie kein anderes Ereignis befeuerte. Meinhof verteidigte später in einem Fernsehinterview mit Sender Freies Berlin die Demonstrationen. Die Choreografie dieser Diskussionsrunde mutet einigermaßen merkwürdig, ja tribunalartig an, sitzt Meinhof doch vor einem Panel von fünf männlichen Journalisten. Gleichzeitig machen die Aufnahmen deutlich, dass sich Meinhof zu dieser Zeit selbstbewusst und auf Augenhöhe im Kreis der bürgerlichen Leitmedien der Republik bewegte. Frisch frisiert und im ordentlichen Kostüm sitzt sie den rauchenden Herren in Schlips und Anzug gegenüber, während sie völlig ungerührt ausführt, dass nicht der Schah der bundesrepublikanischen Verbeugung und Aufmerksamkeit bedürfe, sondern die unterdrückten Menschen im Iran.[17]

Im Jahr des Berliner Schah-Besuchs vollzog Ulrike Meinhof die jahrelange schleichende Entfremdung von Röhl auch formell und trennte sich von ihrem Mann. Mit den beiden Mädchen Bettina und Regine zog sie von Hamburg nach Berlin und rückte damit auch geografisch näher an die Studentenbewegung heran. Sie war zwar nicht nur einige Jahre älter als die meisten Studierenden, sondern auch eine bekannte und anerkannte Journalistin, teilte aber die Anliegen dieser Bewegung und deren wachsende Entfremdung vom bundesrepublikanischen System. Von der Untreue ihres Mannes einmal abgesehen, hatte auch die Erkenntnis, dass ihr Ehe- und Familienleben trotz ihrer linksrevolutionären Gesinnung einen zutiefst patriarchalen Zuschnitt behalten hatte, Meinhof massiv desillusioniert. Obwohl auch sie in der Ehe berufstätig gewesen war, blieb die Care-Arbeit fast vollständig an ihr hängen. Irgendwann allerdings dämmerte ihr, dass dies nicht nur individuelle, sondern systemische Ursachen hatte. »Kindererziehung ist unheimlich politisch«, sagte sie in einem Interview 1970, »Also ist das Problem aller politisch arbeitenden Frauen, mein eigenes inklusive, dieses, dass sie auf der einen Seite gesellschaftlich notwendige Arbeit machen, dass sie den Kopf voll richtiger Sachen haben, dass sie eventuell auch wirklich richtig reden und schreiben und agitieren können, aber auf der anderen Seite mit ihren Kindern genauso hilflos dasitzen wie alle anderen Frauen auch.«[18]

Wegscheide

Die späten 1960er-Jahre erlebten eine politische Mobilisierung wie sie Europa seit vielen Jahren nicht gesehen hatte. Die nach Kriegsende mühsam zurückgewonnene Stabilität, das wurde nun deutlich, war einhergegangen mit starken Tendenzen der Restauration. Die Sehnsucht nach Ruhe und Alltag hatte die Menschen in den ausgehenden 1940er- und 1950er-Jahren auf das zurückgreifen lassen, was sie kannten – die Familie, die Nation. In Deutschland brachte das kaum etwas besser auf den Punkt als Adenauers Wahlkampfslogan »Keine Experimente, bleibt beim Alten«. Neues, so wurde suggeriert, berge Gefahren.

Im Laufe der 1960er-Jahre allerdings verfing die restaurative

Strategie weniger und weniger. Eine neue Generation, am Ende des Zweiten Weltkrieges oder bereits danach geboren, stellte herrschende Konventionen zunehmend infrage. Die Gesellschaft begann sich zu regen. Warum nicht doch das eine oder andere Experiment wagen? Mit der Großen Koalition 1966 hatte die Bundesrepublik einen Schritt in diese Richtung getan. Erstmals seit 1930 saßen die Sozialdemokraten wieder auf der Regierungsbank, wenn auch als Juniorpartner von CDU/CSU. Die Zusammenarbeit mit dem ehemaligen NSDAP-Mitglied Kurt Georg Kiesinger verursachte dem ehemaligen Emigranten Willy Brandt ein geradezu körperliches Unwohlsein, und doch sammelten die Sozialdemokraten auf diese Weise wichtige Regierungserfahrung und die Deutschen gewöhnten sich peu à peu an einen neuen Kommunikations- und Regierungsstil. Im Frühling 1969 folgte der Sozialdemokrat Gustav Heinemann auf den CDU-Mann Heinrich Lübke in der Villa Hammerschmidt. Bei der Wahl des Bundespräsidenten hatten FDP und SPD gemeinsame Sache gemacht und im Herbst 1969 brach eine neue Ära an: Nach zwanzig Jahren christdemokratischer Dominanz war die Zeit reif für einen Kanzler Brandt.

Sowohl Simone Veil als auch Ulrike Meinhof begrüßten den Aufbruch. Es wurde Zeit, dass die Nachkriegsgesellschaft aus ihrer Erstarrung erwachte. Für beide Frauen hatte die nationalsozialistische Diktatur eine herausragende Rolle bei der Entscheidung gespielt, sich politisch zu engagieren, auch wenn ihre persönlichen Erfahrungen sehr verschieden waren. Simone Veil hatte selbst die Lager durchlitten, hatte nur knapp überlebt und den Großteil ihrer Familie während des Holocaust verloren. Ulrike Meinhof dagegen war während des Krieges noch ein Kind gewesen und hatte in relativer Sicherheit mit Mutter und Schwester in Jena gelebt. Ihr Vater war nicht nur seit 1933 NSDAP-Mitglied, sondern als Museumsdirektor 1937 auch an der Ausstellung »Entartete Kunst« beteiligt gewesen.[19] Wie viele der Student*innen, die es in den späten 1960er-Jahren auf die Straße zog, quälte auch Meinhof die Frage, wie die Eltern bei der menschenverachtenden Diktatur der Nationalsozialisten mitmachen hatten können. Ihre

Mutter und ihr Vater waren seit Langem tot, von ihnen waren keine Antworten mehr zu bekommen; umso vernehmbarer und zunehmend schärfer stellte sie nun die gesamte bundesrepublikanische Gesellschaft und ihre politischen Strukturen infrage. Das Land war ihrer Ansicht nach drauf und dran, sich in einen Polizeistaat zu entwickeln. Das Schlagwort der »Gegen-Gewalt« kam auf. Wie viel Widerstand durfte man dem Staat entgegensetzen? Und welche Art der Gewalt durfte man dabei selbst ausüben? Als am Gründonnerstag 1968 Rudi Dutschke in Berlin auf offener Straße angeschossen wurde, als er gerade Medizin für seinen kranken Sohn Hosea Che holen wollte, eskalierte die ohnehin aufgeheizte Situation. Während der Studentenführer um sein Leben kämpfte – Dutschke überlebte das politische Attentat tatsächlich nur knapp und sollte in der Folge unter schweren gesundheitlichen Beeinträchtigungen leiden – versammelten sich seine Unterstützer*innen vor dem Springer-Haus, wo es zu regelrechten Straßenschlachten kam.

Meinhof, die sich in den vorangegangenen Monaten eng mit Dutschke ausgetauscht hatte, war schockiert von dem Mordversuch. Ihr Leben im Berlin der späten 1960er-Jahre unterschied sich fundamental von den Hamburger Tagen. Sie lebte in Wohngemeinschaften, später zusammen mit ihrem neuen Lebensgefährten Peter Homann, die Mädchen besuchten einen Kinderladen. Ulrike Meinhof litt unter den mannigfachen Ansprüchen, die sie an sich stellte, die sie aber auch von außen an sich herangetragen sah. Sie wollte politisch etwas bewirken, gleichzeitig forderten Familienarbeit und Kindererziehung einen hohen Tribut. Sie sah beides, Privates und Politisches, unlösbar verknüpft. »Man kann nicht anti-autoritäre Politik machen und zu Hause seine Kinder verhauen. Man kann aber auf die Dauer auch nicht zu Hause seine Kinder nicht verhauen, ohne Politik zu machen.« Allerdings war beides fast nicht vereinbar: »Wenn man eine Frau ist und also keine Frau hat, die das alles für einen übernimmt, muss man das alles selber machen, und das ist unheimlich schwer.«[20]

Ulrike Meinhof spricht da etwas aus, was vielen politisch aktiven Frauen vor allem in den 1960er- und 1970er-Jahren einen Startnachteil gegenüber ihren männlichen Kollegen bescherte und was bis heute dazu führt, dass gerade Frauen mit kleineren Kindern den Weg in die Politik zuweilen scheuen. Die Tatsache, dass daheim niemand ist, der das tägliche Klein-Klein regelt, der die Kinder ins Bett bringt, wenn die Sitzung mal wieder länger dauert, der die Wochenenden übernimmt, der dafür sorgt, dass der Kühlschrank gefüllt und die Bluse gebügelt ist, macht den Alltag ungeheuer mühsam und zehrt auf Dauer aus. In den späten 1960er-Jahren hatte Meinhof längst die Grenze von der engagierten Journalistin zur Aktivistin überschritten. Als Andreas Baader und Gudrun Ensslin im April 1968 in einem Frankfurter Kaufhaus einen Brand legten, um auf die Verbrechen des Vietnamkriegs und die aus ihrer Sicht verderbliche westliche Konsumhaltung aufmerksam zu machen, hielt Meinhof diesen Anschlag zwar für ungeeignet, zeigte sich aber bei einem Haftbesuch beeindruckt von den beiden.

Beruflich machte sie mehr und mehr ihr eigenes Ding. Für den Südwestfunk schrieb sie das Drehbuch zu dem Fernsehspiel *Bambule*, das sich mit den unmenschlichen Zuständen und autoritären Strukturen der Heimerziehung auseinandersetzte. Wie Simone Veil beschäftigte sie sich in dieser Zeit viel mit den Zuständen in geschlossenen Einrichtungen, in diesem Fall einem Mädchenheim. Sie ging auf Distanz zu *konkret*, der Kurs der Zeitschrift missfiel ihr zunehmend. Röhl setzte verstärkt auf Crime- und Sex-Geschichten, um den Abverkauf zu erhöhen. Meinhof, die jahrelang großen Einfluss auf das Blatt gehabt hatte, fühlte sich dagegen von den pornografischen Elementen abgestoßen und beendete nach heftigen Auseinandersetzungen die Zusammenarbeit. 1970 tauchten Ensslin und Baader in Meinhofs Berliner Wohnung unter, wenig später wurde Andreas Baader erneut verhaftet. Im Mai 1970 wechselte die gut vernetzte, angesehene Journalistin Ulrike Meinhof endgültig die Seiten. Aus dem Fenster der Bibliothek des Deutschen Zentralinstituts für Soziale Fragen in Berlin sprang sie in ein neues Leben. Ein Leben, das sie zu einer der meistgesuchten Terroristinnen weltweit machen sollte.

Ungefähr zur selben Zeit, als sich Ulrike Meinhof aus den Ruinen ihrer bürgerlichen Existenz in die Illegalität stürzte, begann auch für Simone Veil ein neuer Abschnitt. »Die Wahl Pompidous stellte einen Wendepunkt in meinem Leben dar«, erinnert sie sich.[21] In den folgenden Jahren sollte ihre Karriere als Politikerin rasant Fahrt aufnehmen. Sie gelangte als erste Frau in der französischen Politik an entscheidende Schaltstellen der Macht. Nun eröffneten sich ihr konkrete Möglichkeiten, die französische Gesellschaft zu verändern und zu prägen und sie zögerte keine Sekunde, dies zu tun.

Frankreich hatte im Mai 1968 Unruhen erlebt, die das Land in eine politische Krise stürzten und den Staatspräsidenten zeitweise in die Flucht schlugen. Die Lage wurde derartig unübersichtlich, dass sich Präsident Charles de Gaulle nach Baden-Baden bringen ließ. Offenbar befand er es für nötig, sich vom Oberkommandierenden der Französischen Streitkräfte in Deutschland, General Jacques Massu, dessen Unterstützung zusichern zu lassen. Dem Präsidenten gelang es zwar nach einer Rundfunkansprache nochmals, die öffentliche Stimmung zu seinen Gunsten zu drehen, in Paris demonstrierten Hunderttausende seiner Anhänger*innen und bei den anschließenden Wahlen siegten die Gaullisten, dennoch war klar geworden, dass die Tage des alternden Generals gezählt waren. Ende April 1969 trat er zurück, zwei Monate später folgte Georges Pompidou auf ihn im Amt.

Während es in der Bundesrepublik seit den Tagen, als Helene Weber Konrad Adenauer die Pistole auf die Brust gesetzt hatte und 1961 Elisabeth Schwarzhaupt als Ministerin durchgesetzt hatte, stets eine Ministerin im Kabinett gab, war die französische Regierung, abgesehen von einem einjährigen Intermezzo Germaine Poinso-Chapuis' als Gesundheitsministerin in den 1940er-Jahren, ein reiner Herrenbetrieb. Simone Veil kam nach Regierungsantritt Pompidous allerdings rasch zu Ohren, dass der neue Präsident geneigt war, dieses Männermonopol aufzuweichen. Und tatsächlich wurde sie bald als Fachberaterin ins Justizministerium geholt. Noch immer lebten ihre drei Söhne zu Hause und noch immer hatte sie so manche Anfechtung auszuhalten, denn ihre Arbeitstage wurden natürlich nicht kürzer. 1970 wurde sie die erste weibliche Generalsekretärin des Obersten Richterrates und die erste Frau im Verwaltungsrat des *Office de Radiodiffusion-Télévision Francaise* und im Rat der *Fondation de France.*

»*The Times They Are A-Changin'*«, sang Bob Dylan und tatsächlich war der Aufbruch spürbar. Und zwar nicht nur in der Musikszene, wo neben Singer-Songwritern wie Bob Dylan und Leonard Cohen nun auch verstärkt weibliche Stimmen Gehör fanden: Frauen wie Joan Baez, Joni Mitchell oder Judy Collins eroberten weltweit die Bühnen und setzten inhaltlich und akustisch neue Akzente. Sie machten Frauenstimmen hörbar samt ihren spezifischen Themen, Ängsten und Träumen. Auch politisch tat sich was. Hatte man Simone Veil knapp zwanzig Jahre zuvor noch belächelt, als sie sich für ein Referendariat bei der Pariser *Magistrature* angemeldet hatte, repräsentierte sie nun den *Conseil supérieur de la magistrature*, den Hohen Richterrat, nach außen und gab ihm ein weibliches Gesicht. In ihrer Funktion als Verwaltungsratsmitglied konnte sie darüber hinaus erheblichen Einfluss nehmen auf das Programm der Radio- und Fernsehanstalten des Landes.

Noch immer wurden die Programme der Radio- und Fernsehsender damals ganz überwiegend von Männern gemacht. Vor den Kulissen und hinter den Kulissen. Über den Zustand der Welt wurden die Zuschauer*innen allabendlich in den Nachrichtensendungen von seriös dreinblickenden Herren in Anzug und Krawatte informiert. Frauen, so erinnert sich Wibke Bruhns, die in der Bundesrepublik am 12. Mai 1971 erstmals die Sendung *heute* im ZDF moderierte, spielten damals kaum eine Rolle: »Ich hatte da so ein Alleinstellungsmerkmal.« Sie war vollkommen überrascht, welche Reaktionen die Tatsache hervorrief, dass gerade die Nachrichten von einer Frau überbracht wurden. Die Deutschen waren ihren »Mr. Tagesschau« Karl-Heinz Köpcke gewohnt, und nun saß da plötzlich eine junge Frau mit kurzem Haarschnitt und Brille. Bruhns bekam körbeweise entrüstete Briefe, Zuschriften mit verletzenden Beleidigungen, aber auch jede Menge eindeutige Angebote. Frauen, die sich in die Öffentlichkeit wagen, sehen sich also nicht erst seit Twitter und Facebook im besonderen Maße Hass und Häme ausgesetzt. »Dass das so eine Breitenwirkung hatte, hat mich eher verblüfft«, so Bruhns. Aber auch die männlichen Kollegen waren zuweilen verstört angesichts der neuen weiblichen Konkurrenz. Manch einer konnte kaum glauben, dass da eine Frau zuweilen auch erschütternde Nachrichten verlas, ohne in Tränen auszubrechen. Bruhns berichtet auch, dass sie regelmäßig Krach bekam mit dem Chef der Nachrichtenabteilung, weil sie die Texte für unverständlich und unelegant hielt. Sie selbst durfte aber unter keinen Umständen Hand daran anlegen.[22] In der DDR war man übrigens deutlich früher dran, dort präsentierte mit Anne-Rose Neumann bereits seit 1963 eine Frau die Nachrichten in der *Aktuellen Kamera* des DFF.

Wibke Bruhns und den Frauen, die ihr in politischen Sendungen in den 1970er- und 1980er-Jahren nachfolgten, schlug teilweise ein eisiger Wind ins Gesicht, und doch änderten sie nach und nach die Sehgewohnheiten der Zuschauenden. In den USA moderierte Barbara Walters ab 1976 als erste Frau eine abendliche Nachrichtensendung. In Simone Veils Frankreich präsentierte die Journalistin Marie-Laure Augry ab 1975 sehr erfolgreich die Nachrichten auf TF1, aber wohl erst mit Anne Sinclair, die ab Mitte der 1980er-Jahre durch die Sendung *Sept sur Sept* führte, eroberte eine Journalistin wirklich die französische Nachrichtenwelt und kreierte ihren ganz eigenen Stil. Jeden Sonntagabend interviewte Sinclair zur besten Sendezeit eine Persönlichkeit des öffentlichen Lebens, nationale wie internationale Spitzenpolitiker und Stars. In Deutschland gab es mit der Polit-Talkshow *Sabine Christiansen* erst Ende der 1990er etwas Vergleichbares. In den 1970er- und 1980er-Jahren führten hier überwiegend Männer durch die großen und renommierten Fernsehsendungen, und zwar sowohl, was Talkshows betraf – man denke an Formate wie *Je später der Abend* mit Dietmar Schönherr oder *Bio's Bahnhof* mit Alfred Biolek – als auch in Sachen großer Samstagabendshow. Bei Sendungen wie Hans-Joachim Kulenkampffs *Einer wird gewinnen* oder Peter Frankenfelds *Musik ist Trumpf* durften Frauen höchstens als attraktive Assistentinnen Blumensträuße überreichen, Gäste an ihren Platz führen oder Telefonnummern hochhalten.

»Weibersache«

Mitte der 1970er-Jahre machte Simone Veil ernst mit der Politik. An einem Abend nach den Präsidentschaftswahlen 1974, die Valéry Giscard d'Estaing in den Elysée Palast brachten, war Veil mit ihrem Mann bei Freunden zum Abendessen eingeladen. Als das Telefon klingelte und nach Madame Veil verlangt wurde, blickte man neugierig auf. Am Apparat war niemand Geringeres als der Premierminister. Jacques Chirac fragte sie geradeheraus, ob sie sich vorstellen könne, Ministerin zu werden. »Zum Erstaunen meines Mannes«, so Veil, »gelang es mir tatsächlich bis zum Ende des Abends Ruhe zu bewahren. Um ganz ehrlich zu sein, hatte ich nur eine sehr vage Vorstellung, was mich erwartete. Doch neugierig wie ich war, zögerte ich nicht zuzusagen.«[23] Veil hatte bislang vor allem auf dem juristischen Gebiet gearbeitet, nun sollte sie das Gesundheitsministerium übernehmen und als erste Frau seit 1948 im Kabinett sitzen. Die Tatsache, dass man sie gerade mit diesem Ministerium betrauen wollte, verblüffte Veil. Aus deutscher Sicht allerdings war das Gesundheitsministerium geradezu ein »klassisches« Frauenressort, das nach Elisabeth Schwarzhaupt Käte Strobel und seit 1972 die Sozialdemokratin Katharina Focke innehatten.

Veil allerdings überlegte, ob neben der angeblich weiblichen Eignung für die sogenannten »weichen Themen« noch andere Gründe für diese Besetzung existierten. Die französische Abtreibungsbewegung sorgte seit Längerem mit spektakulären Aktionen für Aufsehen. Bereits drei Jahre zuvor hatten in einem aufsehenerregenden Artikel in der Zeitschrift *Le Nouvel Observateur* 343 Französinnen, darunter Prominente wie Simone de Beauvoir, Catherine Deneuve und Marguerite Duras, bekannt: »*Je me suis fait avorter*«. Zwei Monate später hatte es im deutschen Magazin *Stern* eine ganz ähnliche Aktion gegeben. Die deutsche Frauenrechtlerin Alice Schwarzer hatte 374 Frauen gewinnen können, die öffentlich bekundeten: »Wir haben abgetrieben«. Im Jahr darauf erschütterte der Prozess von Bobigny Frankreich. Die bekannte feministische Rechtsanwältin Gisèle Halimi verteidigte ein junges Mädchen, Marie-Claire Chevalier, das nach einer Vergewaltigung mit der Unterstützung ihrer Mutter eine illegale Abtreibung vornehmen hatte lassen. Halimi hatte bereits Anfang der 1960er-Jahre mit der Verteidigung der algerischen Aktivistin Djamila Boupacha Aufsehen erregt. Boupacha war beschuldigt worden, eine Bombe in einem Restaurant in Algier deponiert zu haben, die jedoch nicht detoniert war. Die junge Frau war von französischen Soldaten verhaftet und gefoltert worden. Intellektuelle wie Simone de Beauvoir und Jean-Paul Sartre hatten sich in Paris für Boupacha eingesetzt und mithilfe Simone Veils war es damals gelungen, sie nach Frankreich zu holen, wo ihr Prozess zwar mit der Verhängung der Todesstrafe endete, ihr aber gemäß der Verträge von Évian Amnestie gewährt wurde. Als Gisèle Halimi, die aus einer jüdischen Familie stammte und in Tunesien geboren war, die Sache Marie-Claire Chevaliers übernahm, war klar, dass der Prozess eine gewisse Strahlkraft weit über den individuellen Fall hinaus erlangen würde, schließlich war die Anwältin Gründungsmitglied der Frauenrechtsorganisation *Choisir la cause des femmes*, der Simone de Beauvoir als Präsidentin vorstand. Und tatsächlich wurde Halimis Plädoyer nicht nur zu einer flammenden Verteidigung des minderjährigen Mädchens, nein, Halimi machte den Prozess zu einem Angriff auf das völlig anachronistische französische Abtreibungsrecht und bereitete in gewissem Sinne die Bühne für den Vorstoß, den Simone Veil anschließend als Ministerin unternehmen sollte. Natürlich wussten Giscard d'Estaing und Chirac um Veils Verbindungen zu Halimi. Als Gesundheitsministerin, so spekulierte wohl der Präsident, würde sie authentisch und entschlossen die leidige Abtreibungsfrage angehen.

Und er täuschte sich nicht. Veil wusste nicht nur um das Problem ungewollter Schwangerschaften und die Gefahr illegaler Abtreibungen, sie wusste auch, dass die Regelung besonders jene strafte, die sozial schlechter gestellt waren, denn wohlhabende Frauen konnten sich etwa eine Reise in die Niederlande leisten, wo ein Schwangerschaftsabbruch legal möglich war. Jedes Jahr starben Hunderte Frauen, weil sie sich angesichts fehlender professioneller Hilfe in die Hände von Scharlatanen und Kurpfuscherinnen begaben. Überrascht aber war Veil, dass es im direkten Umkreis des Staatspräsidenten Leute gab, die dieses Thema auf die Agenda gesetzt sehen wollten. »Ich war sprachlos«, erinnert sie sich, »Mir war zwar klar, dass es sich um ein ernstes Problem handelte, aber ich ahnte nicht, dass die männlichen Politiker – hinein bis ins Umfeld von Giscard d'Estaing – ein so ausgeprägtes Bewusstsein dafür entwickelt hatten.« Veil holte sich kundige Frauen in ihr Team und nahm den Kampf gegen mächtige Gegner auf: allen voran die Kirchen, aber auch die sogenannten Götter in Weiß, die ihr mit großer Skepsis begeg-

[12] Gar nicht konfliktscheu: Die französische Gesundheitsministerin Simone Veil holte die Abtreibung aus der Illegalität und sorgte für frei zugängliche Verhütungsmittel.

neten. »Es nützt nichts, die Fakten schönzureden«, so Veil, »in den Augen dieses äußerst konservativen Milieus haftete mir gleich ein dreifacher Makel an: Ich war eine Frau, ich trat für die Legalisierung der Abtreibung ein, und ich war obendrein noch Jüdin.«[24]

Simone Veil wäre nicht Simone Veil, wenn sie sich von der versammelten, ganz überwiegend männlichen Ärzteschaft den Wind aus den Segeln hätte nehmen lassen. Und sie hatte etwa in Gisèle Halimi und Simone de Beauvoir mächtige Mitstreiterinnen. Sie setzte sich, wie übrigens Käte Strobel in der Bundesrepublik, für einen freien Zugang zu Verhütungsmitteln ein. Die Diskussion um Pille & Co. wurde auch in Frankreich erbittert geführt. Veil hatte den Eindruck, dass viele Männer Verhütungsmittel fast noch kritischer sahen als Abtreibung, schließlich erlaubten diese der Frau einen völlig neuen Umgang mit der eigenen Sexualität und entzogen den weiblichen Körper gewissermaßen dem männlichen Zugriff. Verhütungsmittel, so Veil, stellten daher »die althergebrachte Geschlechterordnung in den Köpfen der Menschen grundsätzlich in Frage«. Außerdem bereitete sie einen Gesetzesentwurf zur Legalisierung von Schwangerschaftsabbrüchen vor. Während der Präsident sie unterstützte, fand Premierminister Chirac, es gäbe Wichtigeres: »›Die Frauen haben immer einen Ausweg gefunden. Sie werden auch weiter einen Ausweg finden‹, bemerkte Chirac in jenem Brustton der Überzeugung, den man von ihm kannte.«[25] Er schwenkte aber schließlich doch auf ihren Kurs ein.

Veil sah sich die Regelungen in anderen Ländern an. Ihr war wichtig, dass die letzte Entscheidung allein von den Frauen getroffen wurde. Als ihr Gesetzesentwurf klare Konturen annahm, wurden die Attacken gegen sie heftiger und gehässiger, auf die Mauer ihres Hauses wurden Hakenkreuze geschmiert, vor der Nationalversammlung kamen Frauen zusammen, die den Rosenkranz beteten. Auch in der Nationalversammlung wurde die Debatte auf einem zum Teil unterirdischen Niveau geführt. Ein Abgeordneter schwadronierte von Föten, die in Verbrennungsöfen geworfen würden. Die abscheuliche Geschmacklosigkeit und Grausamkeit, gerade gegenüber einer Holocaust-Überlebenden einen solchen Vergleich vorzubringen, muss Veil schockiert haben, in Gewissenskonflikte aber stürzte sie all das nicht: »Ich wusste genau, wohin ich wollte, Punkt.« Und sie setzte sich durch. Am 12. Januar 1975 wurde das Gesetz zur Fristenregelung, das fortan »*Loi Veil*« genannt wurde, mit 284 zu 189 Stimmen verabschiedet. Vermutlich war der Präsident zufrieden, dass das unerfreuliche Thema vom Tisch war, aber im Grunde, so Veils Einschätzung, hätten sich die Männer nie wirklich für das Gesetz interessiert. »Wie so häufig gab Jacques Chirac den männlichen Standpunkt ziemlich genau wieder, als er sagte, Abtreibung bleibe letztlich ›Weibersache‹.« Dann schickte er seiner Gesundheitsministerin einen großen Blumenstrauß zum Abstimmungserfolg.[26]

Während der Premierminister ganz offensichtlich ein Mann war, der sich schwertat, über klassische Rollenmuster hinauszudenken, kann man ohne Übertreibung sagen, dass Simone Veil Frankreich einen enormen Modernisierungsschub verpasste. Nicht nur verkörperte die Ministerin mit ihrer selbstbewussten femininen Eleganz und ihrer unerschrockenen Eloquenz ein neues Frauenbild, sie widmete sich mit einem zeitgemäßen Familienrecht, den Zuständen in Haftanstalten, dem Mutterschutz und schließlich dem freien Zugang zu Verhütungsmitteln und Schwangerschaftsabbruch Themen, die die Menschen umtrieben. Sie half ganz wesentlich, autoritär-patriarchale Strukturen, die sich zum Teil hartnäckig aus Zeiten der Niederlegung des *Code Civil* über Vichy-Frankreich bis in die Fünfte Republik gehalten hatten, aufzubrechen. Als Simone Veil Ende der 1970er-Jahre auf die große europäische Bühne wechselte, hatte ihr Land – durchaus mit ihrer Hilfe – ein neues, aufgeschlosseneres und vielfältigeres Gesicht bekommen.

Staatsfeindin

Als Ulrike Meinhof am Morgen des 12. Mai 1970 das Deutsche Zentralinstitut für Soziale Fragen in der Dahlemer Straße betrat, war sie Teil der etablierten bundesdeutschen Presselandschaft und eine angesehene Autorin. In ebendieser Funktion hatte sie auch ein Gespräch mit dem inhaftierten Andreas Baader arrangiert, der angeblich ihr Co-Autor bei einem Buchprojekt über Heimerziehung im linken Wagenbach Verlag war. Als sie das Institut am späten Vormittag jedoch fluchtartig verließ und in das bereitstehende Auto stieg, wurde sie zu einer der meistgesuchten Terroristinnen. Dazwischen lag die Befreiung Baaders, die zwar an sich gelungen war, aber entgegen der Planung zu einem heftigen Schusswechsel geführt hatte. Ein Institutsmitarbeiter und ein Justizbeamter waren zum Teil schwer verletzt worden. Ob es die Schüsse waren und das anschließende Chaos, die Meinhof dazu gebracht hatten, mit Baader und seinen Befreier*innen zu fliehen, oder ob sie einen bewussten Entschluss gefasst hatte, wird wohl nicht mehr zu klären sein. Für die Polizei jedenfalls stand fest, dass Meinhof Teil der Gruppe um Baader und Ensslin war. Ihr Konterfei sollte schon bald überall zu sehen sein, denn sie wurde wegen Mordversuchs steckbrieflich gesucht.

Viel ist darüber spekuliert worden, was Meinhof letztlich zur gewaltbereiten Terroristin und im Grunde zum intellektuellen Kopf der RAF werden ließ. Dabei haben vor allem Männer häufig individualpsychologisch argumentiert. Da wurden vielfach die frühen Verluste der Eltern, die schwierige Schwangerschaft, eine Depression, die Scheidung, das weggebrochene soziale Hamburger Umfeld angeführt. Dass Frauen sich derart radikalisieren, will einfach noch immer nicht zu dem Bild passen, das wir uns vom angeblich »schwachen Geschlecht« machen. Die Historikerin Katriina Lehto-Bleckert hat zu Recht darauf hingewiesen, dass derart psychologisierende Erklärungsversuche, wie man sie auf Ulrike Meinhof anwendete, bei Männern selten aufgeboten werden.[27]

Die Öffentlichkeit stand dem Phänomen der gewaltbereiten Terroristin zunächst ziemlich ratlos gegenüber. Dass sich gerade Frauen aus »guten Familien« im Laufe der 1970er-Jahre der RAF anschlossen, verunsicherte viele Beobachter*innen nachhaltig. Man hielt diese radikalen Aktivistinnen teilweise für das Resultat angeblich eskalierter Emanzipation, für das Ergebnis eines unheilvollen Einflusses »einer gewissen Spielart des Feminismus«, wie der Journalist Günter Zehm 1977 in der Zeitung *Die Welt* ausführte. »Sie kämpfen nicht nur gegen den Klassenfeind, sondern auch gegen die Stimme ihrer inneren Natur.«[28] Und der spätere Präsident des Bundesamts für Verfassungsschutz Günther Nollau spekulierte zur gleichen Zeit: »Irgendetwas Irrationales in dieser ganzen Sache (ist), dass da so viele Mädchen dabei sind … vielleicht ist das ein Exzeß der Befreiung der Frau, was hier deutlich wird.« Der Psychoanalytikerin Margarete Mitscherlich-Nielsen zufolge versuchten vor allem Männer das Phänomen damit zu erklären, dass Frauen eben eher emotional gesteuert seien und sich daher einem irrationalen Kampf verschrieben. Quasi aus Mangel an Vernunft hielten sie angeblich fanatischer an ihren Überzeugungen fest und handelten radikaler und kaltblütiger. Andere wiederum behaupteten, die Waffe diene Frauen als Phallussymbol und sie legten es darauf an, sich an Männern zu rächen. All diese Erklärungen, so Mitscherlich-Nielsen, seien aber im Grunde Variationen männlicher Vorstellungen angeblich weiblicher Eigenschaften und Verhaltensweisen.[29]

Ulrike Meinhofs Fall schockierte die Zeitgenoss*innen besonders, handelte es sich doch um eine Frau, die fest zur bundesdeutschen Intellektuellenszene gehört hatte, und darüber hinaus um eine zweifache Mutter von Mitte dreißig. Dass Meinhoff scheinbar keine Vorbereitungen für ihre beiden Töchter getroffen hatte, die nun überstürzt von Berlin zu Freunden nach Westdeutschland gebracht wurden, verstärkt die These, dass ihr Sprung in die Illegalität keineswegs geplant gewesen war. Zunächst trennte sie sich nochmals von Baader und Ensslin und tauchte allein unter, im Juni allerdings brachen die prominentesten Mitglieder der Gruppe inklusive Meinhof in den Nahen Osten auf, wo sie ein paramilitärisches Training der Fatah absolvieren sollten. Im Kontext dieses Aufenthaltes machte auch die Nachricht die Runde, Meinhof, von Baader und Ensslin unter Druck gesetzt, plane, ihre Töchter, die inzwischen nach Sizilien gebracht worden waren, in einem palästinensischen Waisenhaus unterzubringen. Tatsächlich kam es aber nicht dazu. Stefan Aust, ehemaliger *konkret*-Redakteur, der von der Sache erfahren hatte, reiste nach Italien und holte die Kinder zu ihrem Vater nach Hamburg.[30]

Auch Meinhof, Baader, Ensslin und die übrige Gruppe kehrten nach ihrem mehrwöchigen Nahost-Aufenthalt wieder nach Deutschland zurück. Für Meinhof gab es kein Zurück mehr. Sie war jetzt Teil des Unternehmens, allerorten sprach man von der »Baader-Meinhof-Bande«. Dennoch blieb sie fremd. Sie war älter als die anderen, intellektueller, nicht gerade die Idealbesetzung für Autodiebstähle oder Banküberfälle. Man setzte sie daher eher strategisch ein, um mit eventuell sympathisierenden Prominenten Kontakt aufzunehmen, und tatsächlich erklärten sich viele bereit, ihr persönlich zu helfen. Außerdem arbeitete sie mit am Aufruf »Die Rote Armee aufbauen«, der in der linken Zeitschrift *Agit 883* erschien. Darin war unter anderem ausdrücklich von den Arbeiterinnen die Rede, die in der Gesellschaft im Besonderen benachteiligt seien. Lehto-Bleckert erkennt deutlich die weibliche Handschrift des Aufrufes und geht davon aus, dass Frauen wichtige Adressatinnen gewesen seien. Und der Appell zeigte Wirkung, denn einige junge Frauen schlossen sich, wie bereits erwähnt, in der Folge der RAF an. Margarete Mitscherlich-Nielsen meint, dass der ursprüngliche Kampf dieser Terroristinnen auch den verkrusteten und veralteten Geschlechterrollen gegolten habe, dass sich viele von ihnen aber relativ schnell wieder den Männern in der Bewegung untergeordnet hätten. Man opferte sich fortan nicht mehr der Familie, sondern der Revolution.[31]

Ein relativ typischer Vorgang übrigens: In vielen politischen Bewegungen – sei es dem Kommunismus, der APO, aber auch der Schwarzen Bürgerrechtsbewegung – wurden Frauen als Mitstreiterinnen gerne gesehen, die feministische Sache aber nur allzu oft zum sogenannten »Nebenwiderspruch« erklärt. Wenn erst mal der Kapitalismus besiegt sei beziehungsweise die Schwarzen gleiche Bürgerrechte hätten, dann würde man sich schon um die Gleichberechtigung zwischen Mann und Frau kümmern, vielfach wurde sogar argumentiert, diese würde dann automatisch kommen. *First things first* bedeutete für die Männer eben meist nicht die Gleichstellung der Frauen. Auf diese Weise sind unzählige Aktivistinnen ausgebremst und gezwungen worden, feministische Anliegen dem angeblich höheren Ziel unterzuordnen.

Im Frühjahr 1971 verfasste Meinhof das Konzept der »Stadtguerilla«, in dem sie den bewaffneten Kampf rechtfertigte. Die zwei Jahre zwischen der Baader-Befreiung und ihrer Verhaftung im Juni 1972 waren gekennzeichnet vom ständigen Untertauchen in wechselnden Verstecken, zeitweise lebte sie in Italien. In dieser Zeit verübte die RAF zahlreiche Banküberfälle und Einbrüche, während der sogenannten »Mai-Offensive« 1972 aber auch schwere Sprengstoffanschläge, bei denen mehrere Menschen getötet und zahlreiche zum Teil schwer verletzt wurden.

Die folgenden Monate nach der Verhaftung verbrachte Meinhof in Isolationshaft in Köln-Ossendorf, unter der sie sehr litt. Einen Austausch mit ihren Mitgefangenen – auch Baader und Ensslin waren inzwischen gefasst worden – gab es nicht, ihre Töchter aber durften sie besuchen. Nach einem Hungerstreik erreichten die Häftlinge, dass sie in Ossendorf und später in Stammheim mehrere Stunden am Tag gemeinsam verbringen durften, schließlich wurden sie auf denselben Flur verlegt. Allerdings wurde auch die Zeit im sogenannten Umschluss, in der Baader, Ensslin, Meinhof und Jan-Carl Raspe zusammen waren, für Meinhof zeitweilig zur Qual. Vor allem Ensslin attackierte sie schwer und machte ihr fortwährend Vorwürfe.[32]

Im Mai 1975 begann der Stammheim-Prozess, in dem Meinhof und den übrigen Angeklagten vierfacher Mord und versuchter Mord in 54 Fällen vorgeworfen wurde. Die mediale Begleitmusik war enorm, die Beweisaufnahme und die Zeugenaussagen zogen sich über viele Monate. Der Stammheim-Prozess sollte zu einem der größten Strafprozesse der Bundesrepublik werden. Mitten in die Vorbereitungen zu den Feierlichkeiten des 31. Jahrestages des Kriegsendes platzte am 8. Mai 1976 die Nachricht vom Tod Meinhofs. Eine der prominentesten Häftlinge war am frühen Morgen erhängt in ihrer Zelle gefunden worden. Sofort begannen die Spekulationen, ob es sich tatsächlich, wie von den Behörden mitgeteilt, um Selbstmord handelte oder nicht doch um Mord. Es kam zu teils gewaltsamen Demonstrationen, Tausende versammelten sich anlässlich Meinhofs Beisetzung in Berlin. Die nie gänzlich geklärten Umstände ihres Todes trugen zur anschließenden Verklärung Meinhofs zur Märtyrerin bei – eine Rolle, die anscheinend besser zu einer Frau passte als jene der Terroristin.

Die Eidgenossinnen verlieren die Geduld

Warum gerade Ulrike Meinhof, deren politisches Engagement mit der Auseinandersetzung mit dem Gewaltregime der Nationalsozialisten, mit Pazifismus und dem Kampf gegen Atomwaffen begonnen hatte, sich derart radikalisierte, wird nie vollständig zu klären sein. Meinhof stellte außerordentliche Ansprüche an sich selbst und die Gesellschaft, in der sie lebte. In den 1960er-Jahren hatte sie versucht, ihre Themen vor allem durch ihre Arbeit als Journalistin einzubringen. Sie hatte mit ihren Sozialreportagen und Filmen den Blick der Öffentlichkeit auf soziale Ungerechtigkeit lenken wollen, war zu jenen Menschen gegangen, mit denen viele ihrer Kolleg*innen nicht sprachen, hatte soziale Brennpunkte in den Fokus genommen. An einem gewissen Punkt ihres Lebens meinte sie aber offenbar, innerhalb der existierenden Strukturen nicht jene revolutionären Veränderungen in Gang setzen zu können, die sie für nötig hielt. Ein derart radikaler Umbau der Gesellschaft, wie er ihr zumindest wohl spätestens zu Beginn der 1970er-Jahre vorschwebte, war über die bestehenden Institutionen nicht machbar. Am Ende scheiterte sie mit ihrer gesellschaftlichen Vision, die sie mit Gewalt hatte durchsetzen wollen.

Frauen wie Simone Veil in Frankreich und Ruth Dreifuss in der Schweiz unterschieden sich von Meinhof nicht nur in ihren politischen Zielen, sondern selbstverständlich auch in ihren Methoden. Auch sie wollten die Gesellschaft verändern, aber sie taten dies innerhalb des existierenden Rahmens politischer Auseinandersetzung: Über Streiks, Demonstrationen und Wahlen, über Ämter und Mandate, über parlamentarische Auseinandersetzungen, Abstimmungen und Gesetzgebung. Allerdings – auch das muss man betonen – gab es im Laufe dieses langwierigen Reformprozesses immer wieder niederschmetternde Rückschläge zu verkraften. Einen solchen mussten zum Beispiel die Frauen in der Schweiz im Frühjahr 1993 einstecken. Damals offenbarte der Berner Politikbetrieb und weite Teile der Schweizer Presse auf desaströse Weise, wie viel Chauvinismus noch in ihnen steckte.

Doch der Reihe nach: Die Schweiz war in Sachen Geschlechtergerechtigkeit im europäischen Vergleich spät dran. Erst 1971 war das allgemeine Frauenstimmrecht eingeführt und 1981 in der Verfassung die völlige Gleichstellung von Mann und Frau in »Familie, Ausbildung und Arbeit« niedergeschrieben worden. 1988 führte die Eidgenossenchaft ein neues Eherecht ein und trug damit das Patriarchat zu Grabe, zumindest auf dem Papier. Aber wie in den 1950er-Jahren in der Bundesrepublik erwies sich ebendieses Papier als geduldig. Es fehlten noch immer Umsetzungsgesetze der neuen Bestimmungen und bestehende Gesetze mussten, gerade im Hinblick auf Scheidung, Altersvorsorge und Lohngerechtigkeit, dringend angepasst werden. Um den Herren – und den wenigen Frauen – in Bundes- und Nationalrat die Dringlichkeit ihrer Anliegen vor Augen zu führen, planten die Schweizerinnen für Juni 1991 einen landesweiten Streik. Den Worten sollten endlich Taten folgen.

Ruth Dreifuss, die bereits 1963 in die SP eingetreten war, wurde im Laufe der folgenden Jahre zu einer wichtigen Stimme in der sozialdemokratischen Partei ihres Landes. Seit 1981 war sie politische Sekretärin im Schweizerischen Gewerkschaftsbund. Und sie war eng befreundet mit ihrer Parteikollegin Christiane Brunner, die mehr noch als Dreifuss von der Frauenbewegung geprägt war. Beide wirbelten kräftig für den Streik, während die Führung des Gewerkschaftsbunds befürchtete, das Ganze könne zu einem Flop werden. Vom enormen Ausmaß des Protests waren dann aber auch Brunner und Dreifuss überwältigt. Tatsächlich handelte es sich beim Frauenstreik am 14. Juni 1991, der unter dem Motto stand »Wenn Frau will, steht alles still«, um die größte Mobilisierung seit dem Landesstreik von 1918. In Geschäften und Fabriken legten Frauen die Arbeit nieder, sie versammelten sich auf Plätzen und in Parks, sie demonstrierten mit Transparenten auf den Straßen und in den Gassen der Städte und forderten die Umsetzung des Gleichstellungsartikels, gleichen Lohn für gleiche Arbeit, bessere Kinderbetreuung und vieles mehr. Tatsächlich entwickelte der Frauenstreik eine enorme Dynamik und in den 1990er-Jahren wurden einige wichtige Themen in Angriff genommen. »Es ging langsam«, so Dreifuss, »aber es ging voran.«[33]

Am Beispiel der Schweiz wird sehr deutlich, wie Themen, die im Speziellen den weiblichen Teil der Bevölkerung betreffen, ignoriert und auf die lange Bank geschoben werden, wenn Frauen eben nicht mit an den entscheidenden Machthebeln sitzen. Eine volle verfassungsrechtliche Gleichstellung, die Reform des Eherechts, der Mutterschutz, ein liberales Abtreibungsrecht, Schutz vor sexueller Gewalt und Diskriminierung, Anerkennung von Erziehungszeiten – all das wurde in der Schweiz erst in den letzten vier Jahrzehnten ernsthaft angepackt. Ja, diese Reformen sind in gewisser Hinsicht die Konsequenz aus der Einführung des allgemeinen Frauenstimmrechts. Überspitzt gesagt: Erst ab dem Zeitpunkt, als Frauen selber abstimmen, wählen und kandidieren durften, wurde auch wirklich Politik in ihrem Sinne gemacht.

Seit Beginn der 1970er-Jahre saßen weibliche Abgeordnete im Schweizer Parlament. Zunächst nahmen auf gerade mal zwölf von zweihundert Sitzen Frauen Platz und der Bundesrat, die Schweizer Regierung, war bis Mitte der 1980er-Jahre ein reines Männergremium. Erst 1984 wurde mit der Liberalen Elisabeth Kopp die erste Frau Bundesrätin. »Ich wollte den Beweis antreten«, so Kopp, »dass man nicht mehr sagen kann, eine Frau kann das nicht, sie sei physisch oder psychisch dem Amt nicht gewachsen.«[34] Der Druck, der auf Kopp lastete, war von Beginn an enorm. Auf jeder Stufe, die sie im Laufe ihrer politischen Karriere erklommen hatte, war sie die Erste gewesen. Das empfand die Juristin teilweise als schwere Belastung: »Ich hätte viel dafür gegeben, nicht immer die Erste und Einzige sein zu müssen, sondern noch zwei, drei Kolleginnen zu haben.« Nach außen hin habe man sie freundlich behandelt, aber eigentlich, so Kopp, hätten die Männer sie als Störfaktor betrachtet. In den Pausen, wenn die Männer über Fußball sprachen, stand sie allein da, war sozial isoliert. Als einzige Frau unter sechs Männern im Bundesrat gelang es ihr nicht, ihre Vorstellungen bei der Revision der Alters- und Hinterlassenenversicherung (AHV) durchzubringen, die eine Besserstellung von Frauen in Sachen Altersvorsorge gebracht hätte. Das neue Eherecht von 1988 aber war nicht zuletzt dem entschiedenen Kampf Elisabeth Kopps zu verdanken.[35]

Kopps Zeit als Bundesrätin endete mit einem schmerzhaften Rücktritt. Die Art, wie damals mit einer verdienten Politikerin umgegangen worden ist, bleibt bis heute skandalös. 1988 wurde in der Presse berichtet, Kopps Mann habe im großen Stil Steuern hinterzogen, was sich schließlich als Falschmeldung herausstellte. Im Laufe der Berichterstattung erfuhr Elisabeth Kopp zudem von Vorwürfen wegen Geldwäsche gegenüber einem Unternehmen, in dessen Verwaltungsrat ihr Mann saß. Sie informierte ihn darüber und er schied umgehend aus dem Verwaltungsrat aus, die Presse aber fiel über die Bundesrätin her, sie habe ihrem Mann einen vertraulichen Tipp gegeben. Eine wahre Hetzjagd begann, die im Februar 1989 mit Kopps Rückzug aus der Politik endete. Viele Beobachter*innen waren damals und später der Meinung, dass einem Mann die gegen Elisabeth Kopp vorgebrachten Vorwürfe niemals in diesem Maße geschadet hätten. Der Bundesrätin aber setzte man derart zu, dass sie schließlich keinen anderen Ausweg mehr sah. Die Herren im Bundesrat waren wieder unter sich.

Das wiederum wollten die sozialdemokratischen Frauen im Frühjahr 1993 ändern und schickten Christiane Brunner für einen Sitz im Bundesrat ins Rennen. Der Widerstand, der der

Politikerin entgegenschlug, war außerordentlich. Ein sogenanntes »Komitee für die Rettung der Moral unserer Institutionen« verschickte ein anonymes Schreiben, in dem behauptet wurde, es existierten Nacktfotos von Brunner, darüber hinaus wurde verbreitet, sie habe abgetrieben. Die Presse berichtete ausführlich über die Gerüchte, genüsslich kommentierten männliche Kollegen das Geschehen. Ruth Dreifuss, die Brunner eng zur Seite stand in diesen Wochen, spricht von einer »Schlammschlacht«. »Da ist nichts dahinter gestanden«, so Dreifuss, »außer Männerfantasien.«[36]

Derlei Männerfantasien waren wirkmächtig und sind es noch immer. So wurden im Wahlkampf 2021 gefälschte Nacktbilder der Grünen-Kanzlerinnenkandidatin Annalena Baerbock in Umlauf gebracht, die ihren Ruf ramponieren sollten. Dass man noch in den 20er-Jahren des 21. Jahrhunderts versucht, Politikerinnen auf diese Weise in Misskredit zu bringen, zu beschämen, zum Objekt zu machen, ist schockierend und doch wenig überraschend. Im Hinblick auf die verstörenden Möglichkeiten, die *Deep Fake* schon bietet und in Zukunft noch perfektionieren wird, steht zu befürchten, dass wir uns künftig auf Kampagnen von wahrhaft zerstörerischem Ausmaß gefasst machen müssen. Aber auch die Schmutzkampagne gegen Brunner zu Beginn der 1990er-Jahre, im Zuge derer von angeblichen Fotos nur gemunkelt wurde, funktionierte: Die bürgerliche Mehrheit wählte schließlich nicht Brunner, sondern ihren Parteikollegen Francis Matthey, der sich Bedenkzeit erbat. Die Wellen schlugen hoch. Überall in der Schweiz versammelten sich Frauen zu Hunderten, zu Tausenden und demonstrierten gegen die Wahl Mattheys, die Mobilisierung des Frauenstreiks wirkte noch heftig nach. Die Schweizerinnen waren nicht länger bereit, ein solches Vorgehen gegen eine von ihnen hinzunehmen. Auch in der SP wuchs der Druck und so einigte man sich auf eine Doppelkandidatur von Christiane Brunner und Ruth Dreifuss. Nachdem Brunner schließlich ihre Kandidatur im zweiten Wahlgang zurückzog, wurde Dreifuss zur neuen Bundesrätin gewählt.

Die Nicht-Wahl Brunners und vor allem die deprimierende

sexistische Begleitmusik wirkten auf viele Schweizerinnen nach dem Hoch der Frauenstreiks 1991 überaus ernüchternd. Der Weg zu Gleichstellung und voller Partizipation, das war grausam deutlich geworden, war noch lang. Umso enger schlossen sich nun die Reihen um Ruth Dreifuss und tatsächlich stellte die Politikerin in ihrer Zeit im Bundesrat wichtige Weichen. Sie übernahm das Departement des Innern. Dort ging sie die überfällige Revision der Altersvorsorge an und setzte die Anerkennung von Erziehungsgutschriften durch. 1999 wurde sie die erste weibliche und die erste jüdische Bundespräsidentin der Schweiz. Eigentlich ein ziemlich einschneidender Moment in der Geschichte der Schweiz, die in Sachen Gleichstellung der Geschlechter besondere Anlaufschwierigkeiten hatte, dennoch haben viele Landsleute Dreifuss' Präsidentschaft offenbar als gar nicht so radikal wahrgenommen.

Warum also konnte sich Dreifuss im Gegensatz zu Brunner durchsetzen? Warum erschien sie vielen wählbarer? Die Antwort sagt viel über Klischees, mit denen Frauen damals und zum Teil auch heute noch zu kämpfen haben. Wurde Christiane Brunner als Emanze, als sexuell freizügig, als unsolide gebrandmarkt, stopfte man Ruth Dreifuss in eine andere Schublade, die genauso irreführend und verletzend war, aber offensichtlich vielen Männern weniger bedrohlich erschien. Dreifuss selbst meinte, sie habe einen Typ Politikerin verkörpert – etwas bieder im Auftreten, nicht zu kämpferisch, eher beruhigend –, den die männlichen Kollegen und die Öffentlichkeit damals noch am ehesten akzeptiert hätten: »So etwas zwischen Mann und Frau, die alles geopfert hat und daher einen Anspruch hat.«[37] Viele der ersten Politikerinnen, das wurde bereits erwähnt, waren unverheiratet und kinderlos gewesen. Die ledige Frau, die nur für ihre Arbeit lebt und ihre Weiblichkeit auch nicht groß zur Schau stellt – das schien jahrelang noch die verträglichste Version einer Politikerin zu sein und Dreifuss wurde von vielen genauso interpretiert.

Und doch verunsicherte auch Ruth Dreifuss ihre Bundesratskollegen immer wieder fundamental: »Für sie bin ich ein komisches Wesen gewesen in dem Gremium. Sie mussten sich erst daran gewöhnen, so jemand Exotisches in ihren Reihen zu haben. Manchmal habe ich mir wirklich gedacht, sie fragten sich: Ist sie jetzt so, weil sie eine Frau ist oder weil sie welsch ist oder weil sie jüdisch ist?«[38] Mit zielstrebiger Beharrlichkeit, aber auch mit aufrichtigem Willen zur Kooperation, die im politischen System der Schweiz noch wichtiger ist als in anderen Ländern, trug die Genferin dazu bei, dass sich die Atmosphäre im Bundesrat nach und nach veränderte. Natürlich hat sie sich als zunächst einzige Frau in der Regierung vielen Spielregeln beugen müssen: »Als Bundesrätin habe ich mich den Prozeduren angepasst, meine Sprache gezügelt.« Aber mehr noch als die Umgebung sie beeinflusste, prägte Ruth Dreifuss schlussendlich die politische Kultur der Eidgenossenschaft und öffnete die Tür für eine neue Generation von Politikerinnen. Bis dahin hatten Frauen ihre Anliegen immer rechtfertigen müssen. »Ganz einfach, weil der öffentliche Raum über Jahrhunderte von Männern gepachtet gewesen war«, so Dreifuss. Und auch sie persönlich musste sich den Weg immer wieder neu freiräumen. Wie viele Frauen machte sie die Erfahrung, dass die allgemeine Aufmerksamkeit demonstrativ sank, wenn sie sprach. »Im Parlament war der Lärmpegel immer sehr hoch, ich musste meine Stimme forcieren«, erinnert sich Dreifuss. »Oft wurde mir vorgeworfen, zu lang und zu detailliert vor dem Parlament zu sprechen. Aber da ich eben auch eine solide Dossier-Kenntnis vorweisen konnte, blieb es dabei. (...) Wir Frauen hatten so lange unseren Beitrag leisten, unsere Erfahrungen, unsere Intelligenz einbringen wollen und waren immer an die Grenzen des Monopols der Herrschaft gestoßen«, so Dreifuss.[39]

Die tatsächliche Eroberung der Männerbastion in Bern und in den Kantonen durch die Schweizerinnen geschah dann relativ geräuschlos. »Plötzlich«, so Dreifuss, »merkt man, dass eine Revolution stattgefunden hat, ganz ohne Aufruhr und Krawall.«[40] Da spricht die Genferin ein wahres Wort gelassen aus. Gerade Reformen, die von Frauen in Gang gesetzt werden, gehen häufig relativ unaufgeregt vonstatten. Der dadurch bewirkte gesellschaftliche Wandel vollzieht sich daher oft so geschmeidig, dass

[13] Ruth Dreifuss wurde 1999 als erste Frau und erste Jüdin Bundespräsidentin der Schweiz.

es im Nachhinein manchmal fast so wirkt, als hätte es so kommen müssen. Dabei wird häufig nicht nur übersehen, welch große Mühen und welch enorme Kraftanstrengung im Vorfeld nötig waren, sondern auch wie sehr unsere Gesellschaften in Wahrheit durch die politische Arbeit von Frauen verändert wurden und werden.

Zweifellos öffneten Dreifuss' Wahl in den Bundesrat und ihre Präsidentschaft die Tür für viele andere. Und das war bitter nötig. Eine Frau allein, erklärt Dreifuss, könne unmöglich alle Frauen vertreten. Es brauche daher immer mehr als eine: »Zu zweit, zu dritt, zu viert zu sein, ist schön! Und notwendig.« Und gemessen an der langen Männerherrschaft vollzog sich der Wandel hin zu einer geschlechtergerechten Besetzung des Schweizer Bundesrats nun relativ rasch. Zwischen September 2010 und Ende 2011 gab es sogar eine weibliche Mehrheit. Vier der sieben Sitze waren damals mit Frauen besetzt. »Diese Zeit der Frauenmehrheit im Bundesrat«, so erinnert sich die damalige Bundespräsidentin Doris Leuthard, »war eine sehr produktive Zeit, in der viele sachorientierte Entscheide gefällt wurden.«[41] Unter anderem rang sich die Frauenmehrheit nach der Katastrophe von Fukushima zu einem Ausstieg aus der Atomenergie durch. Eine Entscheidung, so Micheline Calmy-Rey, eine der vier Bundesrätinnen in der damaligen Schweizer Regierung, die ohne das Frauenbündnis über Parteigrenzen hinweg vermutlich so nicht getroffen worden wäre.[42]

Die Welt verändern

Ruth Dreifuss und Simone Veil kannten sich, waren sogar zeitgleich Amtskolleginnen, als die Französin in den 1990er-Jahren erneut Ministerin wurde. Beide waren in ihren Ländern zuständig für Gesundheit und Soziales. Sie teilten überdies die jüdische Herkunft, den Kampf für Gleichstellung und Frauenrechte, den Einsatz gegen Rassismus und Sexismus. Veils Mut und Weisheit, ihre Fähigkeit, den Schmerz des eigenen Lebens zu bewältigen und ihr unbedingter Wille, die Welt zu verändern, erinnert sich Dreifuss, hätten sie überaus beeindruckt. Veil habe sie inspiriert durch die Authentizität, die sie bei all ihren politischen Auseinandersetzungen an den Tag gelegt habe.[43]

Genau diese Echtheit verlieh Simone Veil auch jenem Amt, das sie 1979 als erste Frau angetreten hatte. Über 34 Jahre nach der bedingungslosen Kapitulation Deutschlands, 22 Jahre nach der Gründung der Europäischen Wirtschaftsgemeinschaft, wurde mit Simone Veil eine Überlebende der Vernichtungslager zur ersten Präsidentin des Europäischen Parlaments gewählt. Als Valéry Giscard d'Estaing sie aufgefordert hatte, als Spitzenkandidatin zu kandidieren, hatte sie sofort zugesagt. Während das Parlament in Straßburg zuvor von den nationalen Parlamenten beschickt worden war, handelte es sich bei der Europawahl 1979 um eine echte Premiere, denn nun wurden die Kandidat*innen direkt gewählt. Veil führte zum ersten Mal in ihrem Leben einen echten Wahlkampf und gewann haushoch. Sowohl Giscard d'Estaing als auch der deutsche Kanzler Helmut Schmidt, der natürlich den Kandidaten der europäischen Sozialdemokratie und nicht die Liberale Veil unterstützen musste, erkannten, welch symbolische Bedeutung die Wahl der Auschwitz-Überlebenden hatte. »Wenn eine ehemalige Deportierte Präsidentin des Europäischen Parlaments würde«, so Veil über den französischen Präsidenten, »schien ihm dies ein gutes Omen für die Zukunft zu sein.«[44]

Verkündet wurde das überwältigende Abstimmungsergebnis – eine absolute Mehrheit für Veil – von der Feministin und ersten Alterspräsidentin des Europäischen Parlaments Louise Weiss. Zwei Frauen, die ihr Leben lang für Europa, für Versöhnung und Frauenrechte gekämpft hatten, konnten sich an diesem 17. Juli 1979 gemeinsam darüber freuen, dass an der Spitze in Straßburg nun erstmals eine Präsidentin stand.[45] Das Europäische Parlament verfügte in diesen Jahren über wenig konkrete Macht und doch setzte Veil Schwerpunkte. Sie rückte die Menschenrechte in den Fokus und drängte zusammen mit der französischen Sozialistin Yvette Roudy auf die Schaffung eines Ausschusses für die Rechte der Frau und die Gleichstellung der

Geschlechter. Die Fülle der Themen und verschiedenen Sichtweisen im Parlament konnte durchaus überwältigend sein, aber auch das Hin und Her zwischen Straßburg, Brüssel und Luxemburg war aufreibend. »Der sich daraus ergebende Alltag«, so Veil, »hatte etwas Kafkaeskes.«[46]

Für die deutsch-französische Zusammenarbeit und Freundschaft war die Wahl Veils ein starkes Zeichen und sie selbst wurde nicht müde, zu betonen, wie wichtig es war, aus der Geschichte zu lernen. Die Grünen-Politikerin Claudia Roth arbeitete in den 1980er-Jahren zusammen mit Veil in Straßburg. 1995 wurde sie als Fraktionsvorsitzende der Grünen vom Jüdischen Weltkongress und vom Europäischen Jüdischen Kongress zur Jahresfeier des 50. Jahrestags der Befreiung des Konzentrationslagers Auschwitz eingeladen. Simone Veil und die belgische Sozialistin Marijke van Hemeldonc begleiteten sie auf dem Rundgang durch das ehemalige Vernichtungslager. An der Seite dieser beiden Frauen, die als Mädchen hier inhaftiert gewesen waren, durch die Gedenkstätte zu gehen, hinterließ einen bleibenden Eindruck bei der jungen deutschen Politikerin. Die zwei »hatten die Leichenberge, die Gaskammern und die Schlächter täglich gesehen. Jetzt nahmen sie mich in ihre Mitte und schritten mit mir die endlos lange Reihe der Baracken ab.«[47] Simone Veil, die die Hölle durchlebt hatte, aber dadurch nicht gebrochen worden war, die bereit war zur Aussöhnung, beeindruckte Roth tief. Die Grüne erlebte Veil als »eine Frau, die mit all ihrer Geschichte und mit dem Grauen, das sie in Auschwitz erlebt hat, bereit war, einem die Hand entgegenzustrecken«, erinnert sich Roth, »Diesen Gang in Auschwitz werde ich nie, nie vergessen. Damit hat sie mir auch etwas aufgetragen.« Simone Veil bleibt für Roth eine der wichtigsten Politikerinnen, eine Frau, die trotz allem »sich das Verbindende, das Schöne bewahrt hat«.[48]

1998 wurde Simone Veil in den *Conseil constitutionnel*, den französischen Verfassungsrat, berufen, der in etwa dem Bundesverfassungsgericht entspricht. Dort hatte mit der Juristin Noëlle Lenoir bis dahin nur eine einzige Frau gesessen. Auch hier befasste sich Veil mit Fragen der Diskriminierung und der

Gleichstellung der Geschlechter. Aus ihrer Überzeugung von der Notwendigkeit einer Frauenquote machte Veil nie einen Hehl. »Sagen wir es ohne Umschweife«, so Veil, »ich bin für jede Form von positiver Diskriminierung, wenn sie dazu dient, eine größere Chancengleichheit für Frauen herzustellen, die in sozialer und beruflicher Hinsicht bis heute benachteiligt sind.« Die Gesellschaft, so Veil, werde enorm profitieren, wenn sie der Benachteiligung des weiblichen Geschlechts entgegentrete. Mit dem Alter sei sie eine immer stärkere Verfechterin von Frauenrechten geworden, erklärt die Politikerin in ihren Erinnerungen. »Wenn sich einer Frau eine Chance bietet, ist dies allzu häufig auf bloßen Zufall zurückzuführen – und nicht auf das Gesetz oder die allgemeinen Spielregeln.«[49]

Die Spielregeln zu ändern, den Blick auf vielfach übersehene Missstände und Ungerechtigkeiten zu lenken und gegen diese anzugehen, aus der Vergangenheit zu lernen – mit diesem Ziel hatten sowohl Simone Veil und Ruth Dreifuss als auch Ulrike Meinhof ihr gesellschaftliches und politisches Engagement begonnen. Während Meinhof im Laufe der 1960er-Jahre eine Radikalisierung durchlief, die sie schließlich in den Untergrund und den bewaffneten Kampf führte, bewegten sich Veil und Dreifuss stets innerhalb der etablierten Strukturen, um genau diese Strukturen allmählich zu verändern. Dieser Prozess ist erfahrungsgemäß langwierig und mühsam. Die Gefahr, verschlissen zu werden durch aufreibende Auseinandersetzungen, ist groß. Zudem besteht immer das Risiko, sich zu sehr anzupassen. Ein wichtiger Faktor ist, nicht allein unter Männern zu bleiben. Erst eine kritische Masse von Frauen kann ausreichend Wirkmacht entfalten, um dauerhaft etwas zu verändern.

Veil und Dreifuss haben immer wieder Niederlagen und Rückschläge einstecken müssen, haben sich damit arrangieren müssen, dass sie längst nicht so schnell vorankamen mit ihren Reformideen, wie sie es sich wünschten. Aber fest steht: Veil und Dreifuss haben ihren Ländern ihren Stempel aufgedrückt und folgenden Generationen den Weg geebnet. Wenn in Europa im

Laufe der zweiten Hälfte des 20. Jahrhunderts Frauen zu gleichberechtigten Bürgerinnen und ihre Stimmen im gesellschaftlichen Diskurs lauter wurden, wenn Männer und Frauen in Ehe und Familie begannen, partnerschaftlich zusammenzuleben, wenn Kinder mit Respekt und nicht mehr mit Prügel erzogen wurden und Bildung kein Privileg, sondern ein Grundrecht wurde, wenn Frauen bei Schwangerschaftsabbrüchen nicht mehr ihr Leben riskierten und selbstbestimmt über Verhütung entscheiden konnten, dann war dies vor allem ein Verdienst dieser und vieler anderer Frauen. All das wurde aber nicht mit einem Federstrich und auch nicht mit der einen revolutionären Tat, sondern durch stete und beharrliche politische Arbeit erreicht.

5 Die neuen Frauen

Renate Lepsius – Lilian Uchtenhagen – Renate Schmidt – Petra Kelly – Claudia Roth

Plötzlich hing ihr Konterfei im Kongresssaal. Rosa Luxemburg – nachdenklicher Blick, hochgeschlossener Kragen, die Haare locker aufgesteckt – überschaute die Genossinnen, die sich hier in Saarbrücken 1968 zur Tagung des Bundesfrauenausschusses der SPD zusammengefunden hatten. Einige jüngere Frauen jubelten, andere beobachteten die Aktion beklommen. Annemarie Renger zögerte keinen Augenblick. Rosa Luxemburg war für sie immer noch jene Frau, die zusammen mit Karl Liebknecht die Arbeiterbewegung gespalten hatte. »Meiner politischen Überzeugung nach hatte das Bild auf einem Kongress der SPD nichts zu suchen«, so Renger. Das Plakat musste verschwinden. Umgehend. Unter Protestrufen auf der einen Seite und Beifall auf der anderen ließ die Vorsitzende das Porträt entfernen. Renger hatte sich im Laufe ihres politischen Lebens gegen so manchen männlichen Kollegen durchgesetzt und sie war nicht bereit, gegen diese neuen Genossinnen, die hier mit ihren unfrisierten Mähnen und ihren Wallekleidern aufmarschiert waren, klein beizugeben. Ihr respektloses Auftreten und ihre fehlenden Büstenhalter waren nur schwer zu ertragen für die *Grande Dame* der SPD. Als eine junge Frau schließlich ans Rednerpult trat, Rengers Führungsstil kritisierte und darüber hinaus eine demokratische Wahl des Vorstandes des Bundesfrauenausschusses forderte, fielen die älteren

Genossinnen über sie her wie »Hyänen«. So erinnert es Inge Wettig-Danielmeier, die damals im Saal war. Die Rednerin sei vor den heftigen Angriffen auf die Toilette geflüchtet.[1]

Annemarie Renger und die alte Garde hatten ihre Autorität wiederhergestellt, aber sie waren angezählt, das war zu spüren. Der Gegenwind frischte allerorten auf und zwar diesmal nicht, wie gewohnt, vonseiten der parlamentarischen Konkurrenz von rechts, sondern in Form außerparlamentarischer Opposition von links. In Paris protestierte die französische Jugend und lieferte sich Straßenschlachten mit der Polizei, auch in Deutschland rumorte es. Auf dem Parteitag der SPD in Nürnberg 1968 hatten sich linke Demonstrant*innen versammelt und die SPD-Granden auf dem Weg in die Halle hart angegangen, nicht nur verbal. Willy Brandt hatte einen Hieb mit einem Regenschirm abbekommen, Herbert Wehner hatte man die Brille aus dem Gesicht geschlagen. Annemarie Renger ahnte wohl, dass die Dynamik der aufbegehrenden Jugend und der Studentenbewegung auch vor der Arbeit der SPD-Frauen nicht haltmachen würde.

Zwei Jahre nach der entgleisten Saarbrücker Konferenz traf sich der Bundesfrauenausschuss 1970 in Nürnberg. Erstmals war inzwischen mit Willy Brandt ein Sozialdemokrat Kanzler der Bundesrepublik, die sozial-liberale Koalition verbreitete Aufbruchsstimmung. In seiner Regierungserklärung 1969 hatte Brandt angekündigt, man werde mehr Demokratie wagen, unter anderem plante man, das Wahlalter von einundzwanzig auf achtzehn Jahre herabzusetzen. Das ermutigte auch die jüngeren Frauen, die sich gerade in den späten 1960er- und frühen 1970er-Jahren der SPD anschlossen und mehr Mitspracherecht beanspruchten. Die Strukturen der Frauenarbeit in der Partei konnte man getrost als überholt und, ironischerweise, als männlich dominiert bezeichnen. Denn noch immer wurde die Leitung des Bundesfrauenausschusses nicht von den weiblichen Parteimitgliedern oder Delegierten gewählt, sondern vom Parteivorstand – sprich mehrheitlich von Männern – bestimmt. Das schien vielen nicht mehr akzeptabel. Vor dem Treffen in Nürnberg hatte man dementsprechende Änderungsanträge formuliert, sie aber nicht, wie es das Reglement vorsah, dem Parteivorstand vorgelegt. Annemarie Renger, die die Sitzung leitete, lehnte es daher ab, über die Anträge abstimmen zu lassen. Aus Protest bildete sich an Ort und Stelle eine Arbeitsgruppe, die einige Forderungen formulierte und anschließend vortragen wollte. Auch das verweigerte Renger, was die Aufbegehrenden aber nicht davon abhielt, das Papier in der Halle in Umlauf zu bringen. Die Situation eskalierte und es kam zu einem Gerangel zwischen Annemarie Renger und einer Jungsozialistin, das schließlich dazu führte, dass sich die Mehrheit der Delegierten den Forderungen der Opposition anschloss und die erarbeiteten Forderungen verlesen wurden. Die Vorsitzende konnte nur dabei zusehen, wie ihr die Macht entglitt: In Nürnberg wurde beschlossen, die Strukturen der Frauenarbeit zu demokratisieren und neu zu organisieren.[2]

Annemarie Renger und Gesundheitsministerin Käte Strobel, die bei der Konferenz ebenfalls anwesend war, mussten erkennen, dass eine neue Zeit angebrochen war. Es galt, die »neuen Frauen« einzubinden, obwohl Renger & Co. ihnen mit einigem Misstrauen begegneten. Nicht nur ihr Auftreten schien suspekt, auch ihre links-sozialistischen Parolen und ihre sehr kämpferisch feministische Ausrichtung war so gar nicht nach dem Geschmack der Altgedienten. 1972 wurde die Arbeitsgemeinschaft sozialdemokratischer Frauen (ASF) gegründet. Bei deren erster Bundeskonferenz in Ludwigsburg sollte erstmals eine Vorsitzende direkt von den delegierten Frauen gewählt werden. Lenelotte von Bothmer und Herta Däubler-Gmelin, eine Vertreterin der jungen Generation, traten ebenso an wie Elfriede Eilers, die von Annemarie Renger unterstützt wurde. Der Slogan »Alles ist besser als Annemarie« machte die Runde, schließlich wurde jedoch Rengers Favoritin Elfriede Eilers gewählt.[3]

Die ASF aber gewann im Laufe der 1970er-Jahre an Einfluss, beteiligte sich rege an Wahlkämpfen und machte Helmut Schmidt auf ihrer Jahreskonferenz in Siegen 1977 die Hölle heiß, als dieser behauptete, die ASF vertrete lediglich eine akademisch gebildete Minderheit von Sozialdemokratinnen, während die Mehrheit der Frauen sich nach Familie und nicht nach Berufstätigkeit sehne.

Als Reaktion auf diese Art des *Mansplainings* beließen es die Frauen nicht bei einem Pfeifkonzert, das es in sich hatte, sie wählten auch die linksgerichtete Feministin Inge Wettig-Danielmeier zur stellvertretenden Vorsitzenden.

In ihren Memoiren meint Renger rückblickend, der Aufbruch in den frühen 1970ern sei nötig und zeitgemäß gewesen; als er sich vollzog, muss die Entmachtung aber ein herber Schlag für jene Politikerinnen gewesen sein, die sich ein Leben lang auf eine Art, die ihnen die geeignetste erschienen war, für die Belange der Frauen eingesetzt hatten. Sie hatten jahrzehntelang »Frauenpolitik« betrieben, oder wie Renger es ausdrückt, sie hatten fortwährend »auf taube Ohren« getrommelt, und nun hatten sie ausgedient. Mit den neuen Umgangsformen und Schwerpunktsetzungen konnten sich Renger, Schanzenbach und Strobel nicht recht anfreunden. Die Zusammenkünfte hatten, so Renger, eher den Charakter einer Gruppentherapie und der neue Sprech aus Versatzstücken aus Soziologie, Psychologie und Pädagogik war »mir herzlich zuwider«. Sie sei irritiert gewesen, wenn die jungen Frauen ganz offen ihre privaten Lebensprobleme und Gefühle ansprachen. Die Stimmung ihr gegenüber, so erinnert sie sich, sei bei einer Gesprächsrunde auf den Nullpunkt gesunken, als sie erklärte, sie habe keine Probleme, und wenn sie sie hätte, dann würde sie diese nicht hier erörtern.[4]

Eine Frau macht Ernst

Die »neuen Frauen«, die im Laufe der 1960er- und 1970er-Jahre zur SPD stießen, waren nicht nur jünger als das weibliche Partei-Establishment, sie kamen zum Teil auch von einem anderen familiären Background. Stammten die altgedienten Genossinnen meist aus sozialdemokratischen Elternhäusern, hatten ihre Kindheit und Jugend bei »Falken« und »Kinderfreunden« verbracht, so waren die neuen SPD-Frauen nicht selten Töchter aus bildungsbürgerlichen Häusern, hatten Abitur gemacht und zum Teil auch studiert. Diese neuen, intellektuelleren Politikerinnen nahmen die in der Partei seit Jahrzehnten zementierten Machtverhältnisse einschließlich männlicher Vorherrschaft nicht mehr so selbstverständlich hin, wie beispielsweise die ersten sozialdemokratischen Parlamentarierinnen dies getan hatten. Hatten Frauen wie Strobel und Schanzenbach zum Teil noch sehr gelitten, weil sie weder Gymnasium noch Hochschule besucht hatten und hatten die Herren sie diesen vermeintlichen Makel zuweilen durchaus spüren lassen, so machten sich die Genossen nun lustig über die »Blaustrümpfe«, die sich in der Partei vermehrt zu Wort meldeten.

Die »Dame Lepsius«, so nannte der Fraktionsvorsitzende Herbert Wehner etwa Renate Lepsius, die seit den frühen 1960ern in der Partei aktiv war, zunächst in Bayern, später in Baden-Württemberg. Nach und nach machte sie sich in weiteren Parteikreisen einen Namen, gewann Unterstützung, wurde aber wegen ihres Mannes, des angesehenen Soziologen Mario Rainer Lepsius, zuweilen auch spöttisch »Professorengattin« genannt. Dass man eine Frau über die Tätigkeit ihres Mannes definierte und in diesem Fall verunglimpfte, war an sich schon empörend, im Fall Renate Lepsius' offenbarte derlei Gerede aber auch tief sitzende, sexistische Rollenklischees, denn sie selbst hatte in Berlin und Freiburg Geschichte, Germanistik und Staatswissenschaften studiert und in London am *Institute for Historical Research* promoviert. In London hatte sie auch ihren Mann kennengelernt und 1958 geheiratet. Wie so viele Frauen in dieser Zeit hörte sie zunächst auf zu arbeiten und ließ sich ihre »Heiratserstattung« auszahlen, also die Sozialversicherungsbeiträge, die sie bis zu ihrer Hochzeit angespart hatte. Traditionell kauften sich junge Paare von diesem Geld eine Schlafzimmerausstattung oder ein Wohnzimmerbüfett. Da man davon ausging, dass die verheiratete Frau ohnehin durch Gehalt und später Rente des Mannes mitversorgt wäre, war man weithin der Ansicht, dass es diesen Sparbatzen nun nicht mehr brauchte.

Renate Lepsius selbst musste die Auflösung der eigenen Altersvorsorge glücklicherweise nie bereuen, da ihre Ehe hielt.[5] In den 1970er-Jahren wurde sie allerdings zu einer der entschlossensten

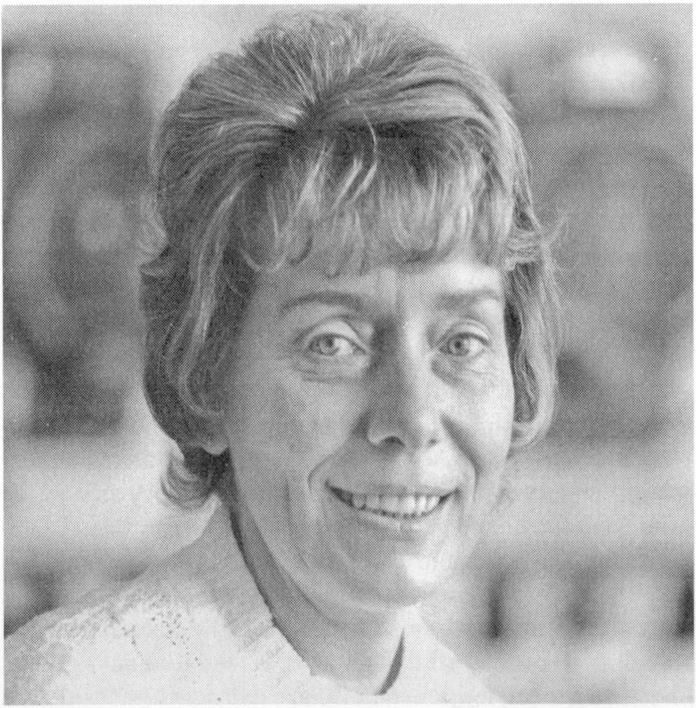

[14] Mit ihrem entschlossenen Kampf für die Rechte geschiedener Frauen und deren Kinder zog Renate Lepsius den Zorn so mancher Genossen auf sich.

Kämpferinnen für geschiedene Frauen. Lepsius erkannte die Chance, die sich in der sozial-liberalen Koalition bot, endlich eine Ehe- und Familienrechtsreform durchzuziehen, die diesen Namen verdient hatte. Und sie wusste, dass die Herren, auch jene in ihrer eigenen Partei, ein wenig Unterstützung benötigten, alle von derlei Änderungen Betroffenen im Blick zu behalten, sprich, dafür zu sorgen, dass man Frauen und Kindern bei einer solchen Reform gerecht wurde. 1969 kam Lepsius nicht in den Bundestag, da sie lediglich auf einem unsicheren Listenplatz gestanden hatte. 1972 aber gelang ihr der Einzug. Am aussichtsreichen Wahlkreis – das sei hier ausdrücklich erwähnt – scheiterten gerade

Politikerinnen. Viele wurden und werden zum Teil bis heute mit einem Listenplatz abgespeist, der oftmals nicht ausreicht, um die jeweilige Frau ins Parlament zu bringen, während vielversprechende Wahlkreise sehr häufig noch unter den Männern verteilt werden. Dazu kommt, dass ein Direktmandat einer Abgeordneten besonderes Gewicht verleiht, da sie konkrete Wähler*innen an sich gebunden hat. Das schafft eine gewisse Autonomie gegenüber Kolleg*innen und Parteiführung. Ein Listenplatz dagegen wird einem Politiker oder einer Politikerin gewährt, was sie beziehungsweise ihn zuweilen in eine gewisse Abhängigkeit bringt.

Schon bevor Renate Lepsius in den Bundestag kam, hatte sie sich beim Fraktionsvorsitzenden Wehner für den Rechtsausschuss angemeldet. Und tatsächlich kam sie nach ihrer Wahl in den »Unterausschuss Ehe- und Familienrecht« sowie in den Ausschuss für »Arbeit und Soziales«. »Ich wollte mithelfen, die Diskriminierungen und sozialen Benachteiligungen von Frauen durch das alte Scheidungsrecht zu beseitigen«, so Lepsius. Sie selbst hatte zunächst aber schwere innere Kämpfe auszustehen. Sie machte sich Vorwürfe, weil sie so selten zu Hause war. Ihr Sohn war gerade mal acht Jahre alt. »Da stand ich nun im Parlament und hatte zunächst den Eindruck, zu Hause läuft überhaupt nichts mehr«, erinnert sich Lepsius, »Niemand war da, der den Haushalt machte. Plötzlich war ich allein und hatte gar nicht das Gefühl, etwas Tolles erreicht zu haben, als eine von wenigen Frauen im Parlament zu sein.« Lepsius hatte ein permanent schlechtes Gewissen gegenüber ihrem Sohn, zudem entstand nun auch eine gewisse Rivalität zwischen ihr und ihrem Mann. Außerdem hatte sie Zweifel, ob sie die in sie gesteckten Erwartungen erfüllen würde können, ob sie ihre eigenen Ziele erreichen konnte.[6]

Diese Zweifel, das wissen wir heute, hätten Renate Lepsius nicht umtreiben müssen und sind doch typisch. Das sogenannte *Impostor*-Syndrom, zu Deutsch Hochstapler-Syndrom, plagt gerade erfolgreiche Frauen, die vielfach sich selbst und ihre Fähigkeiten infrage stellen. Dennoch ging Lepsius nach einem gewissen Prozess der Eingewöhnung in den Parlamentsalltag mit einer

Zielstrebigkeit vor, die vielen männlichen Kollegen nicht behagte. Schon bald konnte sie erstaunliche Erfolge verbuchen, dabei nahm sie kaum Rücksicht auf ihre eigene Karriere, was, wie wir sehen werden, durchaus Folgen für sie hatte. Es ist eine der Ungerechtigkeiten der Geschichte, dass Renate Lepsius' Leistungen heute kaum mehr erinnert werden, dabei brachte ihr Engagement einen ganz beachtlichen sozialpolitischen Fortschritt für Frauen.[7] Die Tatsache, dass Renate Lepsius und ihr Kampf für von Scheidung betroffene Frauen und Kinder im Bewusstsein selbst weiter Teile der Sozialdemokratie, von der breiteren historischen Forschung zur Sozialgeschichte der Bundesrepublik ganz zu schweigen, kaum Raum einnimmt, zeigt den geringen Stellenwert, der derartigen sozialen Errungenschaften, gerade wenn sie Frauen und Kinder betreffen, noch immer zukommt. Und es mag noch einen weiteren Grund für dieses Nicht-Erinnern geben. Und der hat mit gekränkten Männer-Egos zu tun.

Doch der Reihe nach: Als Lepsius nach Bonn kam, waren die Vorbereitungen zur Ehe- und Familienreform längst angelaufen. Bei genauerem Hinsehen offenbarten sich der Sozialpolitikerin aber sofort die wunden Punkte dieses Gesetzespakets. Zum einen war die Frage des Versorgungsausgleichs überhaupt nicht geklärt, was immer noch zu einer Schlechterstellung der geschiedenen Ehefrau im Hinblick auf die Altersvorsorge führte. Zum anderen war die Situation von Scheidungskindern in Unterhaltsfragen nach wie vor prekär, was nicht nur für die betroffenen Kinder und Jugendlichen, sondern auch für deren Mütter vielfach zu einem enormen Problem werden konnte. »Praktisch«, so Lepsius, »setzte ich nun meine Lebenserfahrung gegen die Fleißarbeit von Beamten aus dem Justizministerium.« Ihr war klar, dass sie, um Bewusstsein für die blinden Flecken in diesem Gesetzespaket zu schaffen, an die Öffentlichkeit gehen musste, und so veröffentlichte sie einen Artikel mit dem Titel »Das Proletariat auf kleinen Füßen«, der ordentlich Wellen schlug. Lepsius hatte erlebt, wie Frauen für den Unterhalt ihrer Kinder mithilfe eines Anwalts kämpfen mussten und dabei viel Geld verloren, sie hatte viele resignieren sehen, und sie kannte die bedrängten Lebensverhältnisse dieser Mütter. Sie machte sich an die Erarbeitung einer Initiative, die hier Abhilfe schaffen und den sogenannten Scheidungskindern Gerechtigkeit zuteilwerden lassen sollte. Unterstützung für ihren Kurs bekam sie von der »Arbeitsgruppe Frauenpolitik« in der SPD-Fraktion und auch SPD-Justizminister Gerhard Jahn sagte ihr eine wohlwollende Überprüfung ihrer Initiative zu. Vor allem vonseiten einiger CDU-Männer schlug ihrem Vorstoß dagegen zunächst heftiger Wind entgegen. Aber tatsächlich wurde ihre Initiative »trotz massiver Widerstände der Männerlobby geschiedener Väter und auch einiger Journalisten«, wie Lepsius sich erinnert, zwei Jahre später verabschiedet. Ein ungeheurer Triumph vor allem für die sozialdemokratischen Frauen in der Fraktion und Renate Lepsius selbst. »Das ist der Traum eines jeden Abgeordneten: eine Idee haben, die Unterstützung eines Ministers und die Hilfe der eigenen Fraktion zu finden.«[8]

Der zweite zentrale Vorstoß, den Lepsius unternahm, war die Frage der Altersvorsorge im Scheidungsfall. Die Alleinverdiener-Ehe, in der die Frau die Rolle der Hausfrau und Mutter übernahm, war in den vergangenen Jahrzehnten auch von weiten Teilen der SPD mitgetragen worden. Erst mit der Generation der »neuen Frauen« begann sich hiergegen Widerstand zu rühren, ernsthaft und auf breiterer Basis. Noch aber, in den frühen 1970er-Jahren, war die Hausfrauenehe die Regel und erwies sich für gar nicht wenige Frauen bei einer Scheidung als gefährliche Falle. Stieg eine Frau bei Familiengründung für eine gewisse Zeit oder auch für immer aus dem Berufsleben aus und ließ sich womöglich ihre eigene Altersvorsorge bei Heirat auszahlen, stand sie nach existierendem Ehe- und Scheidungsrecht ziemlich ungeschützt da. Verstand man die Ehe, wie Renate Lepsius, als Solidargemeinschaft, musste man hier Abhilfe leisten und sich eine Regelung einfallen lassen, die die Altersvorsorge im Fall einer Scheidung zwischen den beiden Partnern splittete. Und genau diesen Vorschlag erarbeitete die Arbeitsgruppe »Versorgungsausgleich«, die Renate Lepsius leitete. Dieser allerdings passte vielen, vor allem männlichen Parlamentariern, auch Mitgliedern ihrer eigenen Fraktion, nicht in den Kram. Das Schuldprinzip wurde im Zuge der Reform des Scheidungsrechts durch das Zerrüttungsprinzip ersetzt und es war für viele Herren nur schwer zu akzeptieren, dass sie, selbst für den Fall, dass ihre Frau die Trennung wollte, für diese Unterhalt zahlen und einen Versorgungsausgleich leisten sollten.

Gegen zum Teil massiven Widerstand gelang es Lepsius dennoch, die Koppelung des Versorgungsausgleichs an die Eherechtsreform durchzusetzen.[9] Sie und ihre Mitstreiter*innen modernisierten mit ihrer Arbeit Ehe und Familie in der Bundesrepublik nachhaltig. Liest man Lepsius' Artikel und Anträge, so klingt einiges davon heute so aktuell wie Mitte der 1970er-Jahre. So schrieb sie beispielsweise im Frühjahr 1974: »Wie überhaupt kann der Chancenverlust, den Mütter um der Kinder willen in den produktivsten Jahren ihres Lebens auf sich nehmen, indem sie auf eine eigene berufliche Karriere verzichten oder sie hinauszögern, wie also kann dieser Chancenverlust überhaupt ausgeglichen werden? Entstehen nicht irreparable Schäden?«[10]

Lepsius sprach damit genau jenen Punkt an, der bis heute noch vielfach entscheidend dafür ist, dass Frauen mit Kindern im Schnitt weniger verdienen, seltener Karriere machen und im Alter schlechter gestellt sind als Männer. In der Zeit der Familiengründung und der Sorge um kleine Kinder verdienen Frauen weniger und zahlen daher auch weniger in die Rentenkasse ein beziehungsweise können weniger zurücklegen für die private Vorsorge. Aber mindestens ebenso entscheidend ist, dass sie sich in den Jahren, in denen Männer Karriere machen, oftmals intensiver um die Familie kümmern als die Väter ihrer Kinder und dann eben nicht im Büro, der Kantine oder auf dem Golfplatz sind, wenn entscheidende Karriereschritte angebahnt werden. Arbeit und Altersvorsorge, das war Renate Lepsius damals vollkommen klar, blieben ausgelegt auf eine männliche Erwerbsbiografie ohne Brüche. »Arbeitsordnungen und Aufstiegswege sind traditionell einseitig an der Berufslage der Männer orientiert.« Dieses System aber benachteiligte Frauen dreifach: beim konkreten Lohn, bei einer zukünftigen Rente und im Hinblick auf Karrierechancen. »Vom Herrschaftswissen werden Frauen nach Möglichkeit ausgespart«, so Lepsius. »Dort, wo geplant, gedacht, telefoniert, gelenkt und geherrscht wird, hält der Mann das Steuerknüppel fest in der Hand.«[11]

Aber Renate Lepsius sah noch eine weitere Gefahr, die sie aus eigener Anschauung kannte: Die Überforderung der modernen Frau. Früher, so führt sie aus, habe es ein weibliches Kunstprodukt gegeben: den Backfisch, der dichtete, Klavier spielte und in Ohnmacht fiel. »Heute laufen wir Gefahr, ein ähnliches merkwürdiges Kunstprodukt zu produzieren, ohne dass uns dies so ganz bewusst ist; die perfekte Frau, die alles gleichzeitig kann, die von sich selbst fordert, dass sie gleichzeitig berufliche Karriere, eine vorbildliche Mutter, eine gepflegte Erscheinung und natürlich auch ewig jung sein könnte, ohne dabei kaputt zu gehen.« Auch diese weiblichen Wesen, so Lepsius, seien Kunstprodukte, seien das Ergebnis spezifischer sozialer Bedingungen, die der Frau die Chancengleichheit verwehren.[12] Und auch hier spricht sie ein Problem an, mit dem sich heute noch viele Frauen herumschlagen. Die Doppelbelastung in Beruf und Familie, die enormen Ansprüche, die von außen an uns herangetragen werden, die wir aber auch an uns selbst stellen.

Der lange Marsch der Emanzipation und die Rache der Genossen

Die Benachteiligung der Frau, das soziale und zuweilen auch psychologische Dilemma, in dem sie steckte, war kein individuelles Problem oder gar Versagen der jeweiligen Frau, sondern stellte ein strukturelles Problem dar, das man – davon war Lepsius überzeugt – nur auf der großen politischen und gesellschaftlichen Bühne lösen konnte. Ihr war bewusst, dass sie die Stimme vieler Tausend Frauen hörbar machte, oft gegen das demonstrative Sichtaubstellen der Männer. In einer Rede zur Verabschiedung des Ersten Eherechtsreformgesetzes bewies Lepsius Geschichtsbewusstsein und berief sich auf ihre Vorkämpferinnen: »Als

Sozialdemokratin erfüllt es mich mit Stolz, dass diese sozial-liberale Koalition nach 50 Jahren Überlegungen realisiert, die von der Koalition von Sozialdemokraten, von Deutschen Demokraten und auch vom damaligen Gesamtverband der Frauenverbände in der Weimarer Republik bereits erhoben wurden.«[13] Renate Lepsius war zu Recht stolz auf diese Leistung und konstatierte dennoch an anderer Stelle nüchtern: »Machen wir uns doch nichts vor. Wir reparieren heute (...) die rechts- und sozialpolitischen Mängel, über die unsere Großmütter schon klagten. (...) Die Frage der sozialen Sicherung der Frauen, alles dies sind ja säkulare Schritte auf dem langen Marsch der Emanzipation der Frauen.«[14]

Es ist vor allem dem Druck Renate Lepsius' zu verdanken, dass sich die Situation von Kindern aus geschiedenen Ehen im Laufe der 1970er-Jahre besserte und dass nun erstmals auch die nicht erwerbstätige geschiedene Frau im Falle der Erwerbs- und Berufsunfähigkeit und im Alter geschützt war. Aber klar ist auch, dass Renate Lepsius einen Preis zahlte für ihr frauenpolitisches Engagement. Sie bekam den Zorn der Männer unmittelbar zu spüren. »Du hast uns doch den Versorgungsausgleich eingebrockt«, hielt man ihr vielfach vor. Lepsius selbst meinte, sie habe sich auch bei vielen Genossen mit ihren Vorstößen unbeliebt gemacht. Als sie 1981 Nachfolgerin von Marie Schleis als stellvertretende Fraktionsvorsitzende werden wollte, scheiterte sie, obwohl sowohl Wehner als auch Schlei sie gerne auf dem Posten gesehen hätten. Ihre eigene Landesgruppe und der Fraktionsvorstand ließen sie im Stich. »Die Gründe konnte ich dann am nächsten Morgen in der *Bildzeitung* lesen: ›Die Rache der Genossen an einer Frau‹«, erinnert sich Lepsius. *Bild*-Kolumnist Graf Nayhauß spekulierte, dass jene Männer in der Fraktion, die entweder eine Scheidung hinter sich hatten oder damit liebäugelten, Lepsius eins auswischen wollten. »Die hatte ich schlechterdings übersehen«, konstatiert Lepsius. »Sie haben es mir heimgezahlt.«[15]

Renate Lepsius hat in den 1970er-Jahren, als grundlegende Reformen in Ehe und Familie durchgesetzt wurden, wichtige

Anstöße gegeben und extrem zielstrebig an deren Umsetzung gearbeitet. Sie hat dies ohne führende Posten innerhalb Partei oder Fraktion getan. Sie selbst meinte sogar, die Nichtübernahme von Funktionen habe sie erst dazu befähigt, sich auf die ihr wichtigen Themen zu konzentrieren. »Es war mein hohes Maß an Identifikation mit den Schicksalen solcher Menschen – ob das nun Kinder oder Frauen waren oder andere Gruppen. (…) Ich habe Frauenpolitik zu meinem Beruf gemacht.«[16] In die erste Reihe vermochte Renate Lepsius aber letztlich nicht zu treten und ihre Arbeit wird heute, wie bereits erwähnt, kaum erinnert. Dabei ist sie eindrücklicher Beleg dafür, welch zentralen politischen Beitrag Frauen in der parlamentarischen Arbeit geleistet haben.

Denkt man an die Brandt-Jahre zurück, fällt vielen vermutlich die neue Ostpolitik ein – zweifellos wichtig und verdienstvoll und auch zukunftsweisend – unsere Gesellschaft aber, so kann man durchaus behaupten, wurde mindestens ebenso stark von den zentralen rechtlichen und sozialen Reformen dieser Jahre geprägt. Das veraltete Schuldprinzip bei Scheidungen wurde endlich als das verabschiedet, was es war – anachronistisch und weltfremd; man verstand Ehe zunehmend als Solidargemeinschaft, in der auch Care-Arbeit zumindest so weit honoriert wurde, dass Frauen bei der Scheidung in Sachen Altersvorsorge nicht mehr leer ausgingen; die Beziehung zwischen Eltern und Kind sollte kein Herrschaftsverhältnis mehr sein, gekennzeichnet durch die »elterliche Gewalt«; sogenannte Scheidungskinder durften nicht mehr das finanzielle Nachsehen haben; der Mutterschutz wurde auf sechs Monate verlängert, zudem wurde ein Mutterschaftsgeld von monatlich 750 DM gezahlt, damit es sich berufstätige Frauen auch leisten konnten, das erste halbe Jahr nach der Geburt ihres Babys zu Hause zu bleiben.

Im Alltag der Menschen waren diese Neuerungen, die nach und nach einen gesellschaftlichen Wandel einleiteten, weit spürbarer als so manche außenpolitische Maßnahme dieser Jahre. Genau jene Reformen aber trugen deutlich die Handschrift von Frauen, sei es auf der parlamentarischen Ebene, auf der pädagogischen oder auch auf der juristischen. Die SPD-Politikerin Lore Maria Peschel-Gutzeit beispielsweise, die seit 1972 am Hanseatischen Oberlandesgericht in Hamburg als Familienrichterin tätig war, leistete einen wichtigen Beitrag dafür, dass sich der gesellschaftliche Umgang mit dem Thema Scheidung und Sorgerecht peu à peu veränderte. Als einzige Richterin am Oberlandesgericht, sprach sie direkt mit den betroffenen Kindern und nahm sie als Gesprächspartner*innen ernst. »Ich habe mir von Anfang an zur Norm gemacht (…), Kinder, über deren Schicksal ich zu entscheiden hatte, selbst anzuhören. Das war damals noch sehr ungewöhnlich.« Zuvor hatte Peschel-Gutzeit schon von sich reden gemacht, als sie sich Ende der 1960er-Jahre für die Einführung der Teilzeitarbeit für Beamtinnen starkgemacht hatte. Eine Richterkollegin in Hamburg hatte ein behindertes Kind bekommen, das besondere Fürsorge benötigte. Da es damals noch nicht möglich war, das Arbeitspensum zu reduzieren, blieb ihr nichts anderes übrig, als ihre Stelle zu kündigen. Als Peschel-Gutzeit von dem Fall hörte, war sie empört und beschloss, dass sich da etwas ändern musste. Sie suchte sich politische Mitstreiterinnen über alle Fraktionen hinweg und hatte schließlich Erfolg. 1968 wurde der von ihr erarbeitete Gesetzestext im Bundestag verabschiedet – das sogenannte »Lex Peschel«. Seither können sich Beamt*innen beurlauben lassen und in Teilzeit arbeiten. Ein wichtiger Schritt hin zu einer besseren Vereinbarkeit von Familie und Arbeit, der vielen Frauen überhaupt erst die Möglichkeit gab, selbstbestimmt zu entscheiden, wie sie als Mutter leben und arbeiten wollten.[17]

So wichtig die gemeinsamen Erfolge der Frauen waren, so schwierig war es doch, als Politikerin einen Platz in der Männerwelt zu besetzen. Renate Lepsius war immer wieder tief frustriert angesichts der Energie, die sie aufbringen musste, um Gehör zu finden, angesichts der demonstrativen Ignoranz vieler Kollegen in Bezug auf Frauen- und Familienthemen, aber auch angesichts von Beleidigungen und Hohn, der ihr und anderen Kolleginnen entgegengebracht wurde. Eine Politikerin konnte viel falsch machen, überall lauerten Fallen. In einem ironischen Text setzte sie sich mit der Frage auseinander, wie die ideale Politikerin sein müsste: »Sie sollte jung und alt zugleich sein, sie muss klug und dumm genug sein, sie muss Familie haben, einen Beruf dazu und doch immer Zeit für die Politik (…) Sie muss charmant sein, doch nicht beunruhigend, gut Freund mit Jedermann, doch nicht mit jedem Mann, eine richtige Frau sein und doch Manns genug.« Fehler dürften sich Politikerinnen, so Lepsius, keine erlauben, sie müssten immer besser sein als die männlichen Kollegen. Kurz: »Es wäre gut, wenn sie mehr ist, mehr kann und mehr weiß als der Durchschnitt der sie konkurrierenden Männer. Aber sie täte schlecht daran, es sie merken zu lassen.«[18]

Ganz ähnlich äußerte sich einige Jahre später übrigens die Schweizer Nationalrätin Lilian Uchtenhagen. Die Sozialdemokratin aus Zürich, 1928 geboren und nur ein Jahr jünger als Renate Lepsius, machte im Laufe ihrer politischen Karriere durchaus vergleichbare Erfahrungen. Uchtenhagen war mit dem bekannten Psychiater Ambros Uchtenhagen verheiratet und auch sie wurde wie Lepsius vielfach über ihren Mann definiert, obwohl sie selbst in Basel und London Staatswissenschaften studiert und über Staatsverschuldung promoviert hatte. Hinter vorgehaltener Hand munkelte man, sie sei zu intellektuell, zu damenhaft für ihre Partei. Dennoch wurde sie 1983 als erste Frau für einen Sitz im Bundesrat nominiert. Die Wochen vor der Wahl waren strapaziös. Uchtenhagen erinnert sich, dass sie gemerkt habe, dass die Stimmung kippt, als ein Parteisekretär in der Presse die Frage aufwarf, ob sie genügend belastbar sei – ein Topos, der mit Vorliebe im Zusammenhang mit Kandidatinnen auftaucht. Man erinnere sich in diesem Zusammenhang an die infamen Versuche Donald J. Trumps, Hillary Clinton im Präsidentschaftswahlkampf 2016 als körperlich schwach und kränkelnd darzustellen. Leider stiegen Teile der Presse allzu bereitwillig auf dieses Narrativ ein.

Eine Frau, noch dazu eine Linke, zur Bundesrätin zu machen, war schon in Uchtenhagens eigener Partei einigermaßen umstritten gewesen, für die bürgerliche Mehrheit aber war das ein totales No-Go. Um Uchtenhagen zu verhindern, sponn man eine Intrige und beschloss kurzerhand, den Sitz der Sozialdemokraten im Bundesrat nicht mit der von der Partei nominierten Frau zu besetzen, sondern mit deren Parteikollegen Otto Stich. Der galt nicht nur als weniger links als Uchtenhagen, sondern war auch ein guter alter Bekannter. Seit Jahren spielte man zusammen Karten, trank gemeinsam nach langen Sitzungen ein Bier, war sich wohlgesonnen. Strippen wurden gezogen, Anrufe getätigt, Abgeordnete instruiert. Die letzten bürgerlichen Parlamentsmitglieder, die noch nichts von dem Manöver wussten, wurden angeblich am Morgen vor der Wahl auf dem Pissoir des Bundeshauses auf die neue Linie eingeschworen.[19] Ein *fait accompli* der Männer. Der Schlag für Lilian Uchtenhagen, die SP-Frauen und die Partei-Linke war brutal: Mit 96 zu 124 Stimmen unterlag die Politikerin gegen ihren Parteikollegen. Dass Stich die Wahl annahm und die Partei dieses Manöver der Konservativen am Ende auch noch durchwinkte, machte die Sache nur noch schmerzhafter. Wie schon im Falle Renate Lepsius' gilt auch hier wohl: Wer solche Genossen hat, braucht keine Feinde mehr.

In einem Interview in der SRF-Nachrichtensendung *Zehn vor Zehn* während der Kandidatur Christiane Brunners im Frühjahr 1993, von der bereits die Rede war, wurde Lilian Uchtenhagen nach ihrer Einschätzung der Vorgänge befragt. Die Maßstäbe, die an Politikerinnen angelegt würden, so beklagte Uchtenhagen, seien ganz andere als jene an die Männer. Wenn eine Frau durchsetzungsfähig sei, gelte sie als aggressiv, wenn sie tüchtig sei, gelte sie als ehrgeizig, wenn sie modisch gekleidet sei, sei sie zu elegant. Auch zehn Jahre nach ihrer eigenen Nicht-Wahl zeigte Uchtenhagen sich noch ratlos, wie eine Frau aussehen müsste, um Bundesrätin werden: »Sie müsste Witwe sein, damit nur kein Mann irgendwie schief sein könnte, sie müsste gut geratene Kinder haben, die sich ja nie etwas zu Schulden haben kommen lassen. Sie müsste gescheit sein, aber sie soll es nicht zeigen. Sie muss hübsch sein, aber auch nicht zu gut aussehen. Sie muss einfach alles haben und gleichzeitig nicht haben.«[20]

Sowohl Lepsius' als auch Uchtenhagens Bilanz nach einem langen politischen Leben war durchwachsen. Beide zogen ihre Stärke aus dem engen weiblichen Netzwerk, das sie umgab, und beide waren fest entschlossen, Frauen in der Politik sichtbar zu machen. Beide haben inhaltlich viel erreicht und wurden doch, als es um entscheidende Posten ging, ausgebremst – vom politischen Gegner, aber durchaus auch von Männern aus den eigenen Reihen.

»Und Damen!«

In Franken, so hatte es zu Beginn des Jahres 1983 den Anschein, war die Zeit der Frauen längst angebrochen. Als nach dem erfolgreichen Misstrauensvotum gegen Helmut Schmidt im Herbst zuvor Neuwahlen anstanden, konkurrierte im Nürnberger Norden der altgediente CSU-Politiker Oscar Schneider, der seit 1969 im Bundestag saß, gegen nicht weniger als vier Frauen um das Direktmandat. Eine davon hatte ihm den Wahlkreis drei Jahre zuvor weggeschnappt – eine Frau von gerade mal vierzig Jahren mit dem merkwürdig neumodischen Beruf der Systemanalytikerin und drei Kindern. Renate Schmidt stellte sich auch jetzt, im März 1983, wieder zur Wahl. Neben ihr traten eine Kandidatin von der DKP, eine Kandidatin von der NPD und eine Grünen-Politikerin an, die bereits weit über Bayern hinaus bekannt war – Petra Kelly.

Die Sozialdemokratin und die Grüne waren Hoffnungsträgerinnen ihrer Parteien. Beide in den 1940er-Jahren geboren, beide auffällige Ausnahmen in der Bonner Politikszene, beide nah dran an den Menschen – und doch sehr verschieden. Zum einen äußerlich, Kelly war zart und zerbrechlich, »und ich«, so erinnert sich Renate Schmidt, »so ein Brocken Weib«[21], aber auch im Hinblick auf ihr Temperament. Renate Schmidt bewegte sich zwar in den etablierten Strukturen der altehrwürdigen Sozialdemokratie, verkörperte aber einen gänzlich neuartigen Typus Politikerin, der nicht wenige Genossen, aber auch Kollegen aus anderen Fraktionen mit femininem Charme, erfrischender Bodenständigkeit und einer pragmatischen Unerschrockenheit geradezu überrumpelte. »Ich habe Glück mit der Stimme«, so Schmidt, »außerdem bin ich relativ schlagfertig, so dass ich nicht pikiert reagiere, wenn mir jemand schräg kommt, sondern genauso schräg dagegen fahre.« Waren viele Politikerinnen in der frühen Bundesrepublik noch ängstlich darauf bedacht gewesen, sich nicht zu sehr zu exponieren, preschte Schmidt auch mal voran. Ob Kanzler oder Landesvater, mächtige Männer schreckten die Fränkin nicht. Sie erinnert sich an die festliche Eröffnung eines Anbaus der Technischen Hochschule in Nürnberg durch den bayerischen Ministerpräsidenten zu Beginn der 1980er-Jahre. Da Franz Josef Strauß hartnäckig von »Meinen sehr geehrten Herren Abgeordneten« sprach, konnte es sich die junge Parlamentarierin nicht verkneifen, mehrfach »Und Damen!« dazwischenzurufen. »Und ich kann sehr laut sprechen«, sagt Schmidt im Interview schmunzelnd, »das gab schon ein kurzes Geraune.«[22]

Petra Kelly erstaunte Öffentlichkeit und Kollegenschaft in Bonn nach ihrem Einzug in den Bundestag eher mit ihren gefühlsbetonten Auftritten. War Renate Schmidt mit einer relativ tiefen und festen Stimme gesegnet, so klang Kelly immer ein wenig atemlos und getrieben. Wie Schmidt war Kelly überzeugt, dass Frauen zur bis dato von Männern dominierten Politik Essenzielles beizutragen hatten. Mehr noch als Schmidt ging sie dabei aber weit über thematische Aspekte hinaus. Petra Kelly wollte die Kultur des Bundestages ändern. Sie brachte ein ungekanntes Level an Emotionalität in die deutsche Politik und polarisierte dadurch stark. Die einen fanden ihre Auftritte geradezu missionarisch und lehnten sie daher ab, die anderen identifizierten sich mit dieser Frau, die sich nicht scheute, ihre Gefühle zu zeigen. Es ist vielleicht kein Zufall, dass Petra Kelly als Rednerin ihre Sternstunden weniger im Parlament als vielmehr auf Kundgebungen, bei Wahlkampfauftritten und nicht zuletzt in Talkshows hatte.[23]

Diese beiden grundverschiedenen Politikerinnen, die jeweils auf ihre Weise eine der »neuen Frauen« in Bonn darstellten, traten also in Schmidts Heimat Nürnberg gegeneinander an. Kelly stammte eigentlich aus Günzburg in Bayerisch-Schwaben, kandi-

[15] Renate Schmidt hatte zu Hause drei Kinder und einen Hausmann, als sie 1980 nach Bonn kam. Sie überrumpelte so manchen Kollegen mit ihrem femininen und zugleich gänzlich unerschrockenen Auftreten.

[16] Grüne Charismatikerin: Petra Kelly im Bundestag, links neben ihr Hans-Jochen Vogel und Willy Brandt, den sie sehr verehrte, rechts ihre Parteikollegin Marieluise Beck.

dierte aber im Fränkischen, weil dort ihre Großmutter lebte und sie selbst als europäische Beamtin in Brüssel arbeitete. Kelly und Schmidt lernten sich während der intensiven Zeit des Wahlkampfes gut kennen. Allerdings, so Schmidt, hätten die Methoden der Grünen-Politikerin sie manchmal aus der Haut fahren lassen. Petra Kelly habe ihre eigene Fragilität gut zu inszenieren gewusst. Zweimal habe sie sich in den Wahlkämpfen wegen angeblicher Herzschwäche jeweils vierzehn Tage vor dem Wahltag medienwirksam mit Blaulicht ins Krankenhaus fahren lassen. »Und war eine Stunde später wieder draußen«, so Schmidt. »Ich hätte sie manchmal an die Wand klatschen können. Dennoch waren wir in Bonn persönlich befreundet und sie hat Freimut Duve und mich als ihre besten Freunde im Parlament bezeichnet.«[24]

Die Karriere Renate Schmidts beweist eindrücklich, dass sich die SPD in den 1970er-Jahren frisch gemacht hatte und sich für Personen öffnete, die diesen Prozess mit Elan weiter vorantrieben. Schmidts Werdegang zeigt aber auch, dass die Gesellschaft als Ganzes in den ersten Nachkriegsjahrzehnten einen Aufbruch gewagt hatte. Einen Aufbruch, der das Land demokratischer, sozialer und moderner gemacht hatte und zu dem Frauen wie Elisabeth Selbert, Erna Scheffler, Elisabeth Schwarzhaupt und Käte Strobel maßgebend beigetragen hatten.

Renate Pokorny, mitten im Krieg geboren, stammte väterlicherseits aus Tschechien. Ihre Großmutter, so Schmidt, sei eine höhere Tochter aus Prag gewesen und habe die Enkelin früh zum Lesen und Selber-Denken ermutigt und sich sehr dafür eingesetzt, dass Renate das Gymnasium besuchen durfte, was in den 1950er-Jahren noch keineswegs selbstverständlich war. Schmidts Mutter war Bauerstochter aus Siebenbürgen und nicht nur mit jeder Menge Optimismus ausgestattet, sondern auch mit einem gehörigen Maß an Flexibilität und Erfindungsgeist. Es war für sie selbstverständlich, zum Familieneinkommen beizutragen, und so arbeitete sie als Tankwartin, Reiseleiterin und als Vertreterin für Waschmaschinen. Im Rückblick, meint Schmidt, müsse ihre

Mutter wohl als emanzipierte Frau gelten. In ihrer Familie sei immer viel diskutiert worden, allerdings hätten ihre Eltern ein großes Misstrauen gegen Parteienpolitik gehegt.[25]

»Als das Abitur zum Greifen nahe war, erfüllten sich alle Unkenrufe, wonach sich die Investition, die eine so lange Schulausbildung darstellte (…), für ein Mädchen nicht lohne, da es ja ohnehin bald Kinder hütend zu Hause sitzen werde«, erinnert sich Schmidt. »Mein erstes Kind kündigte sich im Jahr 1961 an.« Ein schwangeres Mädchen aber konnte damals nicht auf der Schule bleiben, zumindest war das die Überzeugung der Schulleitung des Fürther Gymnasiums, das Schmidt besuchte. »Fräulein Pokorny«, erklärte die Direktorin indigniert, »Sie haben Schande über diese Schule gebracht.« Das »Fräulein Pokorny« konnte diese lächerliche Anschuldigung nicht akzeptieren, für sie und ihren Freund, den sie aus der Tanzstunde kannte, stand auch fest, dass sie das Kind bekommen wollten. Das Abitur fiel also aus, aber der Widerspruchsgeist und der Wunsch, derlei Ungerechtigkeiten nicht hinzunehmen, waren geweckt. Renate Schmidt erinnert sich, dass sie, zwar nicht just in diesem Moment, aber doch etwas später beschlossen habe, sich dafür einzusetzen, dass niemals mehr irgendjemand einer jungen Frau sagte, sie habe Schande über irgendetwas gebracht, weil sie ein Kind erwartete. Tatsächlich war Renate Schmidt später als Parlamentarierin und als Familienministerin eine energische Befürworterin für das Recht der Frau, selbstbestimmt den eigenen Weg zu wählen, aber auch eine entschiedene Vorkämpferin für die Schaffung von Rahmenbedingungen, die es leichter machten, sich für ein Kind zu entscheiden.[26] Die persönliche Erfahrung eines »in Schande gefallenen Mädchens« und die folgenden Jahre, in denen die junge Familie das Studium des Mannes, die Berufstätigkeit der Frau und die Versorgung kleiner Kinder jonglieren musste, waren durchaus prägend für die Politikerin Renate Schmidt.

Es spricht für die bereits erwähnte Unerschrockenheit Schmidts, dass sie, im fünften Monat schwanger, nicht nur einen Job in der aufkommenden Branche der Datenverarbeitung beim Fürther Versandhandelshaus Quelle annahm, sondern zum Entsetzen der Chefs und Kollegen nur acht Wochen nach der Entbindung an ihren Arbeitsplatz zurückkehrte. Die junge Mutter musste im Kreis der männlichen Kollegen viele dumme Witze an sich abprallen lassen und gegen den Widerstand der Vorgesetzten durchboxen, dass man auch sie zu Fortbildungskursen schickte. Nachdem sie ihr erstes eigenes Programm geschrieben hatte, klopfte man ihr anerkennend auf die Schulter und akzeptierte sie als bunte Ausnahme zwischen lauter Schlipsträgern. Schmidt war wie so viele arbeitende Mütter geplagt von einem ständigen schlechten Gewissen. Ihr Mann Gerhardt studierte Architektur, sodass die Urgroßmutter sich um die kleine Tochter kümmerte. Die junge Frau fand durchaus Gefallen an ihrer Arbeit. Während ihre Familie wuchs – bis 1970 wurden noch zwei Söhne geboren –, stieg sie zur leitenden Systemanalytikerin auf und wurde 1972 in den Betriebsrat gewählt. Erst da merkte sie, dass sie all die Jahre weniger verdient hatte als ihre männlichen Kollegen. Diese Lohnungleichheit zwischen Männern und Frauen setzte sie nun auf die Agenda, was einige Kollegen und Vorgesetzte nervös machte. Zur gleichen Zeit politisierte sich Schmidt, liebäugelte sehr kurz mit den Kommunisten und landete 1971, wie so viele jüngere Menschen in dieser Zeit, gerade Frauen, bei den Sozialdemokraten. Jetzt hatte sie bei Quelle und in der Nachbarschaft nicht nur den Ruf, eine »Rabenmutter« zu sein, sondern auch eine Linke.[27]

Innere Freiheit

Die Erfahrung, anders zu sein, kannte Renate Schmidt, seit sie als junges Mädchen schwanger von der Schule gehen musste, während ihre Mitschülerinnen Abitur machten. Vor allem aber bei Quelle stach sie überall heraus, als Pionierin unter ausschließlich männlichen Kollegen, aber auch im Betriebsrat. Menschen, die in Kontexten leben und arbeiten, in denen sie zu einer sehr kleinen Minderheit gehören, wissen, wie viel Kraft es kostet, die Erste oder der Erste zu sein. Schmidt sah nicht nur anders aus als ihre

Kollegen, ihre Erfahrungen unterschieden sich auch fundamental von jenen der sie umgebenden Herren. Sie wusste um die Schwierigkeiten, Betreuung für kleine Kinder, die noch nicht im Kindergartenalter waren, zu finden, sie wusste, welches Organisationstalent benötigt wurde, wenn Sohn oder Tochter am Morgen mit Halsschmerzen oder Fieber erwacht waren und man daheim bleiben musste, und sie wusste, wie viel Durchsetzungsvermögen, wie viel Mut es brauchte, bei Chefs Fortbildungsmaßnahmen und Gehaltserhöhungen einzufordern und in leere Gesichter zu blicken, wenn man darauf pochte, den gleichen Lohn wie der Kollege zu bekommen. All das konnte hemmend wirken, all das entmutigte Frauen regelmäßig, sich zu engagieren. Es gab einfach so wenige Frauen in leitenden Funktionen, die als Vorbild dienen und Mut machen hätten können. Das Anders-Sein wurde für Renate Schmidt zu einem Teil ihrer Identität, aber die Betriebsrätin und Sozialdemokratin war selbstbewusst genug, aus dem vermeintlichen Makel einen Vorzug zu machen. »Dieses dauernde Nicht-üblich-Sein«, erinnert sich Renate Schmidt, »das geht einem irgendwann so in die Gene über. Ich konnte mich ja gar nicht anpassen. Das hat mir eine innere Freiheit gegeben.«[28]

Die Mutter dreier Kinder wurde im Laufe der 1970er-Jahre auf SPD-Ortsvereinsebene aktiv und fiel derart auf im Kreise der Genoss*innen, dass die Jusos auf sie aufmerksam wurden. Die planten einen Aktivspielplatz im Nürnberger Norden und benötigten eine glaubwürdige Galionsfigur für die Bürgerinitiative. Renate Schmidt aber, so die Überlegung, war die perfekte Kandidatin für das Vorhaben. Die junge Mutter, die einen alternativen Spielplatz für eine gute Sache hielt und dachte, das Ganze würde in einem Jahr über die Bühne gehen, rieb sich verwundert die Augen, als ihr bewusst wurde, wie kleinteilig und zäh sich politische und administrative Prozesse ausnahmen. »Das war Politik in der Nussschale. Ich habe so viel über Bürokratie gelernt, das hat mir noch bis in meine Ministerzeit geholfen. Ich habe verstanden, wie Bürokratie tickt und wie sie versucht, Dinge zu verhindern.«[29]

Der Aktivspielplatz aber ließ sich nicht verhindern, sondern wurde 1980 eröffnet. Da zog Schmidt gerade in den Bundestag ein. Eine rasante politische Karriere – wie war es dazu gekommen? Als die SPD Nürnberg-Nord im Vorfeld der Bundestagswahl einen neuen Kandidaten für den Wahlkreis suchte, kam einigen Genoss*innen die Idee, die kampfeslustige Renate zu fragen. Sie hatte als Betriebsrätin und auf lokaler Ebene wiederholt bewiesen, dass sie nicht auf den Mund gefallen war. Darüber hinaus war der Partei durchaus bewusst, dass man gerade in der Großstadt mit einer jungen, modernen Frau – einer Mutter mit einem zukunftsträchtigen Beruf – durchaus punkten konnte. »Das ist mir schon klar gewesen«, erinnert sich Schmidt, »dass ich eine Biografie habe, die auffällt.« Und natürlich war die Idee, auf Bundesebene wirklich im größeren Stil etwas zu bewirken, verlockend. Gleichzeitig würde es, auch das war ihr klar, wenn es klappen sollte, eine enorme Herausforderung für sie persönlich, ihren Mann und die ganze Familie sein. Sie selbst hatte gehörige Zweifel, ob sie es in Bonn schaffen würde – eine »typische Frauenbefürchtung«, wie sie inzwischen weiß. Ihr Mann hatte eher Angst um die Ehe: »Als dein Genosse sage ich dir: Mach das. Als dein Mann sage ich: Lass es bitte, bitte bleiben.« Die Schmidts setzten sich also zusammen und notierten fein säuberlich Pros und Kontras. Ausschlaggebend war für Renate Schmidt jener Punkt, den viele Politikerinnen als Motivation angeben: »Immer sage ich, dass mehr Frauen ranmüssen, und wenn ich gefragt werde, kneife ich. Das war schon ein Argument für mich.« Nach und nach hätten sie sich, so Schmidt, dann gegenseitig die Kontra-Punkte ausgeredet.[30]

Während in den Schlagerhitparaden Johanna von Koczian noch vom »Bisschen Haushalt« sang, der Hymne aller Hausfrauen, deren Arbeit vom ins Büro eilenden Gatten nicht für voll genommen wird, praktizierten die Schmidts zu Hause längst das Einverdienerinnenmodell. Schon bei der Geburt des dritten Kindes im Jahr 1970 hatte Gerhardt Schmidt seinen Beruf an den Nagel gehängt und war offiziell Hausmann geworden – damals ein vollständiges Novum und kein leichter Schritt. Mit dem Einzug seiner Frau in den Bundestag wurde diese Entscheidung zwar ein bisschen leichter zu vermitteln, er erntete weniger mitleidige Blicke und auch weniger dumme Kommentare, allerdings wuchsen nun auch die Aufgaben, denn Gerhardt Schmidt war unter der Woche und nicht selten auch am Wochenende alleine für die Kinder zuständig. Derweil verkörperte Renate Schmidt unter Politikerinnen eine neue Spezies, die nicht nur mitten aus dem Familienalltag kam, sondern auch eine gewisse sinnliche Weiblichkeit ausstrahlte. Als sie einmal in einem Redebeitrag im Bundestag das Wort »Küssen« aussprach, schien das unerhört, fast ein bisschen anrüchig. Wie sehr eine wie Renate Schmidt auf dem Bonner Parkett auffiel, wird deutlich, wenn man sich bewusst macht, dass der Frauenanteil im Bundestag 1980 bei gerade einmal 8,5 Prozent lag.

Schmidt erreichte in relativ kurzer Zeit eine gewisse Bekanntheit, was sie auch der Tatsache verdankte, dass sie eine Frau war. Und sie kniete sich in die Arbeit rein, gehörte dem Bildungsausschuss und der Arbeitsgruppe Gleichstellung unter der Leitung von Renate Lepsius an. Neben ihrer natürlichen, selbstbewussten Art und ihrem Engagement stärkte noch etwas ihre Position in Bonn: Die Tatsache, dass Renate Schmidt ihren Wahlkreis 1980 direkt gewonnen hatte, ließ einige Genoss*innen aufhorchen. Da war eine junge Frau, die das Wahlvolk begeistern konnte. Das verlieh dem Greenhorn Gewicht. Sie zuckte nicht vor Autoritäten, weder jenen in der SPD noch vor Prominenten anderer Parteien. Und wie es scheint, wussten nicht wenige der Kollegen ihre Offenheit zu schätzen. Waren einige Herren von den frühen Parlamentarierinnen noch überfordert gewesen, weil sie auf Kollegenebene einfach nicht umzugehen wussten mit einer Frau, sorgte Renate Schmidt zwar hin und wieder für erstaunte Gesichter, aber alles in allem war der Umgang mit ihr relativ entspannt. »Eine Gewerkschafterin, eine Mutter«, so Schmidt, »die verträgt auch mal einen schrägen Witz und gibt's dann wieder raus.«[31]

Aber auch Renate Schmidt blieb nicht verschont von den unschönen Erlebnissen, die Parlamentarierinnen regelmäßig machten. Kaum meldeten sie sich zu Wort, stieg der Lärmpegel im

Saal, Zwischenrufe häuften sich, Kommentare bezüglich Garderobe oder Frisur wurden ungefragt zum Besten gegeben, und wenn es den Herren zu kompliziert oder zu lang wurde, unterbrach man die Rednerin auch mal mit einem »Zur Sache, Schätzchen«. Mitte der 1980er-Jahre hielt Schmidt eine Rede zum Thema Nachrüstung, als sich einige Kollegen mit Zwischenrufen einfach nicht zurückhalten konnten. Am Abend in ihrem Büro kam sie nicht zur Ruhe. »Geht das nur Dir so, Schmidt?«, fragte sie sich und vergrub sich in Bundestagsprotokollen. Nach einiger Recherche wurde klar, dass es ein Muster gab. Sprachen Frauen zu sogenannten »Frauenthemen« – Soziales, Kinder etc. –, ließ man sie im Plenum meist gewähren. Meldeten sie sich allerdings zu den sogenannten »harten Themen« zu Wort – Finanzen, Justiz oder womöglich Verteidigung –, konnten die Kollegen offenbar nicht ruhig auf ihren Stühlen sitzen bleiben. Der weibliche Einbruch in Regionen, die, wie man fand, unter Männerhoheit standen, war anscheinend nur schwer auszuhalten, was die Parlamentarier zu giftigen und besserwisserischen Kommentaren verleitete. *Mansplaining* im Bundestag. Es schien vielen Männern ein dringendes Bedürfnis zu sein, die Rednerin wissen zu lassen, dass sie ihrer Ansicht nach keine Ahnung hatte von der Materie. Der CSU-Abgeordnete Michael Glos rief einer Politikerin am Rednerpult einmal quer durch den Saal zu: »Sie sehen auch besser aus, als Sie reden.« Als Schmidt den Kollegen – man kannte sich aus Bayern – damit konfrontierte, entgegnete dieser harmlos, das sei doch ein Kompliment gewesen.[32]

Sexismus traf und trifft jede Frau individuell, aber er war und ist ein strukturelles Problem. Und Renate Schmidt war bereit, dieses Problem anzusprechen – und zwar dort, wo es hingehörte: im Parlament. In einem kurzen Beitrag, der als »Zur Sache, Schätzchen!«-Rede in die Geschichte des Bundestages eingehen sollte, entlarvte sie männliche Methoden, Frauen zu entmutigen, sie herabzusetzen, sie mundtot zu machen. Anwesende Journalisten erkannten das Potenzial dieses »*J'accuse*«, Auszüge davon landeten sogar in der *BILD*-Zeitung und in den Fernsehnachrichten. Schmidts Popularität, weit über die Grenzen ihrer bayerischen Heimat hinaus, gab die Verknüpfung ihrer Person mit einem derart heißen Eisen einen gehörigen Schub.

Die Ökofeministin

Das Fußfassen in Bonn war Renate Schmidt offenbar zunächst so leichtgefallen, dass ihr die strukturelle Benachteiligung von Frauen erst nach und nach im vollen Ausmaß bewusst wurde. Mit ihrer Biografie und ihrem Auftreten war sie in der Bundespolitik der frühen 1980er-Jahren eine Ausnahmeerscheinung und hatte Erfolg. Nur langsam begriff sie, dass sie auch viel Glück gehabt hatte. Es lag nicht einfach in der Macht jeder einzelnen Frau, sich an die Spitze durchzukämpfen, man musste das System ändern, den Weg frei machen, wenn man mehr Frauen in Führungspositionen bringen wollte. Als dieser Groschen gefallen war, wurde Schmidt zu einer leidenschaftlichen Kämpferin für die Frauenquote, die sie zunächst – ganz in der Tradition der altgedienten SPD-Genossinnen – abgelehnt hatte. Vor allem dem Druck der ASF war es zu verdanken, dass die SPD auf ihrem Parteitag in Münster im Jahr 1988 eine Frauenquote von 40 Prozent in allen Gremien auf sämtlichen Ebenen vom Ortsverein bis hinauf zum Bundesvorstand einführte. »Für die Frauenpolitik«, so Schmidt, »bedeutete diese Satzungsänderung das Gleiche wie für die Energiepolitik der Ausstieg aus der Kernenergie.«[33] Die altehrwürdige Sozialdemokratie bekam einen Reformschub verpasst und eine Frischzellenkur noch dazu, denn nun gelangten neue Genossinnen in Ämter und Mandate.

Dass die SPD sich ab Mitte der 1980er-Jahre aber mehr und mehr als Partei positionierte, die Politik für Frauen machte und auf Geschlechtergerechtigkeit setzte, hatte nicht nur mit den kämpferischen Frauen der ASF zu tun. Den Genoss*innen entging nicht, dass auch die Union frauenmäßig aufrüstete. 1985 hatte Helmut Kohl die Erziehungswissenschaftlerin Rita Süssmuth zur Ministerin für Jugend, Familie und Gesundheit gemacht, die in ihrer Partei durchaus selbstbewusst neue frauenpolitische Akzente setzte und Wählerinnen anzog. Die weit größere Gefahr aber erwuchs der SPD in Gestalt der neuen Öko-Partei. Die Grünen, 1980 gegründet, setzten mit ihrem Frauenstatut ab 1986 auf Parität und machten den Feminismus zu einem Kernpunkt ihres Programms. Hinzu kam, dass bei dieser alternativen Partei einige sehr beeindruckende Politikerinnen in der ersten Reihe standen und für Zulauf an Wählerinnen und Mitgliedern sorgten, allen voran: Petra Kelly.

Mit Mitte dreißig wurde die schillernde, zum Teil durchaus widersprüchliche Kelly zum Shootingstar ihrer Partei, in deren Bundesvorstand sie 1980 gewählt wurde. Sie fiel nicht nur durch ihr leidenschaftliches und emotionales Politikverständnis auf, sondern auch durch ihre ungewöhnliche Biografie. 1947 in Günzburg geboren, die ersten Jahre aufgewachsen bei der Großmutter, verbrachte sie ihre Teenagerzeit in den USA, nachdem ihre Mutter einen amerikanischen Offizier geheiratet hatte. Hier besuchte sie die Highschool, studierte und machte 1970 ihren Studienabschluss in Politologie an der American University in Washington. Im Präsidentschaftswahlkampf 1968 engagierte sich Kelly für den Demokraten Robert F. Kennedy und seinen Vize Hubert H. Humphrey. Was sie von vielen deutschen Politiker*innen ihrer Zeit unterschied, war aber nicht nur ihr internationaler Background, ihre intime Kenntnis der US-Gesellschaft, des dortigen politischen Systems samt den Kämpfen der Bürgerrechts- und Grassroots-Bewegungen und bald auch ihre weltweiten Verbindungen, sondern ein Trauma, das sie durch den frühen Tod ihrer Schwester erlitten hatte. Die kleine Grace war 1970 mit nur elf Jahren an Krebs gestorben. Zuvor war sie mit einer Strahlentherapie behandelt worden, die Kelly im Nachhinein für Grace' Tod verantwortlich machte. Die Gefahr, die von Radioaktivität ausging, wurde fortan für Kelly zu einem beherrschenden Thema und war ein Grund für ihr entschiedenes Eintreten gegen Atomkraft und nukleare Waffen.

Petra Kelly sprach oft von den Grünen als Anti-Parteien-Partei, war aber selbst im Grunde die erste grüne Berufspolitikerin und durchaus vertraut mit administrativen Abläufen und bürokratischem Prozedere, schließlich arbeitete sie seit Beginn der 1970er-Jahre für die Europäische Gemeinschaft und war dort zur Verwaltungsrätin aufgestiegen. In Brüssel war sie 1975 auch an der Ausarbeitung der Richtlinien beteiligt, wonach Frauen und Männer gleich zu entlohnen waren. Sie schaffte es, zu Beginn der 1980er-Jahre zu einer Ikone der alternativ-grünen Bewegung zu werden, ja, umgab sich mit der Aura einer an der Welt leidenden Märtyrerin, die anscheinend über dem kleinteiligen, nüchternen realpolitischen Alltag schwebte, und war doch zugleich eine durchaus glasklar kalkulierende Politikerin, die für sich in Anspruch nahm, von ihrer Arbeit leben zu können. Zunächst war sie weiterhin als EG-Beamtin tätig und reiste als Parteivorsitzende zwischen Deutschland und Brüssel hin und her. Die gesundheitlich angeschlagene Kelly forderte von ihrer Partei ein Gehalt, damit sie ihren Job aufgeben und die lästige Pendelei beenden konnte. Damit verabschiedete sie sich von dem Konzept einer alternativen Partei, was bei einigen Parteikolleg*innen durchaus für Unmut sorgte. Überhaupt nahm Kelly für sich stets einen Sonderstatus in Anspruch. So verweigerte sie sich dem in der Partei üblichen Rotationsprinzip, das vorsah, dass Grünen-Abgeordnete nach zwei Jahren ihren Parlamentssitz räumten und Nachrückern Platz machten.[34]

Dennoch war Petra Kelly ein wichtiges Pfund für die frühen Grünen, viele Menschen identifizierten sich mit der jungen Frau. Ihr Kampf für Frieden, für Ökologie, für Frauenrechte wirkte authentisch. Man nahm ihr ab, dass sie die Welt verändern, verbessern wollte. Wo in Bonn vielfach schablonenhafter Politsprech betrieben wurde, wagte Petra Kelly, ihre Gefühle und ihre Verletzbarkeit zu zeigen. Sie war zweifellos ein Publikumsmagnet und ihre These, mehr Weiblichkeit führe zu mehr Frieden, erwies sich in den pazifistisch bewegten frühen 1980er-Jahren, als der NATO-Doppelbeschluss die Gemüter erhitzte, Hunderttausende im Bonner Hofgarten demonstrierten und die Sängerin Nicole mit langen Haaren und weißer Gitarre den *Grand Prix Eurovision de la Chanson* gewann, als überaus attraktiv. »Ein bisschen Frieden« – genau das wünschten sich viele Bürger*innen. Vielleicht folgten nicht alle Frauen, die mit Kelly sympathisierten, ihrem Radikalfeminismus, der die patriarchalen gesellschaftlichen Strukturen grundsätzlich transformieren wollte, aber mehr und mehr Menschen gelangten zu der Erkenntnis, dass Politik in Zukunft kein reines Männergeschäft mehr bleiben durfte.

»Ein Großteil von Petra Kellys politischer Durchsetzungskraft leitete sich daraus ab, dass sie eine Frau war«, so ihre Biografin Saskia Richter, »Sie inszenierte sich als betroffene Frau in einer ›Männerwelt‹.« Was jahrzehntelang also ein Klotz am Bein war auf dem Weg in die Spitzenpolitik, verwandelte Kelly in einen Vorteil. Sie versteckte ihre Weiblichkeit nicht – darin ähnelte sie Renate Schmidt –, sondern setzte sie gezielt ein. Die fragil wirkende Frau mit der sanften Stimme, die ganz offen über ihre eigene Betroffenheit sprach, fiel aus sämtlichen Kategorien. Bonn war baff. Auf durchaus nachvollziehbare Weise verband sie die Themen Ökologie und Feminismus und sprach zur Verblüffung ihrer Zuhörer*innen von der »Zärtlichkeit in der Politik«. Die staatlichen Strukturen, so erklärte sie, seien männlich geprägt und in ihren schematisierten Machtabläufen gefangen. Diese aber gelte es nun zu verändern. »Dafür brauchen wir Zärtlichkeit, Kreativität, sogar etwas Subversivität und Frechheit gegen die ›Macher‹ in der etablierten und auch alternativen Politik, Wagnis und Zivilcourage.«[35]

»Mein eigener Maßstab«

Hatte es in den ersten Jahren bei den Grünen noch Raum gegeben für eine wie Kelly, ihre besondere Ausstrahlung, aber auch ihre Allüren und Alleingänge, so wuchs in der Partei in den folgenden Jahren die Kritik an ihrer *One-Woman-Show*. Sie geriet nicht nur regelmäßig mit Otto Schily, ihrem Co-Fraktionsvorsitzenden, aneinander, sie war auch zutiefst enttäuscht, als sich 1984 ein sogenanntes Feminat, bestehend aus Waltraud Schoppe, Antje Vollmer, Annemarie Borgmann, Christa Nickels, Heidemarie Dann und Erika Hickel als neuer Fraktionsvorstand bildete. Dieser rein weibliche Vorstand stieß nicht nur die Herren vor den Kopf, sondern war auch ein Schlag gegen die egozentrische weibliche Galionsfigur.

Die Grünen zerlegten sich in Flügelkämpfen und internen Streitereien. Kelly betonte stets, weder Realo noch Fundi zu sein und geriet doch zwischen die Fronten. Sie war eine Ausnahmeerscheinung und ein großes politisches Talent, darüber kann kein Zweifel bestehen. Allerdings war sie eine Solospielerin. Sie war kompromisslos und schätzte es nicht, wenn ihre Vorschläge diskutiert wurden, sondern wollte sie durchgesetzt sehen. Ihre Mitarbeiter*innen stöhnten über die maßlose Chefin, die zu jeder Tages- und Nachtzeit anrief. Das vertrug sich nicht gut mit den Ansprüchen der Grünen, die es anders machen wollten, die auf Basisdemokratie und Mitsprache setzten und daher wenig Sinn hatten für Starallüren. Genau die aber legte Kelly an den Tag, sie tourte durch die Talkshows, konnte an keinem Mikrofon vorbeigehen, inszenierte ihre Verletzlichkeit. Immer wieder kam es zu Zusammenbrüchen, von denen man nicht immer wusste, wie glaubhaft sie waren.[36] Renate Schmidt, davon war bereits die Rede, erlebte derartige medienwirksame Blaulicht-Einsätze mehrfach im Wahlkampf gegen die Grüne. Auch unter Petra Kellys Parteikolleg*innen sorgten solche Aktionen zunehmend für hochgezogene Augenbrauen. Kelly saß zwar im prestigeträchtigen Auswärtigen Ausschuss, wurde zu *Meet the Press* eingeladen und war eine wichtige Übersetzerin grüner Politik, in ihrer Partei aber verlor sie mehr und mehr an Unterstützung.

Ohnehin immer ein wenig gehetzt, begann der Boden unter Kellys Füßen zu wanken. Wo Renate Schmidt auch mal alle fünfe grade sein ließ oder einen blöden Spruch gewitzt und selbstbewusst konterte, flüchtete Petra Kelly ins Märtyrertum und die Isolation. Nun rächte sich auch, dass sie keine eigenen Truppen aufgebaut hatte, sondern im Grunde immer eine Einzelkämpferin gewesen war. Ihr engster Verbündeter wurde ihr Lebensgefährte Gert Bastian, mit dem sie seit Beginn der 1980er-Jahre liiert war. Bastian, fast 25 Jahre älter als Kelly und anderweitig verheiratet, war ehemaliger Bundeswehrgeneral, hatte sich aus

Protest gegen den NATO-Doppelbeschluss in den Ruhestand versetzen lassen und 1980 den Krefelder Appell gegen die Stationierung von Atomwaffen mitinitiiert. Als sie sich kennenlernten, war Bastian wohl der Bekanntere der beiden. Der gut aussehende, vom Saulus zum Paulus gewandelte ehemalige Krieger war streitlustig, überaus populär und redegewandter Gast auf Podien und in Talkshows. Zusammen wurden die beiden für die Öffentlichkeit noch unwiderstehlicher – die schöne Friedenstaube und der schneidige General. Im Laufe der 1980er-Jahre überflügelte Kelly Bastian spürbar, sie wurde immer bekannter, stand für eine jüngere Politiker*innengeneration und einen neuen Politikstil, während er in Auftritt und Gestus zunehmend eine Zeit repräsentierte, die vorüber war. Mehr und mehr wurde er zu ihrem Begleiter, ihrem Schatten und, je weiter die Entfremdung von ihrer Partei voranschritt und sie sich zurückzog, zu ihrem treuesten Verteidiger und Fan. Hinzu kam, dass auch die Grünen in eine schwere Krise gerieten. Im Bundestagswahlkampf 1990 scheiterte die Partei an der Fünf-Prozent-Hürde, woraufhin zahlreiche Fundis wie Jutta Ditfurth, Manfred Zieran und Verena Krieger die Partei verließen.

Während Petra Kelly im Laufe der 1980er-Jahre Zuflucht in der vermeintlich schützenden Geborgenheit einer Paarbeziehung suchte – wie sich herausstellen sollte: ein fataler Irrtum –, stand Renate Schmidt nach dreiundzwanzig Jahren Ehe plötzlich alleine da. 1984 erkrankte Gerhardt Schmidt an einer Herzmuskelentzündung und verstarb plötzlich. Die Nachricht von seinem Tod erreichte seine Frau in Bonn, »ein Albtraum, noch heute«, so Schmidt. Mehr als ein halbes Leben waren die beiden zusammen gewesen. »Er war nicht nur mein Mann und meine emotionale Zuflucht, sondern mein barscher, aber uneigennütziger Kritiker, und er hat mir in meinen Abgeordnetenjahren den Rücken frei gehalten.« Der jüngste Sohn war gerade mal vierzehn Jahre alt und Renate Schmidt überlegte, ihr Mandat aufzugeben. Doch dann bot ihr älterer Sohn an, mit seiner Freundin ins Elternhaus zu ziehen und sich mit um den kleinen Bruder zu kümmern. Da, so Schmidt, habe sie erlebt, was Familie eigentlich bedeutete. Sie beschloss, in Bonn zu bleiben, stürzte sich in die Arbeit. »Ich war halb und habe mehr als ein Jahr gebraucht, um wieder ganz zu werden.«[37]

In den kommenden Jahren erwies es sich für Renate Schmidt als Riesenvorteil, dass sie ihre Kinder so jung bekommen hatte. Sie war gerade mal Anfang vierzig und startete, nachdem sie nach dem Tod ihres Mannes wieder zu sich gefunden hatte, richtig durch. 1987 wurde sie stellvertretende Fraktionsvorsitzende, übernahm den Arbeitskreis Gleichstellung innerhalb der Fraktion und erarbeitete eine moderne SPD-Familienpolitik. Sie wollte Frauen den Wiedereinstieg in den Beruf erleichtern und Männer stärker in die Care-Arbeit einbinden, die Arbeitsteilung zwischen Mann und Frau sollte ihrer Ansicht nach sogar gesetzlich geregelt werden. Darüber hinaus wurde erstmals ein Entwurf zu einem Erziehungsgeld zusammengestellt.[38] Die Tatsache, dass die SPD eine ihrer großen Hoffnungsträgerinnen mit der Gleichstellung betraute, bewies, dass man verstanden hatte, dass eine moderne Volkspartei dieses Thema nicht nur ernst nehmen, sondern es sich auf die Fahnen schreiben musste.

Als Karl-Heinz Hiersemann 1990 bei der Landtagswahl in Bayern lediglich 26 Prozent für die SPD holen konnte, tat sich für Schmidt im nächsten Wahlkampf 1994 eine weitere Türe auf. Die Sozialdemokraten hatten es zwar traditionell schwer unter weißblauem Himmel, aber Renate Schmidt war eine beliebte Politikerin, sie hatte Erfahrung in Bonn und war doch heimatverbunden und volksnah. Mit ihr, so rechneten sich die bayerischen Genoss*innen aus, konnte man der CSU vielleicht endlich zu Leibe rücken. Renate Schmidt, ganz politischer Profi, wollte sich nicht verheizen lassen und stellte Forderungen. Wichtig war ihr, als Landesvorsitzende die Personal- und Finanzhoheit zu haben und sie wollte eine staatliche Funktion. Schmidt wusste genau, dass die CSU als bayerische Staatspartei alles auffahren würde, um ihre Macht zu demonstrieren. Um dagegen anzukommen, musste die SPD-Kandidatin mehr sein als eine einfache Bonner Abgeordnete. Auch dies wurde ihr gewährt, von 1990 bis 1994 war

Schmidt stellvertretende Bundestagspräsidentin mit allem, was dazugehörte: Limousine mit Standarte, vorrangige namentliche Begrüßung, wo immer sie auftauchte, ein Platz in der ersten Reihe. Zunächst schien Schmidt im Aufwind, sie warf sich voll in den Landtagswahlkampf, absolvierte mehrere Auftritte am Tag und tourte quer durch Bayern.[39] Dass ihr Gegenkandidat Max Streibl derweil im Zuge der »Amigo-Affäre« ins Trudeln geriet, kam natürlich überaus gelegen. Und für einen Moment konnte die SPD tatsächlich hoffen, eine rote Landesmutter in die Staatskanzlei zu schicken. Schmidt wäre damit die erste bayerische Ministerpräsidentin gewesen und deutschlandweit die zweite Frau in einem solchen Amt. Ein Jahr zuvor hatte Heide Simonis in Schleswig-Holstein die Zügel übernommen, nachdem Björn Engholm zurückgetreten war.

Doch dann kam Schmidts Kampagne ins Stottern. Der schwer angeschlagene Streibl musste zurücktreten und die CSU ersetzte kurzerhand ihren Ministerpräsidenten und Spitzenkandidaten durch den bisherigen Innenminister Edmund Stoiber, der als zackiger *Law-and-Order*-Mann nicht in die Streibl-Affäre verwickelt war und als ehemals rechte Hand des CSU-Übervaters Franz Josef Strauß ein solides Standing im Land hatte. Zudem machte die Kandidatin Fehler. Sie verknüpfte die Europawahl, die im Juni 1994 stattfand, mit den Landtagswahlen im Spätsommer und rief dazu auf, der CSU die rote Karte zu zeigen. Das verfing allerdings bei den Wähler*innen überhaupt nicht, auch weil die SPD im Gegensatz zur CSU in Bayern für die Europawahl über keine Landeslisten verfügte. Im September gelang es Stoiber schließlich, die absolute Mehrheit zu verteidigen, Schmidt fuhr mit 30 Prozent aber zumindest einen Achtungserfolg ein und wurde Oppositionsführerin im Bayerischen Landtag. Die folgenden Jahre in München erwiesen sich als durchwachsen, die Gestaltungsmacht der SPD war einmal mehr stark eingeschränkt, zudem war Schmidt in schwere Machtkämpfe mit Albert Schmid verstrickt, der zuvor Fraktionsvorsitzender gewesen war.

Nach der Münchner Episode kehrte Renate Schmidt 2002 in die Bundespolitik zurück und wurde im rot-grünen Kabinett unter Gerhard Schröder Ministerin für Familie, Senioren, Frauen und Jugend. Im Gegensatz zum Kanzler, der jenes Ressort legendär mit »Familie und das ganze Gedöns« beschrieben hatte, war Renate Schmidt von Anfang an klar, dass in diesem Ministerium Zukunftsweichen zu stellen waren, und sie war bereit, an die Arbeit zu gehen. An einem ihrer ersten Tage im Amt versammelte sie ihre Mitarbeiter*innen und erklärte, dass sie sich sehr wohl bewusst sei, dass es Leute gebe, die ihr Haus nicht recht ernst nähmen. Dieses Ministerium aber, so fuhr sie fort, sei das Ministerium für Menschen und für Gesellschaftspolitik, es präge den Alltag von Männern, Frauen und Kindern unmittelbar. »Unser Ministerium ist eines der wichtigsten überhaupt«, verkündete Schmidt selbstbewusst.[40]

Damit stand sie in bester Tradition einer ganzen Riege von Sozialdemokratinnen. Im Gegensatz zu Frauen wie Marta Schanzenbach eine Generation zuvor aber scheute sich die frischgebackene Ministerin nicht, ihre Überzeugungen klar zu formulieren und lautstark Respekt für ihr Ressort einzufordern. Schmidt hatte erlebt, wie stiefmütterlich Familienpolitik im Zuge der Verhandlungen um den Einheitsvertrag behandelt worden war, wie man Aspekte, die vor allem Frauen betrafen, nonchalant übergangen hatte. Mit so streitbaren Politikerinnen wie der späteren brandenburgischen Ministerin Regine Hildebrandt war ein Papier erarbeitet worden, in dem man zusammentrug, was in Sachen Familie und Frauen in Ost und West gut und was zu reformieren war, nur um dann zu erleben, dass diese Themen im ersten Entwurf des Vertrages kaum Erwähnung fanden. »Da stand mehr drin über Schiffswerften als über Frauen und Familien«, so Schmidt. Erst als die Politikerinnen rebellierten, packte man ein paar Punkte in den zweiten Einheitsvertragsentwurf hinein. Dennoch blieb das Ergebnis enttäuschend. Die Wende brachte für die Frauen im Westen keine Verbesserung hinsichtlich der Frage der Kinderbetreuung und auch nicht in Sachen Paragraf 218. Für die Frauen im Osten bedeutete sie gar einen massiven Rollback, das Angebot an Kindertagesstätten und Kindergärten, das man aus DDR-Zeiten gewohnt war, fiel weg oder wurde zumindest zusammengestrichen, der Zugang zu Schwangerschaftsabbrüchen wurde erschwert. »Wir hatten uns viel mehr erwartet«, erklärt Schmidt.[41]

Als sie 2002 Ministerin wurde, wusste Renate Schmidt, dass nun der Moment da war, Nägel mit Köpfen zu machen. Seit den 1980ern beschäftigte sie sich intensiv mit den Themen Familie und Geschlechtergerechtigkeit, seit Jahren hatte sie Arbeitspapiere in der Schublade für ein Erziehungsgeld, für bessere Kinder- und Kleinkinderbetreuung. Als sie damals in einer Bundestagsrede von einem Rechtsanspruch auf einen Kindergartenplatz sprach, hatte es Hohngelächter vonseiten der Union gegeben. Nun aber legte Schmidt los. Und sie suchte sich Verbündete. In einem Kabinett mit derart ausgeprägten Alphamännern wie Gerhard Schröder, Otto Schily, Wolfgang Clement und Joschka Fischer, das war Schmidt klar, konnte sie im Alleingang nicht viel erreichen. »Wir waren viele Frauen im Kabinett, beinahe Parität«, erinnert sie sich, »und ich habe trotzdem das Gefühl gehabt, dass weder Schröder noch Fischer, und Clement sowieso nicht, die Frauen auf derselben Ebene gesehen haben.« Also tat die Ministerin das, was Männer in der Politik seit Jahrhunderten machten, sie knüpfte ein belastbares Netzwerk. Trafen sich mächtige Männer und solche, die es werden wollten, auf dem Golfplatz, beim Fußball, an der Bar oder in der Kneipe, so organisierten die Frauen in Schröders Kabinett nun ein regelmäßiges morgendliches Treffen. Das sogenannte Hexenfrühstück fand einmal im Monat bei Staatssekretärin Christina Weiss statt, um für die anschließenden Kabinettsrunden gewappnet zu sein. Man schmiedete Bündnisse mit dem Ziel, beim Finanzminister Geld lockerzumachen und Unterstützung für wichtige Projekte zu bekommen. »Wir haben uns«, so Schmidt, »auf den neuesten Stand gebracht und überlegt, wie wir den [Finanzminister] Eichel weichkriegen können. So haben wir uns gegenseitig gestärkt und das war gut. (…) Den heutigen Alleinerziehendenfreibetrag gibt es unter anderem auch wegen des Hexenfrühstücks.«[42]

Frauen haben zweifellos auch in früheren Jahrzehnten Seilschaften geknüpft, zum Teil sogar über Parteigrenzen hinweg.

[17] Um gegen die Alphamänner Schröder, Schily, Clemens & Co. durchzudringen, taten sich die SPD-Ministerinnen zusammen. Im sogenannten Hexenfrühstück sprachen sie vor den Kabinettssitzungen ihr Vorgehen ab.

Derart selbstbewusst und offen Absprachen zu treffen und gemeinsame Prioritäten zu setzen, wie es die Bundesministerinnen und Staatssekretärinnen in den frühen 2000er-Jahren taten – das war in der bundesdeutschen Politik allerdings neu. Ein solches Vorgehen war auch deswegen möglich geworden, weil es unter Rot-Grün erstmals deutlich mehr Frauen im Kabinett gab. Hinzu kam, dass Politikerinnen wie Renate Schmidt, Heidemarie Wieczorek-Zeul, Ulla Schmidt oder Edelgard Bulmahn durch die Frauenbewegung der 1970er-Jahre geprägt waren und ihre Belange mit viel größerer Selbstverständlichkeit einforderten als ihre Vorgängerinnen.

Und heute? »Die Frauen sind immer noch viel zu angepasst«, sagt Renate Schmidt im Gespräch. »Sie sehen immer noch viel zu sehr die Männer als Maßstab, anstatt selber der Maßstab zu sein.« Sie hält kurz inne. »Mit zwanzig wollte ich den Männern gefallen, mit dreißig wollte ich besser sein als die Männer und mit vierzig habe ich mir überlegt, dass das eigentlich ein Krampf ist und dass ich eine tolle Frau sein möchte und dass Männer nicht mehr mein Maßstab sind. Nicht in der Sprache, nicht in den Zielen, nicht in den Verhaltensweisen. Einfach überhaupt nicht mehr.«[43]

Während Renate Schmidt nach dem Tod ihres Mannes Gerhardt, mit dem sie seit der Tanzstunde ein Paar gewesen war, lernen musste, sich auch ohne ihren Partner vollständig zu fühlen, band sich Petra Kelly im Laufe der späten 1980er- und frühen 1990er-Jahre immer enger an ihren Lebensgefährten Gert Bastian. Da Kelly nicht alleine sein konnte, begleitete Bastian sie auf allen Reisen. Die beiden entwickelten eine fatale gegenseitige Abhängigkeit. Außerdem pflegten sie eine Art Bunkermentalität, bestätigten sich immer wieder, dass die Grünen aktuell auf dem falschen Weg waren und dass man ihnen unrecht getan hatte. Ein wenig erinnert heute die Isolation Sahra Wagenknechts und Oskar Lafontaines innerhalb ihrer eigenen Partei an die beiden Grünen-Politiker. Auch Wagenknecht überstrahlt ihre Partei und liest ihr immer wieder die Leviten, ihre Bücher sind Bestseller, sie selbst ist beliebter Gast in Talkshows. Und auch Wagenknecht/Lafontaine spielen mit Verve die Rolle der Missverstandenen und Ausgegrenzten.

Aber vom Saarland zurück nach Bonn: Die Beziehung zwischen Kelly und Bastian war alles andere als gesund. Sie konnten nicht ohneeinander und quälten sich doch dabei. Die Politikerin forderte unentwegt volle Aufmerksamkeit und Solidarität, Bastian litt am Älter- und Gebrechlichwerden, an der Erkenntnis, politisch nichts bewirken zu können, und auch nach vielen Jahren noch stand er zwischen Petra und seiner Frau Charlotte. Am 19. Oktober 1992 dann die erschütternde Nachricht: Petra Kelly und Gert Bastian waren tot in Kellys Haus in Bonn-Tannenbusch gefunden worden. Gestorben waren die beiden allerdings wohl bereits achtzehn Tage zuvor. Die Tatsache, dass über zwei Wochen niemand aus dem Bekannten- oder Freundeskreis Alarm geschlagen hatte, weil man nichts von den beiden gehört hatte oder sie nicht zu einem Termin gekommen waren, zeigt, wie zurückgezogen das Paar zu diesem Zeitpunkt gelebt hatte. Dass die Pazifistin

Kelly, die Waffen ihr Leben lang verabscheut hatte, ausgerechnet durch eine Kugel aus der Pistole ihres Lebensgefährten starb, schlug erstaunlicherweise in der Öffentlichkeit nicht so hohe Wellen, wie man hätte erwarten können. Obwohl die Beteiligung Dritter schon kurz nach Auffinden der Leichen ausgeschlossen werden konnte und schnell klar war, dass beide Schüsse aus Bastians Waffe abgegeben worden waren, ja, dass Kelly sehr wahrscheinlich im Schlaf mit einem aufgesetzten Schuss getötet wurde, sprach man rasch und relativ einhellig vom gemeinsamen Suizid. Dabei gab und gibt es gehörige Zweifel an der These, dass Kelly sterben wollte. Es existiert kein Abschiedsbrief, zudem hatte sie eine volle Agenda und durchaus Pläne für die Zukunft, wollte beispielsweise für das Europaparlament kandidieren. Menschen, die Kelly gut kannten, konnten sich darüber hinaus einfach nicht vorstellen, dass sie Selbstmord begangen hatte, schon gar nicht, ohne sich von der geliebten Großmutter, zu der sie ein überaus enges Verhältnis hatte, zu verabschieden. Alice Schwarzer, die ein ganzes Buch über die »tödliche Liebe« zwischen Kelly und Bastian geschrieben hat, kritisierte vor allem den Umgang der Grünen mit dem Tod des ehemaligen Vorzeigepaars. So organisierte man beispielsweise eine gemeinsame Gedenkfeier für Täter und Getötete.[44]

Noch heute ist in ähnlichen Fällen häufig von Doppelselbstmord bzw. erweitertem Selbstmord die Rede, obwohl es sich in Wahrheit nicht selten um Femizid mit anschließendem Suizid handelt. Vielleicht war für viele Zeitgenoss*innen die Vorstellung, dass ein pazifistischer ehemaliger General seine Lebensgefährtin getötet hatte, einfach zu ungeheuerlich, zu komplex, zu unbequem. Einen wunden Punkt traf ganz sicher die damalige Bundestagspräsidentin Rita Süssmuth, als sie konstatierte, »die Unbeugsamkeit, mit der Kelly ihre politischen Vorstellungen vertrat«, habe »offenbar zu einem fast tragisch zu nennenden menschlichen Alleingelassensein« geführt.[45]

Macht

Petra Kelly, so Claudia Roth, die 1985 als Fraktionspressesprecherin zu den Grünen stieß, sei zu einer Ikone geworden, ihr habe aber die Verankerung auf dem Boden gefehlt: »Während sie auf der ganzen Welt das Symbol für die grüne Bewegung wurde, entschwand sie im eigenen Umfeld, in der eigenen Partei immer mehr.« Es sei aber sicher auch ein Fehler der Grünen gewesen, meint Roth, Kelly nicht eingehegt zu haben.[46]

Ihre wenig robuste Gestalt, ihre offen zur Schau getragene Verwundbarkeit und natürlich ihr gewaltsamer Tod sollten allerdings nicht darüber hinwegtäuschen, dass Petra Kelly eine wirkmächtige und durchaus machtbewusste Politikerin war. Sie sah vor allem im Vergleich zu ihren Grünen-Mitstreiterinnen etwas spießig aus mit ihrem adretten Kurzhaarschnitt samt blonden Strähnchen, ihren Blusen und Bundfaltenhosen, aber sie war eine überzeugte Feministin, eine glühende Rednerin, die Tausende Zuhörer*innen berühren und bewegen konnte, eine echte Sponti-Frau, mit viel Sinn und Geschick für massenwirksame Aktionen und gute Bilder. »Sie war«, so Claudia Roth, »eine radikale Antwort auf die Männerpolitik und die Männerwelt.«[47] Kelly speiste in den gesellschaftspolitischen Diskurs der Bundesrepublik nicht nur ihre Themen – Ökologie, Anti-Atomkraft, Pazifismus, Feminismus – ein, sondern veränderte auch den Blick der Menschen darauf, wie Politik auszusehen hatte. Diese, so Kellys Credo, sollte nicht einfach delegiert werden, vielmehr sollte jede und jeder sich selbst einbringen mit allem, was zur eigenen Persönlichkeit dazugehörte. Das Persönliche prägte das politische Handeln. So gesehen steht die frühere Grünen-Vorsitzende und heutige Kulturstaatsministerin , die eben zitierte Claudia Roth, durchaus ein Stück weit in der Tradition Petra Kellys.[48]

Im Gegensatz zu Kelly aber verfügt Claudia Roth über ein solides Fundament, das ihr im Auf und Ab des politischen Alltags – und sie ist eine, die zwischen Arbeit und Privatleben kaum zu trennen vermag, eine, die immer 150 Prozent gibt – Sicherheit

[18] Das Private ist politisch: Claudia Roth stieß 1985 als Pressesprecherin der Bundestagsfraktion zu den Grünen.

und Halt bietet. Roth, 1955 in Ulm geboren und in dem kleinen Örtchen Babenhausen aufgewachsen, ist geprägt von ihrer Familie, ihren Großeltern und Eltern, die im tiefschwarzen Bayerisch-Schwaben zu den ganz wenigen Nicht-CSU-Wähler*innen gehört hatten. Die Diskussionen beim Abendessen, die Zeitungslektüre, die täglichen Fernsehnachrichten, aber auch das »Nicht so sein wie Strauß«, erzählt Claudia Roth, habe sie politisiert. Übrigens war Roth, wie Renate Schmidt und Petra Kelly, eng verbunden mit ihrer Großmutter, die ihr mitgab, sie solle sich für das einsetzen, was ihr wichtig sei. Nach dem Abitur zog die junge Frau nach München und lebte in einer WG: »Das war der Aufbruch aus der Enge. Da habe ich gemerkt, wie ich leben will, wie ich lieben will. Das Private ist auch politisch.« Während die Jungs Marx-Schulungen abhielten, ging Claudia zu Demos. Sie stellte aber schnell fest, dass auch im links-alternativen Milieu die Frauen oft nur das hübsche Beiwerk sein sollten: »Da waren viel mehr Männer unterwegs. Und die Frauen, die hat man eben mitgenommen. Ich habe gespürt, da stimmt was nicht. Da hat das Feministische begonnen.« Für Claudia Roth war klar: »Hola! Ich bin doch nicht Euer Anhängsel.«[49]

Sie begann ein Studium der Theaterwissenschaften an der Ludwig-Maximilians-Universität, brach aber nach nur wenigen Semestern ab und arbeitete als Dramaturgin an verschiedenen Theatern. Es gab allerdings noch einen anderen Beruf, der sie sehr gereizt hätte: Diplomatin. Als sie jedoch mit ihrem Patenonkel, der im diplomatischen Dienst war, darüber sprach, wiegelte der ab. Frauen seien nur bedingt einsatzfähig, setzte er ihr auseinander, man könne sie zum Beispiel nicht in die arabische Welt schicken. Ein Argument übrigens, das noch 1997 gegen eine Außenministerin Madeleine Albright ins Feld geführt wurde. Albrights Konkurrenten um den Job streuten bei den Medien, es sei in bestimmten Regionen der Welt schwierig für eine Diplomatin, ernst genommen zu werden. Nicht zuletzt durch den beharrlichen Druck seiner Frau Hillary setzte sich Präsident Clinton schließlich über diese Bedenken und Scheinargumente hinweg. Nur wenn er sich für Albright entscheide, so hatte Hillary Clinton ihrem Mann erklärt, werde er eine Außenministerin bekommen, die seine Werte teile, seinen Kurs verteidige und die darüber hinaus jedes Mädchen stolz mache. Außenpolitik sei damals, so Albright, eine reine Männerwelt gewesen und Männer fühlten sich eben wohler, mit anderen Männern zu verhandeln. Diese überlieferte Praxis änderte man nur, indem man eine neue Praxis schuf. »Bis du den Job machst, hält keiner es für möglich, dass du es schaffst«, erinnert sich Albright. Als Henry Kissinger sie schließlich in den Club der *Secretaries of State* einführte, kurz nachdem sie ihren Amtseid geleistet hatte, und ihr mitteilte, sie sei jetzt in die »Bruderschaft« aufgenommen, konterte sie schlagfertig: »Tut mir wirklich leid, dass ich Dir das sagen muss, Henry, aber es ist keine Bruderschaft mehr.« Albrights Unterstützerin Hillary Clinton wurde bekanntlich 2009 ihrerseits *Secretary of State* unter Präsident Obama. Auch die erste Schweizer Außenministerin und Bundespräsidentin Micheline Calmy-Rey ist immer wieder mit dem Argument konfrontiert worden, dass Frauen es in manchen Teilen der Erde schwer haben, Männern auf Augenhöhe zu begegnen. Und sie hat das auch ganz konkret vor Ort erlebt, am extremsten bei den Gesprächen mit Diktator Muammar Al-Gaddafi bei der Freilassung der Schweizer Geiseln während der Libyen-Affäre 2010. »Aber man vertritt sein Land«, so Calmy-Rey, »und erledigt seine Aufgabe.«[50]

Die junge Claudia Roth war Mitte der 1970er-Jahre entsetzt von der Reaktion ihres Patenonkels und der Aussage, dass Frauen in der diplomatischen Welt höchstens als Übersetzerinnen oder Sekretärinnen reüssieren könnten.[51] Der Job als Tourmanagerin für die Rockband *Ton Steine Scherben*, den sie anschließend übernahm, nötigte Claudia Roth zuweilen sicher auch diplomatisches Geschick ab, vor allem aber war diese Zeit eine überaus intensive, die zudem immer politischer wurde. *Scherben*-Sänger Rio Reiser war der erste Rockmusiker, der offen schwul lebte. Die Band engagierte sich gegen die Stationierung von Pershing-II-Raketen und die NATO-Nachrüstung und trat 1983 auch während des Bundestagswahlkampfes der Grünen auf. Als *Ton Steine Scherben* sich 1985 auflösten, stand für Roth fest, dass sie nicht für eine andere Band arbeiten wollte, zurück zum Theater war auch keine Option, da fiel ihr bei der Lektüre der *taz* eine Anzeige ins Auge: Die Bundestagsfraktion der Grünen suchte eine Pressesprecherin. Gesucht wurde eine Frau mit journalistischer Ausbildung, stressresistent und kontaktfreudig. »Mit letzteren Punkten konnte ich dienen – und mit dem Wissen, wie man etwas, das anders ist, an die Frau und den Mann bringt.« Roth schmiss sich in ihre schwarze Lederkluft und reiste nach Bonn. Obwohl Christian Ströbele, als sie ihn begrüßen wollte, nur murmelte, er bevorzuge die andere Kandidatin, bekam sie den Job ein paar Wochen später. »Das Hauptargument für mich soll die Überlegung gewesen sein, dass eine, die es mit den *Scherben* aushält, auch den Grünen gewachsen ist.« Tatsächlich war Roth dann ziemlich überrascht von dem rauen Ton, der in den Sitzungen an den Tag gelegt wurde.[52] Und doch, so sagt sie heute, seien die Grünen von Anfang an Heimat für sie gewesen. »Ich war am richtigen Ort.« Natürlich gab es auch hier echte Mackermänner. Schily fuhr einmal völlig aus der Haut, als Roth ein Brecht-Gedicht als Presseerklärung rausgab. »Aber Otto Schily ist ja dann zur SPD gegangen«, fügt sie an.[53]

1989 beendete Roth ihre Tätigkeit in der Presseabteilung. Sie wollte nun selbst gestalten, warf sich in den Wahlkampf – auf ihren Plakaten der passende Slogan: »Keine Bescheidenheit, Madame!« – und wurde ins Europaparlament gewählt, wo sie ab 1994 der Grünen-Fraktion vorstand. Ab 1998 saß sie im Bundestag und wurde 2001 Bundesvorsitzende der Grünen, ein Posten, den sie von 2004 bis 2013 erneut innehatte. Sie war Vizepräsidentin des Bundestages und wurde Ende 2021 im Kabinett Scholz Kulturstaatsministerin.

Claudia Roth war in den letzten dreißig Jahren eines der prägendsten Gesichter von Bündnis 90/Die Grünen. Authentisch und leidenschaftlich steht sie für eine ökologische, multikulturelle und feministische Politik. Sie ist zwar keine Berufsdiplomatin geworden, aber ihr Engagement für Menschenrechte, für internationale Zusammenarbeit, für Mädchenbildung, ihr Kampf gegen Rassismus und gegen Diskriminierung und Verfolgung von LGBTQ machen sie zu einer weltweit vernehmbaren und bekannten Politikerin. Ihr Patenonkel und seine Kollegen würden staunen. Claudia Roth macht keinen Hehl aus der Tatsache, dass sie Macht will. Nur so lässt sich etwas verändern. Von alleine, das zeigt die mühsame Geschichte der Emanzipation, kommt nichts voran. »Es geht um Verteilungsfragen. Und natürlich geben Männer nicht freiwillig ab. Ist so!«, konstatiert sie ungerührt. Und doch ist Macht bei Frauen immer noch verpönt. Ihre Mitarbeiter*innen, so Roth, hätten unlängst noch Bedenken gehabt, als ihre Chefin sich in einem Zeitungsinterview offen dazu bekannt hatte, nach Macht zu streben. »Das ist doch total verquer«, sagt sie, »Stellen Sie sich vor, Joschka Fischer hätte gesagt, ich will gar keine Macht. Das hätte doch keiner geglaubt. Wenn Frauen sagen, sie wollen Macht, zucken erstmal alle zusammen. Aber wir wollen Macht, nicht nur um der Macht willen, sondern um mitzugestalten und zu verändern.«[54]

Es stimmt, wir messen noch immer mit zweierlei Maß. Eine Frau, die offen Macht einfordert, erweckt vielfach Misstrauen. Während Machtstreben bei einem Mann nicht weiter erklärungsbedürftig ist, passt es einfach nicht in die landläufige Vorstellung von Weiblichkeit. Die ersten Parlamentarierinnen hielten sich vielfach, zumindest nach außen hin, an diesen Code. Oft betonten sie, dass sie sich nie selbst für ein Amt ins Gespräch gebracht haben, sondern gefragt wurden und dann nicht Nein sagen wollten. Eine der Ersten, die mit dieser Bescheidenheitsrhetorik brach, war die Sozialdemokratin Annemarie Renger. 1972 hob sie demonstrativ den Finger: »Ich habe mich in der Fraktion selber für das Amt des Bundestagspräsidenten vorgeschlagen«, erinnert sie sich, »Glauben Sie, man hätte mich sonst genommen?« Renate Schmidt, quasi Rengers Töchter-Generation angehörend, formuliert es Jahre später für sich ganz unverkrampft: »Ohne Macht bin ich ohnmächtig. Deswegen will ich Macht, will ich etwas bewirken und entscheiden.«[55]

Viele Politikerinnen versuchten, in der Menge unterzutauchen – dunkles Kostüm oder Hosenanzug, unauffällige Frisur, kaum wahrnehmbares Make-up. Einige tun es heute noch, einfach weil wir noch immer kaum ein Modell dafür haben, wie eine mächtige Frau oder weibliches Machtgebaren aussehen könnte. Und weil sich jede Frau, die sich exponiert, angreifbar macht: Das Kleid ist zu kurz, die Bluse zu gewagt, die Frisur zu madamig, zu mädchenhaft, zu burschikos.

In diesem Kapitel ging es um die »neuen Frauen« wie Renate Lepsius, Renate Schmidt, Petra Kelly und Claudia Roth, um Politikerinnen also, die in den 1970er- und 1980er-Jahren die politische Bühne betraten und sich äußerlich und auch ihrem Verhalten nach viel weniger am männlichen »Basismodell« orientiert haben als ihre Vorgängerinnen. Die elegante und intellektuelle Renate Lepsius, die leicht abgehoben wirkende, hochsensible Petra Kelly, die bodennahe, schlagfertige Renate Schmidt und die leidenschaftliche Claudia Roth, für die ihr Engagement und ihre Arbeit etwas Höchstpersönliches sind – sie machten *als* Frauen Politik. Und sie machten ganz offen *für* Frauen Politik. Vor allem Schmidt, Kelly und Roth ließen sich dabei allerdings nie auf ein separates Ressort »Frauenpolitik« zurückdrängen. »Es muss ein Querschnitt durch alle Themenfelder sein«, erläutert Claudia Roth nachdrücklich, »es braucht feministische Finanz-, feministische Außen-, feministische Entwicklungspolitik. Wir brauchen überall die feministische Perspektive, die von der Einzelnen ausgeht, mit Würde und Selbstbestimmung als Ausgangspunkt. Frauenpolitik soll kein gehegter kleiner Vorgarten sein. Und die ›wichtige‹ Politik machen dann die Männer.«[56]

Frauen wie Renate Lepsius, Petra Kelly, Renate Schmidt und Claudia Roth ist es zu verdanken, dass Politik in den vergangenen Jahrzehnten insgesamt weiblicher wurde, nicht nur in einem separaten Bereich, der scheinbar abgekoppelt von den »großen« Themen existierte, und nicht nur in zentralen inhaltlichen Impulsen, die diese Frauen gaben – von der Reform des Paragrafen 218 über den Versorgungsausgleich, von der Kinderbetreuung bis zum Elterngeld –, sondern auch atmosphärisch, denn diese »neuen

Frauen« eroberten die Politik schließlich nicht im luftleeren Raum. Insgesamt wurden weibliche Stimmen hörbarer, Frauen sichtbarer. Mehr und mehr von ihnen nahmen sich die Freiheit, anders zu klingen als Männer, anders auszusehen und eigene Themen einzubringen.

Journalistinnen wie Susanne von Paczensky und Alice Schwarzer waren zugleich Aktivistinnen und widmeten sich Themen wie der Legalisierung von Abtreibung, dem Recht auf Verhütung, dem Kampf gegen Sexismus. Regisseurinnen wie Agnès Varda, Margarethe von Trotta und Doris Dörrie konfrontierten das Publikum mit einem weiblichen Blick auf die Welt. 1981 gewann von Trotta mit ihrem Drama *Die bleierne Zeit* über die Schwestern Christiane und Gudrun Ensslin als erste Frau den Goldenen Löwen in Venedig. Im Laufe ihrer Karriere lenkte sie den Fokus immer wieder auf Protagonistinnen, Frauen der Gegenwart, aber auch starke historische Frauen, und wurde damit zu einer wichtigen Chronistin. Doris Dörries Film *Männer* sorgte 1985 für Furore. Eine Regisseurin, die es in einer Komödie wagte, die männliche Spezies aufs Korn zu nehmen und anthropologisch zu sezieren – das war schon ungeheuerlich. Dörries feiner Blick auf die Untiefen menschlicher Beziehungen, auf Tragik und Komik des Alltags, aber auch die großen Themen wie Liebe und Tod, berührten Zuschauer*innen und machten ihre Filme zu Blockbustern. In den 1980er-Jahren wurden mit Filmen wie Nora Ephrons *Harry und Sally*, der Komödie *9 to 5* mit Jane Fonda, Lily Tomlin und Dolly Parton und Serien wie *Golden Girls* weibliche Themen wie Single-Sein, Care-Arbeit, Diskriminierung am Arbeitsplatz, Sexismus, Abtreibung und das Älterwerden unterhaltsam in Szene gesetzt. Regisseurinnen, Produzentinnen, Drehbuchschreiberinnen begannen, ihre eigenen Geschichten zu erzählen.

Auch in der Musik wurden neue Töne vernehmbar. Seit den späten 1960er-Jahren hatten vor allem in den USA und Kanada Musikerinnen wie Dolly Parton oder Carly Simon die Charts erobert, die nicht nur Songs präsentierten, die Männer für sie getextet und produziert hatten, sondern die ihre eigenen Lieder schrieben. Partons *Dumb Blonde*, eine Abrechnung mit einem Ex und verletzenden Stereotypen, oder Simons *You're so vain*, in dem sie sich ausgiebig über die gockelhafte Eitelkeit eines Mannes auslässt, wurden zu wahren Hymnen. Die Rockerin Suzie Quatro gab sich ebenfalls nicht mit der Rolle des gut aussehenden Aushängeschildes zufrieden, das ab und an lasziv ins Mikrofon haucht, sie wirbelte in engen schwarzen Lederanzügen über die Bühne und schwang ihre Elektrogitarre. Und sogar in der Welt der deutschen und europäischen Hitparaden und Samstagsabendunterhaltung sangen nun häufiger selbstbewusste und zum Teil durchaus politische Frauen wie Dalida, Milva und Marianne Rosenberg von Sorgen, mit denen sich ihre Zuhörerinnen identifizierten und beschäftigten sich mit Fragen, die ihr Publikum umtrieb. Aus Amerika schwappte in den 1980er-Jahren eine Welle fröhlicher, aber auch selbstbewusster Popsongs von Frauenbands wie *The Bangles* und Sängerinnen wie Cyndi Lauper und Madonna herüber. Als Letztgenannte sich im Video zu ihrem Lied *Like a Virgin* in Corsage, Tüllrock, Brautschleier und Rosenkranzketten auf dem Marmorboden eines venezianischen Palazzos räkelte, konnte noch keiner ahnen, dass diese Sängerin in den folgenden Jahren zur wohl mächtigsten Frau der Musikwelt avancieren würde. Und apropos mächtig – die Sängerin Cher, die in den späten 1980er-Jahren ohne ihren Ex-Mann Sonny in die Popwelt zurückkehrte und Millionen machte, berichtete in einem TV-Interview, dass sie ihrer Mutter, die ihr immer wieder ans Herz lege, sich doch endlich einen reichen Mann zu suchen, kürzlich geantwortet habe: »*Mom, I am a rich man.*«[57]

Was aber hatten nun all diese »neuen Frauen« gemeinsam? Zweifellos waren sie sehr unterschiedlich und lassen sich unmöglich auf eine einheitliche Botschaft reduzieren. Sie alle aber reklamierten ihre Feminität, ließen sich weibliche Attribute nicht von Männern aufzwingen, aber auch nicht abspenstig machen, sie spielten zum Teil mit Stereotypen und bestanden darauf, Weiblichkeit selbst zu definieren. Und selbstverständlich waren sie davon überzeugt, dass der Welt etwas fehlte, wenn sie nicht ihren Beitrag leisteten und ihre Stimme erhoben. 1986 sang die Deutsch-

Rockerin Ina Deter *Frauen kommen langsam – aber gewaltig.* Schaut man darauf, wie Frauen in den 1970er- und 1980er-Jahren in verschiedensten gesellschaftlichen Bereichen – der Politik, aber auch dem Journalismus, der Kunst und der Kultur – von sich reden machten und Teilhabe einforderten, kann man ihr nur zustimmen. Beides ist richtig: Die Emanzipation ging unendlich langsam voran, aber sie war nicht aufzuhalten.

6 Einsame Spitze

Elisabeth Schwarzhaupt – Rita Süssmuth – Sabine Leutheusser-Schnarrenberger – Hildegard Hamm-Brücher – Margot Käßmann – Micheline Calmy-Rey – Christine Haderthauer – Andrea Nahles

Als Rita Süssmuth an diesem Oktobertag 1993 den Fraktionssaal betrat, wusste sie, dass sie sich unbeliebt machen würde. Der Kanzler war überzeugt von seinem Kandidaten, die Partei und die Fraktion standen – wie könnte es anders sein – felsenfest hinter ihm. Endlich würde man den unbequemen Richard von Weizsäcker, den Anti-Kohl, loswerden und einen Präsidentschaftskandidaten küren, der den CDU-Vorderen genehmer schien: einen Ostdeutschen deutlich konservativerer Ausrichtung als der weltläufige und intellektuelle Freiherr. Während sich Partei und Fraktion gegenseitig bestärkten und auf die Schulter klopften ob des neuen Mannes, plagten Süssmuth schwere Zweifel. War Steffen Heitmann, evangelischer Theologe aus Dresden und Justizminister unter Kurt Biedenkopf, wirklich der Richtige? Seine Äußerungen bezüglich der Rolle, die Frauen in der Gesellschaft spielen sollten, aber auch sein Geschichtsbild ließen die Christdemokratin aufhorchen. Um sich ein klareres Bild von dem Kandidaten zu machen, hatte die Vorsitzende der Frauen Union Heitmann einige Wochen zuvor in die Bundesvorstandssitzung eingeladen. Das Gespräch mit dem Theologen aber hatte ihre

Bedenken nicht zerstreut. Im Gegenteil. Heitmanns rückwärtsgewandtes Frauen- und Familienbild schockierte sie nachhaltig. Offen propagierte er eine Stärkung der Mutter- und Hausfrauenrolle. Als er sich dann am 18. September 1993 in der *Süddeutschen Zeitung* offen zum Nationalismus bekannt und für einen Schlussstrich in Sachen Vergangenheitsbewältigung plädiert hatte, wurde Süssmuth klar, dass sie nicht schweigen konnte.

Die Sache war allerdings nicht wenig heikel. Süssmuth war Präsidentin des Deutschen Bundestages. Wenn sie öffentlich Zweifel an Kohls Kandidaten äußerte, wog das schwer und brachte sie potenziell in größte Schwierigkeiten mit dem Parteichef und Kanzler, der Widerspruch nicht goutierte. Es konnte sogar dazu führen, dass sie ihr Amt verlor. »Ich habe mich wochenlang mit dieser Frage herumgeplagt«, so Süssmuth, »Nach dem, was wir in unserer Geschichte erlebt haben, musste das sein.«[1] Sie entschloss sich, bei der anstehenden Fraktionssitzung, zu der Heitmann eingeladen war, das Wort zu erheben und die Fragen zu stellen, die ihr auf der Seele brannten. »Der Tag wurde zugleich ein schwarzer, aber auch ein befreiender Tag für mich.« Heitmann wurde enthusiastisch begrüßt, Kohl lobte ihn ausgiebig, dann hielt der Kandidat seine Rede. In die anschließende allgemeine Zufriedenheit der Anwesenden hinein erhob Rita Süssmuth die Stimme. Sie fragte nach Heitmanns Umgang mit dem Nationalsozialismus, der Abgrenzung zu den Republikanern. Der Geräuschpegel stieg. »Meine kritischen Sätze zu seinem Familienbild und seinen frauenpolitischen Positionen wurden schon völlig vom Lärm übertönt. Mitglieder der Fraktion schrien mich nieder (…) Ich höre das Gebrüll noch wie heute, wenn ich daran denke.« Wiederum aber entkräfteten Heitmanns Antworten keineswegs Süssmuths Sorgen. Nach der Sitzung verließ sie rasch den Raum und eilte in den Schutz ihres Büros. Die *Frankfurter Allgemeine Zeitung*, die Heitmann unterstützte, schrieb am folgenden Tag, Süssmuth habe sich um Kopf und Kragen geredet.[2]

Nur drei Leute, erzählt Süssmuth, seien im Anschluss an die Fraktionssitzung zu ihr gekommen. Drei von über dreihundert.

»Man kann sehr alleine sein«, konstatiert die Politikerin nachdenklich. »Es gibt die totale Einsamkeit.«[3] Die Bundestagspräsidentin hatte, wie bereits erwähnt, nach Petra Kellys Tod ein Jahr zuvor einfühlsame Worte gefunden und sehr klar erkannt, wie isoliert die Grüne innerhalb ihrer Partei und innerhalb des Bonner Kosmos gewesen war. Im Gegensatz zu Kelly setzte sich Süssmuth nie als Märtyrerin in Szene, sie thematisierte ihre eigenen Befindlichkeiten so gut wie gar nicht, und doch kannte sie das Gefühl, dass die eigenen Überzeugungen und Werte schwerer wogen als eine wie auch immer geartete Parteiloyalität. Sie wusste, was es bedeutete, allein dazustehen. Anders als Petra Kelly ist Rita Süssmuth vom Naturell her eine Teamplayerin, und doch fand sie sich immer wieder in der Position der Einzelkämpferin. »Das machte es schwierig, Einfluss zu behalten, Macht auszubauen.«[4]

Szenenwechsel: Zwei Jahre nachdem Rita Süssmuth nach ihrer Intervention in der Fraktion zunächst allein auf weiter Flur gestanden hatte, musste eine weitere Spitzenpolitikerin erleben, wie sehr eine das Festhalten an eigenen Überzeugungen in die Isolation treiben kann. Und im Gegensatz zu Süssmuth, deren Position sich schließlich im politischen Diskurs durchsetzte, was Heitmann zum Rückzug zwang, kostete Sabine Leutheusser-Schnarrenbergers Konsequenz sie am Ende das Amt.

Sabine Leutheusser-Schnarrenberger war 1992 mit nur vierzig Jahren Bundesjustizministerin geworden und damit die erste Frau, die auf Bundesebene ein sogenanntes »klassisches« Ressort übernahm. Wie viele Frauen, die erstmals einen Posten übernehmen, wurde Leutheusser-Schnarrenberger anfangs zweifelnd beäugt nach dem Motto: »Kann die das?«. Der Druck, der auf diesen Ersten liegt, ist enorm. Margot Käßmann, die 1999 erste Landesbischöfin in Hannover und 2009 erste Ratsvorsitzende der Evangelischen Kirche in Deutschland wurde, erinnert sich gut an die kritischen Blicke, die auf ihr ruhten. Eine Kollegin habe sie nach ihrer Wahl gewarnt: »Frau Käßmann, Sie machen einfach keine Fehler. Alle warten darauf, aber Sie machen einfach keine

Fehler.«[5] Die Angst davor, es für alle Geschlechtsgenossinnen zu vermasseln, wenn man im Amt nicht reüssiert, begleitet Frauen auf exponierten Posten bis heute.

Leutheusser-Schnarrenberger gelang es zunächst, sich rasch Respekt zu verschaffen, sowohl im Ministerium als auch in der Koalition. Mitte der 1990er-Jahre allerdings eckte sie dann in einer zentralen Frage innerhalb ihrer Partei und der Koalition an. Zu dieser Zeit begann man, drastische Bedrohungsszenarien durch organisierte Kriminalität zu entwerfen, die es angeblich nötig machten, dem Staat immer schärfere Waffen an die Hand zu geben, auch solche, die massiv in liberale Grundrechte eingriffen. So wurde intensiv für den sogenannten Großen Lauschangriff geworben, der die elektronische Abhörung privater Wohnungen ermöglichen sollte. Das allerdings war mit der Justizministerin nicht zu machen. Sie sah Artikel 13 des Grundgesetzes, die Unverletzlichkeit der Wohnung, in Gefahr und stellte sich quer. Ihre Partei, die FDP, von jeher gespalten in einen wirtschaftsliberalen und einen linksliberalen Flügel, stand vor einem Dilemma. Traditionell verstand sich die FDP als Hüterin der bürgerlichen Freiheitsrechte, allerdings mehrten sich nun die Stimmen, die mehr Zugriffsmöglichkeiten für den Staat forderten. Leutheusser-Schnarrenberger geriet in die Defensive, blieb aber bei ihrem strikten Nein, auch als ihre Partei eine Mitgliederbefragung ankündigte. Sie verknüpfte ihre Zukunft als Ministerin mit dieser Richtungsentscheidung.

Als kurz vor Weihnachten 1995 das Ergebnis zugunsten der groß angelegten Überwachung bekannt gegeben wurde, stand für Leutheusser-Schnarrenberger fest, dass sie zurücktreten würde. »Für mich gab es keinen anderen Weg«, erinnert sie sich. »Ich war fest davon überzeugt, dass dieser Grundrechtseingriff falsch war, hatte das immer wieder voller Überzeugung vertreten, mich in meiner Haltung nicht beirren lassen und sollte mich nun darauf reduzieren lassen, ausführendes Organ für die Beschlüsse der Partei zu sein? Unglaubwürdiger hätte ich nicht werden können.« Seit Gustav Heinemann, der 1950 aus Protest gegen die Wiederbewaffnung zurückgetreten war, hatte kein Minister und keine Ministerin mehr das Amt aus inhaltlichen Gründen niedergelegt. Kein Skandal, keine Affäre, nichts und niemand zwang die Politikerin dazu, außer ihrem Gewissen. Kein Wunder, dass kaum ein Kollege ihre Entscheidung nachvollziehen konnte, die meisten waren völlig verblüfft. Neben ihrer Ernennung zur Justizministerin, so Leutheusser-Schnarrenberger, sei ihr Rücktritt »der tiefste Einschnitt in meinem politischen Leben« gewesen.[6]

Als sie am 14. Dezember 1995 vor die Kameras trat, war sie sichtlich angefasst und hatte Tränen in den Augen. Der Große Lauschangriff sei ein »entscheidender Schritt weg vom Konzept des liberalen Rechtsstaats, dessen Recht primär Abwehrrecht des Bürgers ist, hin zum Konzept eines konservativen Schutzstaates«.[7] Und diesen Schritt konnte sie nicht mitgehen. »Ich wollte zu meinen Worten stehen«, erinnert sie sich Jahre später an diese bedrückende Situation. »Ich wollte glaubwürdig bleiben und mich jeden Tag im Spiegel anschauen können. Ich war nicht abhängig von der Partei und wichtigen Ämtern. Ich war meinem Gewissen verantwortlich.«[8]

Wie Rita Süssmuth war auch Sabine Leutheusser-Schnarrenberger ziemlich alleine mit ihrem Gewissen. Ein bitterer Tag für die engagierte Politikerin, die es als erste Frau auf den begehrten Chefsessel des Justizministeriums geschafft hatte. Sie hatte noch viel vorgehabt in diesem Amt und gab nun freiwillig die Macht ab. Die Entscheidung lastete schwer. Die dröhnende Stille, die sie am 17. Januar 1996, dem Tag, an dem der Bundespräsident ihr die Entlassungsurkunde aushändigte, umgab, wurde schließlich durchbrochen durch das Klingeln des Telefons. Hans-Dietrich Genscher war am Apparat. Was sie denn heute noch vorhabe, wollte der FDP-Grande wissen. Nicht viel, antwortete Leutheusser-Schnarrenberger. Für Genscher aber stand fest, dass man einen solchen Tag nicht alleine ausklingen lassen durfte. Er lud sie in sein Bonner Stammlokal ein und es wurde ein vergnüglicher Abend. »Er war der einzige Politiker, der sich an diesem Tag gemeldet hat.«[9]

Klaus Kinkel, FDP-Kollege und Außenminister, konnte ihre

Gründe für den Rücktritt nicht nachvollziehen, Guido Westerwelle meinte, sie hätte ihre Position früher klarmachen müssen und auch die Konsequenzen, die sich daraus ergeben würden, »nur Genscher, der hat's voll kapiert, obwohl der selber nie von einem Ministeramt zurückgetreten wäre«, so Leutheusser-Schnarrenberger. Auch der Kanzler war übrigens ziemlich erstaunt über den Rücktritt. Dem war das Thema gar nicht so wichtig. Dass eine Justizministerin deswegen hinschmiss, irritierte ihn, war aber letztlich Sache der Liberalen. Und in ihrer eigenen Partei war auch die Ursache des Konfliktes zu suchen. »Das waren schon Triebkräfte in der FDP«, so Leutheusser-Schnarrenberger, »und manche wollten mich auch einfach loswerden. Ganz klar. (...) Ich machte nicht das, was die eigentlich gehofft hatten, deshalb wollten sie mich weghaben.«[10] In den folgenden Jahren blieben ihr zunächst nur wenige Verbündete – namentlich Gerhart Baum und Burkhard Hirsch – und auch Genscher unterstützte sie zuverlässig, insgesamt aber führte sie innerhalb ihrer Partei erst mal ein Schattendasein.

Um Politiker und Politikerinnen, die den Partei- oder Fraktionskonsens infrage stellen, wird es einsam. Nicht selten zahlen sie einen hohen Preis. Sie verlieren ein Amt, werden auf einer Wahlliste schlecht platziert, werden geschnitten. Es fällt auf, dass es immer wieder gerade Spitzenpolitikerinnen waren, die Richtungsentscheidungen der Partei in Zweifel zogen. Rita Süssmuth eckte im Laufe ihrer Karriere beim Kanzler und seinen Mannen so oft an, dass es schon fast zum Normalzustand ihres politischen Daseins wurde. Sabine Leutheusser-Schnarrenberger und auch ihr Vorbild Hildegard Hamm-Brücher stellten sich quer, wenn die kleine FDP mal wieder allzu opportunistisch liberale Werte opferte, um für einen großen Koalitionspartner attraktiv zu sein. Angela Merkel distanzierte sich auf dem Höhepunkt der Spendenaffäre von Helmut Kohl und forderte die Partei auf, sich vom Übervater zu emanzipieren – ein Schritt, den keiner der damaligen CDU-Kronprinzen von Roland Koch bis Friedrich Merz zu tun gewagt hatte. Und manchmal hat man den Eindruck, die

Herren haben ihr bis heute nicht verziehen, dass Merkel damals mehr Mut aufbrachte als sie selbst.

Warum aber fallen immer wieder Politikerinnen auf mit solch waghalsigen Aktionen? Warum schwimmen sie zuweilen offenbar gezielt gegen den Strom? Rita Süssmuth zufolge gehörte zum engsten Zirkel um Helmut Kohl keine einzige Frau. Politikerinnen waren zwar am Politikbetrieb beteiligt, blieben aber stets im Vorhof der Macht.[11] Das schloss sie vielfach von wichtigen Entscheidungen aus, verlieh aber im besten Fall auch ein gewisses Maß an innerer Freiheit. Frauen gehörten nicht zur *Boygroup*, die den Kanzler auf Schritt und Tritt bestätigte und im Gegenzug mit Ämtern und direktem Zugang zur Macht belohnt wurde. Politikerinnen, auch solche an der Spitze, hatten lange Zeit eine Außenseiterinnenrolle, sie gehörten nicht so richtig dazu, fungierten nicht selten als »Alibifrau«. Manche von ihnen bewegte diese prekäre Situation dazu, umso geflissentlicher das zu tun, wozu ihre Förderer sie auf bestimmte Posten berufen hatten. Andere aber befähigte ihr spezieller Status, bei sich selbst zu bleiben, kritisch nachzuhaken, Macht infrage zu stellen – auch wenn die überwältigende Mehrheit um sie herum einhellig anderer Meinung war. Im folgenden Kapitel soll es um diese Solitärinnen gehen, aber auch um die Einsamkeit an der Spitze und den *Double Standard*, der für Männer und Frauen in der Politik bis heute gilt.

Fremdkörper

Eine Frau unter zwanzig Männern im Kabinett, so erklärte einmal die erste Bundesministerin Elisabeth Schwarzhaupt, werde zwar ausgesucht höflich behandelt, sie habe es aber schwer, sobald es um Zuständigkeiten, und noch schwerer, wenn es ums Geld gehe. »Ich hatte außerdem«, so Schwarzhaupt, »zeit meines Lebens, wenn ich als einzige Frau in einem Männergremium saß, das Gefühl, eine fremde Sprache zu sprechen.«[12] Schwarzhaupt, 1901 in Frankfurt geboren, wurde 1961 zur Gesundheitsministerin im vierten Kabinett Adenauer. Vorangegangen war ihrer Ernennung übrigens eine handfeste Erpressung. Als der Kanzler einmal mehr entgegen seinem Versprechen, wenigstens eine Frau ins Kabinett zu nehmen, eine Regierung ohne weibliche Beteiligung zusammengestellt hatte, platzte den Damen in der Union der Kragen. Helene Weber, erfahrene Parlamentarierin, kannte Adenauer seit Weimarer Tagen. Sie wusste, wie er tickte, hatte immer eine Tafel Schokolade in ihrer Handtasche, um den Kanzler, der Süßem nie abgeneigt war, nötigenfalls zu besänftigen oder ihn gewogen zu stimmen. Nun aber waren härtere Bandagen angesagt. Mit Streicheleinheiten, guten Worten und Süßkram kamen die Christdemokratinnen nicht voran, das hatten die letzten Jahre bewiesen. Weber trommelte ihre Mitstreiterinnen zusammen. Als der Kanzler ausrichten ließ, dass er die rebellierenden Frauen nicht empfangen werde, veranstalteten sie im Kanzleramt kurzerhand einen Sitzstreik und rangen dem Alten am Ende tatsächlich einen Ministerinnenposten ab.

Ursprünglich war Schwarzhaupts Name immer wieder im Zusammenhang mit dem Justizministerium genannt worden und tatsächlich wäre sie eine mutige und wirklich aufsehenerregende Besetzung gewesen. Die Juristin gehörte dem Rechtsausschuss an und hatte an der Reform des Familienrechts, des Ehegesetzes und des Nichtehelichenrechts mitgewirkt. Darüber hinaus hatte sie 1954 eine viel beachtete Rede gehalten, als es im Bundestag um das im Zusammenhang mit Erna Scheffler bereits erwähnte väterliche Letztentscheidungsrecht gegangen war. Sie hatte innerhalb der Union die Gegenposition zu Helene Weber vertreten, die an dieser letzten Bastion der patriarchalen Familie festhalten wollte, während Schwarzhaupt dafür plädierte, den Stichentscheid ein für alle Mal zu streichen: »Ich persönlich glaube, dass man ohne das Entscheidungsrecht des Mannes (…) auskommen kann.«[13] Trotz der damaligen inhaltlichen Differenzen setzte sich Weber nun für Schwarzhaupt ein. Justizministerin aber wurde sie nicht. Dieses Amt, so entgegnete Adenauer auf den Vorschlag, sei in Ostberlin mit Hilde Benjamin bereits von einer Frau besetzt, da könne man in Bonn nicht ebenfalls eine Frau zur Justizministerin machen. Welch bestechende Logik es allerdings erlaubte,

[19] Ihr Posten konnte nur mithilfe eines Sitzstreiks gegen den widerspenstigen Adenauer durchgesetzt werden: Elisabeth Schwarzhaupt wurde 1961 die erste Ministerin der Bundesrepublik.

quasi jeden anderen Ministerposten ebenfalls analog zur DDR-Regierung mit einem Mann zu besetzen, blieb Adenauers Geheimnis. Die Stalinistin Benjamin, berüchtigt für die Abhaltung politischer Schauprozesse, war tatsächlich eine von nur drei Ministerinnen in der Geschichte der Deutschen Demokratischen Republik bis Herbst 1989. Lediglich im Bildungsressort durften zweimal Frauen ran. Neben Elisabeth Zaisser, die in den frühen 1950er-Jahren Ministerin für Volksbildung war, übernahm 1963 Margot Honecker dieses Amt und wurde zur mächtigsten Frau Ostberlins, was natürlich auch daran lag, dass sie ab 1971 die First

Lady der DDR war. Nicht nur in der Bundesrepublik, sondern auch im sozialistischen Teil Deutschlands also, in dem es per definitionem keine Geschlechterdiskriminierung geben durfte, befanden sich Spitzenpolitikerinnen in einer eklatanten Minderheitenposition.

Aber zurück nach Bonn und zu Elisabeth Schwarzhaupt, die 1961 eben nicht im Justizministerium antrat – wie gesagt, sollte erst über dreißig Jahre später mit Sabine Leutheusser-Schnarrenberger die erste Frau diesen Posten übernehmen –, sondern im neu geschaffenen Gesundheitsministerium. Die Unions-Frauen hatten einen Sieg errungen, mussten aber bald erkennen, dass Fortschritt ohne feste Regelungen und Abmachungen immer gefährdet war. 1965 beispielsweise schlug Kanzler Ludwig Erhard ausgerechnet das einzige Ministerium, das von einer Frau geführt wurde, im Zuge der Kabinettsbildung der FDP zu. Aber erneut traten die Christdemokratinnen auf den Plan. Als Aenne Brauksiepe, Vorsitzende der Frauen Union, die gerade auf dem Heimweg von Bonn zu ihrer Familie war, Wind davon bekam, machte sie umgehend kehrt und setzte alle Hebel in Bewegung, um die Entscheidung rückgängig zu machen, was auch gelang. »Ich glaube auch, dass ich mit meinem Eintritt ins Kabinett, wenn auch als Alibifrau, eine Tür für die Frauen geöffnet habe, die nicht mehr zugeschlagen werden konnte«, resümiert Elisabeth Schwarzhaupt.[14] Und tatsächlich gab es von 1961 an kein Kabinett mehr ohne mindestens eine Ministerin. Die Miniquote von einer Frau – zumindest das – war etabliert.

Die einzige Ministerin in einem Kabinett von Männern zu sein, die es gewohnt waren, unter sich zu bleiben, machte die Frau allerdings zu einem Fremdkörper. Adenauer, der sein Kabinett hartnäckig mit »Morjen, meine Herren« begrüßte, soll auf Schwarzhaupts Einwand, sie würde gerne mit Frau Ministerin angesprochen werden, geantwortet haben: »In diesem Kreis sind auch Sie ein Herr!«[15] Natürlich wurde schon damals von einflussreichen Männern die Sinnhaftigkeit des Genderns infrage gestellt und geleugnet, dass Sprache das Bewusstsein prägt. Ja, Kabinettspolitik gab es für den Kanzler und ganz viele andere Politiker dieser Zeit überhaupt nur in männlicher Form. Um hier grundsätzlich einen Sinneswandel herbeizuführen, reichte eine Frau nicht aus. Eine allein stach heraus. Eine allein musste sich an die männlichen Spielregeln halten, ob sie wollte oder nicht. Und eine allein blieb selbstverständlich von informellen Treffen weitgehend ausgeschlossen. Elisabeth Schwarzhaupt schildert das eindrücklich. Als Frau habe sie nicht an den abendlichen Männerrunden beim Skat oder am Biertisch teilgenommen, in denen nebenbei Personalprobleme gelöst und Stellen verteilt wurden. »Abwesende«, so Schwarzhaupt, »werden leicht vergessen.«[16] Erst in den späten 1990er-Jahren, als im rot-grünen Kabinett eine beachtliche Zahl Ministerinnen und Staatssekretärinnen saßen, bildeten sich, wie wir im Zusammenhang mit Renate Schmidt gesehen haben, im größeren Stil weibliche Seilschaften, begannen Frauen, sich abzusprechen und sich gegenseitig zu unterstützen. In den Jahrzehnten zuvor liefen die wenigen Ministerinnen mit ihren politischen Zielen und Anliegen nicht selten gegen eine Mauer männlicher Ignoranz an, ja, sie hatten oft Mühe, überhaupt gehört zu werden. Dies auch, weil sie meist Ressorts vertraten, die eben nicht zu den großen Playern gerechnet wurden. Die Republik musste 72 Jahre alt werden, bis sie mit Annalena Baerbock die erste Außen- und mit Nancy Faeser die erste Innenministerin bekam.

Als Rita Süssmuth Mitte der 1980er-Jahre Ministerin wurde, hatte sie mit Dorothee Wilms immerhin eine weitere Kabinettskollegin, doch auch sie kannte das Gefühl der Fremdheit. Helmut Kohl, so Süssmuth, empfand sich beinahe physisch als Körper der Partei. Kohl *war* die Partei. Der Kanzler, so beschäftigt er auch mit außenpolitischen Fragen, mit Koalitionsauseinandersetzungen, ab 1989 mit den Herausforderungen der Deutschen Einheit war, befand sich stets in engster Symbiose mit der Union. Er wusste immer, was die Partei bewegte, hielt Kontakt in die verschiedenen Landesverbände hinunter zuweilen bis auf die Kreisebene. Kohls Herrschaft basierte auf Machtkonzentration, in diesem Sinne war sie dem System Adenauer sehr ähnlich. Seine Getreuen erwiesen ihm volle Loyalität, dafür unterstützte und schützte er sie. Er war der unangefochtene Patriarch umgeben von ergebenen Jüngern, die – zumindest zu Beginn seiner Kanzlerschaft – durchaus eine gewisse Vielfalt repräsentieren durften. So gab es den Sozialpolitiker Norbert Blüm, den progressiven Heiner Geißler, den *Law and Order*-Mann Manfred Kanther. Aber wie das bei Jüngerkreisen so ist, Frauen bleiben außen vor. Wenn Kohl der Parteikörper war, dann war dieser Körper der Partei ein männlicher. Und Kohls Dominanz ließ nicht viel Platz für Weiblichkeit in der Union – weder hinsichtlich der Themen noch atmosphärisch. »Systematisch«, so Süssmuth, »erzeugte Helmut Kohl bei den Männern um sich herum ein Gefühl von Nähe, auch indem er einzelne Privilegierte in sein ›Küchenkabinett‹ berief, das häufig im Kanzlerbungalow tagte.« In diesem »gut abgeschotteten Lichthof« um Kohl herum wurde Politik gemacht. Wer nicht zu diesem auserwählten Zirkel, zu dieser ergebenen *Boygroup* gehörte, dem- oder derjenigen blieb der Zugang zur Macht verwehrt.[17]

Kohl prägte aber nicht nur den Körper der Partei, er setzte auch seinen eigenen Körper strategisch ein. Der Kanzler war 1,93 Meter groß und mit den Jahren wurde er immer fülliger. Seine schiere Erscheinung konnte einschüchtern und er wusste es. Immer wieder spielte er diesen Vorteil gegenüber anderen Staats- und Regierungschefs, aber auch gegenüber Koalitionspartnern, der Opposition oder innerparteilicher Konkurrenz aus. »Kohl arbeitete mit seiner Physis«, erinnert sich Süssmuth. Er habe seine Körperlichkeit, seine Riesenstatur gezielt eingesetzt.[18] Das gereichte gerade Frauen zum Nachteil, die in Sachen Körpergröße, Leibesumfang und Stimmgewalt kaum mithalten konnten. Aber auch beim kalkulierten Spiel der Machtdemonstration und der Gunsterweisung hatten Politikerinnen meist das Nachsehen, einfach weil bei ihnen die männlichen Verhaltenscodes nicht zogen. »Helmut Kohl betritt einen Sitzungsraum«, berichtet Süssmuth, »Er legt einem Gesprächspartner den Arm um die Schulter. Er vergewissert sich seiner körperlichen Wirkung, er sendet dem anderen Zeichen der Zustimmung und Nähe oder der Distanz. Lohn, Lob, Strafe, alles nonverbal ausgedrückt.«[19] Von dieser Art Leiblichkeit waren Frauen von vornherein ausgeschlossen. Ihnen klopfte man nicht auf die Schulter, schlug man nicht jovial auf den Rücken. Helmut Kohl, der Kanzler, der die Einheit auch mithilfe eines Männerabends mit Michail Gorbatschow im Kaukasus unter Dach und Fach brachte, der den russischen Truppenabzug bei einem Saunabesuch mit Boris Jelzin klarmachte, war ein Politiker, der mit großen Gesten und durchaus auch großen Gefühlen, mit kalkulierter Vertraulichkeit und wohldosierter Verbindlichkeit arbeitete. Allerdings stammte sein Repertoire aus dem Handbuch maskulinen Machtgebarens. Kein Wunder, dass er sich mit der britischen Premierministerin Margaret Thatcher schwertat. Die eiserne Lady war nicht empfänglich für Gesten jovialer Männlichkeit. Dies wird im folgenden Kapitel noch deutlich.

Aber auch Helmut Kohl hatte im Laufe der 1980er-Jahre erkennen müssen, dass man Wählerinnen nicht dauerhaft links liegen lassen durfte. Die SPD und vor allem die Grünen setzten nach und nach Themen auf die Agenda, die in der Union bislang ignoriert worden waren oder die als absolute Tabus gegolten hatten: die Anerkennung von Erziehungszeiten, die externe Kleinkinderbetreuung, den Paragrafen 218, aber auch die Frage, ob Deutschland ein Einwanderungsland war und ob Atomkraft eine sichere und zukunftsfähige Energiequelle darstellte. Auch in der CDU, das war Kohl klar, musste man zeigen, dass man verstanden hatte, dass die Welt sich weiterdrehte. Die »geistig-moralische Wende«, die der Kanzler nach seinem Regierungsantritt 1982 propagiert hatte, war über den Status des Schlagworts nicht recht hinausgekommen. Große Reformen ließen auf sich warten. Die schwarz-gelbe Koalition zeigte weder klare Kante, noch schien sie ein eindeutiger Kompass zu leiten. Heiner Geißler, Minister für Jugend, Familie und Gesundheit und darüber hinaus Generalsekretär der Partei, wurde nicht müde, den Kanzler zu bearbeiten. Es brauchte, so Geißlers Überzeugung, ein weibliches Gesicht auf Spitzenebene, eine Identifikationsfigur für Frauen. Im ersten Kabinett Kohl hatte mit der bereits erwähnten Dorothee Wilms nur eine einzige Frau gesessen. Die Ministerin für Bildung und Wissenschaft, 1929 geboren, war eine typische Vertreterin der frühen christdemokratischen Politikerinnengarde: ledig, spezialisiert auf Bildungspolitik, gut katholisch. »Überzogene Emanzipationsbestrebungen«, was auch immer genau darunter zu verstehen war, lehnte sie entschieden ab, Gleiches galt für eine Frauenquote.[20]

Geißler wusste: So wertvoll Wilms' Arbeit als Bildungs- und Wissenschaftsministerin auch sein mochte, sie war keine Politikerin, die es mit den zugkräftigen Genossinnen vom Schlag einer Renate Schmidt oder einer Charismatikerin wie Petra Kelly von den Grünen aufnehmen konnte. So brachte Geißler Rita Süssmuth, die Direktorin des Instituts »Frau und Gesellschaft« in Hannover, ins Spiel. Die Erziehungswissenschaftlerin, seit 1981 CDU-Parteimitglied, war eine moderne Frau, hatte selbst eine Tochter und war immer berufstätig gewesen. Süssmuth war nicht wenig erstaunt, als sie einen Telefonanruf aus dem Kanzleramt bekam. Helmut Kohl wolle sie sehen, hieß es. Sie fuhr nach Bonn ohne klare Vorstellung davon, was der Kanzler mit ihr besprechen wollte. Geißler, so setzte Kohl ihr schließlich auseinander, müsse sich auf das Amt des Generalsekretärs konzentrieren, ob sie sich das Jugend-, Familien- und Gesundheitsministerium zutrauen würde. Süssmuth war überrumpelt und meldete Bedenken an. Sie setzte dem Kanzler auseinander, dass sie vor allem beim Paragrafen 218 eine von der Parteilinie abweichende Haltung vertrat, dass sie der Auffassung sei, Strafrecht sei ein ungeeignetes Mittel, um ungeborenes Leben zu schützen. Kohl hörte sich alles an und gab ihr vier Wochen Bedenkzeit.

Im Grunde erwartete der Kanzler von Süssmuth die Quadratur des Kreises. Sie sollte Modernisierung verkörpern, aber es durfte niemandem wehtun. Und das in zweierlei Hinsicht: Ihre Impulse sollten um Himmels willen nicht die konservativen Wähler*innen und kirchlichen Verbündeten verschrecken und natürlich durften ihre Maßnahmen nicht viel kosten. »Der anstehende und drängende Rollenwandel der Frauen sollte unbemerkt verlaufen«, so Süssmuth. »Dieser Erwartung konnte und wollte ich nicht entsprechen.«[21]

Kohl war es gewohnt, dass man seinen Wünschen folgte. Und noch ahnte er wohl kein Ungemach, denn auch Süssmuth tat ja zunächst das, was er wollte. Sie sagte zu und wagte den Sprung in die Politik. Die Probleme hatte sie als Wissenschaftlerin lange genug analysiert, jetzt reizte es sie, Lösungen zu finden, tatsächlich etwas zu bewirken. Am 26. September 1985 wurde Süssmuth zur Bundesministerin für Jugend, Familie und Gesundheit. Im Jahr darauf wurde das Ministerium erweitert und hieß nun Bundesministerium für Jugend, Familie, *Frauen* und Gesundheit. Allerdings änderte die nominelle Aufnahme von Frauenbelangen nichts daran, dass diese Abteilung ihres Hauses nur spärlich mit Kompetenzen ausgestattet war und sich dauernd mit deutlich mächtigeren Ressorts um Zuständigkeiten und Finanzen auseinandersetzen musste. So hatte der Kanzler sich das vorgestellt: preiswerte Symbolpolitik. Wie viel Wirbel, so vermutlich sein Kalkül, konnte diese Süssmuth schon machen? Schließlich war die Frau gerade mal vier Jahre in der Partei. Sie hatte weder Stallgeruch noch verfügte sie über eine Hausmacht. Was konnte schon schiefgehen?

Nun, Helmut Kohl, das sollte sich bald herausstellen, unterschätzte seine Ministerin, so wie er später eine gewisse Angela Merkel unterschätzen sollte. Zunächst war Süssmuth schier erschlagen angesichts der Fülle der Aufgaben. Hinzu kam, dass sie in der Partei nicht gerade von jedermann beziehungsweise jederfrau herzlich empfangen wurde. »Ich war eine Fremde für die CDU/CSU-Fraktion und zunächst auch bei den Frauen nicht willkommen«, so Süssmuth. »Fachlich war ich auf den Wechsel ins Regierungsamt gut vorbereitet. Politisch war ich es nicht.«[22] Kohl – Machtpolitiker, der er war – wusste nur zu gut, dass solcherlei Neulinge, die durch seine Gunst etwas geworden waren, in der Regel besonders loyal waren, weil sie sich ihm verpflichtet fühlten und darüber hinaus über keine eigenen Truppen verfügten. Gerade die sogenannten Alibifrauen entsprachen hier meist den Erwartungen, einfach weil sie oft keine andere Wahl hatten. »Wie die Machtmechanismen funktionieren, bekommen Sie ganz schnell beigebracht«, erinnert sich Süssmuth, »Ob Sie geduldet sind oder ob Sie anerkannt sind. Ob Sie hingenommen werden oder ob man Sie wirklich will.«[23]

Die neue Ministerin passte in zahlreichen Aspekten nicht recht zu ihrer Partei, sie wurde vielfach als Provokation empfunden, als Störfaktor. Man kritisierte ihr Auftreten, ihre Frisur, ihre Garderobe. Die »Chefdesigner der Fraktion«, so Süssmuth, hätten ihre liebe Mühe mit ihr gehabt.[24] Und auch der Kanzler merkte schnell, dass Rita Süssmuth einigermaßen unempfänglich war für die Mechanismen männlichen Machtgebarens, für das feine Netzwerk des Systems Kohl, gewoben aus Loyalität und gezielter Förderung, aus Unterwürfigkeitsgesten und Gunsterweisung. Gegen die Parteilinie und den Willen des Kanzlers schrieb sich Süssmuth nicht nur kindliche Frühförderung und -betreuung auf die Fahnen, sie kämpfte darüber hinaus für die Anerkennung des Erziehungsjahres auch für ältere Frauen, die immerhin zwei Weltkriege erlebt und unter widrigsten Umständen Kinder großgezogen hatten. Der Kanzler und auch Finanzminister Stoltenberg ließen Süssmuth mit Hinweis auf die Kosten auflaufen. Die Ministerin aber mobilisierte die Öffentlichkeit – in bester Tradition Elisabeth Selberts, auf die sich Süssmuth ausdrücklich berief – und konnte schließlich einen Sieg vermelden. »Die breite Öffentlichkeitsaufklärung und die Unterstützung vieler hat das Nein in ein Ja verwandelt. Das war ein Sieg der Gerechtigkeit, spät, aber nicht zu spät.«[25] Kohl goutierte derartige Alleingänge überhaupt nicht, musste aber nach und nach erkennen, dass Rita Süssmuth, die er für eine machtlose Seiteneinsteigerin gehalten hatte, lenkbar nach seinen Wünschen, drauf und dran war, sich in eine populäre Politikerin zu verwandeln, deren Glaubwürdigkeit und Hartnäckigkeit ihr durchaus Macht verlieh. Und zwar eine Macht, die weitgehend unabhängig war vom System Kohl, was den Kanzler wiederum beunruhigen musste. »Er hätte mich ja des Hofes verjagen können, das wäre ein Leichtes gewesen für ihn«, sagt Süssmuth heute,[26] aber wahrscheinlich ist ihre Einschätzung der eigenen Position hier zu bescheiden. Ab einem gewissen Punkt stand Süssmuth innerhalb der Union für zu viel und zu viele, als dass man sie einfach loswerden hätte können.

Genau diese Glaubwürdigkeit half Süssmuth auch in der wohl kritischsten Phase ihrer Zeit als Ministerin: der AIDS-Krise. Zu Beginn der 1980er-Jahre mehrten sich zunächst in den USA die Berichte über eine neue Erkrankung, die auffallend oft junge Männer betraf und scheinbar kerngesunde Menschen innerhalb kurzer Zeit sterbenskrank machte. Die Patienten hatten geschwollene Lymphdrüsen, litten an Lungenentzündungen, am sogenannten Kaposi-Sarkom und anderen Erkrankungen, die man sonst von Menschen mit stark beeinträchtigtem Immunsystem kannte. Auch in Deutschland wurden bald die ersten Fälle registriert. Da auffiel, dass die Krankheit vor allem in der homosexuellen Community auftrat, war schnell die Rede von der »Schwulenpest«. Erst zehn Jahre zuvor war im Zuge der Sexualstrafrechtsreform der sozial-liberalen Koalition die Strafbarkeit der Homosexualität nach Paragraf 175 abgeschafft, beziehungsweise auf Sex mit Minderjährigen begrenzt worden. Viele Schwule lebten aber auch in den frühen 1980er-Jahren ihre Sexualität noch im Verborgenen – aus Angst vor gesellschaftlichen Repressionen, vor dem Fingerzeig der Nachbarn, vor den befremdeten Blicken der Kollegen, vor dummen Sprüchen des Chefs. Nun kam ein neues Stigma hinzu. Nicht nur liebte man anders, man wurde auch als Träger und Überträger einer tödlichen Krankheit gebrandmarkt.

Die Geschütze, die bei der Eindämmung und Bekämpfung der AIDS-Pandemie aufgefahren wurden, waren zum Teil martialisch und die neue Gesundheitsministerin geriet massiv unter Druck, sich im Überbietungswettbewerb der Maßnahmen zu positionieren. Sie habe schlaflose Nächte gehabt, erinnert sie sich: »Hier richtig zu handeln, heißt, Tausende, Hunderttausende von Leben retten. Falsch zu handeln, kann den Tod ebenso vieler bedeuten.«[27] Rita Süssmuth tat erst mal das, was sie als Wissenschaftlerin gelernt hatte. Wie die Physikerin Angela Merkel während der COVID-19-Pandemie über dreißig Jahre später, holte die Ministerin den Rat von Expert*innen ein, machte sich schlau und ließ sich schlau machen. Süssmuth wie Merkel wollten komplexe Zusammenhänge verstehen und dieses Wissen dann in Politik übersetzen. Die Kanzlerin wurde 2020/21 über Deutschland hinaus berühmt dafür, einer verdatterten Pressekonferenz die Rasanz exponentiellen Wachstums vorzurechnen. Wenn wir darauf schauen, wie weltweit mit den Corona-Herausforderungen umgegangen wurde, dann stellen wir fest, dass Länder, die von Frauen geführt wurden – von der neuseeländischen Premierministerin Jacinda Ardern über die dänische Regierungschefin Mette Frederiksen bis Angela Merkel –, in der Tendenz besser, zumindest durch die erste Welle der Pandemie, gekommen sind. Möglicherweise sind Regierungschefinnen und Ministerinnen beratungsoffener als Männer, die stärker als Frauen den Gesichtsverlust fürchten. Die Soziologin Eva Illouz meint, Frauen handelten ökonomisch, medizinisch und sozial vorausschauender, und weiblicher Regierungsstil zeige daher gerade in Krisen seine Vorzüge. Staatenlenkerinnen, so resümiert auch eine Studie, hätten in der Corona-Krise schneller und entschiedener gehandelt.[28] Diese Politikerinnen stehen, nebenbei bemerkt, in einer langen weiblichen Traditionslinie: Schon Maria Theresia von Österreich folgte im 18. Jahrhundert dem Rat innovativer Experten und begann – damals geradezu revolutionär –, ihre eigenen und ihre Landeskinder durch die sogenannte Variolation gegen die Pocken immunisieren zu lassen. Corona-Missmanagement im ganz großen Stil jedenfalls finden wir vor allem in Ländern, in denen großspurig auftretende Präsidenten und Premierminister den Rat von Fachleuten in den Wind geschlagen und eigene Parolen ausgegeben haben, die erst mal gut ankamen, aber zum Teil verheerende Folgen hatten.

Aber zurück nach Bonn: Im Gegensatz zu Donald Trump, Boris Johnson oder Jair Bolsonaro zeigte sich Helmut Kohl durchaus zugänglich für Argumente, schwankte aber zwischen den Hardlinern und seiner Gesundheitsministerin, die ihn immerhin überzeugen konnte, zwei Experten aus Frankreich und den USA zu empfangen und sich von ihnen auf den neuesten

Stand bringen zu lassen.[29] Mitte der 1980er-Jahre wusste man inzwischen mehr über die mysteriöse Krankheit. Ausgelöst, das war nun erforscht, wurde sie durch ein Virus – das Humane Immunschwächevirus (HIV). Und auch in Sachen Ansteckungsweise sah man nach und nach klarer. Bedeutsam waren in diesem Zusammenhang Körperflüssigkeiten – vor allem Sperma, Vaginalsekret und Blut. Sobald die Übertragungswege abgesteckt waren, konnte man auch gezieltere Maßnahmen zur Eindämmung der Krankheit in den Blick nehmen.

Rita Süssmuth war von Anfang an wichtig, dass man die Krankheit und nicht die Kranken bekämpfte. Die Gefahr allerdings, dass man sich auf Letzteres kaprizierte, war vor allem deswegen groß, weil viele Opfer von HIV und AIDS Minderheiten angehörten, die ohnehin am Rand der Gesellschaft standen: Homosexuelle, Junkies, Prostituierte. In der Union und noch mehr in der kleinen Schwesterpartei CSU wurde der Ruf nach harten Maßnahmen zur Ausgrenzung der Infizierten laut, man

*[20] Sie glaubte an die Vernunft und Solidarität der Bürger*innen: Gesundheitsministerin Rita Süssmuth, hier mit der Sexualtherapeutin Ruth Westheimer, gleiste die Kampagne »Gib AIDS keine Chance« auf.*

forderte Zwangstests und Isolierung. Vor allem der bayerische Gesundheitsminister Peter Gauweiler machte Druck. Er und andere Ausgrenzer bedienten uralte Klischees und Vorurteile und hetzten gegen jene, die es ohnehin unendlich schwer hatten. Zur größten Beunruhigung Süssmuths stieß der Bayer mit seiner populistischen AIDS-Politik im Kanzleramt durchaus auf Resonanz. Einige Monate, zwischen Februar und Oktober 1987, rangen die Strategie vom Zwangsregime und Süssmuths Ansatz, der auf Aufklärung und Freiwilligkeit setzte, miteinander. Und es stand durchaus Spitz auf Knopf. Mehrfach musste Süssmuth fürchten, in der eigenen Partei kaltgestellt zu werden. Am 17. Februar 1987, ihrem 50. Geburtstag, fand eine Kabinettsitzung statt. Erst kurz vor Mitternacht kam man zum Thema AIDS/HIV. Die Gesundheitsministerin, die sich auf diesen Moment vorbereitet hatte, wollte gerade ansetzen, »da erteilte Kohl vom Kopf des Tisches aus nicht mir, sondern Peter Gauweiler das Wort! Ich war zu überrumpelt, als dass ich sofort widersprochen hätte.« Der Kanzler wollte sie offenbar abstrafen. Dass ihm ihre deutlichen Reaktionen auf Gauweilers Vorstöße missfielen, hatte er ihr schon zuvor zu verstehen gegeben. Der bayerische Gesundheitsminister ließ sich aus über die »Seuchengefahr« und brandmarkte Süssmuths Politik als abwegig. Kohl hatte die Rollen zugeteilt und ließ dem Schauspiel seinen Lauf. Süssmuth aber wusste, jetzt half nur, sich entschieden zur Wehr zu setzen und beharrlich zu bleiben.[30]

Wie gelang es der Gesundheitsministerin das Ruder schließlich rumzureißen? Entscheidend war sicher ihre Authentizität, ihre Glaubwürdigkeit und ihre Ausdauer. »Ich hatte das Gefühl, die Menschen vertrauten mir und sie glaubten mir«, so Süssmuth. Sie setzte auf Eigenverantwortung und Solidarität. Hier, das kann man an dieser Stelle durchaus anmerken, unterschied sich ihr Krisenmanagement von jenem Angela Merkels. Während die Kanzlerin in der Corona-Krise zuweilen nicht allzu viel Zutrauen in das eigenverantwortliche Handeln der Bevölkerung an den Tag legte und entgegen dem Kurs der Ministerpräsident*innen lieber strengere Maßnahmen durchgesetzt gesehen hätte, glaubte Süssmuth an den mündigen Bürger und die mündige Bürgerin. »Es war sehr, sehr hart, aber ich habe gelernt, man kann Menschen dazu bewegen, dass sie sich selbst etwas zutrauen, dass sie nicht nur an sich selbst denken, sondern auch an das Wohl der anderen.«[31] Und im Gegensatz zu Merkel, die in zwei großen Krisen ihrer Kanzlerinnenschaft – der Flüchtlingskrise und der Pandemie – versäumte, ihre Politik ausreichend zu begründen, mit der Bevölkerung in einen echten Dialog zu treten, war Süssmuth überzeugt, dass die Menschen, wenn man ihnen mit vernünftigen, nachvollziehbaren Argumenten kam, bereit waren, zuzuhören und mitzumachen. Tatsächlich wurde die Kampagne »Gib AIDS keine Chance« zu einem Erfolg. Hatte sich Gauweiler noch echauffiert über die groß angelegte Propagierung von Kondomen als wirksamem Schutz gegen die Immunschwäche, so zeigten sich die Deutschen überraschend lernbereit und offen. Man musste nicht mehr mit hochrotem Kopf in die Apotheke oder zum Automaten in der Bahnhofstoilette, um Kondome zu besorgen, vielmehr gehörte es schnell zum guten Ton und zu verantwortungsvollem Handeln, sich und seine Partnerin oder seinen Partner zu schützen. Legendär der Kampagnen-Clip, in dem ein junger Mann fürs Wochenende einkauft und neben Lauch und Baguette auch eine Packung Präservative aufs Kassenband schmuggelt. »Tina, was kosten die Kondome«, plärrt die Kassiererin, dargestellt von Hella von Sinnen, einer der ersten offen lesbischen Schauspielerinnen der Republik, und dem jungen Mann entgleisen die Gesichtszüge. Für einen Moment herrscht Schweigen, doch dann erwidert die sympathische junge Frau vor ihm: »3,99«, nur um von der älteren Dame daneben korrigiert zu werden: »2,99. Die sind im Sonderangebot.« Interessanterweise schrie die Kassiererin in der ersten Version des Clips »Rita, was kosten die Kondome?« durch den Supermarkt, was allerdings geändert werden musste, um jeden Bezug zu Rita Süssmuth zu vermeiden.[32]

Die Deutschen erwiesen sich aber nicht nur als kooperationsbereit, was den Umgang mit HIV/AIDS betraf, die Gesellschaft, so stellte sich heraus, wurde auch offener im Hinblick auf andere Lebens- und Liebesweisen. Schwule rückten durch die AIDS-

Pandemie in den Fokus der Öffentlichkeit. Nach und nach aber traten sie aus dem Schatten der furchtbaren Krankheit heraus, wurden als Teil der Gesellschaft sichtbar und in weiten Teilen der Bevölkerung akzeptiert und integriert. Dabei half natürlich auch das Engagement zahlreicher Prominenter, die sich dafür einsetzten, das Bewusstsein in Sachen HIV/AIDS zu stärken. Dass Deutschland in den letzten beiden Jahrzehnten des 20. Jahrhunderts diverser und vielfältiger wahrgenommen wurde, hat auch mit Rita Süssmuths mutiger AIDS-Politik zu tun. Sie hat in den 1980er- und 1990er-Jahren nicht nur das Familien- und Frauenbild der Union und des Landes reformiert, sie hat der Gesellschaft durch ihre Überzeugungsarbeit und ihren inklusiven und präventiven Ansatz Zutrauen vermittelt und sie toleranter gemacht. Ihre Kommunikation auf Augenhöhe, ihre durch Expertise abgestützte Politik nahm die Bürger*innen für voll und war ein deutliches Kontrastprogramm zum Patriarchen Kohl, der eher auf *Top-Down* setzte.[33]

Die Frau, die der Kanzler geholt hatte, um möglichst schmerzfrei unvermeidbare Signale an Wählerinnen zu senden, entwickelte sich zum immer attraktiver werdenden Gegenentwurf zu seiner eigenen Person. Süssmuth stand regelmäßig an der Spitze der Liste der beliebtesten Politiker*innen des Landes. Das nahm sie als Bestätigung, gleichzeitig mit ihrer Popularität aber wuchs, wie sie einmal darlegte, auch die Zahl ihrer Feinde.[34] Im November 1988 bot sich dem Kanzler eine elegante Lösung, um die unbequeme Ministerin loszuwerden. Am 50. Jahrestag des Novemberpogroms, dem 9. November 1988, hielt Bundestagspräsident Philipp Jenninger im Bonner Wasserwerk eine Rede, die man nur als verunglückt bezeichnen konnte. Er wollte die 1938 herrschende Atmosphäre der Hetze und Verfolgung plakativ wiedergeben und griff zum Stilmittel der direkten Rede, was zu Missverständnissen führte. Es entstand der Eindruck, Jenninger selber stehe hinter derlei nationalsozialistischer Diktion. Innerhalb weniger Stunden wuchs sich die entgleiste Rede zu einem handfesten Skandal aus. Die Medien fielen über den Bundestagspräsidenten her, der nun zu allem Überfluss noch Applaus von der rechten Seite bekam. Bereits am folgenden Tag erklärte Jenninger seinen Rücktritt.

Süssmuth, die gerade auf einer Konferenz mit den Landesgesundheitsministern zusammensaß und die weiteren Schritte in der AIDS-Präventionspolitik besprach – alle außer Quertreiber Gauweiler waren sich einig, dass der nun eingeschlagene Weg der Prävention der richtige war –, erreichte ein Anruf des Kanzlers, der sie in sein Büro zitierte. Als er ihr erklärte, dass er eine Nachfolgerin für Jenninger im Amt des Bundestagspräsidenten benötigte, schien der Boden unter Süssmuths Füßen zu wanken. »Ein Schock. Nein, ich musste alles tun, um das zu verhindern. Ich wollte kein repräsentatives Amt, auch wenn es das zweithöchste Staatsamt war.« Süssmuth nannte ihm alternative Kandidaten, bombardierte ihn mit jeder Menge Einwände, sie habe noch so viel vor als Ministerin, ihr fehle die Parlamentserfahrung. Doch der Kanzler ließ sich nicht beirren, vor zwölf Uhr mittags wollte er eine Entscheidung. »Ich konnte nicht ablehnen«, konstatiert Süssmuth. Ihre Mitarbeiter*innen im Ministerium waren ebenso schockiert wie die Chefin, »uns allen standen Tränen in den Augen«.[35] Und auch viele Wähler*innen horchten auf, vor allem Frauen waren enttäuscht. »Warum, verdammt nochmal, konnte Rita Süssmuth dem Kanzler nicht nein sagen?«, schrieb die Journalistin Margot Gerste in der *Zeit*. »Ein schmerzlicher Verlust, unwahrscheinlich, dass wir eine wiederkriegen, die so kämpft.«[36] Die umtriebige und strategisch vorgehende Ministerin, die als erste Politikerin in der CDU wirklich neue Töne hören hatte lassen, die der Frauenpolitik der Union auf die Sprünge geholfen hatte, war politisch kaltgestellt, war auf ein hoch angesehenes Abstellgleis verfrachtet worden.

Der Kanzler sollte allerdings rasch merken, dass es mehr brauchte, um eine Rita Süssmuth aus dem Weg zu räumen. Auch als Bundestagspräsidentin blieb sie ein Machtfaktor, den man besser nicht übersah. Im neuen Amt war sie nicht mehr Teil des Kabinetts, hatte also viele konkrete Gestaltungsmöglichkeiten eingebüßt, andererseits verlieh ihr die Rolle der Bundestagpräsidentin deutliches Gewicht, und sie zögerte nicht, dieses für ihre Anliegen einzusetzen. Zudem blieb sie im Präsidium der Partei und war weiterhin Vorsitzende der Frauen Union. In Kohls Augen muss Süssmuth mit den Jahren sogar noch gefährlicher geworden sein. Im Vorfeld des Parteitags in Bremen im September 1989 – die Union befand sich gerade in einem massiven Stimmungstief, für das nicht zuletzt der immer eingefahrener wirkende Kohl verantwortlich gemacht wurde – überlegten einige reformorientierte Politiker*innen, unter ihnen Rita Süssmuth, Heiner Geißler, Lothar Späth und Norbert Blüm, ob es nicht sinnvoll wäre, das Amt des Regierungschefs und des Parteivorsitzenden zu trennen. Dem Kanzler aber kam diese Aktion, die für ihn einer Verschwörung gleichkam, vorab zu Ohren. Er handelte nach dem altbekannten Drehbuch mächtiger Männer: Drohen und Geschenke versprechen. Und tatsächlich gelang es ihm, die Reihen zu schließen. Heiner Geißler wurde nicht wieder als Generalsekretär aufgestellt, an seiner Stelle trat der zackige Volker Rühe an. Der Aufstand wurde abgeblasen, die »Putschisten« waren ausgebremst. Die wahre Rettung kam für Kohl jedoch wenige Wochen später. Niemand weiß, wie sich der Machtkampf innerhalb der Union in den ausgehenden 1980er-Jahren tatsächlich entschieden hätte, wäre nicht Anfang November die Mauer gefallen. Nun konnte der strauchelnde Kohl eine ganz neue Rolle einnehmen. Er wurde zum Einheitskanzler. Im Glanz der historischen Stunde und dem Handlungsdruck, der sich aus der tektonischen Verschiebung in Mitteleuropa ergab, scharte sich die Union um den starken Mann, und auch die Bevölkerung lernte nun einen neuen, zupackenden Kohl kennen, der innerhalb eines Jahres das zustande brachte, was die meisten Westdeutschen gar nicht mehr recht auf dem Schirm gehabt hatten: die Deutsche Einheit. Der Kanzler aber vergaß in den folgenden Jahren für keine Sekunde, wer damals in Bremen gegen ihn aufbegehrt hatte.

Rita Süssmuth wurde für Helmut Kohl in den 1990er-Jahren von der lästigen Ministerin zur überaus unbequemen Bundestagspräsidentin. Sie schaltete sich, wie bereits erwähnt, ein, als mit Steffen Heitmann ein ihrer Ansicht nach ungeeigneter Bundespräsidentschaftskandidat ins Rennen geschickt werden sollte. Sie unterstützte Christos und Jeanne-Claudes Kunstprojekt der Reichstagsverhüllung gegen den massiven Widerstand des Kanzlers. Und sie gedachte auch in Sachen Geschlechtergerechtigkeit keineswegs, Ruhe zu geben. Auf dem wichtigen Frauen-Parteitag der CDU in Essen 1985 hatte man beschlossen, Partnerschaft und Gleichberechtigung bis Ende des Jahrhunderts voranzutreiben. In den 1990er-Jahren setzte Süssmuth sich dezidiert für eine Frauenquote in ihrer Partei ein, drang aber nicht durch. Und sie wurde schließlich zur wichtigen Triebfeder für zwei zentrale Vorstöße – die Reformierung des Paragrafen 218 und die Erklärung der Vergewaltigung in der Ehe zum Straftatbestand –, die von überfraktionellen Frauenbündnissen angegangen wurden.

One's own woman

Politikerinnen hatten bis weit in die 1980er-Jahre hinein meist nicht das Standing, eigene Truppen aufzubauen und weiblichen Nachwuchs im großen Stil zu fördern. Hinzu kam, auch das sei an dieser Stelle erwähnt, für manche durchaus die Verlockung, alleine im Rampenlicht zu stehen. Einige Frauen genossen das Alleinstellungsmerkmal – menschlich, aber leider wenig frauensolidarisch. Sie hatten es in der Männerwelt geschafft, warum sollten sie es anderen Frauen jetzt leichter machen, als sie es gehabt hatten?

Die Liberale Hildegard Hamm-Brücher zum Beispiel sprach von sich selbst als »Unikat«: »In meinen Jahrgängen gab es keine Frauen, die wie ich entschlossen waren, sofort an der Erneuerung unserer Gesellschaft mitzuwirken«, erzählt sie über die Nachkriegszeit.[37] Diese Einschätzung ist schon mit Blick auf die FDP nicht ganz korrekt, war doch auch ihre Parteikollegin Liselotte Funcke bereits in den späteren 1940er-Jahren aktiv. Und außerhalb der Liberalen unterschlägt Hamm-Brücher mal einfach so Frauen wie Annemarie Renger, Katharina Focke und Helga Wex, die wie sie in den 1920er-Jahren geboren waren und es immerhin zur Bundestagspräsidentin, Ministerin oder stellvertretenden Fraktionsvorsitzenden gebracht haben. *Der Spiegel* giftete einmal gegen Hamm-Brücher, sie verstehe unter Emanzipation nur die eigene.[38] Wie dem auch sei, als Beispiel dafür, wie eine Frau an der Spitze sich präsentiert, ihre Standpunkte vertritt und für sie streitet, galt Hildegard Hamm-Brücher lange Jahre vielen als Vorbild, durchaus auch über Parteigrenzen hinweg. Die elegante Hamm-Brücher brachte eine Weiblichkeit aufs politische Parkett, so ganz anders als jene einer Renate Schmidt oder einer Petra Kelly, aber ebenso selbstverständlich.

In den sozial-liberalen Koalitionen Helmut Schmidts war Hamm-Brücher, die sich in den 1960er-Jahren als Bildungs- und Wissenschaftspolitikerin einen Namen gemacht hatte, Staatsministerin im Auswärtigen Amt. Im Englischen gibt es den Ausdruck »*to be one's own man*«. Als die rot-gelbe Koalition im Spätsommer 1982 beträchtlich ins Schlingern geriet, zeigte Hamm-Brücher, wie sehr sie in all den Jahren in der Spitzenpolitik ihre eigene Frau geblieben war. Mitte September traten vier FDP-Minister, darunter Hamm-Brüchers Chef im Auswärtigen Amt, Hans-Dietrich Genscher, zurück. Anfang Oktober kam es zum Misstrauensvotum gegen Bundeskanzler Helmut Schmidt. Der Hoffnungsträger der Union, Helmut Kohl, der zuvor seinen ewigen Widerpart Franz Josef Strauß von der CSU in den Bundestagswahlen 1980 als Kanzlerkandidat antreten und verlieren hatte lassen, wagte den Schritt in dem Wissen, dass die FDP die Seiten wechseln würde. Die Liberalen ließen den angeschlagenen Schmidt im Stich und schlugen sich ins Lager des kommenden Mannes.

Die ganze FDP? Nein, eine unbeugsame Frau war bereit, Widerstand zu leisten. Sieht man sich heute die Rede Hildegard Hamm-Brüchers bei der Aussprache über den Misstrauensantrag an, kann man den Mut dieser Politikerin nur bewundern. Sie setzte den Abgeordneten auseinander, dass sie nach reiflicher Gewissensprüfung zu dem Ergebnis gekommen sei, dass man den Wählerwillen nicht durch ein Misstrauensvotum zunichtemachen dürfe. »Ich finde«, so fährt sie fort, »dass beide dies nicht verdient haben: Helmut Schmidt ohne Wählervotum gestürzt zu werden und Sie, Helmut Kohl, ohne Wählervotum zur Kanzlerschaft zu gelangen.« Es gehört schon einiges dazu, solch klare Worte zu formulieren und sie dem Mann, der mit größter Wahrscheinlichkeit der nächste Kanzler werden würde, und der eigenen Partei, die sich dazu entschlossen hatte, mit diesem zu paktieren, ins Gesicht zu schleudern. Aber Hamm-Brücher ging noch weiter: »Zweifellos sind die beiden sich bedingenden Vorgänge verfassungskonform«, gesteht sie zu, »aber sie haben doch nach meinem Empfinden das Odium des verletzten demokratischen Anstands, sie beschädigen die moralisch-sittliche Integrität von Machtwechseln.«[39] Nach diesen Worten hielt es Kohl kaum noch auf seinem Sitz, er schimpfte und polterte. Hamm-Brücher aber ließ sich nicht beirren. Am Ende ihrer Rede ging sie demonstrativ an der Regierungsbank vorbei und schüttelte Helmut Schmidt die Hand.

Paragraf 218 und kein Ende

Kein Wunder, dass die aufrechte Liberale Hamm-Brücher zum Vorbild auch jener Frau wurde, die sich vierzehn Jahre später ebenfalls gegen das Mehrheitsvotum ihrer Partei stellte und, wie Hamm-Brücher, die nach dem Scheitern der rot-gelben Koalition 1982 ihr Amt als Staatsministerin verlor, ihr Gewissen über ihren Posten stellte. Sabine Leutheusser-Schnarrenberger war wie erwähnt 1992 zur ersten Justizministerin ernannt worden. Sie saß zu diesem Zeitpunkt erst seit zwei Jahren im Bundestag und galt als Neuling auf dem Bonner Parkett. Und natürlich stand sie unter verschärfter Beobachtung. Die Frage: »Kann die das?« habe sie stets begleitet. »Ich glaube fest«, so Leutheusser-Schnarrenberger, »dass man bei einem Mann in einer verantwortlichen Position nicht fragt: Kann der das?« Männer müssten nicht erst mal beweisen, dass sie fähig seien, einen Posten zu übernehmen. Sie habe sich dadurch aber durchaus auch angespornt gefühlt, nach dem Motto: »Euch zeig ich's.«[40]

Schon als ganz junge Frau hatte Leutheusser-Schnarrenberger gegen den Paragrafen 218 demonstriert, damals eine Frage, die die Frauen mit Parolen wie »Mein Bauch gehört mir!« zu Tausenden auf die Straße trieb und die zu erhitzten Diskussionen führte. Analog zu Frankreich kam es – davon war bereits die Rede – zu der von Alice Schwarzer initiierten Aktion »Ich habe abgetrieben« im Magazin *Stern*. Und ebenfalls ähnlich wie in Frankreich, wo 1975 das nach Gesundheitsministerin Simone Veil benannte »*Loi Veil*« erlassen wurde, rang sich die sozial-liberale Koalition unter Willy Brandt schließlich im April 1974 zu einer Fristenlösung durch. Vor allem Sozialdemokratinnen hatten sich dafür eingesetzt: Jüngere Genossinnen aus der zweiten Generation der Frauenbewegung, aber durchaus auch ältere Abgeordnete, die aus eigener langjähriger Anschauung als Sozialpolitikerinnen, manche auch aus der Erfahrung konkreter Sozialarbeit, um die Gefahren illegaler Abtreibungen wussten. Namentlich Marta Schanzenbach, Annemarie Renger und Marie Schlei gehörten in den frühen 1970er-Jahren zu dieser älteren Garde von Kämpferinnen für eine Reform des Paragrafen 218. Marta Schanzenbach hatte immer die Notwendigkeit betont, zu einer Fristenlösung zu kommen, wenn man die Emanzipation ernst nehmen wolle. Die bedrängte Ausnahmesituation der Frau, die ein ungewolltes Kind erwarte, so Schanzenbach, fordere zwangsläufig, ihr die Freiheit zur Entscheidung zu geben. Und Annemarie Renger schloss sich ihr an: Gerade weil die Frauen betroffen seien, müsse ihnen auch bei der Reformierung des Paragrafen 218 besonderer Einfluss eingeräumt werden.[41]

Zur großen Enttäuschung der genannten Politikerinnen und unzähliger Frauen im ganzen Land wurde das Fristenlösungs-Gesetz, das Abtreibung innerhalb der ersten drei Schwangerschaftsmonate erlaubte, nur wenige Tage nach seiner Verabschiedung durch eine einstweilige Verfügung beim Bundesverfassungsgericht gestoppt und schließlich kassiert. Das oberste Gericht argumentierte, das Gesetz sei verfassungswidrig, da es das Selbstbestimmungsrecht der Frau über das sich im Mutterleib entwickelnde Leben stelle. Unter dem Druck aus Karlsruhe erarbeitete die sozial-liberale Koalition anschließend das sogenannte Indikationsmodell, das 1976 verabschiedet wurde. Abtreibung stand weiterhin unter Strafe, bis zur zwölften Schwangerschaftswoche konnte allerdings nach Beratung der Schwangeren bei bestimmten Indikationen – bei medizinischer Gefahr für die Mutter, bei einer Vergewaltigung, bei einer schweren Behinderung des Kindes oder einer sozialen und psychischen Notlage – ein Abbruch gewährt werden. Selbstbestimmung sah anders aus!

Als Leutheusser-Schnarrenberger Justizministerin wurde, war die Diskussion um den Paragrafen 218 erneut voll entbrannt, denn im Zuge der Wiedervereinigung musste eine neue Regelung gefunden werden. In Ostdeutschland hatte seit 1972 eine Fristenlösung gegolten. Während die westdeutschen Frauen sich von den anstehenden Verhandlungen zur Neuregelung einen Fortschritt erhofften, mussten die Frauen in Ostberlin, Leipzig und Magdeburg fürchten, bislang selbstverständliche Rechte einzubüßen. Regine Hildebrandt, zupackende und überaus populäre Ministerin für Arbeit, Soziales, Gesundheit und Frauen in Brandenburg, war entsetzt angesichts der Aussicht, dass die ostdeutschen Frauen in Sachen Schwangerschaftsabbruch wieder mit dem Strafrecht konfrontiert sein würden. Sie, die sich so sehr gewünscht hatte, dass die westdeutsche Frauenbewegung und das praktische Selbstbewusstsein der Frauen aus dem Osten sich gegenseitig befeuern würden, fürchtete einen *Backlash*. Sie sollte recht behalten.[42]

Zwar demonstrierten im Juni 1990 in Bonn über 10 000 Menschen für die Abschaffung des Abtreibungsparagrafen, die Machtverhältnisse waren aber nicht dazu angetan, diesen alten Zopf endlich abzuschneiden. Zwei Jahre zuvor hatte die eigentlich bei Frauen vieler Couleur beliebte Rita Süssmuth einiges Vertrauen verloren, als sie sich von den Hardlinern ihrer Partei zum sogenannten Beratungsgesetz drängen hatte lassen. Dieses hätte vorgesehen, die ohnehin verpflichtende Beratung klar mit der Intention zu verbinden, die Frauen zur Austragung der Schwangerschaft zu bewegen. Die SPD nannte den Vorschlag, nicht ganz zu Unrecht, ein »Bevormundungsgesetz« und argumentierte, es sei in

Wahrheit dazu da, abzuschrecken und einzuschüchtern.[43] Als der Paragraf 218 nun im Zuge der Einheit erneut auf den Tisch kam, machte Süssmuth einen Vorstoß, der diesmal ganz geprägt war von ihrer eigenen jahrelangen Beschäftigung mit dem Thema. Auch Experten, wie den Freiburger Strafrechtler Albin Eser, holte sie ins Boot. Ihr »Dritter Weg« sah ein detailliertes Beratungskonzept mit Selbstverantwortung der Frau vor, doch die Angriffe kamen von allen Seiten. Teile der Union, die katholische Kirche und die Evangelikalen warfen ihr vor, den Frauen eine »Mordlizenz« an die Hand zu geben. Der anderen Seite wiederum, der eher ein Fristenmodell vorschwebte, ging ihr Vorschlag nicht weit genug.[44]

Alle Augen richteten sich auf die neue Justizministerin von der FDP, die parallel zu Süssmuths Vorschlag an einem überfraktionellen Gruppenantrag für eine Fristenlösung mit Beratungspflicht arbeitete.[45] Parlamentarierinnen verschiedener Parteien rangen um eine gemeinsame Fassung. »Da haben sich Frauen über Fraktionsgrenzen hinweg zusammengetan«, erinnert sich Sabine Leutheusser-Schnarrenberger, »Wir haben uns regelmäßig getroffen in Sitzungswochen und haben uns überlegt, wie können wir das gemeinsam angehen.«[46] Gemäß der schließlich verabschiedeten Gesetzesfassung vom Juli 1992 galt nicht nur die Abtreibung nach medizinischer und kriminologischer Indikation als nicht rechtswidrig, sondern ebenso jene, die innerhalb der ersten drei Monate und nach einer Beratung vorgenommen wurde. Aber erneut griff Karlsruhe ein. Erst mit Änderung des Strafgesetzbuches 1995 fand man einen Kompromiss: Eine Abtreibung innerhalb der ersten zwölf Wochen nach einer erfolgten Beratung erfüllt nicht den Tatbestand eines Schwangerschaftsabbruchs und ist daher straffrei. Dieses Beratungs- und Hilfekonzept mit Letztentscheidung der Frau wurde mit großer Mehrheit im Bundestag beschlossen und ist bis heute in Kraft.[47]

Für die Frauen aus der ehemaligen DDR, die eine deutlich liberalere Praxis gewohnt waren, und auch für viele westdeutsche Frauen war das Gesetz eine echte Enttäuschung. Allein die Tatsache, dass Abtreibung grundsätzlich noch immer als Straftat gilt, zeigt, wie überfällig eine echte Reform ist, die auf Selbstbestimmung statt auf Kriminalisierung setzt. Immerhin einigte sich die Ampel-Koalition im Herbst 2021 darauf, den Paragrafen 219a, der Ärzt*innen und Kliniken bislang untersagt hatte, öffentlich über Schwangerschaftsabbrüche zu informieren, zu streichen. Damit ist schon mal ein Schritt in die richtige Richtung getan.

Mutgemeinschaft

Die Entscheidungsfindung in Sachen Paragraf 218 und die Verabschiedung des Kompromisses in den 1990er-Jahren war dennoch wichtig und zukunftsweisend für die Zusammenarbeit von Parlamentarierinnen. Die langen, durchaus emotionalen Gespräche, das gemeinsame Bemühen, eine Lösung zu finden, und die Solidarisierung gegen die zunächst breite Männerfront, hatten etliche Politikerinnen verschiedener Parteien einander nähergebracht. Die damals geknüpften Verbindungen wurden wenig später für ein weiteres zentrales Frauenrechtsthema aktiviert. Ein Quintett von Spitzenpolitikerinnen aus fünf Parteien tat sich zusammen und wollte in einer wichtigen Frage, die viele Jahre auf die lange Bank geschoben worden war, endlich Nägel mit Köpfen machen.

Immer wieder waren in den vorangegangenen Jahren von Politikerinnen Vorstöße unternommen worden, sexuelle Gewalt in der Ehe unter Strafe zu stellen. 1983 hatte Petra Kelly im Bundestag rundheraus gefragt, ob man in diesem Haus dafür sei, dass Vergewaltigung in der Ehe ins Strafgesetzbuch komme. »Nein!«, hatte Detlef Kleinert von der FDP erwidert und war in dröhnendes Lachen ausgebrochen, in das unzählige Politiker eingestimmt hatten. Ein niederschmetterndes und würdeloses Schauspiel. Ein ähnlich hässliches Gesicht hatte das männlich dominierte Parlament gezeigt, als Waltraud Schoppe, ebenfalls von den Grünen und ebenfalls im Jahr 1983, nicht nur den täglichen Sexismus im Parlament anprangerte, die Abschaffung des Paragrafen 218 und die Bestrafung der Vergewaltigung in der Ehe forderte, sondern den Männern obendrein noch vorhielt, sich nicht ausreichend um Verhütungsfragen zu kümmern. Die Herren rutschten unruhig auf ihren Stühlen hin und her, es wurde lauter im Saal. Als Schoppe erklärte, die Deutschen legten sich abends hin und vollführten vor dem Einschlafen eine Einheitsübung, »wobei der Mann meist eine fahrlässige Penetration durchführt«, überschlugen sich die sonst so sonoren Männerstimmen beim Zetern und Schimpfen. Schoppe dagegen blieb cool: »Eine wirkliche Wende wäre es, wenn hier oben zum Beispiel ein Kanzler stehen und die Menschen darauf hinweisen würde, dass es Formen des Liebesspieles gibt, die lustvoll sind und die die Möglichkeit einer Schwangerschaft gänzlich ausschließen. Aber man kann natürlich nur über das reden, wovon man wenigstens ein bisschen versteht.«[48] Dem Kanzler, der weder in der Politik noch zu Hause harsche Kritik von Frauen gewohnt war, entglitten die Gesichtszüge.

Nun aber, zehn Jahre später, saß an der Spitze des Justizministeriums eine Frau, und zwar eine, die fest entschlossen war, Ehemännern in Sachen sexuelle Gewalt keine Privilegien mehr zu gewähren. »Das war ja eine bizarre Diskussion«, erinnert sich Sabine Leutheusser-Schnarrenberger an die Einwände ihrer Gegner. »Erstens: Das ist eine Privatangelegenheit. Zweitens: Die Staatsanwaltschaft hat nichts in den Privatwohnungen zu suchen. Drittens: Körperverletzung ist ja schon strafbar, und Nötigung ist auch strafbar. Viertens: Da müssen wir doch nichts tun. Das war die gängige Argumentationslinie. Aber genau die ist dann durchbrochen worden, weil Frauen sich über Fraktionsgrenzen zusammengeschlossen haben.« Die Justizministerin lancierte zunächst mal einen Referentenentwurf. Gleichzeitig traf sie sich regelmäßig mit Rita Süssmuth von der Union, die als Bundestagspräsidentin einiges Gewicht in die Waagschale warf, Ulla Schmidt von der SPD, Irmingard Schewe-Gerigk von den Grünen und Petra Bläss von der PDS, und schmiedete so eine stabile überfraktionelle Frauenallianz. »Wir haben nie etwas nach außen getragen. Es durfte bloß nicht der Eindruck entstehen, hier säßen interfraktionell fünf Frauen zusammen, um den Männerladen mal richtig aufzuräumen. Das wäre das sichere Aus gewesen«, berichtet Leutheusser-Schnarrenberger, »Nein, wir haben uns im Hintergrund abgesprochen, das ist ja das, was parlamentarische Arbeit ausmacht, aber auch das, was Power von Frauen ausmacht. Und natürlich das, was Männer schon immer machen. Am Ende ist es auch geglückt.«[49]

Am 15. Mai 1997, Sabine Leutheusser-Schnarrenberger war inzwischen vom Amt der Bundesjustizministerin zurückgetreten, beriet der Bundestag über die Strafrechtsänderungsgesetze Paragraf 177 bis 179 StGB. Ulla Schmidt von der SPD führte aus, dass dringender Handlungsbedarf bestünde. Jede siebte Frau in Deutschland werde einmal in ihrem Leben vergewaltigt. In den meisten Fällen handele es sich bei dem Täter um den eigenen Ehemann. »Unser aller Ziel muss sein, klarzustellen, dass mit dem Gang zum Standesamt kein wie immer gearteter rechtsfreier Raum entsteht«, so Schmidt unter dem Beifall der SPD sowie von Abgeordneten der CDU/CSU, von BÜNDNIS 90/DIE GRÜNEN, der FDP und der PDS. Es brauche, erklärte Schmidt, eine Gleichstellung der Strafbarkeit der Vergewaltigung in- und außerhalb der Ehe. Leutheusser-Schnarrenberger, die anschließend sprach, betonte in der Debatte die historische Bedeutung dieser Gesetzesänderung, fügte aber auch an, sie erwarte nicht, dass es jetzt zu einer Fülle von Prozessen und Verurteilungen käme. Sie fuhr fort: »Wenn von dieser Beschlussfassung ausgeht – auch an die Bevölkerung –, dass Vergewaltigung in der Ehe ein Verbrechen ist, und wenn sich dieser Beschluss bewusstseinsändernd auswirken kann, dann hätten wir sehr viel Präventives erreicht. Darauf setze ich.« Natürlich, so Leutheusser-Schnarrenberger, gehe es auch in dieser Frage um Gleichbehandlung von Frauen und um Gleichberechtigung. Mit dem alten Paragrafen 177 werde ein Fossil zu Grabe getragen, »eine Bastion fällt«.[50]

Und das tat sie wirklich. Mit 471 Ja-Stimmen, 138 Nein-Stimmen und 35 Enthaltungen wurde die Gesetzesänderung angenommen. Das überaus eindeutige Ergebnis zeigt, welche Überzeugungsarbeit die Frauenrunde in ihren jeweiligen Parteien geleistet hatte. Auch aus der Union kamen viele Ja-Stimmen, einschließlich jener von Angela Merkel, der damaligen Umweltministerin, und von Verteidigungsminister Volker Rühe. So manches Schwergewicht der Regierung wie Finanzminister Theo Waigel, Gesundheitsminister Horst Seehofer und Arbeitsminister Norbert Blüm, stimmten allerdings mit Nein, ebenso wie einige jüngere und aufstrebende Politiker*innen, unter ihnen Friedrich Merz.[51]

Interfraktionelle Zusammenschlüsse von Frauen kommen selten vor im Deutschen Bundestag. Meist wird Parteiloyalität über weibliche Solidarität gestellt. »Wenn man so was Interfraktionelles macht«, erklärt Leutheusser-Schnarrenberger, »dann kann das die Position im eigenen Laden schwächen. (…) Das ist nicht per se goutiert in der Fraktionsführung.« Und doch sind diese Frauen das Risiko eingegangen. Gemeinsam haben sie sich in den Sturm gestellt und ertragen, dass ihre Anliegen als »Orchideenthemen« abgetan und verlacht wurden. »Da wird versucht, das zu verniedlichen«, so Leutheusser-Schnarrenberger. Aber schließlich errang die Sache der Frauen – zumindest in diesem Fall – den Sieg. Leutheusser-Schnarrenberger bedauert, dass es nicht häufiger zu solcherlei Vorstößen kommt. Die Partikularinteressen seien meist einfach zu stark. Aber die Liberale ist überzeugt, dass es viele Frauen in den Parlamenten braucht, um geschlechtergerechte Politik zu machen. Mit Bewunderung spricht sie von Elisabeth Selbert, die für die Formulierung »Männer und Frauen sind gleichberechtigt« in Artikel 3, Absatz 2 gekämpft hat. Der große Liberale Thomas Dehler war 1949 gegen die Formulierung, weil man dann ja das ganze Bürgerliche Gesetzbuch anpassen müsse. »Das zeigt doch ein Stück weit die Einordnung des Themas«, erklärt Sabine Leutheusser-Schnarrenberger. »Und das gesamte Familienrecht«, sagt sie, »wäre nie von Männern geändert worden. Nie! Sei es das Namensrecht, das Erbrecht oder dass die Frau eine Arbeitsstelle antreten kann ohne Zustimmung des Mannes. Das wäre nie, nie gekommen, wenn die Frauen da, wo sie Macht hatten und entscheiden konnten, diese Chance nicht genutzt hätten.«[52]

Sabine Leutheusser-Schnarrenberger hat Frauensolidarität in

der Politik kennengelernt und praktiziert. Sie kann gut mit Claudia Roth, schätzt Angela Merkel sehr. Einmal, als Kabinettskollegin Mitte der 1990er-Jahre, erlebte sie die damalige Umweltministerin in starker Bedrängnis. In einer Diskussion unterbrach Helmut Kohl Merkel abrupt, rüffelte sie und schoss ihren Tagesordnungspunkt eiskalt ab. Niemand, so Leutheusser-Schnarrenberger, sei Merkel beigesprungen, die schnell den Raum Richtung Damentoilette verließ. Die Justizministerin folgte ihr, »weil ich diesen Umgang ziemlich ungehörig fand«.[53]

Wenige Jahre später beeindruckte Merkel die Liberale mit ihrer klaren Haltung während der CDU-Spendenaffäre. »Kohls Mädchen« – so das unverschämt respektlose Etikett, das man ihr all die Jahre verpasst hatte – ging auf Distanz zum Kanzler der Einheit und Patriarch der Union und damit voll ins Risiko. Im Gegensatz zu all den Kronprinzen – Roland Koch, Friedrich Merz, Wolfgang Schäuble, Norbert Röttgen –, die stramm an Kohls Seite standen oder zumindest in Deckung gingen,

[21] Schätzten sich über Parteigrenzen hinweg: Die damalige Umweltministerin Angela Merkel und Justizministerin Sabine Leutheusser-Schnarrenberger.

schwamm Angela Merkel sich im Winter 1999 frei und forderte in einem Gastbeitrag in der *Frankfurter Allgemeinen Zeitung* ihre Partei auf, erwachsen zu werden. Sie hatte den Artikel vorab nur mit ihrem Mann und ihrer Mitarbeiterin besprochen. Ihre Biografin Jacqueline Boysen betont, Merkel sei damals so unabhängig gewesen wie niemand sonst in der Parteihierarchie, den Bruch mit Kohl habe sie daher allein wagen wollen. »Die Partei muss also laufen lernen«, schrieb Merkel, »muss sich zutrauen, in Zukunft auch ohne ihr altes Schlachtross, wie Helmut Kohl sich oft selbst gerne genannt hat, den Kampf mit dem politischen Gegner aufzunehmen. Sie muss sich wie jemand in der Pubertät von zu Hause lösen, eigene Wege gehen (...).«[54] Angela Merkel stellte sich wie Hildegard Hamm-Brücher und Sabine Leutheusser-Schnarrenberger in einer Schicksalsstunde ihrer Partei, in der es um Richtungsentscheidungen ging, gegen die herrschende Meinung. Wie Rita Süssmuth wurde Merkel in diesen Jahren eher von der Basis getragen als vom Partei-Establishment und vielleicht verlieh ihr ihr Anderssein, ihr Frausein, ihre ostdeutsche Herkunft diese Unabhängigkeit, vielleicht fiel es ihr leichter, die Ängste, Bedenken und Verbindlichkeiten der *Boygroup* beiseitezuschieben, weil sie ohnehin nie dazugehört hat.

Margot Käßmann meint, dass Frauen eine stärkere innere Freiheit haben, Entscheidungen zu treffen, mit denen sie sich eventuell auch gegen den Strom stellen. Als Käßmann sich 2007 scheiden ließ, war ihr zuvor vehement davon abgeraten worden. Eine geschiedene Bischöfin, das gehe doch nicht. Sie aber sah keinen anderen Weg und ertrug die mediale Entrüstung. Als sie drei Jahre später bei einer Polizeikontrolle gestoppt und publik wurde, dass sie alkoholisiert Auto gefahren war, setzte sie erneut öffentlich ein Zeichen für den aufrichtigen Umgang mit persönlichem Scheitern. Ihr war schnell klar, dass sie einen Schnitt machen und zurücktreten musste. Sie wollte nicht an der Macht kleben. »Bevor ich behandelt werde, handele ich lieber selber. Das will doch ich entscheiden, ich lass mich nicht jagen.« Sie hatte einen gravierenden persönlichen Fehler gemacht und war bereit, die Konsequenzen zu tragen, obwohl es durchaus Stimmen gab, die ihr rieten, die Sache auszusitzen. Nach wie vor ist Käßmann aber der Meinung, dass die Sache damals auch deshalb derart skandalisiert wurde, weil sie eine Frau ist. Viele wollten sich bestätigt sehen: »Siehst Du, sie schafft es nicht.«[55]

Autonom sein, unabhängige Entscheidungen treffen – das bedeutete für Frauen zuweilen das Ende ihrer Karriere oder zumindest einen tiefen Einschnitt. Während Hamm-Brücher nach ihrer Rede gegen das Misstrauensvotum 1982 kaltgestellt war und Leutheusser-Schnarrenberger erst 2009 erneut das Justizministerium übernahm, bereitete Merkels mutiger Schritt im Winter 1999 dagegen den Boden für ihre Führungsrolle in der Partei.

Double Standard

»Zu keinem Zeitpunkt«, erklärte Andrea Nahles nach ihrem Rücktritt im Sommer 2019, habe sie das Gefühl gehabt, »dass Männer und Frauen in der Politik gleichberechtigt sind.«[56] Ein bitteres Resümee für eine, die in ihrem Leben bis zu diesem Zeitpunkt – zum Teil mit gehörigem Karacho – Löcher in die gläserne Decke gebohrt hatte und auf zahlreichen Posten die Erste gewesen war: Die gläubige Katholikin war Ende der 1970er-Jahre nicht nur eine der ersten Ministrantinnen ihrer Ortsgemeinde gewesen, sie wurde auch 2009 erste Generalsekretärin, 2017 erste Fraktionsvorsitzende und 2018 – schlappe 155 Jahre nach Gründung der altehrwürdigen Partei – erste weibliche Vorsitzende der SPD.

In ihrem 2009 erschienenen Buch *Frau, gläubig, links* konstatierte Andrea Nahles noch einigermaßen versöhnlich: »Wir Frauen haben heutzutage das Glück, auf das von unseren Vorgängerinnen Erreichte aufbauen zu können.«[57] Zehn Jahre später musste sie wohl einsehen, dass der Weg zu echter Gleichstellung in Wahrheit erheblich weiter war. Noch immer, das bekam Nahles wie kaum eine andere Politikerin zu spüren, gelten für Frauen andere Regeln als für Männer. In ihrer Partei – und auch in weiten Teilen der Gesellschaft – sind Männer des offenen Wortes von

[22] Die erste Frau an der Spitze der SPD: Andrea Nahles wurde 2018 Vorsitzende der Partei.

jeher wohlgelitten, ja eine gewisse Großmäuligkeit macht durchaus Eindruck. Man ließ sich von Helmut Schmidt bereitwillig die Leviten lesen – zumindest bis zum NATO-Doppelbeschluss; es gab Bewunderung für den kraftstrotzenden jungen Gerhard Schröder, der am Zaun des Bundeskanzleramtes rüttelte und schrie, er wolle da rein; und selbst die arrogante Basta-Attitüde des späteren Kanzlers Schröder ließ die eigentlich diskussionsfreudige SPD ihm lange durchgehen.

Bei einer Frau aber, die Erfahrung musste Nahles mehrfach schmerzhaft machen, schaut man genauer hin, seziert nicht nur gnadenlos ihr Äußeres, ihre Stimme, ihren Tonfall, sondern reagiert auch ausgesprochen pikiert auf saloppe Äußerungen und Unangepasstheit. Sprüche, Witzeleien und Kraftausdrücke, die bei einem Mann als volksnah gelten, werden, kommen sie aus dem Munde einer Frau, als ordinär und peinlich abqualifiziert. Als 2013 die damalige Generalsekretärin im Bundestag das Pippi-Langstrumpf-Lied anstimmte und sang »Ich mach mir die Welt, widde, widde, wie sie mir gefällt«, um die aus Nahles' Sicht einschläfernde Politik des »Weiter so« der Bundesregierung anzuprangern, ergoss sich Spott und Hohn über die Politikerin. Mit mindestens ebenso groß inszenierter und weidlich ausgekosteter Empörung reagierten der politische Gegner und in Teilen auch die Medien, als Nahles 2017 auf die Frage, wie es ihr mit dem Abschied von den Unionskollegen im Kabinett und dem Rollenwechsel von der Ministerin zur Fraktionsvorsitzenden gehe, erwiderte: »Ein bisschen wehmütig – und ab morgen kriegen sie in die Fresse.«

Nahles legte gewiss nicht jedes Wort auf die Goldwaage, aber sie kannte die Seele der Partei und wusste um deren Wunden. Sie brachte die SPD zusammen mit Olaf Scholz nach dem bitteren Wahlergebnis 2017 auf Versöhnungskurs, versuchte, die gegenseitige Entfremdung und das Hartz-IV-Trauma endlich anzugehen und zu bewältigen. Sie selbst allerdings blieb dabei auf der Strecke.[58] Die Luft um die Parteivorsitzende wurde im Winter 2018 und Frühjahr 2019 spürbar dünner. Nahles musste registrieren, dass Parteikollegen vermehrt Kritik durchblicken ließen, dass man von ihr abrückte, dass ehemalige Parteigranden sie sogar relativ offen demontierten. Der Rückhalt schwand spürbar. Diese wenig zimperliche, nicht auf den Mund gefallene Frau war für einige Genossen schwer auszuhalten. Dass sie dazu noch kämpferisch forderte: »Die Hälfte der Welt gehört den Frauen – und damit auch die Hälfte der Parlamentssitze«, machte die Sache für die Herren nicht besser. Und natürlich rächte sich jetzt auch, dass Nahles im Laufe ihrer Karriere den einen oder anderen von ihnen überholt hatte.

Der SPD-Vorsitzenden wurde – neben dem schlechten Abschneiden ihrer Partei bei den Europawahlen Anfang Juni 2019 – ganz offensichtlich der *Double Standard* zum Verhängnis, der in der Politik und in vielen weiteren Bereichen des Lebens noch immer gilt. Verhalten sich Männer machtbewusst, bescheinigt man ihnen Führungsstärke und Leistungsbereitschaft. Agieren Frauen ähnlich ambitioniert, ist schnell vom männermordenden Vamp die Rede. Prägen Politikerinnen einen spezifischen Stil, wagen sie es, eigene Maßstäbe zu setzen, wirft man ihnen vor, naiv zu sein, nichts vom politischen Geschäft zu verstehen. Spielen sie aber das Spiel, das Männer von jeher spielen und übertrumpfen diese dabei womöglich noch, ist auch das ein unverzeihlicher Fehler, der sie ihrer Weiblichkeit beraubt und sie daher noch unheimlicher macht. Angela Merkel etwa warf man unmenschliche Kälte vor und schimpfte sie »Eiskönigin«, als sie bei einem Bürgerdialog einer weinenden, aus dem Libanon stammenden palästinensischen Schülerin sachlich auseinandersetzte, dass Deutschland nur begrenzt Geflüchtete aufnehmen könne. »Mächtige Frauen werden dämonisiert«, erklärt die ehemalige Schweizer Bundesrätin Micheline Calmy-Rey. »Ihr Machtwille wird skeptisch betrachtet, denn sie läuft dem Mythos einer sanften und passiven Frau zuwider und wird dafür bestraft. Ich wurde Cruella genannt.«[59] Die erste amerikanische Präsidentschaftskandidatin Hillary Clinton ist überzeugt: Hätte sie sich bei den drei TV-Debatten während des Wahlkampfs auch nur annähernd so aggressiv und melodramatisch verhalten wie Trump, man hätte sie von der Bühne gelacht oder gebuht. Doch während man Trump alle erdenklichen Ungeheuerlichkeiten, ja sogar das Stalken seiner Rivalin auf offener Bühne durchgehen ließ, wurde Clinton vorgehalten, herzlos und machthungrig zu sein, ungezählte Male wurde sie als »*nasty woman*«, sogar als »Antichrist« bezeichnet.[60]

Andrea Nahles wurde vorgeworfen, auf ihrem Weg nach oben verdiente Genossen kaltgestellt zu haben. Das Mädel, so der Tenor, hatte unbedingt Vorsitzende werden wollen, jetzt sollte sie sehen, was sie davon hatte. Im Laufe des Frühjahrs 2019 wurde innerhalb der SPD kräftig am Stuhl der Parteivorsitzenden gesägt, indem man ihr einerseits skrupellose Machtpolitik vorwarf, und zum anderen versuchte, ihre Autorität zu untergraben und sie gezielt lächerlich zu machen. »Es kann nicht sein, dass wenn man seinen Mädchentraum von Spitzenämtern in der SPD realisieren will, dafür die gesamte Partei in Geiselhaft nimmt«,[61] ätzte beispielsweise Florian Post, damals SPD-Abgeordneter und Vertrauter des ehemaligen SPD-Vorsitzenden Sigmar Gabriel. Aus der entscheidenden Fraktionssitzung Anfang Juni 2019 wurde außergewöhnlich viel nach außen getragen. Einige Abgeordnete wollten dringend den Eindruck entstehen lassen, dass das Aufbegehren gegen Nahles überwältigend sei.[62] Die Vorgänge rund um den Rücktritt der Vorsitzenden, so konstatierte denn auch der damalige Vizekanzler Olaf Scholz, hätten einen »ziemlichen frauenfeindlichen Anteil« offenbart. Auch Heiko Maas soll in der Fraktionssitzung die Frage aufgeworfen haben, ob man mit einem Mann ebenso verfahren wäre. Andere Genoss*innen pflichteten ihm bei und der damalige Juso-Chef Kevin Kühnert twitterte, er schäme sich dafür, wie man miteinander umgegangen sei.[63] Manch Äußerung mag aufrichtigem Erschrecken über Nahles' Entscheidung geschuldet gewesen sein – schließlich legte sie den Vorsitz mit sofortiger Wirkung nieder und erklärte, sich völlig aus der Politik zurückziehen zu wollen –, andere Statements schienen doch eher Krokodilstränen zu sein. In jedem Fall kam die Solidarität mit Andrea Nahles zu spät. Die erste Frau an der Spitze der ältesten Partei Deutschlands war nicht zuletzt auch den Eitelkeiten eigentlich abgetretener Parteigranden geopfert worden.

»Ein weiblicher Söder«

Noch eine, der der Wind oben an der Spitze rau um die Nase blies, war Christine Haderthauer. Auch sie bekam den *Double Standard* sehr direkt zu spüren. Im Gegensatz zu Andrea Nahles, die schon bei den Jusos von sich reden machte, durchlief sie allerdings nicht die Mühlen der Parteiarbeit. Die Rechtsanwältin trat schon als Studentin in die CSU ein, arbeitete jedoch zunächst fünfzehn Jahre in ihrem Beruf, ohne sich politisch zu engagieren. Der Schritt in die aktive Politik, zunächst auf kommunaler Ebene und dann in die Landespolitik, war auf das machtpolitische Kalkül der Ingolstädter CSU-Oberen zurückzuführen. Als der CSU-Landtagsabgeordnete ihres Stimmkreises aufhörte, wurde Haderthauer die Kandidatur angetragen mit der klaren Botschaft: »Wir würden gern eine Frau schicken, weil Frau wird was in München. Wir wollen wieder jemand für Ingolstadt, der ins Kabinett kommt.« Haderthauer war bewusst, dass sie instrumentalisiert wurde, dass man mit ihr eine vorzeigbare, gut ausgebildete, fesche junge Frau hatte, die sich in der Landeshauptstadt gut machen würde. Sie habe überhaupt kein Problem damit gehabt, eine Quotenfrau zu sein, so Haderthauer. »Mir war ja auch klar, dass es viele Quotenmänner gibt: Der Landwirt, der Franke und so weiter, Männer machen sich da ja auch keinen Kopf.« Allerdings war ihr immer bewusst, was der Preis dafür war: Als »gemachte« und nicht »gewachsene« Kandidatin verfügte sie über keine eigene Machtbasis. Sie war durch die Gnade der Entscheider der Ingolstädter CSU zur CSU-Direktkandidatin für den Landtag nominiert und auf einen aussichtsreichen Posten gesetzt worden, aber gerade bei den heimischen Verbänden der Partei ließ man durchaus durchblicken, dass man sie nur unterstützte, weil und solange sie erfolgreich war. »Das merkst Du an den Blicken, an den Unterhaltungen. Mir war immer klar, wenn ich das in München nicht bringe, was die sich hier davon versprechen, bin ich genauso schnell wieder weg.« Sie habe die Chance gesehen, die sich auftat, und zugegriffen. Und tatsächlich gelang es ihr, in relativ kurzer Zeit in die oberen Machtzirkel zu gelangen. Ihre Parteikarriere verlief schneller und geschmeidiger als die eines durchschnittlichen männlichen Abgeordneten.[64]

Sie hat damals einen rasanten Aufstieg hingelegt, wurde 2007 nach dem turbulenten Abgang Edmund Stoibers und der Wahl Günther Becksteins zum Ministerpräsidenten erste weibliche Generalsekretärin der CSU, ein Posten, der ihr, wie sie sagt, sehr lag. Und auch die Zusammenarbeit mit Beckstein und dem CSU-Vorsitzenden Erwin Huber lief gut. »Die haben beide starke Frauen zu Hause. Die haben da kein Problem. Das war echt Augenhöhe«, so Haderthauer und schiebt nach: »Die Machohaltung ist in der CSU keine Frage des Lebensalters. Seehofer, beispielsweise, war wirklich daran interessiert, Frauen auch echt mit Macht auszustatten, während Söder, meiner Meinung nach, bei den Frauen nur Marionetten um sich duldet.« Haderthauer bewies, ganz in Tradition der berühmten Vorgänger im Generalsekretärs-Amt wie Franz-Josef Strauß, Edmund Stoiber und Erwin Huber, ihr Talent zum Wadelbeißen und zum unerschrockenen Frontalangriff. Nach dem für CSU-Verhältnisse verheerenden Wahlergebnis 2008 allerdings trat Haderthauer als Generalsekretärin zurück und wurde im neuen Kabinett Seehofer Staatsministerin für Arbeit und Sozialordnung, Familie und Frauen.

Obwohl sich Haderthauer in der Gesamtpartei zum Teil großer Beliebtheit erfreute – häufig wurde sie angefragt für öffentliche Termine und Bierzeltreden und regelmäßig auch in die großen Talkshows geschickt –, stieß sie doch im Männerladen CSU immer wieder an ihre Grenzen. »In der CSU sind Frauen nicht systemrelevant und das wird sich auch nicht so schnell ändern, leider«, sagt sie. »Wenn Frauen das machen, was die Männer sagen und nicht auf Konfrontation gehen, ist das alles super«, fährt Haderthauer fort. Sobald sie mit eigenen Vorstellungen daherkommen, gelten sie schnell als »anstrengend«. Wichtig sei es, sich davon nicht abschrecken zu lassen, sondern die Handlungsspielräume, die einem mit der jeweiligen Position zugewachsen sind, unerschrocken und klug zu nutzen. Sie habe außerdem die Erfahrung gemacht, dass die Männer sich eher scheuten, im Konfliktfall das Gespräch mit ihr zu suchen. Unter ihresgleichen tauschten Männer sich offener aus, auch bei Konflikten. Die fachliche Kommunikation mit einer Frau auf Augenhöhe verunsichere leider immer noch einige der CSU-Kollegen. »Etliche Kollegen rutschten dann in eine für sie im Umgang mit Frauen wohl eher vertraute Ebene: Sie versuchten persönlich zu werden, entweder durch die Verniedlichung, indem sie mich beispielweise plötzlich ›Christinchen‹ nannten oder durch den Aufbau einer Flirtbasis. Es fühlte sich an, als wenn man nicht die gleiche Sprache spräche, das war ich aus der Juristerei überhaupt nicht gewohnt.«[65]

Während sich also viele Männer wegduckten, horchte ein Parteikollege bei einer Äußerung Haderthauers alarmiert auf. Ob sie sich denn das Amt des Ministerpräsidenten zutraue, wurde sie in einem Interview gefragt. »Da habe ich gesagt: ›Ja, klar, sonst wäre ich doch nicht Ministerin geworden.‹ Das war parteiintern ein Sakrileg sondergleichen, als Frau in der CSU durfte man keine eigenen Ambitionen haben, gar Ehrgeiz zeigen und zu selbstbewusst auftreten.« Hier war sie wieder, die ehrgeizige Frau. Und wie viele Politikerinnen vor und nach ihr wurde nun auch Christine Haderthauer mit wachsendem Misstrauen betrachtet. Vor allem von Markus Söder, der alles daransetzte, Horst Seehofers Nachfolger in der Staatskanzlei zu werden, und über genügend politischen Instinkt verfügte, um zu ahnen, dass ihm in Haderthauer eine ebenbürtige Rivalin heranwuchs. Sie wurde parteiintern gelegentlich sogar »der weibliche Söder« genannt. Aber ein Mann und eine Frau, die den gleichen Willen zur Macht erkennen lassen, werden nun einmal unterschiedlich bewertet. Der Franke profitierte davon, dass man in der Partei seine Alphamännchen-Allüren als selbstverständlich hinnahm, ja, sich geradezu gewundert hätte, wenn er keine Ansprüche auf den Ministerpräsidenten-Sessel erhoben hätte. Demgegenüber blieb vielen Haderthauers offenes Bekenntnis zur Lust auf Macht völlig unverständlich, es wirkte auf manche geradezu anstößig. »Einen machtbewussten und durchsetzungsfreudigen Mann akzeptiert man, eine Frau aber hat nicht so zu sein«, sagt Haderthauer. »Bei einer Frau sind das Negativeigenschaften. Eigentlich wird einem in der CSU vermittelt: Wir brauchen wegen des Zeitgeistes ein paar von euch in Führungspositionen, aber kommt bloß nicht auf die Idee, ernsthaft mitreden zu wollen.« Der glänzend vernetzte Söder habe schnell gemerkt, so Haderthauer, dass sie sich damit nicht begnügte, bei der Basis gut ankam, Profil gewann und ihm gefährlich werden konnte, auch weil sie keine Angst vor Konfrontation hatte. Um politisch auf Augenhöhe zu agieren, war sie auch bereit, das weibliche Klischee zu verlassen, das ihr sowieso nicht passte.[66]

Und konfrontativ wurde es. Als 2013 Anschuldigungen laut wurden, Haderthauer – inzwischen Leiterin der Staatskanzlei – und ihr Mann, Psychiater und gerichtlicher Gutachter in Ingolstadt, seien an einer Firma beteiligt, die von Patienten psychiatrischer Einrichtungen Modellautos herstellen lasse und anschließend zu Liebhaberpreisen im fünfstelligen Bereich verkaufe, wurde es nach und nach eng für sie. Ein Untersuchungsausschuss wurde eingesetzt, die Staatsanwaltschaft ermittelte wegen des Verdachts auf Betrug. Seehofer stand zwar zu ihr, aber die Unterstützung in der Partei bröckelte. Anfang September 2014 erklärte Christine Haderthauer ihren Rücktritt. Bis heute ist sie überzeugt, dass aus der eigenen Partei gegen sie intrigiert wurde. »Wenn einzelne ›Parteifreunde‹ dafür sorgen, dass den Journalisten die richtigen Geschichten zur richtigen Zeit erzählt werden oder sie ihnen sogar selbst erzählen, und die Partei dich dagegen nicht verteidigt, dann hast du keine Chance.«[67] In dieser Situation rächte sich, dass Haderthauer, wie viele Politikerinnen vor allem in CDU und CSU, über keine eigenen Truppen verfügte. Sie hatte nicht die Ochsentour absolviert und in jahrelanger Arbeit Netzwerke aufgebaut wie die meisten Männer, aus denen etwas wurde. 2015 wurde zwar das Verfahren gegen sie eingestellt, aber der »weibliche Söder« war aus dem Rennen.

7 Anführerinnen der freien Welt

Margaret Thatcher – Angela Merkel – Ursula von der Leyen

Als es an diesem eher milden Novembertag auf den Abend zuging, packte Angela Merkel wie jeden Donnerstag ihre Tasche, um sich mit einer Freundin in der Sauna im Ernst-Thälmann-Park in Ostberlin zu treffen. Zuvor jedoch sah sie sich wie sonst auch die Nachrichten an. Der Bericht über eine bizarre Ankündigung des Sekretärs für Informationswesen der SED ließ sie aufhorchen: Günter Schabowski wurde auf einer Pressekonferenz von Journalisten zu den neuen Regelungen des Reisegesetzes gelöchert und verzettelte sich heillos. Immer wieder rückte Schabowski seine Lesebrille zurecht und konsultierte nervös seine Unterlagen. Es wurde unruhig im Saal. Der Sekretär war offenbar nicht recht vorbereitet auf derart detaillierte Nachfragen. Man konnte fast glauben, Schabowski lese die Ankündigung vor laufender Kamera und versammelter Presse zum ersten Mal. Am Ende entstand tatsächlich der Eindruck, das Zentralkomitee erlaube den DDR-Staatsangehörigen nicht nur die »ständige Ausreise«, sondern auch Privatreisen. Angela Merkel vor dem Fernseher stutzte. Die Journalist*innen vor Ort witterten eine Sensation. Als Schabowski auf Nachfrage stammelte: »Das tritt meiner Kenntnis nach … ist das sofort … unverzüglich«, überschlugen sich die Wortmeldungen. Merkel griff zum Telefonhörer und rief ihre Mutter an.[1]

Während die Presseleute in Ostberlin hektisch mit ihren Redaktionen in Westdeutschland telefonierten, versuchte sich die junge Physikerin ihrerseits einen Reim auf Schabowskis Auftritt zu machen. Sie besprach die neuesten Entwicklungen eingehend mit ihrer Mutter in Templin. In der Familie hatte man immer gesagt: »Wenn die Mauer weg ist, gehen wir ins Kempinski Austern essen.« Sie solle also schon mal ihr Westgeld zählen, schloss Merkel und machte sich auf den Weg in den Ernst-Thälmann-Park.[2] Es spricht wohl für ihre Gelassenheit, dass sie sich von den *Breaking News* nicht von ihrer gewohnten Abendplanung abbringen hat lassen. Angela Merkel, so wenig wie die allermeisten Deutschen auf beiden Seiten der Mauer, hat zu diesem Zeitpunkt auch nur ansatzweise geahnt, was die konfuse Pressekonferenz auslösen würde.

Als sie am späteren Abend erfrischt und entspannt aus der Sauna kam, war die Stadt allerdings bereits dabei, ihr Gesicht zu verändern. Eine jahrzehntelange Erstarrung begann sich zu lösen. Menschen – einzeln, in Familien, in Gruppen – setzten sich in Bewegung. Auch Angela Merkel war neugierig. Es konnte ja nicht schaden, mal zu sehen, ob Schabowskis Ankündigung tatsächlich Konsequenzen hatte. Mit der Badetasche in der Hand ließ sich Merkel Richtung Bornholmer Straße treiben. »Menschen über Menschen. Ich bin dann sofort mit der Menschenmenge mitgegangen, über die Grenze nach Westberlin. Die Mauer war auf. Was ich damals gefühlt habe, dafür kann ich keine Worte finden. Es schien unfassbar.«[3] Eine Art Karnevalsstimmung erfasste die Stadt. In ihrer Rede vor der Abschlussklasse an der Harvard University im Jahr 2019 – längst war aus der Ostberliner Physikerin die mächtigste Frau Europas geworden –, berichtete Merkel davon, wie sie als junge Frau auf dem Heimweg von ihrem Institut an der Akademie der Wissenschaften zu ihrer Wohnung tagtäglich auf diese undurchdringliche Betonwand zugegangen war – »dahinter lag Westberlin, die Freiheit, und jeden Tag, wenn ich der Mauer schon ganz nahe gekommen war, musste ich im letzten Augenblick abbiegen zu meiner Wohnung. Jeden Tag musste ich kurz vor der Freiheit abbiegen«.

An diesem 9. November 1989 aber musste sie nicht in letzter Minute abbiegen, sie steuerte geradewegs auf die Mauer zu, niemand hielt sie auf, und plötzlich stand sie auf der anderen Seite. Merkel landete in der Wohnung fremder Westberliner, die im Überschwang ihre Türen geöffnet hatten für die Nachbarn aus dem Ostteil. Man lag sich in den Armen, diskutierte, spekulierte, feierte. Merkel rief ihre Tante in Hamburg an und machte sich schließlich wieder auf den Heimweg. Freitag war immerhin ein Arbeitstag.[4]

Während Angela Merkel mitten im Geschehen war und mit eigenen Augen sah, dass die jahrzehntelang aufs Schärfste bewachte Grenze zwischen den beiden deutschen Staaten, die undurchlässig geglaubte Mauer, plötzlich kein Hindernis mehr darstellte und die so gefürchteten Grenzsoldaten der Nationalen Volksarmee beiseitetraten, saßen Millionen Deutsche vor ihren Fernsehbildschirmen und lasen fassungslos die Einblendung hinter *Tagesschau*-Sprecher Jo Brauner: »DDR öffnet Grenze«. Die *Aktuelle Kamera* des DDR-Fernsehens referierte um Viertel vor zehn in nüchternen Worten die neuen Ausreiseregelungen. Auch im Ausland sorgte die Meldung aus Berlin für Aufsehen. In 10 Downing Street saß man gebannt vor der Sonderberichterstattung der BBC. Ungläubig starrte Margaret Thatcher auf die Szenen ausgelassen feiernder Berliner*innen, sah am folgenden Tag in den Nachrichten vor dem Schöneberger Rathaus einen ergriffenen Willy Brandt, einen emotionalen Hans-Dietrich Genscher und den von ihr wenig geschätzten Helmut Kohl, der im Gegensatz zu seinen bejubelten Vorrednern ausgepfiffen wurde und dennoch versuchte, möglichst staatsmännisch zu wirken. Der Kanzler schlug vernehmbar nationalistische Töne an, die im Ausland zum Teil durchaus irritierten. Michail Gorbatschow ließ im Anschluss an die Veranstaltung alarmiert ausrichten, dass es an der Realität der beiden deutschen Staaten nichts zu rütteln gebe, eine Destabilisierung der DDR sei nicht hinnehmbar.[5]

Nun, stabil war die DDR schon seit Längerem nicht mehr, und am 10. November 1989 wurde das für alle sichtbar. Margaret Thatcher, deren Weltbild von jeher scharf kontrastiert war – West und Ost, gut und böse – war überwältigt und gleichzeitig beunruhigt. Noch war nicht abzusehen, was diese Bilder bedeuteten. Aber man brauchte nicht allzu viel Fantasie, um zu erahnen, dass an diesem Abend ein neues Kapitel aufgeschlagen worden war. Natürlich hatten sich schon Monate zuvor, Vorbeben gleich, minimale Erschütterungen ausmachen lassen: Die Tatsache, dass mit Michail Gorbatschow ein Mann an der Spitze der UdSSR stand, der unverkennbar neue Töne anschlug, der mutige Kampf der polnischen Gewerkschaft Solidarność und natürlich die Ströme von Ostdeutschen, die sich seit Monaten über Ungarn und die Tschechoslowakei Richtung Westen bewegten. Die tanzenden Menschen auf der Mauer aber machten all diese Andeutungen der vergangenen Jahre und Monate zur Gewissheit. Hier geriet etwas in Bewegung. So erfreulich das offensichtliche Schwächeln des kommunistischen Systems auch war, so sehr zweifelte Thatcher daran, dass sie alle geopolitischen Folgen, die dies zeitigen würde, goutierte. Welche Konsequenzen würden diese Entwicklungen für ihr Land haben, und welche für sie persönlich? Was war die Eiserne Lady ohne den Eisernen Vorhang?

In dieser Stimmung erreichte sie der deutsche Kanzler gegen 22 Uhr am Abend des 10. November. Kohl hatte nach einem ereignisreichen Tag in Berlin noch drei Telefonate auf dem Zettel. Er musste die Westalliierten auf den neuesten Stand bringen und, wo nötig, Gemüter besänftigen. Nicht von ungefähr begann er mit Margaret Thatcher. Dieses Gespräch, so schwante ihm, würde wohl das schwierigste der drei sein. Zu Kohls Überraschung lief die Sache besser als erwartet. Thatcher betonte, es seien »in der Tat historische Szenen«, die sich in Berlin abspielten und stimmte mit dem Kanzler überein, dass man in Ostdeutschland eine echte Demokratie aufbauen müsse. Die Premierministerin, mit der Kohl in der Vergangenheit durchaus seine Kommunikationsprobleme und heftige inhaltliche Auseinandersetzungen gehabt hatte, zeigte sich erst mal kooperationsbereit. Aber obwohl das Wort »Einheit« während des Telefongesprächs nicht fiel, war nicht zu übersehen, dass Thatcher die möglichen Folgen der Berliner Ereignisse Unbehagen verursachten. Das anschließende Telefonat mit George Bush verlief deutlich enthusiastischer. Ein Gespräch mit François Mitterrand musste auf den nächsten Tag verschoben werden, da der französische Präsident nicht erreichbar war. Auch das durchaus heikle Telefonat mit Gorbatschow fand erst am 11. November statt, tatsächlich gelang es dem Kanzler, die Wogen etwas zu glätten und Moskau zu beruhigen.[6] Der Generalsekretär des ZK der KPdSU, das sollte sich während der folgenden Monate der Einheitsverhandlungen immer wieder erweisen, war deutlich empfänglicher für Kohls Bemühungen, Vertrauen aufzubauen, als die britische Premierministerin.

Überhaupt, wie die Briten sagen: *There was no love lost* zwischen dem deutschen Kanzler und Margaret Thatcher. Die Premierministerin nahm ihren deutschen Gegenpart nicht ganz für voll, hielt ihn für einen tollpatschigen Provinzler. Als Kohl Regierungschef wurde, war Thatcher bereits drei Jahre im Amt und

[23] Der ehemalige Hollywood-Star und die »Eiserne Lady«: Ronald Reagan und Margaret Thatcher lagen politisch und persönlich auf einer Wellenlänge.

hatte schon enge Bande mit Ronald Reagan, dem sie politisch sehr nahestand, geknüpft. In den 1980er-Jahren ließ die Britin den Deutschen immer wieder spüren, dass Großbritanniens erster Verbündeter selbstverständlich in Washington zu suchen war, nicht in Bonn und auch nicht in Brüssel. Zunächst war Kohl bemüht gewesen, Thatcher für sich zu gewinnen, aber seine jovial-maskuline Weise, Verbindungen herzustellen, zog bei der »*Iron Lady*« einfach nicht. Eine Männerfreundschaft mit entspannten Abendessen bei herzhaften Speisen, gutem Wein und vertrauensvollen Gesprächen, wie der Kanzler sie nicht wenig erfolgreich nach und nach etwa zu François Mitterrand, George Bush und später Boris Jelzin aufbaute, war bei Thatcher nicht drin. Hier hätte Kohl andere Knöpfe drücken müssen, aber die hatte der Bundeskanzler offenbar nicht in seinem Repertoire.

Der Ehrlichkeit halber muss man allerdings sagen, dass einem herzlichen Verhältnis zwischen Thatcher und Kohl mehr im Wege stand als des Kanzlers Unfähigkeit, mit mächtigen Frauen umzugehen. Nach einem Tag im Rheinland, dem Besuch des Speyerer Doms und einem Dinner samt Kohls Leibspeise Saumagen und deutschem Riesling stieg die Premierministerin erleichtert in ihren Flieger und seufzte beim Abstreifen ihrer Schuhe: »Mein Gott, dieser Mann ist so deutsch.«[7] Margaret Thatcher, 1925 in der englischen Grafschaft Lincolnshire geboren, hegte lebenslang ein beträchtliches Misstrauen gegenüber allem Deutschen. Der Krieg, die existenzielle Bedrohung durch das nationalsozialistische Deutschland samt der verheerenden Bombennächte hatten Thatcher tief geprägt. Kohl, fünf Jahre jünger als sie, hatte zwar nicht mehr als Soldat gedient wie sein Vorgänger Helmut Schmidt, erweckte in ihr aber dennoch nicht ausreichend Zutrauen. Als die beiden deutschen Staaten sich im Winter 1989 und im Laufe des Jahre 1990 anschickten, ein Land zu werden, betrachtete Thatcher das mit wachsendem Missfallen und sie zögerte nicht, dies kundzutun. Als die Regierenden der EU-Mitgliedsländer sich Anfang Dezember 1989 in Straßburg trafen, kam es zum offenen Streit zwischen Kohl und der britischen Premierministerin. »Zweimal haben wir die Deutschen geschlagen!«, schleuderte Thatcher dem Kanzler entgegen. »Jetzt sind sie wieder da!«[8]

Was zu Thatchers Unbehagen angesichts einer anstehenden deutschen Vereinigung hinzukam, war, dass ihr just zu dieser Zeit der heiß geliebte Bündnispartner abhandenkam. Thatchers Verhältnis zu Ronald Reagan war immer außerordentlich gut gewesen. So verschieden die beiden auch ihrem Temperament nach waren – Thatcher, stets exzellent vorbereitet, scharf auf Kurs, zuweilen unnachgiebig, Reagan, auf die großen Linien blickend, wenig interessiert am Klein-Klein der Sachpolitik, auch mal fünfe gerade sein lassend – so einig waren die beiden sich gewesen in ihrer klar antikommunistischen Haltung und ihrer neoliberalen Wirtschaftspolitik. Außerdem hatte die Chemie zwischen dem charmanten ehemaligen Schauspieler und der leidenschaftlichen Politikerin einfach gestimmt. Die galante Art des gut aussehenden Reagan schmeichelte Thatcher, der wiederum wusste, woran er mit ihr war, und fühlte sich durch sie nicht, wie andere Politiker, in seiner Männlichkeit bedroht. Natürlich baute ihre Verbindung auch auf der traditionell engen Kooperation der beiden Weltkriegsalliierten auf. Thatcher konnte dank Reagans Vertrauen eine wichtigere Rolle in der britisch-amerikanischen Allianz spielen als irgendein Premierminister seit Churchill.[9]

Aber vielleicht kam noch ein weiterer Faktor hinzu, der die beiden zusammenschweißte. Thatcher und Reagan waren im Grunde Außenseiter im internationalen Politikbetrieb. Reagan, weil man über ihn als ehemaligen Filmstar gerade in Europa zuweilen noch immer die Nase rümpfte. Thatcher ganz einfach, weil sie eine Frau war. Die beiden hatten die 1980er-Jahre geprägt, Thatcherismus und Reaganomics waren in aller Munde, wurden weltweit vielfach kopiert, im Team hatten die Britin und der Amerikaner die freie Welt durch das letzte Jahrzehnt des Kalten Krieges geführt, doch jetzt, im Herbst 1989, stand Thatcher seltsam alleine da. Reagan hatte 1988 seine zweite Amtszeit beendet und sein Nachfolger George Bush war zwar ebenfalls Republikaner, aber doch von einem anderen Schlag. Nicht nur richtete er seinen Blick zunächst nach Fernost, bis die Ereignisse in Berlin ihn zwangen, sich Europa zuzuwenden. Er hatte offenbar auch einen *Soft Spot* für den deutschen Kanzler, der seit der Formulierung seines Zehn-Punkte-Programms, in dem er eine zügige Vereinigung der beiden deutschen Staaten angekündigt hatte, für Thatchers Geschmack immer deutlichere Züge von nationaler Selbstüberschätzung an den Tag legte.

Während also die junge Physikerin Angela Merkel im Herbst 1989 ihre Fühler ausstreckte und schon bald beschloss, in das politische Abenteuer, das sich hier auftat, hineinzuspringen und zu dessen Gelingen beizutragen, setzte für die britische Premierministerin langsam die Dämmerung ein. Die Schatten, die Thatchers Karriere warf, wurden länger. Die politischen Laufbahnen der beiden Frauen kreuzten sich an einem Kristallisationspunkt europäischer Geschichte.

Die Unterschätzten

Frauen, so sagte Heide Simonis einmal, werden in der Politik nur etwas, wenn Männer die Sache in den Sand gesetzt haben. Simonis muss es wissen, schließlich übernahm sie 1993 die Regierungsgeschäfte in Kiel und wurde erste Ministerpräsidentin eines deutschen Bundeslandes, nachdem Björn Engholm im Nachbeben der Barschel-Affäre zurückgetreten war. Simonis' Bonmot trifft sowohl bei Angela Merkel als auch bei Margaret Thatcher, die allen Widrigkeiten zum Trotz zur Vorsitzenden ihrer konservativen Partei und schließlich zur ersten Regierungschefin ihres Landes aufstiegen, den Nagel auf den Kopf. In beiden Fällen ermöglichte es eine Partei in Aufruhr zwei Außenseiterinnen, an den üblichen Verdächtigen, den Kronprinzen und männlichen *Gatekeepern*, vorbei an die Macht zu gelangen.

Margaret Thatcher, geborene Roberts, wuchs in dem kleinen Örtchen Grantham in den East Midlands auf. Ihr Vater Alfred führte den örtlichen Lebensmittelladen, war Stadtverordneter und Laienprediger. Wie in den Familien vieler Politikerinnen, die uns in diesem Buch begegnen, wurde auch bei den Roberts Bildung großgeschrieben. Darüber hinaus sprach man viel über Politik, ein beherrschendes Thema war natürlich der Krieg. Die Entbehrungen, die Angst, aber auch die nationale Anstrengung gegen den Feind und der Zusammenhalt prägten Thatcher tief. Politik ist Bürgerpflicht, vermittelte der Vater seinen Töchtern.[10]

Tatsächlich scheint nicht nur Thatchers Interesse für Politik früh entfacht worden zu sein, sie wusste schon als junges Mädchen ziemlich genau, was sie nicht wollte. Das Vorbild ihrer Mutter, die vor allem Hausfrau war und natürlich auch im Laden mitarbeitete, schien ihr wenig verlockend. Thatcher strebte nach einem eigenen Beruf und schaffte es tatsächlich zum Chemiestudium nach Oxford, was für ein Mädchen aus eher kleinbürgerlichen Verhältnissen aus der Provinz in den 1940er-Jahren schon außergewöhnlich war. Ihre Tutorin am Somerville College war keine Geringere als Dorothy Hodgkin, die 1964 den Nobelpreis in Chemie erhalten sollte. Als Margaret das Diplom in der Tasche hatte, wurde sie auf einer Feier gefragt, was sie denn nun beruflich machen wolle. Ihre Antwort überraschte die Runde: »Ich will ins Parlament«.[11] Das allerdings war nicht so leicht, vor allem für eine wie sie: jung, weiblich, aus bescheidenen Verhältnissen. Schon in Oxford hatte sie erlebt, dass Politik Männersache war. Sie wurde zwar Mitglied der *Conservative Association*, blieb aber Einzelgängerin, denn aus den meisten Clubs waren Frauen ausgeschlossen. Diese Erfahrung des Außenseiterin-Seins war zweifellos eine hervorragende Vorbereitung auf ihre spätere Karriere. Das, was für eine traditionelle politische Laufbahn notwendig war wie die Luft zum Atmen – ein Netzwerk knüpfen, Freundschaften oder zumindest Verbindungen aufbauen –, war für Studentinnen nahezu unerreichbar. Hinzu kam die Tatsache, dass, wer ins Unterhaus strebte, über nicht unbeträchtliche Geldmittel verfügen musste. Nicht nur der Wahlkampf war kostspielig, erst nach und nach wurden den Abgeordneten überhaupt Diäten gezahlt. Die Tätigkeit eines *Member of Parliament* war also eher Ehrenamt als Brotjob. Kurz: Man musste es sich leisten können, Politik zu machen.

Nach ihrem Studium arbeitete Margaret Roberts also einige Jahre als Chemikerin, konnte aber trotz aller Hindernisse, die ihr im Wege standen, nicht widerstehen, ihren Hut bei den Unterhaus-Wahlen 1950 in den Ring zu werfen. Ihr Wahlkreis Dartford in Kent war fest in der Hand der Labour-Partei und die junge Tory-Politikerin mit dem begrenzten Budget hatte keine Chancen auf einen Sieg, dennoch erlangte sie durch ihren engagierten Wahlkampf und die ungewohnten Bilder, die er generierte, landesweite Aufmerksamkeit. Eine junge, attraktive Frau zwischen all den grau melierten Herren, das machte Medien und Menschen neugierig.

Überhaupt schien in diesen frühen 1950er-Jahren in England die Zeit der jungen Frauen anzubrechen: 1952 übernahm mit Königin Elizabeth II. eine 26-Jährige das Zepter im Königreich. Anlässlich der Thronbesteigung bat eine Zeitung die engagierte Tory-Nachwuchspolitikerin um einen Artikel. »*Wake up, Women!*« versammelt vermutlich die feministischsten Gedanken, die Thatcher in ihrem ganzen Leben je aufs Papier brachte. Sie hoffe, so schrieb sie, dass man in Zukunft mehr und mehr Frauen sehen werde, die Karriere und Familie vereinbaren. Wenn die englischen Frauen eine bessere Vertretung im Parlament erreichen wollten, müssten sie härter dafür kämpfen. »Sollte eine Frau sich als genauso fähig für einen Job erweisen wie ein Mann, sage ich, lasst sie die gleichen Chancen auf einen Kabinettsposten haben wie ein Mann. Warum nicht eine Kanzlerin oder eine Außenministerin?«[12] Beide Frauen – Margaret Thatcher und Königin Elizabeth II. – sollten ihr Land Jahrzehnte später über elf Jahre Seit an Seit, allerdings nicht immer einträchtig, führen. In den 1950er-Jahren standen sie, trotz der Tatsache, dass sie beide zweifellos eher dem konservativen Spektrum anhingen, für Aufbruch und Moderne. Im Laufe der Jahre gab jede auf ihre Weise dem weiblichen Selbstverständnis, dem öffentlichen Bild der Frau, in Großbritannien und weit darüber hinaus, entscheidende neue Impulse.

Margaret Thatcher war ein politisches Ausnahmetalent, das kann man zweifellos festhalten. Tatsache ist aber auch, dass dieses politische Ausnahmetalent ohne einen Mann wohl kaum Karriere hätte machen können – und das war ihr eigener Ehemann. Auch insofern lohnte sich die Kandidatur in Dartford, denn bei einem Abendessen zu Ehren der Kandidatin lernte Margaret Roberts Denis Thatcher kennen. Nach dem Dinner – es war ungewöhnlich spät geworden – fuhr der Londoner Unternehmer die junge Frau zum Bahnhof, wo sie gerade noch rechtzeitig den letzten Zug nach Hause erwischte. Die Begegnung mit Denis Thatcher erwies sich für die aufstrebende Politikerin als außerordentlicher Glücksfall. Zehn Jahre älter als sie, einer unglücklichen Kriegsehe entronnen, begegnete Thatcher ihr mit Charme und einer etwas altertümlichen Galanterie, die sie offenbar zu schätzen wusste. Thatcher war einigermaßen wohlhabend – auch dieser Umstand dürfte keine unbeträchtliche Rolle gespielt haben, erlaubte die finanzielle Sicherheit, die eine Verbindung mit ihm versprach, der ambitionierten Margaret doch überhaupt erst, eine politische Karriere ernstlich ins Auge zu fassen. Abgesehen davon, dass eine alleinstehende Frau in den 1950er-Jahren bei den Tories kaum Chancen gehabt hätte. Aber noch ein Faktor war entscheidend: Denis Thatcher, das schien Margaret Roberts instinktiv zu spüren, gab ihr nicht nur die materielle und emotionale Sicherheit, die sie brauchte, er war Manns genug, eine starke, selbstbewusste Frau wie sie an seiner Seite zu ertragen. Letztere Eigenschaft fand man bei nicht allzu vielen männlichen Exemplaren dieser Generation. Margaret Roberts und Denis Thatcher heirateten 1951 und tatsächlich sollte diese Beziehung zum Anker im bewegten Leben der Politikerin werden.[13]

Erst einmal sah bei den Thatchers alles nach Vater, Mutter, Kind im klassischen Sinne aus. Im Sommer 1953 kamen die Zwillinge Carol und Mark auf die Welt. Freunde fanden, das sei typisch für die durchorganisierte Margaret: Auf einen Schlag habe sie eine Tochter und einen Sohn bekommen – bei nur einmaliger Unterbrechung ihrer Karriere.[14] Wer allerdings meinte, Thatcher würde sich nun auf das Hausfrau- und Muttersein beschränken, irrte gewaltig. Sie begann, Jura zu studieren, auch dies natürlich mit der politischen Karriere im Hinterkopf. Ihre jeweilige Arbeit – das war kein Geheimnis – stand für Margaret und Denis Thatcher stets im Vordergrund, die Familie wurde gewissermaßen drum herum organisiert.

Einmal mehr machte sich hier Margaret Thatchers Effizienz bemerkbar. In diesem Sinne ist sie jener Frau nicht unähnlich, die rund vierzig Jahre später, als sich Thatchers Land für den Brexit entschied, an der Spitze der Europäischen Union stand. Auch Ursula von der Leyen kann als Meisterin der Organisation gelten. Sowohl Thatcher als auch von der Leyen begannen ihre politischen Karrieren mit relativ kleinen Kindern. Beide griffen auf die Hilfe von Nannys und Kinderfrauen zurück, beide hatten lange Arbeitswochen, aber beide waren auch dafür bekannt, dass sie intensiv Zeit mit ihrer Familie verbrachten. Ja, Thatcher, so ihr Biograf John Campbell, war eine frühe Verfechterin von *Quality Time*[15], ein Konzept, das Erziehungswissenschaftler*innen auch heute vielfach hochhalten. Demnach kommt es nicht so sehr darauf an, möglichst viel Zeit mit den Kindern zu verbringen, sondern diese Zeit möglichst erfüllend zu gestalten.

Sowohl Thatcher als auch von der Leyen stellen in der Spitzenpolitik bis heute absolute Ausnahmen dar. Sind Frauen an sich schon rar gesät in dieser Sphäre, so sind es Frauen mit jungen Kindern umso mehr. Beide versuchten, ihre Familie, ihr Muttersein auch zu einem Teil ihres Images zu machen. Sowohl Thatcher als auch von der Leyen ließen Homestorys und Fotoserien machen, die sie zu Hause im trauten Kreis der Familie zeigten. Bilder, die sie angetan mit Schürze oder als sorgende Mutter mit den Kindern in den Ferien präsentierten, mussten in einer konservativen Partei und bei traditionellen Wähler*innen doch einzahlen, so das Kalkül. Das traf zum Teil auch zu, andererseits brachte die Tatsache, dass sie noch Schulkinder zu Hause hatten, sowohl Thatcher als auch von der Leyen regelmäßig in Erklärungsnot und Rechtfertigungszwang. In einer Fernsehsendung in den frühen 2000er-Jahren, sie war gerade Familienministerin geworden, fragte der Moderator Ursula von Leyen doch glatt, ob sie sich schon entschieden habe, ob sie eine schlechte Mutter oder eine schlechte Ministerin sein wolle.[16]

Die Beispiele Thatchers und von der Leyens, zwischen denen mehr als ein Vierteljahrhundert liegt, zeigen, dass der Fortschritt, wie Renate Schmidt einmal so treffend sagte, eine Schnecke ist. Und noch immer sind wir es nicht gewohnt, Frauen mit jungen Kindern in anspruchs- und machtvollen Positionen zu sehen. Als Annalena Baerbock im Mai 2021 ankündigte, dass sie als Kanzlerinnenkandidatin für die Grünen ins Rennen gehe, bestürmte die Presse sie mit Fragen, wie sie das denn mit ihrer Rolle als Mutter vereinbare. In scharfem Kontrast dazu kann man sich an keine Situation erinnern, in der ein männlicher Politiker jemals mit ähnlichen Fragen konfrontiert gewesen wäre. Vor vierzig Jahren nicht und heute auch nicht. Mit Margaret Thatcher trat erstmals eine Frau in die vorderste Reihe, die daheim parallel eine Familie zu versorgen hatte. Daran gewöhnt haben wir uns auch rund vier Jahrzehnte später noch nicht.

Natürlich merkte Denis Thatcher schnell, dass seine Frau über scheinbar unendliche Energie verfügte und auch durch die Familie nicht aufzuhalten war. Er konzentrierte sich auf seine eigene Laufbahn und ließ Margaret machen. Hin und wieder, wenn es unbedingt nötig schien, trat er an ihrer Seite auf Wohltätigkeits- oder Wahlkampfevents auf. Er half ihr zwar nicht mit den Kindern oder im Haushalt – die Organisation solcherlei Dinge war aus seiner Sicht klar Frauensache –, aber er stellte die finanziellen Ressourcen zur Verfügung, um seiner Frau, die inzwischen ihr Jurastudium beendet hatte, die nötige Beinfreiheit zu geben. 1959 gelang Margaret Thatcher der Einzug ins Unterhaus, die Presse titelte: »*Tories choose Beauty*«.

Thatcher profitierte einerseits von ihrem Frausein. Sie stach heraus, machte neugierig. Überall, wo sie hinkam, war ihr die Aufmerksamkeit sicher. Die Medien stürzten sich auf die redegewandte, hübsche Blondine. Gleichzeitig musste sie sich permanent rechtfertigen für ihr politisches Engagement. Was wollte sie? Warum hob sie für diesen oder jenen Posten die Hand? Weibliches Machtstreben war in den 1960ern erklärungsbedürftig und ist es zum Teil heute noch. Im Parlament war sie eine von sehr wenigen Frauen und, wie schon in Oxford, fand sie sich von wichtigen informellen Strukturen ausgeschlossen. Sie machte sich stattdessen durch Fleiß und Engagement einen Namen, sie kannte ihre Dossiers wie kaum ein Mann. Allerdings brachte ihr das nicht so sehr die Anerkennung der männlichen Kollegen ein, sondern eher den Ruf, altklug zu sein. Ein Schicksal übrigens, das sie mit zahlreichen Ersten von Käte Strobel über Ruth Dreifuss bis Ursula von der Leyen teilt. Frauen hatten und haben häufig das Gefühl, besser sein zu müssen als Männer, sich keinen Fehler erlauben zu können. Ihre Kollegen quittieren das nicht selten damit, dass sie ihnen das Etikett der fleißigen Arbeitsbiene aufkleben.

1970 machte Premierminister Edward Heath Thatcher zur Erziehungsministerin. Im Streit um Schulmilch sah sie sich bald Angriffen ausgesetzt, die an ihre Substanz gingen und ihre politische Karriere ernsthaft gefährdeten. Traditionell bekam in England jedes Kind kostenlos eine Portion Milch in der Schule. Thatcher, die von jeher keine Angst hatte, unpopuläre Entscheidungen zu treffen, strich diese Unterstützung kurzerhand, um Geld einzusparen. Die Empörung war riesig. Der Streit eskalierte auch deshalb so sehr, weil es bald um mehr ging als die Frage, ob Kinder weiterhin ihre Gratis-Milch bekommen sollten. Die Ministerin wurde verhöhnt mit »*Thatcher – Milk Snatcher*«, man zeichnete die Karikatur eines weiblichen, Milch klauenden Monsters, warf ihr vor, den Bezug zur »normalen« Bevölkerung verloren zu haben. Selbst ihre Berater gaben ihr den Tipp, bei öffentlichen Auftritten auf Perlenkette und andere vermeintliche Attribute der *Middle Class* zu verzichten. Premierminister Heath, der die ambitionierte Ministerin ohnehin nicht ausstehen konnte und sie im Kabinett regelrecht ausgrenzte, kam ihr nicht zu Hilfe, im Gegenteil, er erwog sogar, sie fallen zu lassen.[17] Schließlich gelang es Thatcher, das Ruder rumzureißen, das Zerrbild der bösen Frau, die den armen Kindern die Milch wegnehmen will, aber blieb an ihr haften. Immer wenn die Politikerin ihren Landsleuten in den folgenden Jahren schmerzhafte, zum Teil auch ungerechte oder unverhältnismäßige Opfer abverlangte – was sie zweifellos tat –, schimmerten unter all den Karikaturen, die Thatcher als Mannsweib, als Feldwebel oder Medusa zeigten, auch immer die Konturen der Milchdiebin durch.

Bei den Unterhauswahlen 1974 schickten die Wähler*innen Edward Heath, seine Mannschaft und seine einzige Ministerin in die Opposition, wodurch er auch als Parteivorsitzender in schwere Bedrängnis geriet. Die Parteigranden sammelten ihre Truppen, um Heath zu beerben. Niemand, weder ihre Kollegen in Partei und Parlament noch die medialen Berichterstatter, hatte Margaret Thatcher auf dem Schirm. Niemand sah sie kommen. Die Möglichkeit, dass eine Frau die ehrwürdige Tory-Partei anführen könnte, kam ihnen nicht mal in den Sinn. Doch als ihre Mitstreiter einer nach dem anderen aus dem Rennen ausstiegen oder ausfielen, blieb am Ende Thatcher als einzige Alternative zu Heath übrig.

Unterschätzt zu werden – auch das ist, wie wir noch sehen werden, ein typisches Feature in der Karriere so mancher Spitzenpolitikerin. Noch dazu eines mit langer Tradition: Von der byzantinischen Kaiserin Irene über die Habsburgerin Maria Theresia bis zu Kanzlerin Angela Merkel gelang es Politikerinnen immer wieder, die Dünkel ihrer männlichen Konkurrenten von Karl dem Großen über Friedrich den Großen bis Friedrich Merz und Gerhard Schröder gegenüber dem weiblichen Geschlecht zu ihrem Vorteil zu nutzen. Was jahrelang ein schmerzhafter Nachteil, zuweilen ein Karrierekiller ist, kann sich in bestimmten Situationen in einen unschlagbaren Vorteil verwandeln. Für wie aussichtslos alle um Thatcher herum, selbst ihr engstes Umfeld, ihre Ambitionen auf den Parteivorsitz allerdings zunächst hielten, zeigt Denis' Reaktion. Als seine Frau ihm eröffnete, dass sie Vorsitzende werden wolle, fragte er: »Vorsitzende von was, Liebling?« Heath, den sie in seinem Büro im *House of Commons* aufsuchte, um ihm mitzuteilen, dass sie gegen ihn antrat, erwiderte nur: »Wenn Sie meinen.«[18]

Zur absoluten Überraschung ausnahmslos aller außer ihr selbst konnte Thatcher ihre Partei davon überzeugen, dass es Zeit war für einen Neuanfang und dass sie für diesen Aufbruch stand.

In zweiter Runde wurde sie zur neuen Vorsitzenden der konservativen Partei gewählt. Als sie anschließend gefragt wurde, ob sie gewonnen habe, weil sie eine Frau sei, erwiderte sie trocken: »Ich gehe davon aus, dass ich aufgrund meiner Leistung gewonnen habe.« Die Zeitungen titelten »*The One-Woman Revolution*« und »*The Lady is a Champ*«. Die Männer der Labour-Partei triumphierten, weil man auch hier die Neue an der Spitze der Tories unterschätzte, man hielt die kommenden Wahlen für so gut wie gewonnen. Barbara Castle, langjährige Labour-Abgeordnete, aber ahnte, dass es für ihre Partei schwer werden würde. »Thatcher ist ganz klar der beste Mann unter ihnen. (…) Ich kann mir nicht helfen, ich finde es aufregend, auch wenn es für uns bei den Wahlen schwieriger werden wird. Ich sage es ja schon seit Längerem, dieses Land ist bereit für eine Premierministerin.«[19] Nun, Barbara Castle sollte recht behalten.

Eiserne Lady

»Ein kleiner Schritt für Thatcher, ein riesiger Schritt für die Frauen«, titelte der *Guardian*, als Margaret Thatcher am 3. Mai 1979 zur ersten Premierministerin des Landes gewählt wurde. Global gesehen war sie allein auf weiter Flur. Golda Meir trat nach dem verlustreichen Jom-Kippur-Krieg 1974 zurück, Indira Ghandi war 1977 abgewählt worden und sollte erst 1980 wieder indische Premierministerin werden. Gro Harlem Brundtland gab erst zwei Jahre später ihr Debüt als norwegische Ministerpräsidentin. Thatcher genoss es, eine Ausnahme zu sein. Die frischgebackene britische Premierministerin gehörte ganz klar in die Kategorie der Einzelkämpferinnen. Weibliche Solidarität blieb für sie ein Fremdwort. Während ihre enge Entourage durchaus überwiegend aus Frauen bestand, holte sie in all den Jahren an der Macht nur eine einzige Frau ins Kabinett. Sie selbst war an der Spitze angelangt, aber sie sah keinen Grund, anderen Frauen den Weg zu ebnen. Darüber hinaus war die Regierungschefin weit entfernt davon, nun feministische Parolen auszugeben. Im

Gegenteil. Hatte sie in ihrem Artikel »*Wake up, Women!*« 1952 noch dezidiert dazu aufgerufen, vehement politische Teilhabe einzufordern, schlug sie nun deutlich traditionellere Töne an. Sie inszenierte sich in Rollen, die man gemeinhin mit Weiblichkeit assoziierte. Sie war die Nanny der Nation, die Lehrerin, die Krankenschwester. Sie gab die treusorgende Hausfrau, die wusste, was eine Familie brauchte, kannte die Preise für Brot und Butter, für Fleisch und Gemüse.[20] Obwohl sie selbst nie ausschließlich daheim geblieben war, lautete ihr Rat an junge Frauen nun, sich um ihre Familien zu kümmern und höchstens halbtags zu arbeiten. Thatcher, so scheint es, war nicht in der Lage, strukturell zu denken in Sachen Gleichberechtigung. Offenbar gestand sie sich nie ein – zumindest nicht öffentlich –, dass ihr spektakulärer politischer Aufstieg nur durch die privilegierte Position, die ihr ihre Ehe verschafft hatte, gelungen war. Unzählige Frauen in Großbritannien aber verfügten nicht über das nötige Kleingeld, um eine Kinderfrau zu engagieren, geschweige denn, um eine politische Karriere zu starten.[21]

»*Femininity is what she wears, masculinity is what she admires*«, schrieb die Feministin Beatrix Campbell über Thatcher. Sie wolle eine Frau sein, die tut, was Männer tun.[22] Und tatsächlich – der Mensch und die Politikerin Thatcher sind überaus komplex. Im Gegensatz zu anderen Politikerinnen vor und nach ihr gab sich die Premierministerin betont weiblich. Während sich Angela Merkel oder Ursula von der Leyen in wenig auffallenden Hosenanzügen zeigten, trug Thatcher Blusen, Röcke, Kostüme, hatte auffällige Ohrringe, Broschen und Ketten, stets eine Handtasche passend zum Outfit, legte Wert auf gepflegtes Make-up und perfekt ondulierte Haare. Wo man den Eindruck hatte, Angela Merkel und Ursula von der Leyen versuchten, optisch mit ihrer oft überwiegend männlichen Umgebung zu verschmelzen, hatte Margaret Thatcher offenbar nichts dagegen, krass herauszustechen. Dort, wo es ihr vorteilhaft schien, betonte sie ihre Weiblichkeit und durchaus auch die Vorzüge, die diese Weiblichkeit ihrer Meinung nach für ihre Arbeit als Politikerin hatte. Frauen, so erklärte sie einmal, hätten eine besondere Beziehung zum Leben,

[24] Die erste Regierungschefin einer westlichen Industrienation: Margaret Thatcher 1983 bei einer Rede auf dem G7-Gipfel in Williamsburg, Virginia.

schließlich brächten sie Kinder auf die Welt. Wenn Frauen vor schwierige Situationen gestellt würden, nähmen sie diese Herausforderungen an. »Die ganze Welt kann einstürzen«, so Thatcher, »aber irgendwie stehen Frauen immer wieder auf und machen weiter. Man macht eine Tasse Tee, klopft sich den Schmutz aus den Kleidern, trocknet die Tränen der Kinder, macht etwas zu essen. Und dann bringt man die Welt eben wieder in Ordnung.« Berühmt ist auch ihr Ausspruch: »Wenn man möchte, dass etwas gesagt wird, fragt man einen Mann. Wenn man möchte, dass etwas getan wird, fragt man eine Frau.«[23]

Die neue Premierministerin trat 1979 kein leichtes Erbe an. Die wirtschaftliche Situation war desolat, die Arbeitslosigkeit hoch, immer wieder kam es zu gewalttätigen Auseinandersetzungen auf der Straße und zu erbitterten Arbeitskämpfen. Thatcher traf schmerzhafte, überaus unpopuläre Entscheidungen, sie leitete einen radikalen wirtschaftlichen und gesellschaftlichen Umbau ein, setzte auf Privatisierung, auf Eigenverantwortung. Ihre Umfragewerte erreichten immer wieder neue Tiefststände. Glaubhaft allerdings konnte sie sich als Kalte Kriegerin und Anführerin der freien Welt inszenieren – auch weil Jimmy Carter in Washington eher versöhnliche Töne anschlug. Die Sowjets verpassten ihr den Beinamen »*Iron Lady*«, den sie als Auszeichnung trug. Als die argentinische Armee im Frühjahr 1982 einen Angriff auf die Falklandinseln startete, sah Thatcher die Chance, sich dieses Image zunutze zu machen. Für das britische Überseegebiet Tausende von Meilen entfernt von der Heimat in den Krieg zu ziehen, war ein riskantes Unterfangen, das ihre Karriere leicht beenden hätte können. Aber das Gegenteil geschah: Der Falklandkrieg machte Thatcher erst zu der eisernen, – zumindest zunächst – unangefochtenen Premierministerin, als die sie in die Geschichtsbücher eingehen sollte. Nach dem britischen Sieg schwamm sie auf einer nationalen Woge der Begeisterung. Knapp vierzig Jahre nach dem Zweiten Weltkrieg konnte die angeschlagene Nation wieder einen militärischen Triumph auskosten. Thatcher schlüpfte nun aus der Rolle der strengen Mutter, die ihren Kindern harte Regeln verordnete, in die Rolle der tapferen Kriegerin, vergleichbar der Heerführerin Boudicca oder der soldatenhaften Königin Elizabeth I., und wurde zu einer Art Ikone. Ihre Zustimmungswerte kletterten in ungeahnte Höhen, doch mit der Zeit nutzte sich der militärische Ruhm ab. Falkland war weit weg, die sozialen und wirtschaftlichen Probleme in Großbritannien aber sehr nah und real. Und so verwandelten sich die zunächst unironischen Porträts der heldenhaften Britannia im Laufe der 1980er-Jahre zu bissigen Karikaturen. Die berühmte Satiresendung »*Spitting Image*« zeigte Thatcher fast ausschließlich in Männerkleidung, nicht selten als Winston Churchill. Jene, die Thatcher unterstützten, nannten sie »Maggie«, ihre Gegner aber fanden immer wieder neue verunglimpfende Spitznamen von »Attila, die Henne« bis »Maggietollah« in Anlehnung an Ayatollah Khomeini.[24]

Thatchers Rücktritt 1990 kam nicht selbstbestimmt, sondern wurde ihr von ihrer Partei aufgezwungen. Die Welt war im Begriff, sich zu wandeln, die Kalte Kriegerin schien nicht mehr gebraucht zu werden und das Land hatte nach über einem Jahrzehnt *Thatcherism* mit harten sozialen Einschnitten genug von ihr. Auf die Frage, wie es sich anfühle, die erste Premierministerin zu sein, hatte Thatcher einmal geantwortet, sie habe keine Ahnung, schließlich habe sie nie eine Alternative ausprobiert. Alles in allem kann man aber wohl sagen, dass sie sich in erster Linie an den Gesetzen der Männerwelt orientiert hat. Ihr Führungsstil war zackig bis autoritär und entsprach insofern den üblichen Gepflogenheiten männlicher Machtausübung. Auch inhaltlich hatte sie keinerlei Anstalten gemacht, das Land in Sachen Geschlechtergerechtigkeit voranzubringen oder mehr Frauen in Politik und Arbeitswelt zu holen. Und doch änderte allein die Tatsache, dass ein wichtiges Industrieland wie Großbritannien elf Jahre von einer Premierministerin regiert worden war, den Blick der Brit*innen und der Welt: Eine Frau hatte England wirtschaftliche und gesellschaftliche Reformen verordnet, war den Staats- und Regierungschefs anderer Länder auf Augenhöhe – manchmal, wie im Falle Helmut Kohls, sogar von oben herab – begegnet, hatte die Nation in einen Krieg und zum Sieg geführt. Niemand weiß, ob Margaret Thatcher in ihrem Innersten wirklich jemals so weit von ihrem 1952 erschienen Weckruf-Artikel abgerückt ist, wie es einige ihrer späteren Äußerungen nahelegen. So oder so hat sie selbst – willentlich oder nicht – der gläsernen Decke ein paar ordentliche Löcher verpasst.

Macherin des Machbaren

Im Frühling 2017 trafen sich einige der mächtigsten Frauen dieser Welt in Berlin. Auf einem denkwürdigen Panel des Welt-Frauen-Gipfels, besetzt unter anderem mit der damaligen IWF-Chefin Christine Lagarde, Königin Máxima der Niederlande und der deutschen Bundeskanzlerin, wurde Letztere gefragt, ob sie sich selbst als Feministin bezeichnen würde. Merkel, die bei derartigen Veranstaltungen ja durchaus schlagfertig und witzig sein kann, kam ins Stottern, stülpte die Lippen, lächelte dann verlegen. Christine Lagarde neben ihr rief mehrfach: »*Yes!*«, klatschte aufmunternd und feuerte sogar das Publikum an. Merkel aber antwortete ausweichend. Erst als Königin Máxima meinte, Feministin sei doch eigentlich jede Frau, die sich für Selbstbestimmung einsetze, erwiderte die Kanzlerin: »O. k., dann bin ich auch eine.« Bei späterer Gelegenheit erklärte Merkel dann eingehender, warum sie bei der Frage gezögert hatte. Sie wolle sich nicht mit fremden Federn schmücken, führte sie im *Brigitte*-Talk 2017 aus. Feministinnen, das sind oder waren zumindest im Weltbild Angela Merkels lange Zeit Frauen wie Alice Schwarzer oder Simone de Beauvoir. In diese Kategorie wollte und konnte sie sich nicht einreihen.[25]

Angela Merkel trat das Amt der Bundeskanzlerin 2005 und damit rund ein Vierteljahrhundert nach Margaret Thatchers Einzug in 10 Downing Street an. Viele Feminist*innen betrachteten und betrachten Thatchers Amtszeit angesichts ihrer geschlechterpolitisch wenig engagierten Agenda nicht nur als Enttäuschung, sondern in gewissem Sinne sogar als schädlich. Seit Thatcher konnten Männer bräsig behaupten, dass es Frauen ja grundsätzlich möglich sei, es an die Spitze zu schaffen, wenn sie nur wollten, und dass Politikerinnen selbst für andere Frauen nicht mehr taten als jeder männliche Politiker. Auch Merkels Kanzlerschaft wird zum Teil für eine derartige Argumentation genutzt. Allein die Tatsache, dass Deutschland sechzehn Jahre von einer Kanzlerin regiert wurde, beweise doch eindrücklich, dass Frauen die gleichen Chancen hätten, wird behauptet. Auch Merkel wird von feministischer Seite vorgehalten, ihre außerordentliche Position nicht hinreichend genutzt zu haben, um Gendergerechtigkeit und Frauenthemen voranzubringen.

Und es gibt einige weitere Parallelen zwischen den zwei mächtigsten europäischen Politikerinnen der letzten vierzig Jahre. Beide waren stark von ihren Vätern geprägt; beide waren zunächst Naturwissenschaftlerinnen – Thatcher studierte Chemie, Merkel war Physikerin –; beide waren Außenseiterinnen und wurden zu Beginn ihrer Karriere chronisch unterschätzt; beide krempelten ihre Parteien um – wenn auch mit gänzlich unterschiedlicher

Stoßrichtung –; beide bezeichneten ihre Politik mit Vorliebe als »alternativlos«; und beide hatten Ehemänner, die ihre eigenen Karrieren verfolgten, ihre Frauen machen ließen und genug Selbstbewusstsein besaßen, es an der Seite derart wirkmächtiger Frauen auszuhalten.

Bei all den Übereinstimmungen lässt sich aber doch festhalten, dass die zwei Politikerinnen sehr verschieden waren. Nicht nur in Bezug auf Stil und Inhalt ihrer Politik, sondern auch im Hinblick auf die Frage, ob sie der Sache der Frauen am Ende einen Schub verpasst haben oder nicht. Mit Blick auf Optik und Gestus war Margaret Thatcher, wie bereits erwähnt, die deutlich Weiblichere, Glamourösere, sie hatte unbestreitbar gewisse Starqualitäten und sie setzte ihre feminine Seite ein, wenn es ihrer Sache diente. Nicht nur Ronald Reagan war einer ihrer Verehrer, auch François Mitterrand zeigte sich nicht unempfänglich für ihren Charme und vice versa. Der französische Präsident – wie die Engländer sagen, zweifellos ein »*Lady's Man*« – bemerkte einmal über Thatcher, sie habe die Augen von Caligula und den Mund von Marilyn Monroe. John Major, damals Außenminister und später Thatchers Nachfolger, vernahm bei einem englisch-französischen Gipfel das kaum überhörbare Knistern zwischen dem Franzosen und der Britin. Das Ganze, so erinnerte er sich, sei mehr ein Flirt gewesen als ein Gipfeltreffen.[26]

Vergleichbares ist von Angela Merkel nicht überliefert. Merkel, so berichten viele, die sie aus der Nähe kennen, kann unheimlich humorvoll und lebhaft sein, hat einen Hang zu kleinen Sticheleien, aber für überbordende erotische Ausstrahlung oder taktischen Einsatz von Flirts ist sie nicht bekannt. Sie hatte ein freundschaftliches Verhältnis zu George W. Bush, mochte seinen Witz, seine Offenheit, als er ihr aber 2006 beim G8-Gipfel in St. Petersburg vor versammelter Runde den Nacken massierte, ging ihr das sichtbar zu weit. Die Anlaufphase in der Beziehung zu Barack Obama verlief zunächst etwas holprig, auch weil die Kanzlerin enge Verbindungen zur innerparteilichen Konkurrentin Obamas, Hillary Clinton, unterhielt und eventuell gehofft hatte, dass es in den USA bald eine weibliche Regierungschefin geben würde.

Rasch aber entwickelte Merkel auch zu Bushs Nachfolger ein überaus vertrauensvolles Verhältnis. »Je besser ich Angela Merkel kennenglernt hatte«, erinnert sich Barack Obama in seinen Memoiren, »desto sympathischer war sie mir geworden; ich empfand sie als zuverlässig, ehrlich, intellektuell präzise und auf eine natürliche Art freundlich.« Obama erwähnt auch ein typisches Merkel-Merkmal: Sie hatte einfach kein Talent zum Pokerface. Wenn etwas sie nicht überzeugte, langweilte oder gar anwiderte, sah man das meist recht deutlich an ihrer Mimik. Berühmt wurde ein Ausschnitt, der als GIF auf Twitter & Co. Erfolge feierte. Die kurze Sequenz zeigt Merkel und Wladimir Putin beim G20-Gipfel in Hamburg 2017. In bester *Mansplaining*-Manier erklärt der russische Staatspräsident der Kanzlerin ausführlich irgendeinen Sachverhalt, während sie genervt die Augen verdreht. Unvergessen auch ihre Reaktion auf die Ankündigung Donald Trumps auf dem G7-Treffen in Biarritz 2019. Er werde nach Deutschland kommen, erklärte Trump, vielleicht sogar schon sehr bald, er habe nämlich deutsches Blut. Die Kanzlerin zieht erst die Augenbrauen hoch und lacht kurz amüsiert auf, bevor sie die Lippen wieder aufeinanderpresst. Und selbst Barack Obama erntete den einen oder anderen tadelnden Blick. Wann immer er ihr vorschlug, Deutschland solle doch mit Steuersenkungen oder Infrastrukturmaßnahmen ein Zeichen setzen, lief er gegen eine Wand. Obama erinnert sich: »›Ja, Barack, ich denke, das ist vielleicht nicht die beste Herangehensweise für uns‹, pflegte sie zu sagen und runzelte ein wenig die Stirn, als hätte ich etwas leicht Geschmackloses vorgeschlagen.«[27]

Angela Merkels Feminität war deutlich weniger plakativ als jene Margaret Thatchers, aber sie brachte im Gegensatz zur Britin doch einen neuen Ton, einen dezidiert weiblichen Führungsstil in die Politik. Sie wurde nicht barsch und verletzend wie Thatcher zuweilen, sondern eher still, wenn sich Ärger anbahnte. Sie führte nicht von oben, quasi per Dekret der Macht, sondern ausgleichend, versöhnend, hörte sich die vorgetragenen Argumente in Ruhe an, wägte ab und traf dann ihre Entscheidung. Polternde Auftritte, wie Kohl oder Schröder sie zuweilen hinlegten, oder kumpelhaftes Gelächter, Schulterklopfen und Armumlegen als öffentliche Gunsterweisung für Höflinge wären bei ihr undenkbar gewesen. Bernd Ulrich von der *Zeit*, der Merkel jahrelang beobachtet und begleitet hat, stellt gar die Frage, ob es Merkel gelungen sei, im Amt ein guter Mensch zu sein: »Alles, was Politikern gemeinhin unterstellt wird, fehlt bei ihr weitgehend«. Die Politik von Angela Merkel, so Ulrich, sei im Großen und Ganzen kein schmutziges Geschäft.[28]

Und was sagt sie selbst? »In der Politik«, so Merkel zu Beginn ihrer Karriere, »suche ich lieber die Kooperation als die Auseinandersetzung.« Eine gewisse Art des Durchsetzungsverhaltens bei einigen männlichen Kollegen, so erklärte sie 1991, sei ihr unangenehm. »Manche Leute blähen sich innerlich richtig auf und versuchen, sich gegenseitig zu übertönen (...) Ich fühle mich dabei fast körperlich bedrängt und möchte mich am liebsten wegsetzen. Das ist keine sachliche Auseinandersetzung mehr, sondern es geht einfach nur noch darum, wer dem anderen die Luft abdrücken kann. Das ist nicht meine Methode.«[29] Man kann wohl konstatieren, dass sich Merkels pragmatische, sachorientierte, uneitle Methode vielfach als erfolgreich erwiesen hat und hier und da sogar stilbildend wirkte. Sie hat so manchen lauten, aufgeblähten Mann kommen und gehen sehen: Berlusconi, Sarkozy, Trump, Kurz – sie aber ist am Ende sitzen geblieben. Je länger ihre Kanzlerinnenschaft dauerte, desto mehr Gewicht kam ihr gerade international zu. Ihre moderierende Art und ihre schier übermenschliche Fähigkeit abzuwarten ließen sie vielfach aus zähem Streit und der einen oder anderen Nachtsitzung in Berlin, Brüssel und anderswo als Siegerin hervorgehen. Frei nach dem Motto: Lass die Jungs sich beim Wettbewerb um mehr Aufmerksamkeit und größere Lautstärke verausgaben, am Ende setzt sich mein Kompromissvorschlag durch. Ursula von der Leyen berichtet in einem Gespräch mit Christine Lagarde, ohne Namen zu nennen: »Ich habe Spitzenpolitikerinnen beobachtet. Sie kennen ihre Dossiers, sie sind klar in ihren Argumenten und wenn es spät in die Nacht geht oder sogar bis in den frühen Morgen, dann kennen sie noch immer jedes Detail. Das ist ihr Vorteil, das ist der Grund für ihren Erfolg.« Lagarde wirft lachend ein, sie glaube, sie wisse, wer gemeint sei.[30] Und gleichzeitig klingt natürlich sowohl bei von der Leyen als auch bei Lagarde an, dass sie selbst, ihrer Meinung nach, ebenso in diese Kategorie glänzend vorbereiteter Spitzenpolitikerinnen fallen.

Die abwartende Vorgehensweise hat Merkel durchaus auch heftige Kritik beschert. Sie sei zu wenig visionär, zu wenig zupackend, sie habe das Land nicht ausreichend auf die Zukunft vorbereitet, weil sie sich zu sehr von den Krisen der Gegenwart vereinnahmen hat lassen. Es wurde ihr zudem vorgeworfen, sich opportunistisch zu verhalten, sich dem Zeitgeist anzupassen. So leitete die von der friedlichen Nutzung der Atomkraft überzeugte Physikerin nach der Nuklearkatastrophe von Fukushima den Ausstieg aus der Kernenergie ein. Man könnte unterstellen, dass sie auf die Stimmung in der Bevölkerung und die bedrohlich steigenden Zustimmungswerte für die Grünen schielend, verstand, dass die Union nun die Reißleine ziehen und das leidige Thema Atomkraft endlich ad acta legen musste. Man könnte aber auch argumentieren, dass Spitzenpolitikerinnen stärker auf den Rat von Expert*innen ansprechen als viele Männer, dass sie Realitäten leichter anerkennen können, dass sie nicht so häufig aus Angst vor Gesichtsverlust an überholten Standpunkten festhalten.

Klar ist, dass Merkel mit ihrer Entscheidung infolge des japanischen Super-GAUs einen zentralen christdemokratischen Glaubenssatz über Bord geworfen hat. Und auch als sie kurz vor der Bundestagswahl 2017 die »Ehe für alle« zur Abstimmung ohne Fraktionszwang und als Gewissensentscheidung im Bundestag freigab, öffnete sie sich für den Wandel. Natürlich war die Empörung in der Partei groß, aber die Kanzlerin spürte, dass das gesellschaftliche Klima sich geändert hatte, und sie sah gar nicht ein, sich die Frage, ob homosexuelle Paare nicht das Recht hatten, heterosexuellen Paaren gleichgestellt zu werden, im Wahlkampf wieder und wieder von SPD und Grünen aufs Butterbrot schmieren zu lassen. Übrigens kann man die »Ehe für alle« letztlich auch als ein Erbe Rita Süssmuths sehen. Sie hat mit ihrer AIDS-

Politik nicht nur Gesundheitspolitik betrieben, sondern auch einen grundsätzlichen Wandel in Gang gesetzt, der Homosexuelle zu einem sicht- und hörbaren Teil der Gesellschaft gemacht hat, dem man auf Dauer die gleichen Rechte nicht vorenthalten konnte.

Wie im Vorbeigehen gab Merkel also im Laufe ihrer Kanzlerinnenschaft Positionen auf, die, wie viele lange Zeit geglaubt hatten, zur DNA der CDU gehörten. Sie war – ganz im Gegensatz zu Margaret Thatcher – keine Ideologin, vielmehr war sie eine Verfechterin des Machbaren. Was an diesen für die Partei durchaus schmerzhaften Paradigmenwechseln politisches Kalkül, was eventuell doch Merkels eigene Agenda war, bleibt ihr Geheimnis.

Im Sommer 2015, nach zehn Jahren im Amt, kam es zu einer europäischen Krise, in der man erstmals den Eindruck gewinnen konnte, die »wahre« Angela Merkel zu erkennen. War sie in den vorangegangenen Jahren eine Meisterin darin gewesen, sich bedeckt zu halten, sich nicht zu exponieren, ging sie nun – für ihre Verhältnisse – geradezu in die Offensive. Ausgelöst durch den Syrienkrieg und andere politische, wirtschaftliche und klimatische Krisen machten sich immer mehr Menschen auf den Weg Richtung Europa. Laut dem Dublin-II-Abkommen mussten die Geflüchteten allerdings jeweils in den Ländern bleiben, in denen sie erstmals das Territorium der EU betreten hatten. Da die wenigsten mit dem Flugzeug ankamen, bedeutete dies konkret, dass die allermeisten an den Grenzen der EU registriert wurden und auch dort zu bleiben hatten: in Griechenland, in Italien, in Ungarn. Die anderen EU-Staaten hatten sich jahrelang einen schlanken Fuß gemacht und diese Grenzstaaten weitgehend alleine gelassen mit der Herausforderung der Aufnahme und Versorgung dieser Menschen. Als im Laufe des Frühjahrs 2015 jeden Monat mehr Geflüchtete über den Balkan in Ungarn ankamen und die Situation in den dortigen Lagern immer katastrophaler wurde, machten sich Migranten auf gen Norden und Westen, wo sie sich bessere Chancen für sich und ihre Kinder erhofften. Schlepperbanden schleusten Menschen unter zum Teil lebensgefährlichen Bedingungen nach Österreich und Deutschland. Immer wieder kam es zu erschütternden Zwischenfällen. Ende August 2015 wurden in einem Lkw im Burgenland die Leichen von 71 Geflüchteten gefunden. Die Männer, Frauen und Kinder waren bei sommerlicher Hitze in dem Fahrzeug grausam erstickt.

Vor dem Hintergrund dieser sich zuspitzenden Situation gab Angela Merkel schließlich Anfang September grünes Licht, die am Budapester Bahnhof ausharrenden Menschen und jene, die sich bereits zu Fuß aufgemacht hatten, die Grenze nach Deutschland ohne Kontrollen passieren zu lassen. Für keine andere Entscheidung zuvor oder danach erfuhr die Kanzlerin so viel euphorische Zustimmung von der einen Seite und so viel Kritik und Hass von der anderen. Sie selbst, so scheint es, hat sich anschließend von der überwältigenden Willkommenskultur ihrer Landsleute am Münchner Hauptbahnhof und an unzähligen Orten des Landes, in denen man die Geflüchteten freundlich und hilfsbereit empfing, mitreißen lassen. Sie besuchte eine Flüchtlingsunterkunft, ließ die Bewohner Selfies mit sich machen und bekräftigte ihre Entscheidung in den folgenden Wochen wiederholt mit dem berühmt gewordenen Satz »Wir schaffen das!« – eine Formulierung, die, wie der Journalist Robin Alexander betont, eine typische Merkel-Stanze war, die sie zuvor unzählige Male verwendet hatte, ohne dass es jemandem aufgefallen wäre. Als ihr wenig später vorgeworfen wurde, dass sich die Migranten durch die von ihr unterstützte Willkommenskultur angeblich erst in Bewegung gesetzt hätten, antwortet sie ungewohnt ungehalten: »Wenn wir uns jetzt noch entschuldigen müssen, dass wir in Notsituationen ein freundliches Gesicht zeigen, dann ist das nicht mein Land.« Robin Alexander hat ein ganzes Buch über den Umgang der deutschen Regierung mit der Flüchtlingskrise 2015/16 geschrieben. Er schildert die Kanzlerin in dieser Situation keineswegs als eine Politikerin mit klarer Agenda und eindeutigem Kompass, sondern zeigt sie und ihr Kabinett als Getriebene. Niemand, so Alexander, habe die Verantwortung für die Schließung der Grenzen übernehmen wollen. So sei aus der Ausnahme ein monatelanger Ausnahmezustand geworden.[31]

Waren es also eher die berühmte merkelsche Unentschlossenheit und ihr Zaudern, die zur Aufnahme der Geflüchteten führten, als moralische Erwägungen? War auch diese Situation, in der sich Merkel mehr exponierte als jemals zuvor, kein bewusstes, von tiefen menschlichen und politischen Überzeugungen getragenes Handeln? Robin Alexanders apodiktisches Urteil scheint der komplexen Persönlichkeit Merkels nicht gerecht zu werden. Vermutlich hat sie, ganz entgegen ihrem sonstigen Motto, die Dinge vom Ende her zu denken, in diesem Fall nicht bedacht, wie das deutsche Vorpreschen bei den osteuropäischen Staaten, aber auch jenen Staaten, die bislang die Hauptlast der Flüchtlingspolitik getragen hatten, ankommen würde. Und wahrscheinlich konnte sie auch nicht abschätzen, welche Wirkung die Selfies in Deutschland gestrandeter Geflüchteter an der Seite einer warm lächelnden Kanzlerin entfalten würden. Dennoch spricht einiges dafür, dass Merkel von der Aufnahme- und Hilfsbereitschaft ihrer Mitbürger*innen ehrlich überwältigt war, dass ihr das Bild dieses Deutschland überaus gut gefiel und sie sich damit identifizierte. Sie wollte sich selbst und ihr Land so sehen und sie wollte im Ausland so gesehen werden. Schließlich hatte sie während ihrer gesamten Amtszeit viel dafür getan, Deutschlands Reputation als demokratische, friedliebende, verlässliche Nation zu stärken. Ihre scharfe Reaktion auf die Kritik an der Willkommenskultur, die die Menschen angeblich erst nach Deutschland locke, scheint doch echte Empörung gewesen zu sein.

Eine Schwalbe macht noch keinen Sommer

Schaut man sich Deutschland am Ende der Amtszeit Merkels im Hinblick auf Digitalisierung, Bildung, Zukunftsbranchen und Klimaziele an, kann man sich des Eindrucks nicht erwehren, dass die Frau, die sechzehn Jahre an der Spitze des Landes gestanden hat, vor allem reaktiv und ohne weit gesteckten Plan regiert hat. Vielleicht hat sie sich in diesem Sinne zu viel von ihrem Lehrmeister Helmut Kohl abgeguckt.[32] In Krisen handelte sie besonnen und effektiv, aber die großen Herausforderungen des 21. Jahrhunderts sind mit der »Methode Aussitzen« einfach nicht zu lösen. Auch in Sachen Geschlechtergerechtigkeit und Diversität oder bei Überlegungen, wie Leben und Arbeit im 21. Jahrhundert aussehen können, gingen die Kabinette Merkel I bis IV eher kleine Schritte. Aber anders als Margaret Thatcher, die diese Themen überhaupt nicht interessiert hatten, begriff Merkel durchaus, dass eine Modernisierung von Familie und Geschlechterrollen angestoßen werden musste. Und wiederum anders als Thatcher machte sich Merkel auch keine Illusionen, was ihren eigenen Aufstieg betraf. Während der Britin der Gedanke gefiel, dass sie allein aus eigener Anstrengung die Männerfestung bezwungen habe und jede Frau, die nach ihr kam, eben dasselbe vollbringen müsse, war Angela Merkel durchaus klar, dass ihr Weg an die Spitze der Partei nur möglich geworden war, weil die CDU um die Jahrtausendwende inmitten der Spendenaffäre eine unbelastete Führungsperson gebraucht hatte. Ohne Kohls schwarze Kassen hätte die ostdeutsche Protestantin Merkel zu diesem Zeitpunkt sicher nicht an Schäuble und den Jungs des »Andenpaktes«, die bereits parat standen, des Patriarchen Erbe unter sich aufzuteilen, vorbeiziehen können. Sie wusste, dass es strukturelle Veränderungen brauchte, um langfristig mehr Frauen auf gehobene Posten in Politik und Wirtschaft zu holen. Dass es ab und zu einer gelang, sich durchzubeißen, reichte nicht aus, um einen substanziellen Wandel herbeizuführen.

Die große europäische Politikerin und Feministin Simone Veil, von der hier bereits ausführlich die Rede war, hat darauf hingewiesen, dass der Aufstieg einer Frau selten der Logik der allgemeinen Spielregeln folgt, sondern viel zu häufig dem Zufall zugeschrieben werden muss.[33] Sowohl Thatcher als auch Merkel gelang der Weg nach ganz oben aufgrund der historischen Krise, in der sich ihre Partei befand, aber auch aufgrund des Mutes, den beide jeweils in dieser Situation aufbrachten. Sicher aber – da behielt Veil recht – schafften sie es nicht nach 10 Downing Street beziehungsweise ins Kanzleramt aufgrund der geltenden Spielregeln. Eine allein aber, auch dessen war sich Merkel bewusst, vermochte es nicht, ebendiese Regeln zu ändern. »Eine Schwalbe macht noch keinen Sommer«, so Merkel 2018 bei einer Gedenkstunde anlässlich des 100. Jahrestages des Frauenwahlrechts in Deutschland. Aus der Tatsache, dass es eine Kanzlerin gebe, erklärte sie, dürfe kein Alibi werden.[34]

Es ist schon richtig, Merkel fremdelte mit dem Amt der Ministerin für Frauen und Jugend und sprach sich in den 1990er-Jahren gegen die Frauenquote in der CDU aus. Darüber hinaus enthielt sie sich, obgleich sie ihn inhaltlich wohl weitgehend teilte, bei der Abstimmung über den Gesetzesvorschlag zur Reform des Abtreibungsparagrafen, den Rita Süssmuth zusammen mit SPD und FDP eingebracht hatte, und vertrat im Bundestag die Ansicht, der Paragraf 218 sei nicht geeignet, dem Selbstbestimmungsrecht der Frau unbegrenzten Raum zu geben.[35] Der Kompromiss aber, der am Ende bei der gesamten Debatte um den Paragrafen 218 herauskam, war im Grunde genau das, was die Frauenministerin eigentlich gewollt hatte. Sie hatte, ohne in der heiklen Abtreibungsfrage Farbe zu bekennen und ohne konservative Parteifreund*innen sowie Wähler*innen zu verprellen, ihr politisches Ziel erreicht. Sie betrieb also bereits damals zuweilen sehr erfolgreich eine Politik, von der sie sich zugleich kunstvoll distanzierte.[36] Als Kanzlerin sollte sie diese Methode perfektionieren.

Apropos Schwalben: Wenn der Sommer kommt, tanzen diese Vögel in Schwärmen durch die Lüfte. Davon kann in der deutschen Politik noch keine Rede sein, dennoch hat Angela Merkel in Partei, Kabinett und Kanzleramt zahlreichen Frauen die Tür geöffnet und ihnen eine Plattform gegeben. Angela Merkel hatte als Frauenministerin vielfach die Erfahrung machen müssen, dass sie und ihre Themen in der Hackordnung des Kabinetts auf der untersten Stufe standen. Die »klassischen« Ressorts waren nicht nur mit deutlich größeren Budgets und mehr Kompetenzen ausgestattet, ihnen wurde auch die volle Aufmerksamkeit des Kanzlers zuteil. Merkels Tagesordnungspunkte dagegen, vom Paragrafen 218 über das Recht auf einen Kindergartenplatz bis zum sogenannten Emanzipationsgesetz wurden von den Herren belächelt und marginalisiert.[37] Als sie selbst 2005 Kanzlerin wurde, war sie offenbar der Ansicht, dass sie sich selbst keine allzu kämpferischen feministischen Forderungen auf die Fahnen schreiben sollte. Allein die Tatsache, dass mit ihr eine evangelische Naturwissenschaftlerin aus dem Osten an der Spitze der Partei und des Landes stand, war für viele im konservativen Lager schwer zu verkraften. Ganz im Einklang mit der bereits erprobten Methode, andere ihre Anliegen vorantreiben zu lassen, setzte sie also für ihre gesellschaftliche Modernisierungsinitiative eine Frau ein, die in den kommenden Jahren vielfach Merkels »Wunderwaffe« werden sollte und zeitweilig sogar als ihre Nachfolgerin gehandelt wurde.

Tatsächlich war Ursula von der Leyen perfekt für den Job. Die Ärztin hatte selbst eine große Familie und verkörperte als Tochter des ehemaligen niedersächsischen Ministerpräsidenten Ernst Albrecht so sehr altbundesrepublikanisch-konservatives Bildungsbürgertum wie überhaupt nur möglich. Hinzu kam: Dort, wo Merkel lieber in der Deckung blieb, wo sie moderierte und abwartete, setzte Ursula von der Leyen auf Angriff. Sie brannte für ihre politischen Ziele: eine moderne Familienpolitik, eine bessere Vereinbarkeit von Familie und Beruf, mehr Frauen im Arbeitsleben und eine gerechtere Aufteilung der Care-Arbeit.

Die Tatsache, dass die Kanzlerin eine vom Kaliber einer Ursula von der Leyen, die zuvor Ministerin in Christian Wulffs niedersächsischem Kabinett gewesen war, mit dem Thema Familie und Frauen betraute, zeigt, dass Merkel diesem Ressort deutlich mehr Gewicht beimaß als ihre Vorgänger. Dass Frauen- und Familienpolitik fortan nicht länger als »Gedöns«, sondern als Bereiche galten, in denen wichtige zukunftspolitische Weichen gestellt wurden, war vor allem Ursula von der Leyen zu verdanken – und natürlich der Kanzlerin, die sie machen hat lassen. Merkel war klar, dass die ambitionierte und leidenschaftliche von der Leyen sich nicht scheuen würde, die antiquierten Vorstellungen davon, wie Familien- und Arbeitsleben auszusehen hatten, über den Haufen zu werfen. Für die ostdeutsch sozialisierte Kanzlerin war es normal, dass Frauen, auch Mütter, arbeiteten, in ihrer Partei

[25] Die Kanzlerin und ihre Familienministerin: Zusammen verpassten Angela Merkel und Ursula von der Leyen ihrer Partei und der Republik eine Modernisierungskur.

aber hielt man vielfach nach wie vor die Einverdienerehe für das Maß aller Dinge, Kitas und Ganztagsschulen für einen sozialistischen Angriff auf die christliche Familie und die Abschaffung des Ehegattensplittings für den Untergang des Abendlandes. Die Kanzlerin, die von jeher wenig für traditionsverliebte Gefühligkeit übrighatte und sich lieber an Zahlen und Fakten orientierte, sah die Sache klar; die Demografie sprach eine eindeutige Sprache: Deutschland überalterte, das Land brauchte Kinder. Und Angela Merkel war nicht nur Kanzlerin, sondern auch Parteivorsitzende. Mit sicherem Gespür erkannte sie, dass die Union nur dann für jüngere Frauen wählbar bleiben würde, wenn ihre Frauen- und Familienpolitik endlich im 21. Jahrhundert ankam.

Die Bundeskanzlerin, das war von der Leyen sehr wohl bewusst, als sie 2005 Familienministerin wurde, würde ein Ass in ihrem Ärmel sein. Aber das Wohlwollen von höchster Stelle war sicher nicht ihr einziger Trumpf. Von der Leyen teilte Merkels Einschätzung: Immer wieder betonte sie, dass die Frage nicht sei, ob Frauen vermehrt arbeiten würden, sondern, ob sie weiterhin Kinder bekommen würden. Ihrer Meinung nach musste es deutlich leichter werden, beides zu verbinden. Die Rushhour des Lebens, in der Familien gegründet wurden oder auch nicht, in der Karrieren gemacht wurden oder auch nicht, musste entzerrt werden. Frauen und Männer durften nicht vor die Frage des Entweder-oder gestellt werden.[38] Unschlagbarer Bestandteil von Ursula von der Leyens Schlachtplan zur Modernisierung der bundesdeutschen Familienpolitik war ihre eigene Vita und ihre eigene Erfahrung. Sie war Mutter von sieben Kindern, hatte als Ärztin gearbeitet und ihren *Master of Public Health* gemacht. Außerdem kannte sie die Betreuungssituation in anderen Ländern, war sie doch selbst in Brüssel geboren und zur Schule gegangen, darüber hinaus hatte sie mit ihrem Mann und ihren Kindern längere Zeit in den USA gelebt. Sie konnte glaubhaft vermitteln, dass sie wusste, wovon sie sprach, wenn sie mehr Kita-Plätze, mehr Freiräume für Eltern mit kleinen Kindern und eine größere Teilhabe der Männer an der Familienarbeit forderte.

Von der Leyen war in gewisser Hinsicht eine ideale Besetzung, eine Art Überfliegerin, aber sie stieß auch immer wieder an ihre Grenzen. Wie die Bundeskanzlerin war sie eine Quereinsteigerin. Erst seit 2003 saß sie im niedersächsischen Landtag, ein Jahr später wurde sie ins CDU-Präsidium gewählt. Wie Merkel erfuhr von der Leyen viel Unterstützung von der Parteibasis und von Wähler*innen, aber ihr fehlte der unvermeidliche Stallgeruch. Und wie Merkel musste sie als Ministerin in der Bundestagsfraktion schwere Kämpfe ausstehen. Hatte Familienministerin Merkel in den 1990er-Jahren vor allem darunter gelitten, dass ihre Arbeit und Agenda für wenig wichtig erachtet wurden, stieß vielen Unions-Abgeordneten das selbstbewusste Auftreten von der Leyens sauer auf. Obwohl ihr innerhalb von Partei und Fraktion die Truppen fehlten, versäumte sie es wiederholt, für ihre Vorhaben vorab ausreichend Unterstützende zu sammeln, und preschte solo voran.[39] Der Rückendeckung der Bundeskanzlerin verdankte es von der Leyen, dass sie trotz erheblicher Widerstände das Recht auf einen Kita-Platz und das Elterngeld durchsetzen konnte, das es Eltern nach der Geburt eines Kindes ermöglichte, eine längere Auszeit vom Job zu nehmen. Die volle Summe des Elterngeldes gab es aber nur, wenn auch die Väter mindestens zwei Monate zu Hause blieben. Diese Vätermonate waren für viele Herren in der Union der Tropfen, der das Fass zum Überlaufen brachte. Sollten Männer sich jetzt etwa von einer Ministerin vorschreiben lassen, wie sie zu arbeiten und zu leben hatten? Von der Leyen aber ließ sowohl Spott – vielfach war vom »Wickelvolontariat« die Rede – als auch Unkenrufe, was für angeblich katastrophale Folgen es für die Kleinen haben würde, wenn sie bereits als Babys und Kleinkinder in eine Kindertagesstätte kämen, lächelnd abperlen und konnte bald einen Haken an ihre beiden großen Projekte setzen. Die Ministerin hat mit diesen Maßnahmen dem Land eine veritable Modernisierungskur verpasst und die Union gerade für Wählerinnen zu einer attraktiven Alternative zu Rot und Grün gemacht. Ihre verlässlichste Komplizin bei alldem war zweifellos Angela Merkel. Die ostdeutschen Frauen, die ein deutlich besser ausgebautes Angebot an Kinderbetreuung gewohnt waren, konnten angesichts dieses längst überfälligen Schritts freilich vielfach nur müde lächeln.

Es ist schon auffällig, dass die wichtigen Reformerinnen der Union von Süssmuth über Merkel bis von der Leyen allesamt von außen kamen. Sie waren nicht wie die großen Sozialpolitikerinnen der SPD Parteisoldatinnen, die in langwierigen Prozessen und Diskussionen der Partei mühsam Modernisierungsschritte abrangen, sondern Außenseiterinnen, die der schwerfällig gewordenen und teils in Anachronismen erstarrten Partei in relativ kurzer Zeit heftige Innovationen zumuteten. Und während eine Elisabeth Selbert und eine Renate Lepsius von ihrer männerdominierten Partei noch abgestraft wurden für allzu deutliches frauenpolitisches Engagement, stieg von der Leyen unter dem Schutz der Kanzlerin immer weiter auf.

Dabei gab es allerdings durchaus Gegenwehr. 2012, inzwischen war Ursula von der Leyen ins Arbeitsministerium gewechselt, kam es fast zur Zerreißprobe zwischen der Kanzlerin und der Frau, der sie in den vorangegangenen Jahren mehr oder weniger eine Carte blanche gegeben hatte. Es ging um die Frauenquote. Eigentlich hatte von der Leyen auch nach der Bundestagswahl 2009 ihre Arbeit als Familienministerin fortsetzen wollen und auch Merkel hätte das gerne gesehen. Nachdem aber Arbeitsminister Franz Josef Jung im November 2009 zurückgetreten war und die Kanzlerin angesichts des komplizierten Regionalproporzes wieder einen Hessen beziehungsweise eine Hessin ins Kabinett nehmen musste, blieb ihr nur eine schmerzhafte Rochade: Von der Leyen sollte Arbeitsministerin werden und die junge hessische Bundestagsabgeordnete Kristina Schröder von der Leyens Nachfolgerin im Familienministerium.[40]

Kristina Schröder war in vielem ganz anders als von der Leyen, aber auch sie wurde zu einer Ersten. 2011 bekam sie als erste und bisher einzige Bundesministerin während ihrer Amtszeit ein Kind. Schon als die Kanzlerin sie im Herbst 2009 anrief, um sie für den Posten anzufragen, hatte Schröder ihr eröffnet, dass sie und ihr Mann, der Parlamentarische Staatssekretär Ole Schröder, eigentlich demnächst eine Familie gründen und dass sie damit nicht weitere vier Jahre warten wollten. Merkel ließ sich darauf ein und sicherte Unterstützung zu.[41] Hatte man sich aber eventuell im Kanzleramt, im Ministerium oder in progressiven Parteikreisen Hoffnungen gemacht, die Ministerin würde in diesem Fall quasi modellhaft den Modernisierungskurs der Union verkörpern, so war man auf dem Holzweg. Die Idee, die neue Ministerin würde mit ihrer Schwangerschaft und ihrem Muttersein Patin stehen für die neue Vereinbarkeit von Familie und Karriere, war hübsch, aber unrealistisch. Im Gegensatz zu ihrer Vorgängerin, die sich nicht scheute, ihre privaten Räume für Homestorys zu öffnen und ihre große Familie ablichten zu lassen, wollte Schröder keine Fotos von sich mit Baby und Kinderwagen in der Presse sehen. »Was ich belastend fand, war, wie sehr man dann versucht hat, mein Privatleben politisch zu diskutieren«, so Schröder, »sich Urteile darüber anzumaßen, ob es nun konservativ sei, den Namen meines Mannes anzunehmen oder fortschrittlich, dass ich direkt nach dem Mutterschutz wieder voll einstieg.« Schröders Reaktion darauf war, dass sie hinsichtlich ihres Privatlebens sehr verschwiegen war und sämtliche Presse- und Medienanfragen mit ein paar Standardsätzen beantwortete.[42]

Viel schwerer aber als die Frage nach der Handhabung ihrer Privatsphäre wog die politische Verortung der neuen Ministerin, vertrat sie doch eine deutlich konservativere Vorstellung von Familie und Geschlechterrollen als von der Leyen. Schröder kam 2009 in ein Haus, das mit dem Elterngeld und dem Anspruch auf einen Kitaplatz einen echten Paradigmenwechsel in der Familienpolitik eingeleitet hatte, sah diesen aber wohl selbst in Teilen kritisch. Die neue Ministerin sprach lieber von Gleichberechtigung als von Gleichstellung und pochte auf die Wahlfreiheit jeder einzelnen Frau. Letztere hatte natürlich auch eine Ursula von der Leyen nie infrage gestellt, ihr war es aber wichtig gewesen, dass Frauen durch ein gut ausgebautes Kita- und Kindergartensystem überhaupt erst Wahlfreiheit bekamen. Man braucht nicht viel Fantasie, um sich vorzustellen, dass Kristina Schröder im progressiven Familienministerium schnell aneckte. Das Verhältnis zwischen der neuen Ministerin und ihrer Vorgängerin im Amt war – um es diplomatisch auszudrücken – kompliziert.

So richtig entbrannte der Konflikt zwischen den beiden über die lange schwelende Frage der Frauenquote für Aufsichtsräte, die EU-Kommissarin Viviane Reding in sämtlichen Mitgliedstaaten durchgesetzt sehen wollte. Während die Familienministerin strikt gegen eine feste Quote war und stattdessen die Idee einer Flexiquote mit freiwilliger Selbstverpflichtung aufbrachte, warb von der Leyen leidenschaftlich für eine echte und verbindliche Quote, um endlich mehr Frauen in Entscheiderinnenpositionen zu bringen. Merkel, die keinen weiteren Streit mit dem Koalitionspartner FDP wollte, plante, die Entscheidung auf einen Zeitpunkt nach der Bundestagswahl zu verlegen. Doch bereits im September 2012 kam die Frage zur Abstimmung im Bundesrat, wo es viel Unterstützung für eine feste Quote gab – übrigens auch von der saarländischen Ministerpräsidentin Annegret Kramp-Karrenbauer. Im nun folgenden Streit innerhalb der Fraktion lehnte sich die Arbeitsministerin so weit aus dem Fenster, dass einige fürchteten – andere hofften –, dass sie nicht mehr zu halten sein würde. Sie ließ sogar durchblicken, dass sie bereit war, gegen ihre eigene Fraktion zu stimmen. Die Kanzlerin, Innenminister Seehofer und Fraktionschef Kauder führten intensive Gespräche mit ihr – der Druck muss immens gewesen sein. Schließlich fand man einen Kompromiss. Von der Leyen würde für die Flexiquote votieren, aber nur unter der Bedingung, dass die Union sich im Wahlprogramm dezidiert zu einer festen Quote bekannte.[43]

Die Beziehung zwischen Arbeitsministerin und Familienministerin konnte anschließend wohl offiziell als zerrüttet gelten. Die Tatsache, dass ihre erfahrene Kollegin ihr derart offensiv reingrätschte und sich dabei natürlich auch ihre Verbindungen und Autorität als ehemalige Familienministerin zunutze machte, muss für die junge Politikerin, die im Juni 2011 eine Tochter zur Welt gebracht hatte, eine ernüchternde Konfrontation mit der zuweilen brutalen politischen Realität gewesen sein. »Wie drücke ich das jetzt vornehm aus?«, erzählt Kristina Schröder rückblickend, »Entscheidende Aktivitäten gab es während meines Mutterschutzes. Und das fand ich schon bemerkenswert. Es geht um Frauen in Führungspositionen und dabei wird mein Mutterschutz ausgenutzt.«[44]

Auch das gute Verhältnis zur Kanzlerin hatte durch von der Leyens riskante Aktion einen Knacks bekommen. Alles in allem konnte die Arbeitsministerin aber mit der Schlacht um die Frauenquote zufrieden sein. Sie hatte eines ihrer Herzensanliegen vorangebracht und allen gezeigt, wie mächtig sie inzwischen geworden war. Einige Männer in Union und Wirtschaft wurden angesichts der unbeirrbaren Ministerin, die in recht kurzer Zeit viel bewegt hatte, spürbar nervös. Arbeitgeberpräsident Dieter Hundt rief in seiner Verzweiflung sogar die Kanzlerin an und forderte: »Frau Bundeskanzlerin, stoppen Sie diese Frau!« Andere versuchten es mit öffentlicher Diskreditierung. Als von der Leyen 2013 die erste Verteidigungsministerin in der Geschichte der Bundesrepublik wurde und dabei auch äußerte, dass das Heer zu einem attraktiveren und familienfreundlicheren Arbeitgeber werden müsse, ätzte der ehemalige Generalinspekteur der Bundeswehr Harald Kujat, sie führe das Ministerium in Hausfrauenmanier.[45] Wie für viele ihrer Vorgänger erwies sich das Verteidigungsministerium auch für von der Leyen als heikle Herausforderung. Hinzu kam, dass sie hier die Aspekte, die ihr an ihren vorherigen Stationen zum Vorteil gereicht hatten – ihre Biografie, ihr Frausein, ihre Erfahrung als Ärztin und berufstätige Mutter –, nicht viel brachten. Hatte sie zuvor ihre Themen stets mit großer Authentizität eingebracht, fremdelte sie bei der Truppe zuweilen spürbar.

Viel eher gelegen hätte ihr zweifellos ein Posten, für den sie zeitweilig auch im Gespräch war, der am Ende aber doch wieder – wie die neun Male zuvor – mit einem Mann besetzt wurde. Nach dem überraschenden Rücktritt von Horst Köhler 2010 kursierte von der Leyens Name im Zusammenhang mit dem höchsten Staatsamt. Von der Leyen hätte diese Aufgabe zweifellos gerne übernommen und die Kanzlerin ließ sie zunächst in der Hoffnung, gab ihr kein Zeichen, dass sie sich für den niedersächsischen Ministerpräsidenten Christian Wulff als Kandidaten der Union entschieden hatte.[46] Im Nachhinein betrachtet war dies vielleicht nicht die beste Entscheidung – wie man wohl, nebenbei bemerkt, überhaupt sagen muss, dass die Kanzlerin, wenn's um Bundespräsidentschaftskandidaten ging, keine allzu glückliche Hand hatte. Jedenfalls wurde von der Leyen nicht die erste Bundespräsidentin in der deutschen Geschichte und doch eine Erste ganz besonderer Art: 2019 trat sie die Nachfolge des langjährigen EU-Kommissionspräsidenten Jean-Claude Juncker an. Letztlich vorgeschlagen hatte sie zwar nicht die deutsche Kanzlerin, sondern der französische Präsident – dennoch: Mit Merkel in Berlin und von der Leyen in Brüssel waren die beiden mächtigsten Lenkerinnen Europas nun Frauen.

Europa ist eine Frau

Es gibt ein Foto aus dem Sommer 2019, das vermutlich einigen Herren in der Union das Blut in den Adern gefrieren ließ. Auf drei schlichten Stühlen saßen im Schloss Bellevue nebeneinander die aktuelle Kanzlerin, die zukünftige EU-Kommissionspräsidentin und ihre Nachfolgerin im Verteidigungsministerium Annegret Kramp-Karrenbauer, die als CDU-Vorsitzende zugleich die mögliche nächste Kanzlerin war. Alle drei lächeln zufrieden. Ein weiblicher *Fait accompli*, wie es schien.

Wir wissen heute, dass es anders kam, dass die Person, mit der CDU und CSU in den Bundestagswahlkampf 2021 zogen, Armin Laschet und nicht Annegret Kramp-Karrenbauer hieß. Aber für einige Monate, bis Kramp-Karrenbauer im Februar 2020 hin-

[26] So weiblich war Europa seit Maria Theresias Tagen nicht mehr: Angela Merkel mit der frisch gewählten EU-Kommissionspräsidentin Ursula von der Leyen und deren Nachfolgerin im Amt, der Verteidigungsministerin Annegret Kramp-Karrenbauer.

schmiss, mussten wohl einige ehrgeizige Männer in der CDU befürchten, auf Jahre hinaus keine große Aussicht auf einen Platz in der ersten Reihe zu haben. Merkel hat keine Kronprinzen herangezogen, vielmehr hat sie zwei Kronprinzessinnen neben sich groß werden lassen. Dass es zwischen den Anwärterinnen und der Kanzlerin durchaus Spannungen gab, dass eine von ihnen vielleicht doch nicht den Nerv und die Zähigkeit für das Kanzlerinnenamt mitbrachte und die andere schließlich die europäische Chance ergriff, steht auf einem anderen Blatt. Tatsache ist, dass, während die CDU in der Breite auch 2019 noch immer weitgehend eine Männerpartei war, an der Spitze zunächst gleich zwei Frauen parat standen, um Merkels Erbe anzutreten.

Zumindest vorübergehend konnte man in den Merkel-Jahren glauben, die Ära polternder Männer sei vorüber. Vorbei auch die Zeiten, in denen ein abgewählter Kanzler am Wahlabend seine Herausforderin in der Elefantenrunde im Fernsehen ungestraft anpöbeln konnte. »Glauben Sie im Ernst, dass meine Partei auf ein Gesprächsangebot von Frau Merkel bei dieser Sachlage einginge, in dem *sie* sagt, sie möchte Bundeskanzlerin werden?«, hatte Gerhard Schröder im September 2005 geätzt und dabei abfällig Richtung Merkel genickt. Nun, der größte Elefant im Raum war, wie sich herausstellen sollte, in Wahrheit ein Dinosaurier. Schröder, aber auch die Moderatoren jener legendären Elefantenrunde, Nikolaus Brender und Hartmann von der Tann vom ZDF, die den sich um Kopf und Kragen redenden scheidenden Kanzler nicht stoppten, standen für eine männlich dominierte Diskussionskultur, die spürbar der Geschichte angehörte. Beim Blick in die Fernsehnachrichten und politischen Diskussionssendungen sah man zunehmend neue – weibliche – Gesichter. Nach der Pionierin Sabine Christiansen, die 1998 als erste Frau eine politische Talkshow zur Primetime übernahm, gewöhnten sich die Deutschen an Journalistinnen wie Maybrit Illner, Anne Will und Sandra Maischberger, die neue Gesprächsformate und einen innovativen Diskussionsstil prägten.

»Wer hätte gedacht, dass das höchste Regierungsamt schon in

diesem Jahr einer Frau übertragen wird?«, hatte Merkel durchaus triumphierend Ende November 2005 bei ihrer ersten Regierungserklärung gefragt.[47] Ja, wer hätte es gedacht? Der Dinosaurier Gerhard Schröder sicher nicht. Und so viele ihrer innerparteilichen Konkurrenten auch nicht. Aber tatsächlich hat Angela Merkel der politischen Kultur Deutschlands, Europas und der Welt ihren Stempel aufgedrückt. Sie hat Schröder überstanden, Berlusconi, Sarkozy und am Ende sogar Trump. All dem Getöse, das diese Männer verbreitet haben, hat Merkel – je länger sie im Amt war, desto klarer – ihre eigene Stimme entgegengesetzt. In den dunklen Zeiten, in denen ein Frauenverachter mit autokratischen Zügen im Weißen Haus saß, sahen viele in der deutschen Kanzlerin die eigentliche Anführerin Europas und der freien Welt. Zweifellos war das eine Perspektive, die Merkel schmeichelte. Nicht umsonst twitterte ihr Regierungssprecher Steffen Seibert vom G7-Gipfel in Kanada ein Foto, das die Kanzlerin zeigte, wie sie sich mit beiden Händen auf einem Tisch aufstützt und sich zum mit verschränkten Armen dasitzenden Trump herunterbeugt wie zu einem trotzigen Kleinkind. Die Kanzlerin ist umringt von anderen Staatenlenkern, aber sie bildet das Zentrum auf diesem Bild, sie ist die Handelnde, sie übernimmt die Führung.

Ihr Biograf Ralph Bollmann nennt Merkel eine »Kanzlerin des Bewahrens«[48], aber wenn man sich ansieht, wie sie durch ihr Auftreten, durch ihren Politikstil nach und nach unsere Seh- und Hörgewohnheiten veränderte, wie sie außerdem eine modernere Familienpolitik ermöglichte, muss man dahinter zumindest in puncto Gleichstellung und Geschlechtergerechtigkeit wohl ein dickes Fragezeichen setzen. Hier hat sie auf ihre unaufgeregte, zuweilen subtile Art durchaus Veränderungen in Gang gebracht. Bei ihrer letzten Regierungserklärung im Sommer 2021 entstand ein Foto, das die Kanzlerin und die Kanzlerinnenkandidatin der Grünen Annalena Baerbock zeigt, wie sie sich Corona-konform die *Fist Bump* geben und sich freundlich zulächeln. Armin Laschet sitzt etwas linkisch daneben. Beinahe hat es den Anschein, die scheidende Bundeskanzlerin begrüße hier schon einmal ihre

Nachfolgerin. Allein solche Bilder verändern unseren Blick auf Geschlechterrollen nachhaltig und dazu hat Angela Merkel das Ihrige beigetragen. Bemerkenswert ist, dass Merkel, wie übrigens viele Politikerinnen, mit den Jahren eher kämpferischer wurde.[49] Vielleicht traute sie sich in den frühen Jahren ihrer Kanzlerschaft nicht, allzu feministische Forderungen zu vertreten, aus der wohl berechtigten Angst, die Herren in ihrer eigenen Partei und im Land zu überfordern. Vielleicht – und das scheint gar nicht so unwahrscheinlich – haben ihr aber auch die vielen Jahre in der Politik gezeigt, dass Macht nicht von alleine abgegeben wird. Es ist wie in dem Sketch des Komikers Groucho Marx. »Ich würde Ihnen ja meinen Platz anbieten«, sagt dieser zu einer Frau, »aber ich sitze leider schon selber drauf.« Wo die junge Angela Merkel, die in der DDR einen recht praktischen Feminismus kennengelernt hatte, der zwar kaum Frauen in politische Spitzenpositionen brachte, aber es ihnen doch ermöglichte, ihr eigenes Geld zu verdienen und Arbeit und Familie zu vereinbaren, vielleicht davon ausgegangen war, dass Gleichberechtigung eine Frage der Zeit war und durch freiwilligen Machtverzicht der Männer erreicht werden konnte, musste die späte Kanzlerin vermutlich einsehen, dass das eine trügerische Hoffnung gewesen ist. Hatte Merkel 1993 noch die Meinung vertreten, die Frauen hätten die Quote nicht nötig, ja sie habe etwas »Degradierendes und Ehrenrühriges«, forderte sie in jener bereits erwähnten Gedenkstunde im Herbst 2018 nicht nur eine Frauenquote, sondern die volle Parität: »Man muss doch nicht drum herumreden: Die Quoten waren wichtig, aber das Ziel muss Parität sein. Parität überall, ob in der Politik, der Wirtschaft, der Verwaltung, Wissenschaft oder im Kulturbereich.« Hatte sie beim Weltfrauengipfel bei der Frage, ob sie eine Feministin sei, noch gezuckt, bekannte sie sich in den letzten Wochen ihrer Kanzlerinnenschaft bei einer Veranstaltung in Berlin ohne Wenn und Aber zum Feminismus und gab zu Protokoll: »Ja, wir sollten alle Feministen sein.«[50]

Das wiederum fiel Ursula von der Leyen nicht schwer. Schon bei ihrer Bewerbungsrede zum Kommissionsvorsitz, die sie am 16. Juli 2019 auf Französisch, Englisch und Deutsch hielt, hatte sie sich ausdrücklich auf Simone Veil, die erste Präsidentin des Europäischen Parlaments, und andere europäische Pionierinnen berufen. Der Mut und die Kühnheit dieser Frauen stünden auch im Mittelpunkt ihrer Vorstellung von Europa und dank ihnen, so von der Leyen, gebe es nun endlich eine Frau als Kandidatin. Anders als Margaret Thatcher und Angela Merkel vor ihr dachte Ursula von der Leyen also gar nicht daran, die Tatsache, dass sie eine Frau war, unter den Teppich zu kehren. Ganz im Gegenteil, so der Subtext ihrer Rede, sie war eine Frau, und das betrachtete sie als klaren Vorteil. Als sie daranging, ihre Kommission zusammenzustellen, bestand sie darauf, dass das Gremium erstmals in seiner Geschichte paritätisch besetzt wurde. Sie bat jedes Land, jeweils einen Mann und eine Frau vorzuschlagen, was durchaus zu Diskussionen führte. Einige Regierungen schickten kurzerhand eine Liste, auf der drei Männernamen standen. Am Ende aber konnte die neue Präsidentin einen Erfolg vermelden. Sie hatte gleich zu Beginn ein Zeichen gesetzt, dass Parität für sie kein frommer Wunsch war, sondern eine verbindliche Vorgabe, und sie registrierte nach einigen Anlaufschwierigkeiten, wie sich die Atmosphäre unter den Kolleg*innen nach und nach änderte. »Dieses Dominiergebaren«, so von der Leyen, »der Einsatz der tieferen Stimme, das Spiel mit den Verbündeten – all das funktioniert nicht in einem paritätisch besetzten Gremium. Und plötzlich geht es um die Frage, was jeder und jede Einzelne beitragen kann.« Hin und wieder seien ein paar Männer rückfällig geworden, aber die Frauen beschlossen einfach, zusammenzuhalten, neue Formen des Miteinanders zu etablieren, »und es hat funktioniert«.[51]

War die neue Präsidentin ansonsten zunächst vollauf mit dem Brexit beschäftigt, stellte ab Jahresbeginn 2020 die Corona-Pandemie die Kommission vor ungekannte Herausforderungen. In dieser tiefen Krise einigten sich die Mitgliedstaaten auf ein Hilfsprogramm historischen Ausmaßes. Das Großprojekt *Next Generation EU* soll bei der Bewältigung der Corona-Krise helfen und ganz im Sinne von »*build back better*« dabei den Blick in die Zukunft richten. Investiert wird im großen Stil in den *European*

Green Deal und in Digitalisierung, aber auch in Geschlechtergerechtigkeit. Die Milliarden an Hilfsgeldern sind an strikte Selbstverpflichtungen gekoppelt. Die Mitgliedstaaten müssen, bevor Geld fließt, zunächst sehr konkrete Vorschläge machen, wie sie die Ziele von *Gender Equality* in den nächsten Jahren voranzubringen gedenken.

Die Tatsache, dass mit Kommissionspräsidentin Ursula von der Leyen und EZB-Präsidentin Christine Lagarde zwei Feministinnen an zentralen Schaltstellen der europäischen Macht sitzen, dürfte zweifellos maßgeblich dazu beigetragen haben, dass bei diesem groß angelegten Aufbauplan die Europäerinnen, die in dieser Pandemie häufiger ihre Arbeitsstellen verloren und vielfach schwerer an den Herausforderungen von Homeschooling und Care-Arbeit getragen haben als Männer, nicht vergessen wurden. Die Gefahr des Rückfalls in traditionelle Geschlechterrollen, die eine große Krise beziehungsweise die Phase, die auf sie folgt, immer birgt, ist Lagarde und von der Leyen sehr bewusst und sie steuern dezidiert dagegen.[52]

Dass von der Leyen Themen wie Geschlechtergerechtigkeit und -diskriminierung deutlich selbstbewusster und bestimmter auf die Agenda setzt als viele Spitzenpolitikerinnen vor ihr, zeigt auch ein Zwischenfall, der im April 2021 diplomatische Schockwellen auslöste. Bei einem Besuch Ursula von der Leyens und des EU-Ratspräsidenten Charles Michel in Ankara standen im prachtvollen Raum des Präsidentenpalastes lediglich zwei Sessel bereit. Nachdem zunächst Michel Platz genommen hatte, setzte sich auch Erdogan, während die Präsidentin mit einem etwas abseits stehenden Sofa vorliebnehmen musste. In der konkreten Situation vermied von der Leyen zwar den Eklat und machte gute Miene zum misogynen Spiel des türkischen Präsidenten, der eine Frau auf den ihr seiner Ansicht nach zustehenden Platz verwies, wenige Wochen später aber meldete sie sich dazu im Europäischen Parlament zu Wort. Ganz offen prangerte sie die erfahrene Diskriminierung an: »Ich fühlte mich verletzt und allein gelassen, als Frau und als Europäerin.«[53]

Wie wenige Politiker*innen ist sich Ursula von der Leyen der

Macht der Bilder bewusst, nicht umsonst hat sie von Beginn ihrer Karriere an streng darauf geachtet, im rechten Licht zu stehen. »*Sofagate*« muss für sie auch aus diesem Grund ein überaus schmerzhafter Moment gewesen sein. Die Tatsache aber, dass sie nach diesem erniedrigenden Vorfall nicht peinlich betroffen schwieg, sondern ihre Verletzung offen thematisierte, auch, wie sie anfügte, weil unzählige Frauen, denen Ähnliches oder Schlimmeres widerfahre, sich nicht wehren könnten, ist bemerkenswert und ein Novum. Zahlreiche Frauen vor ihr, von Annemarie Renger bis Angela Merkel, haben frauenfeindliche Kommentare und Demütigungen stillschweigend ertragen, weil sie fürchteten, sich sonst noch angreifbarer zu machen. Von der Leyen aber thematisierte ganz offen ihren *#Metoo*-Moment in Ankara und definierte damit einen neuen Standard. Nicht zu überhören übrigens auch der Vorwurf an Charles Michel und alle Männer, die Diskriminierung widerspruchlos geschehen lassen. *#EuropeisaWoman* hatte von der Leyen nach ihrer Nominierung zur EU-Kommissionspräsidentin im Juli 2019 getwittert. Tatsächlich – Europa ist eine Frau. Und sie fordert ihren rechtmäßigen Platz ein und lässt Sexismus, bewusst oder unbewusst, nicht mehr durchgehen.

8 Mut statt Demut

Annalena Baerbock – Hillary Clinton – Jacinda Ardern – Sawsan Chebli – Aminata Touré

»Es ist doch total normal, dass zwei gute Kandidaten gegeneinander antreten. Warum soll das nicht so sein? Ich habe für mich überhaupt nicht gesehen, warum ich ausweichen soll. Warum?« – »Aus Demut.«

Diesen Wortwechsel lieferten sich die SPD-Politikerin Sawsan Chebli und der Moderator der rbb-Sendung *Talk in Berlin,* Jörg Thadeusz, Mitte August 2020. Die Staatssekretärin für Bürgerliches Engagement und Internationales in der Berliner Senatskanzlei hatte zuvor erklärt, dass sie in Charlottenburg, ihrem Heimatbezirk, für den Bundestag kandidieren wolle. Dummerweise aber strebte der scheidende Regierende Bürgermeister Michael Müller ebenfalls ein Bundestagsmandat an und brauchte dringend noch einen Wahlkreis. Zwei Berliner SPD-Größen konkurrierten also darum, von ihrer Partei für diesen begehrten Bezirk aufgestellt zu werden. An sich nichts Außergewöhnliches. Aussichtsreiche Wahlkreise sind von jeher hart umkämpft, auch unter Parteikolleg*innen.

Warum also die Aufregung? Und warum Thadeusz' provokantes »Aus Demut«? Nun, Chebli ist nicht nur eine Frau und vierzehn Jahre jünger als Müller, viele fanden es vor allem ungebührlich, dass sie, die von Müller in die Senatskanzlei geholt und von ihm gefördert worden war, nun nicht für ihn zurücksteckte, sondern ihm offen die Stirn bot. Wie konnte sie es wagen? Während in Partei und Medien heftig diskutiert wurde und Chebli vielerorts Undankbarkeit und Dreistigkeit attestiert wurde, zog sie sich auf die Position zurück, dass eine Kampfabstimmung das normale Prozedere sei. Sie sei durchaus dankbar, so Chebli, sie habe in den letzten Jahren aber eben auch geliefert.[1]

Sawsan Chebli hat sich mit den Berliner Parteigranden, die auch im Jahr 2020 noch immer überwiegend männlich waren, angelegt und verloren, die Charlottenburger Abstimmung entschied Müller am Ende für sich. Cheblis Kandidatur beziehungsweise die Reaktionen darauf offenbarten, wie ungewöhnlich es noch immer ist, wenn sich eine Frau selbst ins Spiel bringt. Viele der Ersten, denen wir im Buch bislang begegnet sind, haben stets größten Wert darauf gelegt zu betonen, dass sie für Posten angefragt worden seien und dann eben nicht ablehnen wollten. Andere, wie Thatcher und Merkel, die durchaus selbst an die Spitze strebten, nutzten ein Machtvakuum, das ihren männlichen Konkurrenten durchgegangen war. Thatchers und Merkels Aufstieg wurde von vielen, zumindest anfangs, als »Unfall« betrachtet. Sawsan Chebli und die Frauen, die wir uns in diesem letzten Kapitel genauer ansehen wollen, gehen einen anderen Weg. Sie warten nicht mehr, bis sie gefragt werden oder die männlichen Parteikollegen den Karren in den Dreck gefahren haben, sondern werfen ihren Hut in den Ring und gehen in den direkten Machtkampf. Das beschert den Frauen oft heftigen Gegenwind, ja, zuweilen werden sie Opfer regelrechter Hasskampagnen. Es bringt aber auch, wie wir in den letzten Jahren sehen können, eine neue Generation weiblicher Leader hervor, die das eigene Frausein selbstbewusster zeigen und thematisieren als je zuvor und die ihre weibliche Führungsrolle ganz selbstverständlich mit eigenen Inhalten füllen.

»Wir beide wollten es, aber am Ende kann es nur eine machen«, so leitete Robert Habeck die Nominierung von Annalena Baerbock zur ersten Grünen Kanzlerinnenkandidatin ein. »Sie wird uns in diesem Wahlkampf anführen«, verkündete er und war dabei sichtlich angefasst, dann trat er beiseite und überließ Baerbock die Bühne.

Die Situation in diesem Wahljahr 2021 war ein Novum. Erstmals in der Geschichte der Republik trat eine Kanzlerin aus eigenen Stücken nicht mehr bei einer Bundestagswahl an. Angela Merkel blieb also selbst in ihrem Abgang eine Erste: Viele Herren vor ihr hatten die Überzeugung gehegt, es gehe nicht ohne sie. Einige klammerten sich ans Amt, bis sie, wie im Falle des greisen Adenauer, von der Partei so unter Druck gesetzt wurden, dass sie mitten in der Legislaturperiode an den Nachfolger abgaben, oder sie bekamen, wie im Falle Kohls, von den Wähler*innen schmerzhaft bescheinigt, dass ihre Zeit vorbei war. Von Schröders unwürdigem Spektakel bei der Elefantenrunde war bereits die Rede – es konnte nicht sein, was nicht sein durfte.

Mit Merkels Ankündigung aber, nicht mehr anzutreten, tat sich ein Vakuum auf, das es nun klug zu nutzen galt. Während die SPD sich bereits im Sommer 2020 auf Olaf Scholz festgelegt hatte und die Union sich im Ringen um den besseren Kandidaten

[27] Ja, sie macht's: Annalena Baerbock setzte sich im April 2021 durch und wurde die erste Kanzlerinnenkandidatin der Grünen.

selbst zerlegte, hieß es bei den Grünen monatelang schlicht, man werde Mitte April den Kandidaten beziehungsweise die Kandidatin bekannt geben. Und genau so geschah es. Kein vorheriges Durchstechen, kein hörbarer Zwist, von Schlammschlacht ganz zu schweigen. Armin Laschet muss damals und auch später in der heißen Phase des Wahlkampfs, als ihn die Giftpfeile aus München mit schöner Regelmäßigkeit trafen, sehnsuchtsvoll nach Kiel geblickt haben. Während Markus Söder, selbst als die Umfragewerte für CDU und CSU in Tiefen glitten, die Adenauer und Kohl noch für absolut undenkbar gehalten hätten, stets durchblicken ließ, dass er sich für den deutlich geeigneteren Kandidaten hielt, und Wert darauf legte klarzumachen, dass Laschet für die Misere verantwortlich war, hörte man von Habeck, zumindest öffentlich, kein böses Wort. Im Gespräch mit der Wochenzeitung *Die Zeit* hatte er nur wenige Stunden nach Bekanntgabe der Kandidatur Baerbocks sehr offen über die schmerzhafte Entscheidung gesprochen, ein »bittersüßer Tag« sei das für ihn gewesen.[2] Viele haben verständnisvoll genickt, vielleicht hat ihm der eine oder die andere innerhalb und auch außerhalb der Partei anerkennend auf die Schulter geklopft, die eine oder andere Frau, die schon mal im Rennen um einen Spitzenposten von einem Mann überholt worden war, hat sich bei der Lektüre des Interviews vielleicht gedacht: Willkommen im Club. Aber das war's dann auch.

Phänomenal gestartet, geriet die Grüne Kampagne anschließend allerdings erheblich ins Schlingern, vor allem aufgrund von Ungenauigkeiten und Schlampigkeiten im Lebenslauf der Kandidatin und deren Buch. Aus der vielversprechenden Kanzlerinnenkandidatin wurde nach und nach die etwas abgeschlagene Dritte, die im Spätsommer keine echte Aussicht mehr hatte, Kanzlerin zu werden. Das hielt Baerbock allerdings nicht davon ab, einen äußerst energetischen Wahlkampf hinzulegen und klarzumachen, dass es ohne sie und die Grünen nach dem 26. September nicht gehen würde. Nachdem das Kanzlerinnenamt außer Sichtweite geraten war, agierte sie befreiter und schien wieder zu sich selbst zu finden. Sie tourte mit einem Bus mit Solarpanels auf dem Dach durchs ganze Land, absolvierte Auftritte von Pinneberg bis Passau und von Frankfurt am Main bis Frankfurt an der Oder.

Die Kandidatur Baerbocks war bemerkenswert. Nicht nur, weil hier eine Vierzigjährige ohne Regierungserfahrung die Hand hob für das Kanzlerinnenamt, sondern auch, weil es im Duell Habeck-Baerbock wohl das erste Mal die Frau war, die über das verfügte, was jahrzehntelang ganz selbstverständlich Männer gepachtet hatten: Stallgeruch. Hatte Habeck die Partei zwar in den vorangegangenen Jahren geöffnet und wurde als intellektueller Vordenker geschätzt, war Baerbock nah dran an Herz und Seele der Partei. Während Thatcher, Merkel und auch von der Leyen stets mit dem stark männlich geprägten Partei-Etablissement gefremdelt hatten, wurde Annalena Baerbock von weiten Teilen ihrer Partei getragen, auch von vielen mächtigen *Grandes Dames* der Grünen. Wohl nur in einer feministischen Partei konnte eine Frau die Hausmacht gewinnen und ausspielen. Und nur in einer feministischen Partei stand man eben auch zu den eigenen feministischen Forderungen, wenn es tatsächlich ums Ganze ging. Während aus dem Umfeld Habecks hier und da ein Grummeln zu hören war, gab es bei vielen weiblichen Altvorderen der Partei kein Vertun. Sie hatten jahrzehntelang grüne Alphamänner an sich vorbeiziehen sehen, hatten erlebt, wie die Jungs sich in den Schröder-Kabinetten die prestigeträchtigen Ministerien gesichert hatten und Politikerinnen wie Andrea Fischer kaltgestellt wurden. Nun war eine Frau am Zug, daran durfte kein Zweifel bestehen.

Umso dringender war dieses Anliegen, als die anderen beiden Parteien Männer aufgestellt hatten und man gerade in der Union offenbar Morgenluft witterte. Claudia Roth meint, dass die Herren von der CDU die Zeit nach Merkel geradezu herbeisehnten: »So nach dem Motto: Diese weibliche Episode haben wir zum Glück bald überstanden.«[3] Das Frauenstatut der Grünen besagt, dass alle ungeraden Listenplätze mit Frauen zu besetzen sind, somit auch der Platz eins. Da die Grünen bis 2021 nie eine Kandidatur für das Amt von Kanzler oder Kanzlerin angemeldet hatten, war dieser Kniff in dem Zusammenhang allerdings noch nie zum Tragen gekommen und andere Spitzenämter waren durchaus nicht quotiert vergeben worden. So war beispielsweise ganz selbstverständlich Winfried Kretschmann baden-württembergischer Ministerpräsident geworden und keine Parteikollegin aus dem Ländle. Im Vorfeld der Nominierung war immer wieder die Rede davon, dass Baerbock das Erstzugriffsrecht habe, man sprach auch davon, dass Habeck ihr den Vortritt lasse, wenn sie das wolle, was dann für eine feministische Partei doch wieder etwas paternalistisch klang.

Und tatsächlich: Baerbock griff zu. Allein schon, dass sie die Nerven dazu hatte, schien ihr in den Augen vieler Kanzlerinnentauglichkeit zu bescheinigen. Baerbock saß seit 2013 im Bundestag. Auf dem Parteitag Anfang 2018, auf dem sie zur Co-Vorsitzenden gewählt wurde, rief sie selbstbewusst: »Wir wählen hier nicht die Frau an Roberts Seite.« Nun, im Frühjahr 2021, wurde klar, dass sie es ernst meinte. Im Gegensatz zu Habeck war sie nie Ministerin gewesen und sie war zudem über zehn Jahre jünger als er. Zweifellos gab es Stimmen, die dafür plädierten, doch den Mann machen zu lassen, schließlich war Baerbock noch jung und könnte unter einem Kanzler Habeck Regierungserfahrung sammeln. Manche hatten wohl auch Bedenken, man könnte Wähler*innen überfordern, wenn man ihnen nicht nur einschneidende Klimamaßnahmen abverlangte, sondern auch noch eine junge Frau als Kanzlerinnenkandidatin präsentierte. Sei das Klima nicht wichtiger, als ein Zeichen für den Feminismus zu setzen, wurde zuweilen argumentiert. Ein Klassiker, von dem wir schon mehrfach gehört haben bei unserer Tour zu den Ersten: Der Kampf um Gleichberechtigung wurde historisch betrachtet immer wieder zum Nebenwiderspruch erklärt – in der Arbeiterbewegung, aber auch in der Bürgerrechtsbewegung. In so einer Situation vorzutreten und vom Erstzugriffsrecht Gebrauch zu machen, zeugt zweifellos von einem ausgeprägten Selbstbewusstsein. Und es offenbart, dass Baerbock einer neuen Generation von Politikerinnen angehört, einer Generation, die nicht mehr gelähmt ist von Angst und nagenden Selbstzweifeln.

Baerbock, das unterscheidet sie von vielen vor ihr, sagte klar:

»Ich will.« Annegret Kramp-Karrenbauer, achtzehn Jahre älter als die Grüne und jene Frau, die in der Union auch einmal als Kanzlerinnenkandidatin gehandelt worden war, erinnert sich: »Wir sind noch so erzogen worden, höflich und zurückhaltend, immer anderen den Vortritt lassen. (…) Das erste Mal aufzustehen und zu sagen: ›Ich will diese Position, ich halte mich für geeignet und will das machen‹, und nicht nur von irgendjemandem vorgeschlagen zu werden, das ist mir unglaublich schwergefallen, weil ich das Gefühl hatte, ich dränge mich in den Vordergrund.«[4] Auch Hillary Clinton berichtet davon, wie hart es für sie war, selbst auf die Bühne zu treten. Als First Lady hatte sie stets auf die Nummer eins verwiesen – ihren Mann, den Präsidenten –, doch als man ihr in den späten 1990er-Jahren vorschlug, für den Senat zu kandidieren, ging es plötzlich um sie selbst. Sie zögerte: »Keine First Lady hatte jemals etwas in dieser Art gemacht.« Als sie aber mit der Tennisspielerin und feministischen Ikone Billie Jean King einen Film über Frauen im Sport mit dem Titel *Dare to compete* vorstellte, flüsterte die siebzehnjährige Kapitänin eines lokalen Basketballteams ihr ins Ohr: »*Dare to compete*. Wagen Sie es, anzutreten, Ms. Clinton.«[5]

Annalena Baerbock scheint solcherlei Bedenken, wenn sie durch ihren Kopf gegangen sein sollten, erfolgreich beiseitegeschoben zu haben. Und sie hat sich offenbar auch befreit von den Vorstellungen, wie Macht konventionellerweise daherkommt. Würde man Menschen in einer Fußgängerzone das Bild eines über fünfzigjährigen Mannes und einer vierzigjährigen Frau zeigen und fragen, wer von den beiden Regierungschef*in ist, würden nicht wenige wohl auf den Mann tippen. »Soweit wir in der westlichen Geschichte zurückschauen können, gibt es eine radikale – reale, kulturelle und imaginäre – Separierung der Frauen von der Macht«, so die Historikerin Mary Beard.[6] Diese jahrtausendealte Prägung wirkt noch immer fort. Oft auch in den Köpfen von Frauen. Als sie mit gerade mal vierzig Jahren Bischöfin wurde, so erinnert sich Margot Käßmann, zeigte die *Hannoversche Allgemeine* ein Foto ihres Vorgängers mit Mitra und Krummstab und eines von ihr mit kurzen Hosen beim Joggen. »Viele hatten ein Problem mit meinem Alter, damit, dass ich vier Kinder hatte, dass ich eine Frau war. Wie zieht sie sich an? Darf eine Bischöfin das tragen? Schuhe mit Absatz, schwarze Strümpfe – das war ständig ein Thema.« Aber nicht nur die anderen mussten ihr Bild davon, wie ein Bischof beziehungsweise eine Bischöfin auszusehen hat, revidieren, auch Käßmann selbst. Es gab wenige weibliche Vorbilder, schon gar keine in ihrem Alter und in ihrer Lebensphase. »Wenn ich an Bischof dachte, dachte ich an einen seriösen älteren Herrn«, so Käßmann. Erst nach und nach begann sie, sich selbst in dieser Rolle neu zu definieren und sich wohlzufühlen.[7]

Alle Ersten mussten und müssen lernen, sich selbst neu zu denken, die eigenen Stereotypen im Kopf zu überwinden und sich in herausragenden Positionen zu sehen. Die Generation Annalena Baerbocks profitiert in diesem Zusammenhang zweifellos davon, dass bereits ein paar Erste vorangegangen sind: eine Margaret Thatcher in England, eine Gro Harlem Brundtland in Norwegen und nicht zuletzt eine Angela Merkel in Deutschland. Und noch ein Punkt kommt hinzu: Baerbock war nicht allein. Vor allem in ihrer Partei gab es dank der konsequenten und jahrzehntelangen Frauenquote viele Mitstreiterinnen, aber auch im Bundestag wuchs der Frauenanteil seit den 1980er-Jahren kontinuierlich an, bis er 2017 vor allem wegen des Einzugs der AfD wieder rückläufig war. Es gibt aber nicht nur mehr Frauen im deutschen Parlament als noch zu Kohls Zeiten, es gibt auch deutlich mehr Mütter mit kleinen Kindern. Und die tun sich sogar hin und wieder zusammen – über Parteigrenzen hinweg. Als Kristina Schröder öffentlich angeprangert wurde, weil sie im Sommer 2014 einige Sitzungswochen über gefehlt hatte, wurde ein Missstand offenbar, der zeigte, wie wenig die Bundestagsbürokratie den Lebensrealitäten jüngerer Frauen Rechnung trug. Tatsächlich hatte Schröder in dieser Zeit nicht Däumchen gedreht oder Urlaub auf Malle gemacht, sondern war in Mutterschutz gewesen. Dieser aber wird in den Statistiken des Bundestages nicht ausgewiesen, sondern lediglich als abwesend vermerkt. Fraktionsübergreifend taten sich Politikerinnen unter der Führung von

Katja Kipping, Franziska Brantner, Kristina Schröder und einiger anderer zusammen, um auf diese Ungerechtigkeit aufmerksam zu machen. Und wo man schon mal dabei war, setzte man bei dieser Gelegenheit auch einen Wickel-, Still- und Spieleraum auf die Agenda. »Denn das, was schon an manchen Autobahnraststätten selbstverständlich ist, sogar auf der Männertoilette«, so Baerbock, »war bis 2015 ausgerechnet im Hohen Haus der Republik nicht vorgesehen. Auch ein Ausdruck dessen, dass jahrzehntelang hier vor allem ältere Herren ein und aus gingen, die andere Lebensrealitäten nicht auf dem Schirm hatten beziehungsweise ignorierten.«[8]

Die Bedingungen für Annalena Baerbock, nach der Macht zu greifen, waren deutlich günstiger, als sie es für Thatcher oder Merkel gewesen waren, und sie tat es mit großer Selbstverständlichkeit. Vielleicht hat Baerbock auch schon in ihrer Kindheit geübt für diesen Kraftakt, der es trotz allem für sie sein musste. Die passionierte Sportlerin liebte vor allem das Trampolinspringen. »Dieses Kribbeln im Bauch«, erinnert sie sich, »wenn man

[28] Die scheidende und die neue Kanzlerin? Solche Bilder sahen die männlichen Kandidaten ums Amt im Wahlkampf 2021 nicht gern.

in fünf Metern Höhe zum ersten Mal den nächsten Sprung wagt. Dieses Vertrauen in die eigene Kraft.«[9]

Ungemütliche Frauen

»Es ist nicht leicht«, so Hillary Clinton, »in der Politik eine Frau zu sein. Und das ist eine Untertreibung.« Sobald eine Politikerin bekannt gebe, für diesen oder jenen Posten zu kandidieren, gehe es los: Ihr Gesicht, ihr Körper, ihre Stimme, ihre Haltung – all das werde nun einer verschärften Analyse unterzogen. »Ihre Gestalt, ihre Ideen, ihre Leistungen, ihre Integrität werden herabgewürdigt«, sagt Clinton. »Es kann unglaublich grausam sein.«[10]

Wie grausam ein Wahlkampf um höchste Ämter sein kann, bekam auch Annalena Baerbock im Laufe des Sommers 2021 zu spüren. Sie geriet nicht nur heftig unter Beschuss für selbst verschuldete Fehler, die sicher ärgerlich und unprofessionell waren, es wurde auch vielfach versucht, von diesen Pannen ausgehend ihre Integrität und Glaubwürdigkeit insgesamt infrage zu stellen. Auffällig war, dass auch einige Journalistinnen sehr scharfe Geschütze gegen Baerbock auffuhren. Bettina Gaus etwa trug Baerbocks Kandidatinnenschaft im *Spiegel* bereits Anfang Juni 2021 zu Grabe und riet den Grünen, auf Habeck umzusatteln. Baerbock solle ihr Eigeninteresse hinter die Interessen von Partei, Land und Welt zurückstellen, so Gaus. Wenn Männer nach Macht streben, so offenbar die Interpretation, wollen sie gestalten, Frauen, oder zumindest Baerbock, tun es aus purem Eigeninteresse. Hier und da wurde auch argumentiert, Baerbock erweise der Sache der Frau an sich einen Bärendienst, weil sie es für alle vermassele. Wie vor ihr deutlich stärker bereits Hillary Clinton, war Baerbock zum Teil gerade vonseiten ihrer Geschlechtsgenossinnen mit großer Unbarmherzigkeit konfrontiert. »Frauen wollen immer alles an einer Frau akzeptieren können, die an der Spitze steht«, hatte die Grünen-Politikerin Waltraud Schoppe bereits Jahrzehnte zuvor konstatiert, »Die Position muss stimmen, die Art der Durchsetzung muss stimmen. Sie darf niemandem zeigen, dass sie Lust an der Macht hat, das Outfit muss stimmen, sie muss immer verfügbar sein – sie muss gleichzeitig eine von uns sein und oben, wo die Luft dünn ist, etwas durchsetzen können.« Neben all den Eigenschaften, die Menschen, die sich für höchste Ämter bewerben, aufweisen müssen, sollen Frauen auch immer noch *likeable* sein. Zudem musste sich Baerbock sexistische Bemerkungen gefallen lassen, ihr Äußeres wurde kommentiert, ihre Stimme, ihre Sprache. Wer sich denn um ihre Kinder kümmere, wenn sie Kanzlerin würde, wurde sie nicht nur einmal gefragt. Es kursierten angebliche Nacktfotos von ihr im Netz und keiner der beiden anderen Kandidaten wurde auch nur ansatzweise so oft Opfer von *Fake News* und Desinformationskampagnen wie die Grüne.[11]

Frauen, die Macht wollen, so sieht es leider immer noch aus, lösen massive Reflexe aus. Die Vorstellung, dass Baerbock Kanzlerin werden könnte, sorgte in manchen Kreisen offenbar geradezu für Panik. Aber wieso? Das Land blickte doch bereits auf eine sechzehn Jahre währende Kanzlerinnenschaft Angela Merkels zurück. Hier kommen wir zur Schwalbe zurück, die noch keinen Sommer macht. Konnte man sich bei Angela Merkel noch einreden, sie sei gewissermaßen ein Betriebsunfall der Geschichte, zustande gekommen durch die katastrophale Situation, in der die Union Ende der 1990er-Jahre steckte, so musste die Wahl einer Frau als direkte Nachfolgerin doch eher auf eine Regel als auf eine Ausnahme hindeuten. Frauen wären dann ernst zu nehmende Gegnerinnen im Kampf um die Macht und falls sie in der Lage wären, zweimal hintereinander zu gewinnen, handelte es sich womöglich sogar um überlegene Gegnerinnen. Diese Aussicht ließ einige Männer – und dass vor allem Männer für die Falschinformationen und Hasskommentare verantwortlich waren, darüber konnte laut der Hilfsorganisation »HateAid« kein Zweifel bestehen[12] – offenbar in kalten Schweiß ausbrechen. Rechte Plattformen wurden mit freundlicher Unterstützung Russlands ganz konkret aktiv, um die progressive Frau zu verhindern. Hört sich bekannt an? Hillary Clinton dürfte an dieser Stelle wissend nicken.

Frauen werden anders angegriffen als Männer, was nicht bedeutet, dass nicht auch Politiker den einen oder anderen Schlag unter die Gürtellinie aushalten müssen. Aber bei Politikerinnen kommen immer noch andere, spezifische Elemente hinzu. Ihr Aussehen und ihre Garderobe werden einer unbarmherzigen und zuweilen gehässigen Prüfung unterzogen. Sawsan Chebli musste viel Häme ertragen, weil sie mit einer Rolex-Uhr abgelichtet wurde. Man sprach ihr die sozialdemokratische Gesinnung ab, stempelte sie als oberflächliche Luxuspuppe ab. Die meisten Porträts über sie, selbst die wohlmeinenden, beginnen mit ihrem Äußeren, den langen Haaren, dem roten Lippenstift, den extravaganten Kleidern. Frauen werden reduziert, sexistisch beleidigt, sie müssen schlimmsten Schmutz und Gewaltfantasien über sich im Netz lesen, bekommen Drohbriefe, die sie selbst, ihre Partner und Partnerinnen, ihre Mütter und Väter in Angst und Sorge stürzen. »Ich frage mich immer wieder: Lohnt es sich? Was tue ich mir da an, was tue ich vor allem meiner Familie an? Wenn meine Mutter wüsste, was da teilweise kommt an Hass, sie würde nicht mehr ruhig schlafen«, so Sawsan Chebli.[13]

Im ersten TV-Triell zwischen Annalena Baerbock, Armin Laschet und Olaf Scholz gab sich der CDU-Kandidat gegenüber der viel jüngeren Baerbock zuweilen jovial von oben herab. Bei seinem belehrenden »Liebe Frau Baerbock« konnte man fast das »Kindchen« durchhören. Ansonsten aber blieben die Kandidat*innen zivil im Umgang miteinander. Dass aber auch in Demokratien das Verhalten eines Kandidaten selbst und nicht nur das seiner Anhänger*innen geradezu bedrohlich eskalieren kann, demonstrierte eindrucksvoll Donald J. Trump, als er Hillary Clinton bei einer *Presidential Debate* wie ein Stalker folgte und sich hinter ihr aufbaute. Wenn seine Fans in Sprechchören auf Wahlkampfveranstaltungen hetzten: »*Lock her up!*«, lächelte er und feuerte sie an. Der Republikaner bediente sich der ältesten Nummern aus der misogynen Trickkiste. Clinton war wahlweise die gefährliche Hexe oder die schwache Frau. Einmal zeigte die Trump-Propaganda Clinton als Medusa mit Schlangenhaupt und Trump ihren von Blut triefenden Kopf triumphierend in die

Höhe haltend,[14] dann wieder streute man Gerüchte über Clintons Gesundheitszustand, immer wieder wurde von ihrem angeblich fehlenden Durchhaltevermögen schwadroniert. Beides altbekannte Topoi, und beide verfingen.

Vier Jahre später, im Wahlkampf 2020, nannte Trump Vizepräsidentschaftskandidatin Kamala Harris ein »Monster«, sie sei »*a nasty woman*«, eine »böse Frau«. Er machte sich wiederholt über ihren indischen Vornamen lustig und ließ verbreiten, dass sie gar nicht VP werden könne, da sie nicht in den USA geboren sei, was schnell widerlegt war. Daraufhin wurde behauptet, ihre Eltern seien bei ihrer Geburt noch keine US-Bürger gewesen, und sie könne deswegen nicht antreten.[15] Aber irgendwie schien der böse Zauber gebrochen, all das Geraune klang nach einer Schallplatte mit Trumps *Greatest Hits*, die erheblich leierte.

Hillary Clinton schildert eindrucksvoll, wie Trumps Stalkingversuche bei der TV-Präsidentschaftsdebatte sie in die Bredouille gebracht haben. Wie reagiert man auf derlei vollständig unangebrachtes, ja bedrohliches Verhalten auf offener Bühne? Ignorieren? Den Stalker konfrontieren? Kamala Harris hatte die Kampagne 2016 noch aus einigermaßen sicherer Entfernung beobachten können und zog für ihren eigenen Wahlkampf ihre Schlüsse daraus. Auf die Frage einer Reporterin, was Trump wohl meinen könnte, wenn er sie »*a nasty woman*« und eine »Verrückte« nannte, schüttelte Harris nur ihren Kopf, lachte ihr berühmtes Lachen und sagte: »*God only knows*«.[16] In ihren Debatten mit Mike Pence, die deutlich konventioneller abliefen als jene zwischen Trump und Clinton 2016, bewies die ehemalige kalifornische Generalstaatsanwältin, wie bereits zuvor bei etlichen Senatsanhörungen, dass sie eine erfahrene und gewiefte Ermittlerin war. Als eine Frau, die es gewohnt ist, dass man ihr mit Hochachtung und Respekt begegnet, verbot sie sich vollkommen unerschrocken jede Unterbrechung mit einem dezidierten »*I'm speaking*«, von dem schon eingangs die Rede war.

Es ist für eine Kandidatin nicht nur schwierig, den richtigen Ton zu treffen – nicht zu aggressiv, nicht zu zaghaft –, es kommt in Diskussionen und Debatten noch eine weitere Herausforderung hinzu, denn Frauen werden noch immer als weniger kompetent wahrgenommen als Männer. Die amerikanische Schriftstellerin und Essayistin Rebecca Solnit berichtet in ihrem Buch *Wenn Männer mir die Welt erklären*[17] von einer Begegnung der anderen Art, die dieses Phänomen aufs Krasseste illustriert. Zusammen mit einer Freundin ist sie auf einer Party eingeladen. Sie kommt mit dem Gastgeber ins Gespräch, man unterhält sich über den Fotografen Eadweard Muybridge. Der Mann informiert die beiden Frauen, dass zu Muybridge gerade ein hervorragendes Buch erschienen sei, beginnt zu referieren und hört selbst dann nicht damit auf, als die Freundin mehrfach einwirft, dieses Buch stamme aus Rebecca Solnits Feder. Der Gastgeber ist so angetan von seinem angelesenen Wissen, dass er nicht anders kann, als andere mit ebendiesem Wissen zu belehren – zur Not auch die Autorin des Buches selbst. In abgeschwächter Form dürfte Ähnliches schon ungezählten Frauen passiert sein. Egal, wie groß die eigene Expertise auf einem Gebiet ist, es findet sich immer ein Mann, der aus der Entfernung auch schon mal Berührung mit dem Thema gehabt hat und sich nicht scheut, Lektionen zu erteilen. Eine Frau kann nachgewiesenermaßen großes Wissen in einem Fach oder zu einem Thema haben, ihre Kompetenz wird dennoch infrage gestellt – weil sie eine Frau ist.

Die britische Journalistin Mary Ann Sieghart nennt dieses Phänomen den »*authority gap*«.[18] Der zeigte sich auch beim zweiten TV-Triell der Kanzlerkanditat*innen auf ARD und ZDF am 12. September 2021. Obgleich Annalena Baerbock inhaltlich, natürlich vor allem auf dem Gebiet der Klimapolitik, aber durchaus auch in Sachen Steuer-, Familien- und Corona-Politik, gut vorbereitet war und bereitwillig und verständlich Auskunft gab, wurde sie als am wenigsten kompetent wahrgenommen. So sagten es zumindest die Umfragen im Anschluss.[19] Es ist ein Dilemma, das uns auf unserer Reise zu den Ersten nicht zum ersten Mal begegnet. Die Wahrscheinlichkeit, dass eine Frau infrage gestellt wird, ist hoch. Hinzu kommt, dass sie, vor allem in früheren Zeiten, selten über ein großes Netzwerk und eigene Truppen verfügt hat, was viele Frauen dazu veranlasste, sich durch exzellente Vorbereitung und Fachwissen weniger angreifbar zu machen. Das wiederum gereichte ihnen allerdings oft nicht zum Vorteil, sondern brachte ihnen den Ruf der uncharismatischen Streberin ein.

Die bittere Wahrheit ist: Frauen, die es draufhaben, werden weder geliebt noch als besonders kompetent wahrgenommen. Das zeigt auch eine Studie von Joseph Grenny und David Maxfield, die nachweist, dass die Kompetenz, die man Frauen zuschreibt, signifikant zurückgeht, je selbstbewusster und durchsetzungsstärker sie auftreten.[20] Das ist nicht nur ein Problem für Frauen wie Annalena Baerbock und Kamala Harris, sondern für alle, die sich in Konkurrenzsituationen beweisen müssen. Während man Männern in Anzügen traditionell Autorität zuspricht, haben Frauen schon durch ihre bloße Gestalt und Stimme einen Startnachteil. Wenn sie aber versuchen, diesen durch Exzellenz auszubügeln, wird ihre Kompetenz vielfach sogar noch stärker in Zweifel gezogen. Es ist eine Falle, aus der wir nur herauskommen, wenn noch deutlich mehr Frauen in Führungspositionen gelangen und unsere Vorstellungen davon, wie Kompetenz und Autorität daherkommen, sich sukzessive ändern.

Annalena Baerbock schreibt in ihrem Buch, das für so viel Wirbel sorgte, dass sie als »selbstbewusster Teenager der frühen Generation Y« eigentlich meinte, Gleichberechtigung sei längst erstritten. Schon beim ersten Nebenjob als Studentin hat sie allerdings feststellen müssen, dass es noch einiges zu tun gab, denn der Student neben ihr bekam für die gleiche Arbeit eine Mark mehr Stundenlohn.[21] So wie Baerbock erging es vielen Frauen dieser Generation. In den 1980er- oder 1990er-Jahren geboren, setzten sie stillschweigend voraus, dass Männer und Frauen die gleichen Chancen haben und unter gleichen Bedingungen starten. Sobald die jungen Frauen sich dann aber ins Arbeitsleben stürzten, wurden sie mit anderen Realitäten konfrontiert, und je höher sie in Hierarchien aufstiegen und je mehr Macht und Exposition ins Spiel kam, desto klarer wurde, wie alleine sie immer noch vielfach dastanden.

»Ich bin in einer Generation groß geworden«, erzählt auch K.[22], Gründerin eines erfolgreichen Unternehmens, »in der man eigentlich davon ausging, dass Gleichstellung erreicht ist. Ich habe mich wenig damit beschäftigt. Ich dachte, mir steht die Welt offen, ich werde da nie an irgendwelche Grenzen stoßen.« K. entwickelte frisch von der Uni zusammen mit einem Kollegen ein innovatives Produkt, das die Investor*innen faszinierte. Als einzige Frau im Gründungsteam merkte sie schnell, dass sie irgendwie herausstach. Während die männlichen Kollegen sofort ernst genommen wurden in den frühen Gesprächsrunden mit Unterstützenden und potenziellen Geschäftspartner*innen, stieß sie immer wieder auf erstaunte Blicke: »Der eine Typ sagte zu mir: ›Ah, so cool, dass du mitmachen darfst.‹ Und ich dachte mir: ›Ja, nett, dass ich dabei sein darf, nachdem ich das Ganze mit losgetreten habe.‹« Aber auch im engen Team gab es bald Unstimmigkeiten. »Ich habe anfangs gar nicht über die Geschlechterfrage nachgedacht. Aber nach und nach habe ich festgestellt, dass die Typen anders kommunizieren und einfach anders ticken. Da war ich schon allein auf sehr weiter Flur.« Die Mitgründer stellten ihre eigenen Positionen und Themen immer als zwingend dar, während K.s Anliegen abgetan wurden. Nicht nur in der Politik, auch auf anderen Feldern werden Themen, die Frauen besetzen, häufig kleingeredet und verniedlicht. Obwohl K.s Arbeit essenziell war für den Erfolg des Unternehmens, wurde sie als »*nice to have*«, als Kirsche auf der Sahnehaube betrachtet, die nicht als so gewichtig wahrgenommen wurde wie die *Facts & Figures* der Jungs. Man warf K. vor, es unnötig kompliziert zu machen und das Projekt aufzuhalten. »Nachdem ich so ungemütlich war in den Strategie-Diskussionen«, erinnert sie sich, »wurde ich da einfach rausgenommen.« Coachings, die die Atmosphäre im Team verbessern sollten, brachten nicht viel, weil der Wille zur Veränderung zu dem Zeitpunkt nicht da war. Irgendwann glaubte sie sogar, das Problem sei sie alleine.[23]

Das ist ein ganz gängiger Fehlschluss: Viele Frauen in vergleichbaren Situationen meinen, sie seien für Konflikte verantwortlich, sie seien falsch gewickelt oder einfach zu empfindlich.

Dass dem Ganzen ein strukturelles Problem zugrunde liegt, wird vielen erst allmählich klar. Bezeichnend ist das Adjektiv, das K. benutzt, um ihren eigenen Status in der Gruppe zu verdeutlichen: »ungemütlich«. Diese Beobachtung machten und machen so viele Erste. Sie werden als »ungemütlich«, als Störfaktor wahrgenommen, sie sind schuld daran, dass die Männer nicht länger unter sich bleiben und die Dinge eben weiterhin so machen können, wie sie es seit Jahr und Tag gewohnt sind.

Auch der SPD-Politikerin Sawsan Chebli wurde erst mit der Zeit bewusst, dass sie immer noch eine Außenseiterin war – und zwar intersektional: als Frau, als Muslima, als Tochter von Migranten. Zu Beginn ihrer Karriere war sie von Männern gefördert worden, die eine junge Frau mit palästinensischen Wurzeln und außergewöhnlicher Biografie gern in ihrem Team hatten. »Ich wurde einbezogen, wenn irgendwo Vielfalt fehlte. Alle Seiten haben profitiert«, so Chebli. Anfangs glaubte sie, wie zunächst einst auch Renate Schmidt, dass es der gezielten Förderung von Frauen gar nicht bedürfe, sie selbst hatte es ja weit nach oben geschafft. Sie hielt sich sogar ganz bewusst von Integrations- und Frauenpolitik fern, beschäftigte sich vor allem mit Außenpolitik. Die dauernden Zuschreibungen und die Reduzierung auf das Frausein und den migrantischen Hintergrund aber haben Chebli verändert. Hinzu kam: Je höher sie aufstieg, zunächst als erste Muslima im Amt der stellvertretenden Sprecherin im Auswärtigen Amt und später als Staatssekretärin in der Berliner Senatskanzlei, desto exponierter war sie. »Je erfolgreicher du bist als Frau, desto dünner wird die Luft und desto weniger Support bekommt man von Männern«, sagt Chebli, »Die Erfahrung mache ich erst jetzt. Das, was Sichtbarkeit schafft, was Profil schärft, teilen sich Männer gern untereinander auf. Da müssen wir Frauen besser werden.«[24]

Auch für die Unternehmerin K. wurde es eng. »Ich glaube nicht, dass meine Kollegen Frauen per se nicht ernst nehmen«, meint sie, »aber womit sie nur schwer klargekommen sind, war, dass jemand eine andere, abweichende Sichtweise hatte. Das ist ein Diversitätsproblem. Ihnen fehlte das Vertrauen, dass auch

Leute, die anders denken und anders agieren, recht haben könnten und einen Mehrwert liefern.«[25] Schließlich spitzte sich die Situation zu. Obwohl es ohne sie das Produkt gar nicht gegeben hätte, wurde K. von wichtigen strategischen Gesprächen, offiziellen und inoffiziellen, ausgeschlossen. Sie sah sich in die Ecke der anstrengenden Kreativen geschoben, die vom harten Geschäft wenig verstand. Diskussionen führten nicht weiter. Um aus dieser verfahrenen Lage herauszukommen und ihre eigene Position in der Firma zu stärken, gelang es K. schließlich, den vermeintlichen Nachteil in einen Vorteil zu verwandeln. Sie war nicht zuständig für handfeste Zahlen und Kalkulationen, sondern für so wolkige Dinge wie Markenimage und Branding. Aber genau das war auch eine Stärke: Indem sich K. zum Gesicht der Marke, zu ihrer prominentesten Sprecherin machte, wurde sie unverzichtbar und hat erheblichen strategischen Einfluss gewonnen. Inzwischen arbeitet das Team gut zusammen. Aus eigener Erfahrung ist es K. daher wichtig, dass Diversität in der Firma großgeschrieben wird. Auf der Managementebene und auch sonst herrsche Parität und das mache sich durchaus positiv bemerkbar, sagt K. und lacht.[26]

Diversität ist ein Begriff, der derzeit in vieler Munde ist. Wenn man ihn ernst nimmt, bedeutet er Offenheit und gezielte Förderung von Vielfalt und Vielstimmigkeit auf sämtlichen Ebenen und in allen Bereichen. Es war bereits die Rede von Christine Lagardes These, dass eine weniger maskulin geprägte Finanzwelt einen Crash wie 2008 verhindert hätte. Und man darf sich auch fragen, ob die bereits erwähnte Schweizer Bundesrätin Elisabeth Kopp und auch die erste Parteivorsitzende der SPD Andrea Nahles in einer weniger männlich geprägten Politik- und Medienlandschaft ebenso grausam abserviert worden wären; ob es in einer Welt mit höherem, wenn nicht gar paritätischem Anteil von Frauen in Chefredaktionen, Verlagsleitungen, Sende- und Produktionsanstalten möglich gewesen wäre, dass man sich in den späten 1990er-Jahren einhellig und mit geballter medialer Wucht auf eine 22-jährige Praktikantin stürzte und von der Lewinsky-Affäre statt von einem Bill-Clinton-Skandal sprach; ob wir in der

Schule und an den Universitäten mehr Bücher von Schriftstellerinnen lesen würden, wenn nicht fast ausschließlich männliche Literaturwissenschaftler und Feuilletonredakteure in den letzten hundertfünfzig Jahren unseren Literaturkanon zusammengestellt und damit bestimmt hätten, was lesenswert ist und was nicht[27]; und schließlich, ob Frauen auf der Leinwand mehr sein dürften als schmückendes Beiwerk, das noch immer deutlich weniger Sprechanteil hat als die männlichen Helden, wenn Produzentinnen, Regisseurinnen, Drehbuchautorinnen und Schauspielerinnen in Hollywood mehr zu sagen hätten.

K.s Beispiel zeigt aber auch, zu welchen Mitteln Frauen heute greifen können, um ihren Einfluss auszubauen. Ihr Kniff, sich selbst zum Aushängeschild der Marke und damit quasi unersetzbar zu machen, kann ziemlich wirksam sein und wird auch von Politikerinnen angewendet. Angela Merkel hat diesen Trick perfektioniert. Sie, die von außen kam und stets eine gewisse Distanz zur Partei wahrte, hat der CDU jahrelang die Macht gesichert, weil sie auch für viele Menschen wählbar war, die ursprünglich nicht zum Unionslager gehört hatten. Merkel wurde über die Jahre ihre eigene Marke, CDU+ sozusagen. Deswegen geriet die Partei auch erheblich ins Trudeln, als Merkels Ära zu Ende ging. Man wusste, wer Merkel war, aber wer war eigentlich die CDU?

Ein Vollprofi auf diesem Gebiet ist auch die demokratische Kongressabgeordnete Alexandria Ocasio-Cortez. Durch ihren engagierten Wahlkampf, ihre knallharten Nachfragen in Ausschüssen, ihre sehr gekonnte Social-Media-Performance und ihre spektakulären Auftritte wie jenen bei der *Met Gala* im September 2021 – zum jährlichen Stelldichein der New Yorker Hautevolee im *Metropolitan Museum* kam Ocasio-Cortez in einem weißen Kleid, auf dem in roten Buchstaben stand: »*Tax the Rich*«, »Besteuert die Reichen« – ist sie zu einer der zentralen Figuren im linken Lager der Demokraten geworden. Sie steht inzwischen zu sehr mit ihrer ganzen Person für ein gerade für junge Wähler*innen wichtiges Segment der Partei, um übergangen zu werden. An ihr kommt keiner und keine mehr vorbei.

Natürlich hat auch Annalena Baerbock, seit sie 2018 Co-Vorsitzende der Grünen wurde, daran gearbeitet, die Grünen beispielhaft zu repräsentieren, ihr Gesicht zu werden. Innerhalb ihrer Partei ist ihr das sicher ein Stück weit gelungen, ob es ihr auch nach außen hin gelingt, bleibt abzuwarten. Baerbock nutzte Social Media vor allem im Wahlkampf sehr geschickt, tourte durch das Land und postete auf Instagram und Twitter sehr professionelle Fotos, die ihr einen sympathischen und frischen Auftritt garantierten.

Auch Sawsan Chebli versucht, ihr eigenes Image zu schaffen, ein markantes neues Gesicht für die SPD zu werden und dadurch ihre eigene Position zu stärken. Auch sie tut das vor allem mit Hilfe von Social Media. Das bringt ihr Aufmerksamkeit, beschert ihr aber auch jede Menge Anfeindungen und Angriffe. Es ist ein schmaler Grat und jede, die diesen Weg einschlägt, muss behutsam vorgehen. Wenn es schlecht läuft, gilt man als Selbstdarstellerin, der es nicht um die Sache, sondern ums eigene Vorankommen geht. Wenn es gut läuft, sichert es eine Position an der Spitze, die kein männlicher Konkurrent gefahrlos infrage stellen kann.

Wenn Frauen führen

Im September 2018 trafen sich in der UN-Vollversammlung in New York Hunderte von Regierungschef*innen – und ein Baby. Jacinda Ardern, seit knapp einem Jahr Premierministerin von Neuseeland, brachte nicht nur eine mitreißende Rede mit zum alljährlichen Treffen der Weltgemeinschaft, sondern auch ihre drei Monate alte Tochter Neve. Ardern erging es dabei wie Annalena Baerbock und anderen Politikerinnen im Deutschen Bundestag und weltweit, die ihre Babys zu wichtigen Sitzungen und Abstimmungen mitbringen und feststellen müssen, dass die Hohen Häuser selten auf die Bedürfnisse von (stillenden) Müttern und ihren Kindern vorbereitet sind.

Die Neuseeländerin war die erste Konferenzteilnehmerin in der über siebzigjährigen Geschichte der Vollversammlung, die einen Säugling dabeihatte. Da man in der UN-Administration nicht recht wusste, wie zu reagieren war auf die klitzekleine Besucherin, behandelte man sie wie eine Erwachsene und stellte ihr erst mal einen offiziellen UN-Zutrittsausweis aus samt Foto, Namen und Position: »*First Baby*«. Die Bilder von Ardern in der Generalversammlung, die ihre Tochter im Arm hat und sie zärtlich auf den Kopf küsst, gingen um die Welt. Dass diese Aufnahmen weltweit solches Staunen auslösten – obgleich man eigentlich nur eine Mutter mit Baby sah –, ist kein Wunder, war die Premierministerin nach Benazir Bhutto doch überhaupt erst die zweite Regierungschefin weltweit, die im Amt ein Kind bekam. In modernen Demokratien, muss man an dieser Stelle hinzufügen; für frühere Herrscherinnen wie Maria Theresia oder Königin Victoria war es nichts Besonderes, direkt vom Wochenbett an den Schreibtisch und zu den Staatsgeschäften zurückzukehren.

Als Annalena Baerbock im November 2015 als klimapolitische Sprecherin der Grünen Bundestagsfraktion zur Klimakonferenz

[29] Ein ungewohnter Anblick: Jacinda Ardern mit ihrer kleinen Tochter bei den Vereinten Nationen in New York im Spätsommer 2018.

der Vereinten Nationen nach Paris reiste, hatte auch sie ihre kleine Tochter dabei, die noch gestillt wurde. Zur Unterstützung war allerdings nicht, wie bei Ardern, ihr Partner, sondern Baerbocks Mutter dabei. Als die Konferenz länger tagte als geplant und ihre Mutter dringend wieder nach Deutschland zurückmusste, stand die junge Grüne vor der Herausforderung, Baby und Konferenz gleichzeitig schaukeln zu müssen. »Nach meinen schlechten Erfahrungen, mit Kleinkind in den Deutschen Bundestag zu kommen, hatte ich etwas Sorge vor der Akkreditierung«, so Baerbock. Die erwies sich allerdings als überflüssig. Die französischen Sicherheitskräfte am Eingang waren entzückt und Joachim Flasbarth, Verhandlungsführer der deutschen Delegation an der Seite von Umweltministerin Barbara Hendricks, ließ beste Grüße von der Konferenzleitung übermitteln. »Man freue sich darüber, dass eine, um die es hier geht, stellvertretend für Millionen dabei sei.« Und so war Baerbocks Tochter anwesend, als am Abend des 12. Dezember das Pariser Klimaabkommen angenommen wurde. »In diesem Moment blickte ich meine schlafende Tochter im Kinderwagen an und dachte: Wenn sie so alt ist, wie ich es jetzt bin, ist das Jahr 2050, das Jahr, für das die Pariser Konferenz ihre großen Ziele formuliert hat.« Sie habe damals, so Baerbock, im grellen Neonlicht der Messehalle von Le Bourget versprochen, alles zu tun, damit das Wunder von Paris wahr wird.[28]

Annalena Baerbock, Jacinda Ardern oder auch Kamala Harris verkörpern eine neue Art weiblicher Führung. Sie verstecken die Tatsache, dass sie eine Frau sind, nicht, sondern machen sie zum Thema. Sie neutralisieren ihre Geschlechtszugehörigkeit nicht durch Hosenanzüge in gedeckten Farben, sondern tragen, worauf sie Lust haben. Sie scheuen sich nicht, Gefühl und Mitgefühl offen zu zeigen, und vor allem setzen sie Themen auf die Tagesordnung, die männlich dominierte Kabinette und Parlamente jahrzehntelang sträflich vernachlässigt und ignoriert haben. Für diese weiblichen Leader gibt es auch keinen sorgfältig von der »großen« Politik abgezäunten Bereich mehr, der »Frauenpolitik«

heißt, vielmehr gehören frauenspezifische Themen für sie in sämtliche Ressorts mit hinein: Sicherheit, Gesundheit, Wirtschaft, Bildung, Klima- und Außenpolitik. Oder, wie Kamala Harris es ausdrückt: »Wenn Sie als Zuwanderin nicht wollen, dass ihre Familie auseinandergerissen wird, dann wissen Sie, dass Zuwanderung ein Frauenthema ist. (…) Wenn Sie als Schwarze Mutter einen Sohn großziehen, dann wissen Sie, dass *Black Lives Matter* ein Frauenthema ist. Und wenn Sie eine Frau sind, einfach so, dann wissen Sie, dass wir gleichen Lohn für gleiche Arbeit und gleichen Zugang zum Gesundheitswesen verdient haben, und das schließt sichere, legale und von der Verfassung geschützte Abtreibung mit ein.«[29]

Was ein neuer Typus weiblicher Regierungschefinnen bewirken kann, zeigt sehr anschaulich das Beispiel Jacinda Arderns. 1980 in Hamilton geboren, wuchs Ardern in einer Mormonenfamilie im ländlichen Neuseeland auf. Schon als Studentin war sie ein Politik-Nerd und vertrat zwei Jahre lang die Studierendenschaft im Kuratorium ihres Colleges. Als junge Erwachsene verließ sie die Kirche ihrer Eltern, vor allem, weil sie den Umgang der Mormonen mit Schwulen und Lesben nicht richtig fand. Jacinda Ardern war schon damals überzeugt, dass Rechte für LGBTQIA+ nicht verhandelbar waren.[30] Mit siebzehn Jahren begann sie sich für die Jugendorganisation der Labour Party zu engagieren und arbeitete nach ihrem Studium für verschiedene Labour-Politiker*innen, unter anderem im Büro der damaligen Premierministerin Helen Clark, wo sie eine Frau an der Spitze aus nächster Nähe beobachten konnte. Clark war bekannt für ihre direkte, unverschnörkelte Art, ihre tiefe Stimme, ihre Hosenanzüge. Sie gehörte einer anderen Generation an, war in Auftritt und Temperament keine Frau, der Ardern nacheifern hätte wollen oder können, und doch war die erste gewählte Regierungschefin Neuseelands – vor Clark war Jenny Shipley bereits Premierministerin gewesen, allerdings war sie ihrem Parteikollegen Jim Bolger nach dessen Rücktritt direkt nachgefolgt – ohne Zweifel ein großes Vorbild für die Jungpolitikerin. Obwohl Neuseeland als erstes Land bereits 1893 das aktive Frauenwahlrecht eingeführt hatte, war das Parlament auch noch in den 1980er-Jahren, als Clark ihre Karriere begann, ein Männerladen. Abends wurde Karten gespielt, Whiskey getrunken und Karriere gemacht – *only boys allowed*. Clark war entschlossen, den Weg für die Frauen, die nach ihr kamen, zu ebnen und es ihnen leichter zu machen. Sie erkannte Arderns Talent und Entschlossenheit und förderte die Politikerin, denn Labour brauchte definitiv mehr Frauen in der Führung.[31]

Jacinda Ardern war zweifellos nicht nur die richtige Frau zur rechten Zeit für Labour, sondern geradezu ein Glücksfall. 2008 kandidierte sie erstmals fürs Parlament. Ihre direkte Konkurrentin im Wahlkreis war eine ebenfalls sehr junge Politikerin, Nikki Kaye, die für die National Party ins Rennen ging. Die Presse stürzte sich auf den Kampf der beiden um einen Sitz und nannte ihn in bester Macho-Manier »*Battle of the Babes*«. Angesprochen darauf, dass sie gegen Kaye antrat, erwiderte Ardern ungerührt, es scheine für manche noch etwas ungewohnt zu sein, dass es junge Frauen in der Politik gebe, sie hoffe aber, das werde sich bald ändern.[32] Als jüngste Abgeordnete zog Ardern schließlich ins Parlament ein und brachte einen frischen Blick mit. Sie stand für eine neue Generation und wollte diese auch ganz bewusst repräsentieren. Ihre Biografin Madeleine Chapman betont, Ardern habe keinerlei Interesse daran gehabt, wie die alte Politikerkaste zu wirken, einfach in einem jungen Körper. Sie hat von Anfang an eigene Töne angeschlagen – in ihrem Auftreten, ihrer Sprache und ihren Themen, allen voran in der Klimapolitik – und wurde schnell so etwas wie ein Polit-Promi. Die große Sichtbarkeit auch bei Social Media bescherte ihr aber auch Angriffe und Neid, man nannte sie »*Show Pony*« und »Hübsche Kleine«, man unterstellte, es gehe ihr nur um Äußerlichkeiten, nicht um die inhaltliche Substanz. Die Opposition ätzte, mit Ardern wolle man lediglich aus einem Esel ein Rennpferd machen.[33]

Alles in allem zahlte sich für Ardern ihre Kommunikation via Facebook und anderen Social-Media-Plattformen aber durchaus aus. Zusammen mit ihren beherzten Wahlkampfauftritten und klugen und unterhaltsamen Reden schuf sie so mit der Zeit ihre eigene Marke, die perfekt im Zusammenspiel mit ihrer Partei funktionierte, aber eben auch ein Stück weit alleine, was ihr wiederum eine gewisse Autonomie und Macht abseits der Parteistrukturen sicherte. Schnell war sie aus der Parteiführung und der politischen Szene des Landes nicht mehr wegzudenken und als es hart auf hart kam und Labour vor einer existenziellen Krise stand, konnte man gar nicht anders, als in Jacinda Ardern den Rettungsanker zu sehen, auch wenn sie sich anfangs noch dagegen sträubte.

Im Sommer 2017, wenige Wochen vor den anstehenden landesweiten Wahlen, waren die Umfragewerte für Labour unterirdisch. Der Parteivorsitzende Andrew Little geriet immer stärker unter Druck, der einzige Ausweg schien vielen, ein neues, überaus beliebtes Gesicht an die Spitze der Partei und der Kampagne zu stellen. Ardern übernahm den Parteivorsitz und der »Jacinda-Effekt« trat unmittelbar ein. Es gelang ihr, nicht zuletzt via Facebook Live-Events, Wähler*innen zu erreichen, die sich zuvor kaum für Politik interessiert hatten. Am Ende erlangte Labour das beste Ergebnis seit 2008. Ardern trat in Gespräche mit der Partei *New Zealand First* und als die Koalitionsverhandlungen erfolgreich abgeschlossen waren, gab es Champagner für alle außer einer, denn Ardern hatte gerade herausgefunden, dass sie schwanger war. Im allgemeinen Freudentaumel fiel den Parteikolleg*innen offenbar gar nicht auf, dass die frischgebackene Premierministerin nichts trank.[34] Zu all den anderen Schwierigkeiten und Herausforderungen nach einer Regierungsübernahme kam für Ardern heftige morgendliche Übelkeit, die sie geschickt vor ihren Mitarbeitenden verbarg. Erst im Januar, als man allmählich einen kleinen Babybauch ausmachen konnte, gab die Premierministerin über Facebook bekannt: »Clarke und ich freuen uns, dass sich unser Team im Juni von zwei auf drei vergrößern wird und dass wir dann zu jenen Eltern gehören, die zwei Hüte tragen. Ich werde Premierministerin und Mom sein, Clarke [ein begeisterter Angler und Moderator einer Fernsehsendung namens *Fish of the Day*] wird weiterhin ›oberster Fischer‹ sein und als Dad zu Hause bleiben.«[35]

Diese Ankündigung sorgte für helle Aufregung. Eine Premierministerin, die ein Kind erwartete, das hatte es in Neuseeland, aber auch der westlichen Welt noch nie gegeben. Ihre Schwangerschaft verlieh Ardern ein weiteres Spezifikum, das sie von ihren Vorgänger*innen und so vielen anderen Staatenlenker*innen unterschied. Es trug zweifellos dazu bei, den Star-Status der Premierministerin weiter zu befeuern. Neuseeland hatte nicht nur eine schwangere Premierministerin, sondern mit Arderns Partner Clarke Gayford auch einen charmanten und sympathischen *First Gentleman*, und mit der kleinen Neve bald ein *First Baby*. Die Frage, wie Familie und höchstes Amt zu vereinbaren waren, wurde im Übrigen schon heiß diskutiert, bevor Ardern Regierungschefin wurde. Kaum war sie Vorsitzende der Labour-Partei geworden, wurde sie in einer Fernsehsendung gefragt, ob sie, wie so viele Frauen in Neuseeland, das Gefühl habe, sich zwischen Kindern und Karriere entscheiden zu müssen. Etliche Zuschauer waren entsetzt angesichts dieser übergriffigen Frage. Ardern blieb gelassen und erwiderte, sie habe kein Problem mit derlei Fragen, denn sie sei immer sehr offen gewesen diesbezüglich. Am folgenden Tag wurde in einer *Morning Show* nachgelegt. Der Ex-Cricket-Spieler Mark Richardson, der ebenfalls in der Sendung anwesend war, beharrte darauf, dass es nicht nur absolut gerechtfertigt sei, Ardern im Wahlkampf zu einem eventuellen Kinderwunsch zu befragen, sondern im Grunde jede Frau, die sich nach einem neuen Job umsah. Gut gelaunt bekräftigte Ardern daraufhin, dass sie persönlich diese Frage gerne beantworte, weil sie das für sich so entschieden habe. Dann aber wandte sie sich an Richardson, deutete mit dem Finger auf ihn und sagte mit hochgezogenen Augenbrauen und entschlossenem Blick: »Nun zu dir! Im Jahr 2017 ist es total inakzeptabel, eine Frau bei einem Jobinterview nach ihrer Familienplanung zu fragen.« Diese Szene, vor allem das Foto von Ardern, die mahnend den Finger hebt und Richardson eine Lektion erteilt, wurde in den sozialen Medien ungezählte Male geteilt.[36]

Ardern zögerte nicht, sich zu feministischen Positionen zu bekennen, weder vor ihrer Wahl zur Premierministerin noch danach. »Es geht darum, neu zu definieren, was es bedeutet, eine Politikerin oder ein Politiker zu sei«, so Ardern, »zu zeigen, dass man von anderen Zielen motiviert wird, dass man Dinge anders machen will.«[37] Ihre Regierung packte nicht nur das große Thema des Klimawandels unmittelbar an, sie baute auch die Elternzeit aus, führte kostenlose Mittagessen für Schulkinder in ärmeren Gegenden ein und setzte darüber hinaus mit dem sogenannten *Wellbeing Budget* ein Zeichen dafür, dass der Wohlstand und das Wohlergehen eines Landes sich nicht auf das Bruttosozialprodukt reduzieren lassen. Arderns *Wellbeing Budget* nimmt jenseits von reinen Wirtschaftszahlen zentrale Faktoren in den Blick, etwa die Lebenssituation von Kindern, die psychische Gesundheit, die Innovations- und Investitionsfreudigkeit im Land, die Nachhaltigkeit und die Lebensbedingungen von gesellschaftlichen Minderheiten.

Eine jüngere Frau als Premierministerin, das zeigt Arderns Regierung deutlich, weitet die Perspektive und kann den Fokus auf Themen lenken, die zuvor selten auf den Tisch gekommen sind – nicht zuletzt, weil die Lebensrealität der Regierenden einfach so lange jene von Männern fortgeschrittenen Alters gewesen ist. Arderns Regierung erließ 2021 beispielsweise eine Regelung, der zufolge an allen Schulen des Landes kostenlose Hygieneartikel angeboten werden, um *Period Poverty* zu bekämpfen. *Period Poverty* – allein dass die neuseeländische Regierung einen solchen Begriff benutzt, zeugt von einem Bewusstsein für die Probleme junger Mädchen und Frauen, für die die monatlichen Kosten für Tampons und Binden eine echte Belastung sind. Im selben Jahr führte Neuseeland als erstes Land der Welt eine bezahlte Auszeit für Eltern ein, die eine Fehlgeburt erlitten haben. Von Jacinda Arderns entschiedenem Corona-Kurs war bereits die Rede. An dieser Stelle sei in diesem Zusammenhang nur auf ihr bemerkenswertes Kommunikationstalent und ihren sicheren Instinkt hingewiesen. Regelmäßig gab Ardern in der Hochphase der Pandemie Pressekonferenzen, informierte die Bevölkerung und mahnte die Menschen zu Vorsicht und Solidarität. Der Ton und die Botschaft der Premierministerin blieben dabei aber immer geprägt von Optimismus und Empowerment. Dass ihr Blick auch in der Pandemie nicht unbeeinträchtigt blieb von ihrem eigenen Alltag und den Herausforderungen und Fragen, die sich dort ergaben, zeigt ihre Bemerkung bei einer Pressekonferenz zu Ostern 2020. Die Kinder müssten sich keine Sorgen wegen des bevorstehenden Festes machen, sagte sie, selbstverständlich sei der Osterhase systemrelevant und werde trotz COVID seiner Arbeit nachgehen. Die kleine Neve und zahllose neuseeländische Kinder dürften aufgeatmet haben.[38]

Als Jacinda Ardern ins Amt kam, saß Donald Trump bereits seit fast einem Jahr im Weißen Haus und hielt die Welt mit rassistischer, antimuslimischer und misogyner Rhetorik in Atem. Kein Wunder, dass die Frau in Wellington, die so hörbar neue Töne anschlug, vielfach als Anti-Trump betrachtet wurde. Nach Trumps Inauguration im Januar 2017 demonstrierten Hunderttausende Frauen weltweit gegen Frauenfeindlichkeit und Diskriminierung, auch Jacinda Ardern, die damals noch nicht ahnen konnte, dass sie dem *Misogynist in Chief* bald als Vertreterin ihres Landes gegenüberstehen würde. Als sie später als Premierministerin auf ihre Teilnahme an den Demonstrationen angesprochen wurde, erklärte sie diplomatisch: »Nun, nach *meiner* Wahl ist niemand marschiert.« Wie wenig Jacinda Ardern in das Schema passte, in dem der amerikanische Präsident die Welt sah, illustriert die Anekdote, wonach er Ardern bei einem Treffen in Vietnam 2017 nicht nur nicht erkannte, sondern sie auch für die Frau des kanadischen Premierministers Justin Trudeau hielt.[39]

Dass Jacinda Ardern aber nicht nur eine Art Anti-Trump, sondern ihre ganz eigene Politikerinnenpersönlichkeit ist, bewies die Premierministerin nach den verheerenden Anschlägen auf zwei Moscheen in Christchurch am 15. März 2019. Ein aus Australien stammender Rechtsterrorist erschoss insgesamt 51 Menschen, die sich zum Freitagsgebet versammelt hatten, filmte seine Taten und streamte sie live auf Facebook. Die Tat erschütterte Neuseeland bis ins Mark. In diesen finsteren Stunden, »die finstersten«, wie Ardern betonte, »die Neuseeland je erlebt hatte«, zeigte sie sich

[30] Die neuseeländische Premierministerin tröstet Trauernde nach den Anschlägen auf zwei Moscheen in Christchurch im März 2019.

als Anführerin mit großer Menschlichkeit. Von Beginn an machte sie klar, dass es sich bei der Tat um einen Terroranschlag eines *White Supremacist* handelte und dass die Opfer in den muslimischen Gemeinden ein Teil Neuseelands seien – »*They are us*«. Sie wandte sich wiederholt direkt an die Betroffenen, die Verletzten und Angehörigen der Getöteten, Neuseelands muslimische und migrantische Gemeinden, den Namen des Attentäters dagegen sprach sie kein einziges Mal laut aus. Sie appellierte an alle Neuseeländer*innen, jetzt zusammenzuhalten. Das Land sei angegriffen worden, weil es für Diversität, Freundlichkeit und Mitgefühl stehe und Heimat sei für Verfolgte. All das aber dürfe durch die Tat nicht erschüttert werden.[40]

Die Welt blickte schockiert auf das kleine Land im Pazifik, das vielen zuvor vor allem als Kulisse der *Herr der Ringe*-Trilogie, als Reiseziel und neuerdings wegen seiner progressiven, jungen Premierministerin ins Bewusstsein getreten war. Auch Donald Trump, der mit seinem *Muslim Ban* seit Monaten antimuslimische Sentimente geschürt hatte und sich weigerte, *White Supre-*

macy-Terror zu verurteilen, rief bei Ardern an und fragte, ob er etwas tun könne, um zu helfen. »Mitgefühl und Liebe für alle muslimischen Gemeinden«, antwortete Ardern geradeheraus.[41] Anders als Trump, in dessen Land Anschläge dieser Art mit einiger Regelmäßigkeit verübt wurden, ohne dass die Gesetze für den Besitz von Schnellfeuerwaffen auch nur einer ernsthaften Prüfung unterzogen wurden, verbot Arderns Regierung innerhalb weniger Tage den Besitz von Sturmgewehren und halb automatischen Waffen. Und anders als Trump, der selbst im Angesicht klar rechtsextremen Terrors von »guten Leuten auf beiden Seiten« schwadronierte, zeigte Ardern in den Stunden unmittelbar nach dem Anschlag sehr deutlich, auf welcher Seite sie stand. Sie reiste mit einer Delegation nach Christchurch und besuchte die dortige so tief getroffene muslimische Gemeinde. Als Zeichen des Respekts und der geteilten Trauer trug Ardern ein Kopftuch. Die Bilder der Premierministerin im schwarzen *Hijab*, das Gesicht von Erschütterung gezeichnet, wie sie Repräsentanten der muslimischen Gemeinde zuhörte, Frauen tröstete und umarmte, gingen um die Welt. »Sie haben unsere Liebe und unsere Unterstützung, jetzt und in den kommenden Tagen und Wochen«, sagte sie mit zitternder Stimme zu den Trauernden, »Sie haben sie, weil das hier ihr zuhause ist. *Al-salam aleikum.*«[42]

Ardern setzte damit nicht nur den Ton für Neuseelands Umgang mit dieser Tat – viele Landsleute nahmen sich ein Beispiel an ihrer Premierministerin und betrachteten den Angriff auf die Moscheen als einen Angriff auf das Land als Ganzes –, sondern zeigte auch, wie Einheit inmitten einer Tragödie gelingen konnte. Ihr Vorbild strahlte weit über Neuseeland hinaus. Weltweit wurde Jacinda Ardern zu einer Ikone empathischer Führung. Ihre Biografin Madeleine Chapman meint, dass Arderns Politik als solche zweifellos progressiv, aber selten transformativ sei. Ganz sicher transformativ allerdings sei Arderns instinktgetriebene, sehr persönliche Art zu führen. Bis zu ihrem Rücktritt hat sie gezeigt, dass Frauen Babys haben und gleichzeitig vor der Weltgemeinschaft sprechen können, sie hat mit ihrem Land getrauert, vorgelebt, dass Akte der Mitmenschlichkeit gerade in der Krise zählen, und Neuseeland und der Welt dadurch Hoffnung gegeben.[43]

Die neuen Ersten

»›Bist du die Erste?‹, wurde ich immer gefragt, wo auch immer ich war. Ja, ich bin die Erste. ›Du bist die Erste!‹ Jawohl, die bin ich, die Erste«, schreibt die Schriftstellerin Mely Kiyak in ihrem autobiografischen Buch *Frausein.* Die Tochter kurdischer Einwanderer wurde 1976 in Sulingen geboren, studierte als Erste in ihrer Familie und zählt heute zu Deutschlands bekanntesten Kolumnistinnen. Eindringlich beschreibt Kiyak, wie fremd sie sich als Arbeiter- und Einwandererkind an der Universität zunächst fühlte, umgeben von Kommiliton*innen, die sich dort mit großer Selbstverständlichkeit bewegten, als wäre das gewissermaßen ihr natürliches Habitat. Kiyak schildert das Gefühl des Andersseins, das sie ausschloss aus dem Kreis der Studierenden im Literaturseminar. »Sie sind gebildete Kinder gebildeter Eltern. Selbst wenn sie bestimmte Werke nicht gelesen haben, so haben sie doch immerhin davon gehört. Sie können nichts dafür, dass ich nichts im Gepäck habe.«[44]

Derlei Fremdheitserfahrungen teilen viele Erste, von Marie-Elisabeth Lüders, die von den Kommilitonen mit verächtlichem Fußscharren begrüßt wurde, über Simone Veil, die sich im Hörsaal voller Männer als junge Frau und Holocaust-Überlebende vorkam wie ein außerirdisches Wesen, bis zu Ruth Bader Ginsburg und Hillary Clinton, denen von ihren männlichen Kollegen an der *Law School* vorgeworfen wurde, den Jungs den Studienplatz wegzunehmen. Die neuen Ersten, Frauen wie die Schriftstellerin Mely Kiyak, die SPD-Politikerin Sawsan Chebli oder die erste afrodeutsche Landtagsvizepräsidentin in Kiel Aminata Touré fühlen sich allerdings vielfach nicht nur durch ihr Frausein fremd, sondern auch durch ihre Herkunft. Sie fallen auf, als junge Frau aus einer Einwandererfamilie, als Muslima, als Schwarze.

Aminata Touré, 1992 in Neumünster geboren, verbrachte ihre frühe Kindheit in einer Gemeinschaftsunterkunft. Weil der Aufenthaltsstatus der Familie nicht geklärt war, durfte sie zunächst nicht, wie sehnlichst gewünscht, den Kindergarten besuchen. Erst in der Grundschule lernte sie das »deutsche« Leben kennen samt Erntedankfest, Gedichten und Stadtbücherei. Sie liebte ihre Lehrerin, schloss Freundschaften – und erlebte Rassismus. »Wenn ich zurückblicke«, erinnert sich Touré, »dann denke ich darüber nach, wie der Schmerz sich durch unsere Kindheit gezogen hat. Es ist nicht fair, wie unterschiedlich wir aufwachsen.« Als sie zwölf war, bekamen ihre Familie und sie den deutschen Pass, das Mädchen besuchte die Gemeinschaftsschule Faldera, machte dort ihr Abitur und studierte später Politikwissenschaften und französische Philologie in Kiel. Von klein auf hatte Touré mit den Schubladen zu kämpfen, in die man sie steckte. Ihre aus Mali geflohenen Eltern, beide akademisch gebildet, legten größten Wert auf die Bildung ihrer Töchter. Noch bevor Aminata in die Schule kam, brachte ihre Mutter, die als Pflegehelferin in einem Altersheim arbeitete, ihr lesen und schreiben bei – auf Deutsch und auf Französisch. Im Alltag und in den Institutionen der deutschen Mehrheitsgesellschaft, das wurde dem Mädchen bald klar, wurde sie vor allem als Schwarzes Flüchtlingskind wahrgenommen. Sie litt darunter, fortwährend unterschätzt zu werden. Ihre Mutter habe sie und ihre Schwestern vorbereiten wollen auf ein Leben, »in dem viele Menschen einen für dumm und unfähig halten«. Wo andere hundert Prozent geben, so die Mutter, würden sie zweihundert Prozent geben müssen. Der Mutter sei es zu verdanken, so Touré, dass das »Gift der Unzulänglichkeit« bei ihr kaum Wirkung entfalten konnte. »Diese Erziehung war der Grund dafür, dass ich nie verstanden habe, weshalb man uns Schwarze Menschen für minderwertig gehalten hat und hält.«[45]

Schon als Kind erlebte Aminata Touré, wie konkret sich Politik im Alltag auswirken kann. Die Frage, ob die Familie in Deutschland bleiben durfte, hing über allem. Ihre Eltern, ihre Schwestern und sie verfolgten angespannt, was da in Kiel und in

Berlin beschlossen wurde, denn es hatte unmittelbare Konsequenzen für ihr Leben. Das frühe Interesse für Politik rührt daher. Während des Studiums und nach einem Praktikum beim Flüchtlingsbeauftragten des Landes Schleswig-Holstein beschloss die junge Frau, sich politisch zu engagieren und in eine Partei einzutreten. Sie schwankte zwischen SPD, den Linken und den Grünen. Klar war aber, dass sie in keine Partei wollte, in der »alte Männer den Ton angeben«. »Für mich ging es um die Frage:«, so Touré, »Kann ich da mitdiskutieren, sitzen da Leute, die mich interessieren?« Bei den Grünen gab es nicht nur den höchsten Frauenanteil, sondern auch Spitzenpolitiker*innen, die selbst eine Migrationsgeschichte hatten. Prominente Grüne wie Claudia Roth und Cem Özdemir waren Vorbilder für Touré. »Hier, so hatte ich das Gefühl, würde ich keine Außerirdische sein.«[46]

Interessant ist, dass Touré zum gleichen Bild greift wie einst Simone Veil – auch diese kam sich in Runden vielfach vor wie ein außerirdisches Wesen. Bei den Grünen konnte Touré dazugehören. Sie arbeitete nach ihrem Studium als persönliche Referentin und wissenschaftliche Mitarbeiterin der grünen Bundestagsabgeordneten Luise Amtsberg und sammelte Erfahrungen im politischen Berlin, 2017 kandidierte sie bei der Landtagswahl in Kiel und rückte für Monika Heinold nach, die Finanzministerin in der Jamaika-Koalition wurde. 2019 wurde sie zur jüngsten und ersten afrodeutschen Vizepräsidentin des schleswig-holsteinischen Landtags gewählt. Mit diesem Amt erlangte sie Bekanntheit weit über Kiel hinaus. Touré beschreibt in ihrem Buch *Wir können mehr sein* sehr eindrücklich, wie sie den Tag ihrer Wahl erlebte. Ein großer Moment für sie und ihre Familie, zweifellos. Womit Touré allerdings nicht gerechnet hatte, war das überwältigende Interesse an dem Vorgang. Es gab Presseanfragen aus der ganzen Welt.[47] Seit 2022 ist Touré Sozialministerin in Schleswig-Holstein, die erste Schwarze Ministerin der Republik. Mit der größeren Sichtbarkeit wuchs aber auch die Herausforderung. »Es ist ein Kraftakt, eine junge Schwarze Frau zu sein«, so Touré, »Ich habe wirklich richtig Schiss gehabt, was mir da entgegenkommen könnte. Das Problem ist auch, man hat nicht so viele Vergleichswerte, es gibt wenige, die man fragen kann. Es gab einfach keine weitere junge Schwarze Frau auf der politischen Bühne.«[48]

Hier ist es wieder, das alte Problem der Ersten: Wo es keine Vorbilder, keine Mentorinnen, keine Netzwerke gibt, muss man sich alleine einen Weg suchen und sich den Klischees und Vorurteilen zum Trotz selbst definieren. Immer wieder wurde ihr gespiegelt, dass sie eine Ausnahme sei, denn die Regel ist, so Touré, »dass es junge Schwarze Frauen in den Räumen, in denen ich mich bewege, kaum gibt«. Orientierung, das sagt sie ganz klar, gab ihr die Auseinandersetzung mit der Schwarzen Frauenbewegung in Deutschland, mit Dichterinnen und Aktivistinnen wie Audre Lorde, May Ayim, Katharina Oguntoye und Peggy Piesche.[49]

Das ist ein interessanter Punkt: Vielen Ersten wie Aminata Touré und Sawsan Chebli, Frauen, die zwar in Deutschland geboren sind, aber durch Hautfarbe, Migrationsgeschichte oder Religionszugehörigkeit aus der Mehrheitsgesellschaft herausstechen,

[31] Aminata Touré bei der Eröffnungsrede von Town Hall Europe im April 2019 mit Barack Obama.

blieb die deutsche Frauenbewegung fremd. Die Feminismus-Szene, so Sawsan Chebli, sei einfach so weiß gewesen, »so sehr *EMMA* und Alice Schwarzer, da habe ich mich überhaupt nicht wiedergefunden«.[50] Für Aminata Touré war das Thema Geschlechtergerechtigkeit von jeher zentral. Sie wurde von einer starken Mutter aufgezogen, die ihr, wie sie selbst sagt, nicht nur beigebracht hat, zu lesen, zu schreiben, zu lieben, wertzuschätzen und zu beharren, sondern auch, was Feminismus ist. »Und zwar ohne ihn je so zu nennen.«[51] In ihrer Familie hat Aminata nie gehört, dass es Dinge gibt, die Mädchen oder Frauen nicht können, mit derlei Denken ist sie erst außerhalb der Familie konfrontiert worden. Schnell begriff sie, dass der Weg zur Gleichstellung nicht zwangsläufig weitergegangen wird, sondern dass man sich dafür einsetzen muss. »Es gab immer Frauen, und unterstützend auch Männer, die das hart erstritten haben«, sagt Touré. »Wenn man diese Errungenschaften nicht als revolutionär bezeichnet, dann macht man die Kämpfe dieser Menschen unsichtbar.« Claudia Roth hat ihr in diesem Sinne von Anfang an enorm Eindruck gemacht, sie war ein Grund, Mitglied bei den Grünen zu werden. »Claudia Roth«, so Touré, »ist so eine krasse Frau, die steht da in einer Männerwelt immer so, wie sie ist, und sagt, was sie denkt.« Roth, aber auch die Protagonistinnen der Schwarzen Frauenbewegung in Deutschland sind ihr Ansporn, denn es gibt immer noch viel zu tun. Touré registriert genau, dass der Geräuschpegel im Landtag steigt, wenn Frauen sprechen. Sie muss als Vizepräsidentin häufiger um Ruhe bitten, wenn eine Politikerin am Pult steht. »Da nutze ich dann auch die Macht, die ich habe«, sagt sie, »Parlamente sind immer noch ein männlich dominierter Ort und es gibt so viele Momente, an denen mir das auffällt.«[52]

Sowohl Aminata Touré als auch Sawsan Chebli nutzen Social Media zum Agenda-Setting. Und für beide sind diese Plattformen ein zweischneidiges Schwert. Wie Jacinda Ardern oder Alexandria Ocasio-Cortez merken sie, dass dieses Sprachrohr nicht nur die Möglichkeit gibt, Themen zu setzen, die in den herkömmlichen Medien lange eher beiläufig behandelt oder gänzlich ignoriert wurden, sondern auch die Macht, das eigene Profil zu schärfen. Beide haben aber auch zu kämpfen mit den Beleidigungen und Drohungen, die bei Twitter, Facebook & Co. auf sie einprasseln. Sie mussten sich Strategien aneignen, um nicht überwältigt zu werden von dem Sexismus und dem Hass, die ihnen zuweilen entgegenschlagen. Touré liest längst nicht mehr alles selbst, sondern ist froh, wenn Mitarbeitende Kommentare löschen und User*innen blockieren. Und sie erstattet regelmäßig Anzeige.[53] Auch Sawsan Chebli wehrt sich gegen Hetze im Netz und anderswo, wie jene, die der Journalist Roland Tichy mitzuverantworten hatte. Tichy, ehemals Chefredakteur der *Wirtschaftswoche*, gibt seine zunehmend nach rechts abdriftenden Ansichten in seinem Magazin *Tichys Einblick* zum Besten. Dort erschien 2020 ein sexistischer Kommentar von Stephan Paetow zu Chebli und ihrer Berliner Kandidatur, gegen den die Politikerin vorging und eine einstweilige Verfügung erwirkte. Die Solidarisierungswelle mit Chebli war enorm. Die CSU-Politikerin Dorothea Bär verließ aus Protest die Ludwig-Erhard-Stiftung, deren Vorsitzender Tichy war, Jens Spahn und Carsten Linnemann ließen ihre Mitgliedschaften ruhen. Schließlich erklärte Tichy, sich im Herbst 2020 nicht mehr zur Wiederwahl zu stellen. Das ist etwas, was Chebli Mut macht – der wachsende Zusammenhalt zwischen Politiker*innen. Als sie nach Ankündigung ihrer Kandidatur so im Kreuzfeuer stand, hätten sich viele Kolleginnen bei ihr gemeldet. Parteiübergreifend hätten sie Frauen bestärkt. Chebli glaubt sehr an die Macht von derlei Netzwerken. Auch weit über ihre eigenen Genoss*innen hinaus, pflegt sie Kontakte: »Wir werden alle besser, wenn wir uns untereinander vernetzen.«[54]

Wie so viele Erste vor ihnen verspüren auch diese neuen Ersten den enormen Druck, der auf ihnen lastet. Aminata Touré oder Sawsan Chebli sind Vorbilder für viele junge Frauen, die Erwartungen sind zum Teil riesig. »Man wird für manche zu einer Projektionsfläche, das kann belastend sein«, erzählt Touré, »Da fragt man sich manchmal schon, können meine Schultern das überhaupt tragen?«[55] Chebli erlebt das ähnlich. »Damit ist eine große Verantwortung verbunden: für Frauen, für Migranten, für Muslime«, berichtet sie. »Mir schreiben viele junge

Frauen. Sie beobachten meinen Werdegang, schöpfen darin Hoffnung für ihren eigenen.«[56]

Gleichzeitig befinden sich Politikerinnen wie Touré und Chebli stets unter verschärfter Beobachtung, und wie Annemarie Renger oder Elisabeth Kopp fünfzig Jahre zuvor haben sie Angst, Fehler zu machen. Nicht nur, weil Fehler immer unangenehm sind, sondern weil sie fürchten, dass ein Fehler von ihnen auf alle zurückfallen und den Gegner*innen Munition liefern würde. »Das kann einen auch ganz krass lähmen«, sagt Aminata Touré. »Die Angst, den einen großen Fehler zu machen, und alle sagen: War ja klar, die weiß doch eh nicht, was sie tut.«[57]

Der Wahlkampf 2021 hat gezeigt, dass derlei Befürchtungen nicht ganz unbegründet sind. Die erste grüne Kanzlerinkandidatin Annalena Baerbock hat unbestreitbar nicht alles richtig gemacht, gerade zu Beginn der Kampagne. Und doch kann man sich des Eindrucks nicht erwehren, dass man bei Frauen genauer hinschaut, ja, dass Frauen an der Spitze sich einfach gar keine Fehler erlauben dürfen. Bei Baerbock konnte man in *real time* sehen, wie sehr diese Dauerbeobachtung, dieses Lauern sie gehemmt haben. Je lauter die Stimmen wurden, die mit größtmöglicher Empörung von ein paar Ungereimtheiten beim Zitieren und bei Angaben zum Lebenslauf gleich auf einen unehrlichen Charakter der Kandidatin schließen wollten, desto mehr zog sich Baerbock auf gestanzte Sätze zurück, die sie nicht angreifbar machten, aber eben auch ein bisschen dröge und wenig authentisch wirkten. Ja, man machte ihr gar zum Vorwurf, überhaupt ein Buch geschrieben zu haben. Politiker veröffentlichen solcherlei politische Bewerbungsschriften seit anno dazumal, aber wenn eine vierzigjährige Politikerin wagt, ein Buch vorzulegen, das sie selbst und ihre Ideen vorstellen soll, wird plötzlich das Genre an sich infrage gestellt. Es gab sicher unzählige Gründe dafür, warum die Grünen bei der Wahl im September 2021 hinter den Erwartungen zurückgeblieben sind – und dabei dennoch das beste Ergebnis ihrer Geschichte eingefahren haben –, einer davon war vielleicht auch, dass zu vielen Menschen noch die Fantasie für eine relativ junge Kanzlerin mit kleinen Kindern fehlte.

Aber allein die Tatsache, dass Politikerinnen wie Annalena Baerbock, Aminata Touré und Sawsan Chebli nicht darauf warten, bis sie gefragt werden, sondern selbstbewusst die Hand heben, sollte Hoffnung machen. Je mehr Frauen dies tun, je paritätischer Macht in Zukunft verteilt wird, desto größer die Wahrscheinlichkeit, dass wir uns an mächtige Frauen gewöhnen. Und vielleicht wird ihnen dann sogar zugestanden, auch mal Fehler zu machen. Die Geschichte ist voll von inspirierenden, aber durchaus auch kontroversen Ersten, die unsere Gesellschaften stärker geprägt haben, als uns vielfach bewusst ist.

Und die Geschichte geht weiter: Die Bundestagswahl 2021 hat drei weitere Erste ins Parlament gebracht: Ricarda Lang ist die erste offen bisexuelle Abgeordnete, und mit Tessa Ganserer und Nyke Slawik sitzen erstmals zwei trans* Frauen im Bundestag. Gerade mit den Grünen und der SPD zogen 2021 viele junge Politikerinnen erstmals ins Parlament ein. Der Frauenanteil ist im Vergleich zu 2017 wieder angestiegen. Auch bei den letzten Kongresswahlen in den USA 2018 schnitt eine neue Generation weiblicher Abgeordneter überwältigend gut ab, durchaus auch als Gegenreaktion auf einen frauenverachtenden Präsidenten im Weißen Haus. In der Schweiz stieg der Anteil von Parlamentarierinnen im Nationalrat bei den Wahlen 2019 um 10 Prozent auf 42 Prozent, und in Finnland holten 2019 Kandidatinnen sogar zu 47 Prozent einen Sitz, ebenso hoch ist der Frauenanteil im isländischen und im schwedischen Parlament. Es gibt also durchaus Anlass für Optimismus.

In ihrer Rede bei den Golden Globes 2020, als Amerika sich bereits auf die Wahlen im November des Jahres vorbereitete, in denen es darum ging, ob das Land durch weitere vier Jahre Trump sein Gesicht dauerhaft ändern würde, hielt die Schauspielerin Michelle Williams ein flammendes Plädoyer für eine größere politische Teilhabe von Frauen: »Wenn es Zeit ist, wählen zu gehen, tut das in eurem besten eigenen Interesse, das machen Männer von jeher. Deswegen sieht die Welt so sehr aus wie sie. Wir sind die größte Wählerschaft im Land, helft dabei mit, dass es stärker aussieht wie wir.«[58]

Dank

Als ich ein Kind war, waren Frauen in der Politik eine Seltenheit. Helmut Kohl und seine Mannen dominierten die politische Szene und in den Talkshows und Fernsehnachrichten erklärten grau melierte Herren die Welt. Als allerdings 1980 Wahlen anstanden, strahlte mir in meiner Heimatstadt Nürnberg auf Plakaten eine relativ junge Frau mit blondem Lockenkopf und wachen Augen entgegen. Renate Schmidt stach heraus aus dem Meer der Männer. Eine Frau, wie meine Mutter, hat mein sechsjähriges Ich gedacht, eine Frau, wie unsere Nachbarin, eine Frau, wie ich vielleicht mal eine sein werde.

Als wir im Herbst 2020 angespannt auf die Ergebnisse bei den US-Präsidentschaftswahlen warteten, sah ich mit meiner kleinen Tochter einen Filmclip, in dem die Vizepräsidentschaftskandidatin Kamala Harris mit einer Gruppe Cheerleader-Mädchen tanzte und sichtlich Spaß dabei hatte. Meine Tochter war beeindruckt, dass eine Politikerin so locker mit Kindern und Jugendlichen herumalberte. Als wenig später endlich die erlösende Nachricht kam, dass Joe Biden und Kamala Harris die Wahlen gewonnen hatten, erzählte ich ihr, dass Harris tatsächlich die erste weibliche Vizepräsidentin werden würde.

»Ist das die, die mit den Mädchen tanzt?«, fragte meine Tochter.

»Ja, das ist die, die mit den Mädchen tanzt!«, erwiderte ich.

Frauen, die vorangehen, waren wichtig für mich, und sie sind es noch immer für so viele Mädchen. Mein herzlicher Dank geht zuallererst an jene Ersten, mit denen ich für dieses Buch sprechen durfte: Micheline Calmy-Rey, Sawsan Chebli, Ruth Dreifuss, Christine Haderthauer, Margot Käßmann, Sabine Leutheusser-Schnarrenberger, Claudia Roth, Renate Schmidt, Kristina Schröder, Rita Süssmuth, Aminata Touré sowie die Unternehmerin K.

Ein großes Merci an meinen Verlag für die wunderbare Zusammenarbeit: Anne Stadler, Catharina Stohldreier, Isabella Jaross, Steffi Frühauf, Christina Herborg und Heike Wolter. Froh war ich einmal mehr auch um die tatkräftige Unterstützung der Mitarbeiter*innen im Archiv der sozialen Demokratie der Friedrich-Ebert-Stiftung in Bonn. Dank natürlich auch an meine Agentin Rebekka Göpfert, die mir wie stets zur Seite stand. Bedanken möchte ich mich außerdem bei meinem Mann Toma, meiner Schwiegermutter Sylvie Perret, die selbst eine Erste ist, bei Isaline Panchaud Mingrone, Isabel Müller, Nicole Seifert und Christian Weger. Die Diskussionen und Gespräche mit Euch waren für mich Ansporn und Inspiration.

Anmerkungen

Einleitung

1 Mary Beard, *Frauen & Macht*, Frankfurt 2018, S. 56.
2 Hillary Clinton, *What happened*, New York 2017, S. 40.
3 Pierre Bourdieu, *Die männliche Herrschaft*, Frankfurt am Main 2005.
4 Der Evolutionsbiologe und Verhaltensforscher Carel van Schaik und der Historiker und Literaturwissenschaftler Kai Michel zeigen in ihrem Buch *Die Wahrheit über Eva. Die Erfindung der Ungleichheit zwischen Frauen und Männern* (Hamburg 2020), dass Frauen und Männer die längste Zeit der Menschheitsgeschichte relativ egalitär miteinander gelebt haben. Die völlige Schieflage im Machtverhältnis der Geschlechter und die Marginalisierung der Frauen nennen sie eine »kulturelle Verirrung«, die erst vor etwa fünftausend Jahren begann.
5 Barbara Stollberg-Rilinger, *Maria Theresia. Die Kaiserin in ihrer Zeit*, München 2018, S. XVI.
6 Hedwig Richter, *Aufbruch in die Moderne. Reform und Massenpolitisierung im Kaiserreich*, Berlin 2021, S. 106. Siehe zu den Reformerinnen auch Dies., *Demokratie. Eine deutsche Affäre*, München 2020, S. 155. Zum ambivalenten Verhältnis zwischen Arbeiterbewegung und »Frauenfrage« siehe Vincent Streichhahn und Frank Jacob (Hg.): *Geschlecht und Klassenkampf. Die »Frauenfrage« aus deutscher und internationaler Perspektive im 19. und 20. Jahrhundert*, Berlin 2020.
7 Hedwig Richter, »Demokratiegeschichte ohne Frauen? Ein Problemaufriss«, in: *Aus Politik und Zeitgeschichte*, 42/2018, https://www.bpb.de/apuz/277329/demokratiegeschichte-ohne-frauen-ein-problemaufriss?p=all

8 Vgl. hierzu Nicole Seiferts kluges Buch *Frauen Literatur. Abgewertet, vergessen, wiederentdeckt*, Köln 2021.
9 Sehr interessante Daten dazu hat Caroline Criado-Perez gesammelt in: *Unsichtbare Frauen. Wie eine von Daten beherrschte Welt die Hälfte der Bevölkerung ignoriert*, München 2020.
10 Hillary Clinton im Gespräch mit der schwedischen Journalistin Stina Dabrowski, 2013, https://www.youtube.com/watch?v=BUB17mI9xTc
11 Mary Ann Sieghart, *The Authority Gap. Why women are still taken less seriously than men, and what we can do about it*, New York 2021.
12 Richard Partington, »If it was Lehman Sisters, it would be a different world«, in: *The Guardian*, 4. September 2018.
13 Kamala Harris, *Der Wahrheit verpflichtet. Meine Geschichte*, München 2021, S. 292.

Kapitel 1

1 Louise Schroeder, zit. nach Regine Marquardt, *Ja zur Politik. Frauen im Deutschen Bundestag 1949–1961*, Opladen 1999, S. 25. Marie-Elisabeth Lüders, *Fürchte Dich nicht. Persönliches und Politisches aus mehr als 80 Jahren*, Köln/Opladen 1963, S. 158.
2 Lüders, *Fürchte Dich nicht*, S. 37.
3 Ebd., S. 26, 39.
4 Ebd., S. 35 f., 40.
5 Ebd., S. 43.
6 Ebd., S. 43.
7 Ebd., S. 45.
8 Ebd., S. 55.
9 Vgl. Marquardt, *Ja zur Politik*, S. 109.
10 Lüders, *Fürchte Dich nicht*, S. 71 f.
11 Dorothee von Velsen, *Im Alter die Fülle. Erinnerungen*, Tübingen 1956, S. 112, 118.
12 Vgl. zur Rolle der Frauenbewegung und auch zum internationalen Kontext des Frauenwahlrechts, Hedwig Richter, *Demokratie – eine deutsche Affäre*, München 2020, S. 186 f.
13 Bäumer, zit. nach Birte Förster, *1919. Ein Kontinent erfindet sich neu*, Stuttgart 2018, S. 16.
14 Elly Heuss-Knapp, *Ausblick vom Münsterturm. Erinnerungen*, Berlin 1934, Neuauflage Stuttgart, Leipzig 2008, S. 123.
15 https://www.bundestag.de/dokumente/textarchiv/2014/49494782_kw07_kalenderblatt_juchacz-215672

16 Richter, *Demokratie*, S. 192, sowie Hedwig Richter, »Demokratiegeschichte ohne Frauen? Ein Problemaufriss«, in: *Aus Politik und Zeitgeschichte*, 42/2018.
17 Paul Löbe, »Lebensbild einer deutschen Frau«, in: *Louise Schroeder. Ein Frauenleben unserer Zeit, Louise Schroeder zum 70. Geburtstag am 2. April 1957*, Berlin 1957, S. 7–22, S. 8. Schroeder, zit. nach Marquardt, *Ja zur Politik*, S. 110.
18 Lüders, *Fürchte Dich nicht*, S. 92.
19 Von Velsen, *Im Alter die Fülle*, S. 274.
20 Lüders, *Fürchte Dich nicht*, S. 106. Marie-Elisabeth Lüders, »Einer Freundin ins politische Stammbuch«, in: *Louise Schroeder*, S. 28–30, S. 29.
21 Lüders, »Einer Freundin ins politische Stammbuch«, S. 28.
22 Vgl. Marquardt, *Ja zur Politik*, S. 112 f. Gerda Neyer, »Die Entwicklung des Mutterschutzes in Deutschland, Österreich und der Schweiz von 1877 bis 1945«, in: Ute Gerhard (Hg.), *Frauen in der Geschichte des Rechts*, München 1997, S. 744–758, S. 752.
23 Löbe, »Lebensbild einer deutschen Frau«, S. 13. Marquardt, *Ja zur Politik*, S. 112 f., 114, 139.
24 Louise Schroeder, zit. nach Marquardt, *Ja zur Politik*, S. 117 ff.
25 Josef Felder, zit. nach Marquardt, *Ja zur Politik*, S. 117 ff.
26 Marquardt, *Ja zur Politik*, S. 121 f. Paul Löbe, »Lebensbild einer deutschen Frau«, S. 14 f.
27 Lüders, *Fürchte Dich nicht*, S. 133 ff.
28 Ebd., S. 143 f.
29 Marquardt, *Ja zur Politik*, S. 123 f.
30 Antje Dertinger, *Frauen der ersten Stunde*, Frankfurt am Main 1999, S. 171. Lüders, *Fürchte Dich nicht*, S. 152.
31 Louise Schroeder, zit. nach Marquardt, *Ja zur Politik*, S. 127 f.
32 *New York Times*, zit. nach Marquardt, *Ja zur Politik*, S. 130.
33 Dertinger, *Frauen der ersten Stunde*, S. 175. Marquardt, *Ja zur Politik*, S. 130.
34 Löbe, »Lebensbild einer deutschen Frau«, S. 8.
35 Lüders, *Fürchte Dich nicht*, S. 170. Dertinger, *Frauen der ersten Stunde*, S. 104 f.

Kapitel 2

1 Egon Bahr, zit. nach Dertinger, *Frauen der ersten Stunde*, S. 98.
2 Selbert, zit. nach Barbara Böttger, *Das Recht auf Gleichheit und Differenz. Elisabeth Selbert und der Kampf der Frauen um Art. 3.2 Grundgesetz*, Münster 1990, S. 161 f.

3 Vgl. Interview Elisabeth Selbert mit Barbara Böttger, in: *Das Recht auf Gleichheit und Differenz*, S. 123 ff.
4 Elisabeth Selbert, zit. in: Ebd., S. 143 f.
5 Elisabeth Selbert, zit. in: Ebd., S. 145, 151.
6 Elisabeth Selbert, zit. in: Ebd., S. 163.
7 Elisabeth Selbert, zit. in: Ebd., S. 165.
8 Vgl. Richter, *Aufbruch in die Moderne*, S. 50 f.
9 Selbert, zit. nach Dertinger, *Frauen der ersten Stunde*, S. 186. Interview Elisabeth Selbert, in: *Das Recht auf Gleichheit und Differenz*, S. 165.
10 Elisabeth Selbert, zit. in: *Das Recht auf Gleichheit und Differenz*, S. 165 f. Elisabeth Selbert, zit. nach https://www.deutschlandfunkkultur.de/die-mutter-des-grundgesetzes.932.de.html?dram:article_id=131196 Interview mit Hildegard Hamm-Brücher, *Politikerin der ersten Stunde*, Zeitzeugenportal https://www.youtube.com/watch?v=ItbQmTx5E1g; https://www.youtube.com/watch?v=-Gb9saJWfnM
11 Dertinger, *Frauen der ersten Stunde*, S. 188. Eva Holldack, »Die Gleichberechtigung der Frau«, in: *Süddeutsche Zeitung*, 25. Dezember 1948.
12 Elisabeth Selbert zit. in: *Das Recht auf Gleichheit und Differenz*, S. 157.
13 Elisabeth Selbert zit. in: Ebd., S. 154.
14 Erna Scheffler, *Die Stellung der Frau in Familie und Gesellschaft im Wandel der Rechtsordnung seit 1918*, Berlin 1970, S. 6 f.
15 Das zeigt aktuell sehr eindrücklich die Geschlechterforscherin und Soziologin Franziska Schutzbach in ihrem Buch *Die Erschöpfung der Frauen. Wider die weibliche Verfügbarkeit*, München 2021.
16 Erna Scheffler zit. in: Marike Hansen, *Erna Scheffler. Erste Richterin am Bundesverfassungsgericht und Wegbereiterin einer geschlechtergerechten Gesellschaft*, Tübingen 2019, S. 13.
17 Vgl. Hansen, *Erna Scheffler*, S. 15, 18, 21 f.
18 Marie-Elisabeth Lüders zit. in: Hansen, *Erna Scheffler*, S. 31.
19 Scheffler, *Die Stellung der Frau*, S. 16.
20 Vgl. Hansen, *Erna Scheffler*, S. 72 f.
21 Vgl. Hansen, *Erna Scheffler*, S. 105. Scheffler, zit. nach Dertinger, *Frauen der ersten Stunde*, S. 160.
22 Vgl. hierzu auch Till van Rahden, »Demokratie und väterliche Autorität. Das Karlsruher ›Stichentscheid‹-Urteil von 1959 in der politischen Kultur der frühen Bundesrepublik«, in: *Zeithistorische Forschungen*, Heft 2/2005, S. 160–179, hier S. 162.

23 Scheffler, *Die Stellung der Frau*, S. 13, 21. Hansen, *Erna Scheffler*, S. 130 f.
24 *Frankfurter Allgemeine Zeitung* und Erna Scheffler zit. in: Marike Hansen, *Erna Scheffler*, S. 155.
25 Lüders, *Fürchte Dich nicht*, S. 203.
26 Elisabeth Schwarzhaupt zit. in: Dertinger, *Frauen der ersten Stunde*, S. 155 f.
27 Vgl. Jane Sherron De Hart, *Ruth Bader Ginsburg. A life*. New York 2018, 41 ff. *RBG: Ein Leben für die Gerechtigkeit*. Filmdokumentation 2018.
28 https://edition.cnn.com/2019/10/30/politics/hillary-clinton-ruth-bader-ginsburg-supreme-court-pick/index.html, übersetzt von der Autorin.
29 »Wir sind Humboldt« – Prof. Dr. Susanne Baer, 18. Juni 2018, https://www.youtube.com/watch?v=3u86hHUZsAA. »Verfassungsrichter fordern drittes Geschlecht im Geburtsregister«, https://www.tagesspiegel.de/gesellschaft/queerspiegel/bundesverfassungsgericht-verfassungsrichter-fordern-drittes-geschlecht-im-geburtsregister/20555262.html

Kapitel 3

1 Golda Meir, *Mein Leben*, Hamburg 1975, S. 112.
2 Stollberg-Rilinger, *Maria Theresia*, S. XVI.
3 Käte Strobel im Interview mit Renate Lepsius, in: Renate Lepsius, *Frauenpolitik als Beruf. Gespräche mit SPD-Parlamentarierinnen*, Hamburg 1987, S. 33–51, S. 43.
4 Annemarie Renger, *Ein politisches Leben. Erinnerungen*, Stuttgart 1993, S. 15 ff., 20 ff.
5 Renger, *Ein politisches Leben*, S. 43, 64. Annemarie Renger im Gespräch mit Renate Lepsius, in: Lepsius, S. 52–75, S. 55.
6 Renger, *Ein politisches Leben*, S. 180 f.
7 Marta Schanzenbach im Gespräch mit Renate Lepsius, in: Lepsius, S. 13–32, S. 16.
8 Marta Schanzenbach im Gespräch mit Renate Lepsius, in: Lepsius, S. 20, 22. Schanzenbach, zit. in: Marquardt, *Ja zur Politik*, S. 192 f.
9 Ebd.
10 Marta Schanzenbach, zit. in: Renate Tebbel, *Marta Schanzenbach. Eine Frau der ersten Stunde*, Freiburg 2010, S. 79 f.
11 Marta Schanzenbach im Gespräch mit Renate Lepsius, in: Lepsius, S. 19 f.

12 Marta Schanzenbach im Gespräch mit Renate Lepsius, in: Lepsius, S. 29 f. Marta Schanzenbach, zit. nach: Marquardt, *Ja zur Politik*, S. 199.

13 Julian Staib/Timo Steppat, »Die Trophäen der Jungen Union«, in: *FAZ*, 17. März 2021.

14 Siehe Joni Lovenduski, »Introduction: The Dynamics of Gender and Party«, in: *Gender and Party Politics*, hrsg. von Joni Lovenduski und Pippa Norris, London, S. 1–15, S. 6.

15 Marta Schanzenbach, zit. in: Tebbel, *Marta Schanzenbach*, S. 137, 146 f. Vgl. auch Marquardt, *Ja zur Politik*, S. 32 f.

16 Vgl. auch Marquardt, *Ja zur Politik*, S. 234.

17 Käte Strobel im Interview mit Renate Lepsius, in: Lepsius, S. 39.

18 Käte Strobel im Interview mit Renate Lepsius, in: Lepsius, S. 43. Käte Strobel, zit. nach: Marquardt, *Ja zur Politik*, S. 240.

19 Renger, *Ein politisches Leben*, S. 244.

20 Annemarie Renger im Gespräch mit Renate Lepsius, in: Lepsius, S. 65 ff.

21 Ebd., S. 64, 67.

22 Ebd., S. 67 f. Renger, *Ein politisches Leben*, S. 259 f.

23 Nachlass Annemarie Renger, Archiv der Sozialen Demokratie, Friedrich-Ebert-Stiftung, fortan FES, 1/ARAA001179. 1/ARAA001180. 1/ARAA001187.

24 Antrittsrede Bärbel Bas, 26. Oktober 2021, https://www.youtube.com/watch?v=x9dAck3NZNE

25 Käte Strobel im Interview mit Renate Lepsius, in: Lepsius, S. 37, 46 f.

26 Vgl. auch Marquardt, *Ja zur Politik*, S. 248.

27 Renger, *Ein politisches Leben*, S. 315.

28 Meron Medzini, *Golda Meir. A political biography*, Berlin 2008, S. 388.

29 Meir, *Mein Leben*, S. 112 f.

30 Ebd., S. 113 ff.

31 Ebd., S. 113 ff.

32 Medzini, *Golda Meir*, S. XVI.

33 Meir, *Mein Leben*, S. 213, 217.

34 Ebd., S. 229.

Kapitel 4

1 Simone Veil, *Und dennoch leben. Die Autobiografie der großen Europäerin*, Berlin 2009, S. 103.

2 Ebd., S. 36.

3 Ebd., S. 56, 88.

4 Vgl. Mario Krebs, *Ulrike Meinhof. Ein Leben im Widerspruch*, Hamburg 1988, S. 23.
5 Ebd., S. 60 f.
6 Vgl. ebd., S. 73.
7 Ruth Dreifuss, zit. nach Isabella Maria Fischli, *»Dreifuss ist unser Name«. Eine Politikerin, eine Familie, ein Land*, Zürich, München 2002, S. 247.
8 Isabella Maria Fischli, *»Dreifuss ist unser Name«*, S. 136.
9 Vgl. Andrea Maihofer, »Die Geschichte des Frauenstimmrechts – Verdrängtes Unrecht«, in: *50 Jahre Frauenstimmrecht*, hrsg. von Isabel Rohner und Irène Schäppi, Zürich 2021, S. 17–29, S. 23 f.
10 Veil, *Und dennoch leben*, S. 119 ff.
11 Ebd., S. 121 f.
12 Ebd.
13 Ebd., S. 133 f
14 Ebd., S. 137, 143.
15 Katriina Lehto-Bleckert, *Ulrike Meinhof 1934–1976. Ihr Weg zur Terroristin*, Marburg 2010, S. 186, 200.
16 Vgl. Krebs, *Ulrike Meinhof*, S. 118 ff.
17 Ulrike Meinhof im Interview mit Sender Freies Berlin, 1968, https://www.youtube.com/watch?v=lK7o-Rso-us
18 Ulrike Meinhof-RAF-Wege in den Terror/Phoenix, https://www.youtube.com/watch?v=0oN7LdfPTdo&t=4s
19 Jutta Ditfurth, *Ulrike Meinhof*, Berlin 2007, S. 23 ff.
20 Meinhof, zit. nach Mario Krebs, *Ulrike Meinhof*, S. 180, 182.
21 Veil, *Und dennoch leben*, S. 147.
22 Interview mit Wibke Bruhns, Berlin 27. April 2017.
23 Veil, *Und dennoch leben*, S. 165.
24 Ebd., S. 169, 172 ff.
25 Ebd., S. 177, 182.
26 Ebd., S. 185, 191.
27 Lehto-Bleckert, *Ulrike Meinhof*, S. 378 f.
28 Günter Zehm, in: *Die Welt*, 2. August 1977, zit. nach Susanne v. Paczensky (Hg.), *Frauen und Terror. Versuche, die Beteiligung von Frauen an Gewalttaten zu erklären*, Hamburg 1978.
29 Günther Nollau zit. nach: Margarete Fabricius-Brand, »Frauen in der Isolation«, in: Susanne v. Paczensky (Hg.), *Frauen und Terror*, S. 55. Margarethe Mitscherlich-Nielsen, »Hexen oder Märtyrer?«, in: Ebd., S. 19 ff.
30 Vgl. Krebs, *Ulrike Meinhof*, S. 219.
31 Vgl. Krebs, *Ulrike Meinhof*, S. 220 ff. Katriina Lehto-Bleckert, *Ulrike Meinhof*, S. 545 ff.

32 Krebs, *Ulrike Meinhof*, S. 255.
33 Interview Ruth Dreifuss, schriftlich Dezember 2020.
34 Elisabeth Kopp, zit. nach »Die 7 Bundesrätinnen der Schweiz. Frauen in der Politik«, SRF-Dokumentation.
35 Elisabeth Kopp, zit. nach »Ganz oder gar nicht – ein bisschen gleichberechtigt sein geht nicht. Elisabeth Kopp im Gespräch mit Isabel Rohner und Irène Schäppi«, in: *50 Jahre Frauenstimmrecht*, S. 32–44, S. 37 ff.
36 Ruth Dreifuss, zit. nach »Die 7 Bundesrätinnen der Schweiz. Frauen in der Politik«, SRF-Dokumentation.
37 Ebd.
38 Ebd. »Welsch« ist eine deutschschweizer Bezeichnung für die französischsprachigen Westschweizer.
39 Interview Ruth Dreifuss, schriftlich Dezember 2020.
40 Ruth Dreifuss zit. nach: »Eine stille Revolution«, Interview, in: *Der Spiegel*, 5/1999.
41 Interview Ruth Dreifuss, schriftlich Dezember 2020. Doris Leuthard, zit. nach »Die 7 Bundesrätinnen der Schweiz. Frauen in der Politik«, SRF-Dokumentation.
42 Interview mit Micheline Calmy-Rey, telefonisch, 9. Februar 2021.
43 Ruth Dreifuss, zit. nach »Disparition de Simone Veil: entretien avec Ruth Dreifuss«, https://www.rts.ch/play/tv/19h30/video/disparition-de-simone-veil-entretien-avec-ruth-dreifuss?urn=urn:rts:video:8745748, übersetzt von der Autorin.
44 Veil, *Und dennoch leben*, S. 203.
45 Vgl. Annabelle Hirsch, »Die ersten europäischen Menschen«, in: *Die Zeit*, 10. Mai 2019.
46 Veil, *Und dennoch leben*, S. 205.
47 Claudia Roth, *Das Politische ist privat. Erinnerungen für die Zukunft*, Berlin 2006, S. 41.
48 Interview mit Claudia Roth, via Zoom, 16. März 2021.
49 Veil, *Und dennoch leben*, S. 288.

Kapitel 5

1 Renger, *Ein politisches Leben*, S. 242. Inge Wettig-Danielmeier, zit. nach Susanne Eyssen, *Der Aufbruch der Frauen in der SPD: Die Entwicklung der Arbeitsgemeinschaft (ASF) während der 1970er und 1980er Jahre*, Opladen 2019, S. 303.
2 Vgl. Eyssen, *Der Aufbruch der Frauen in der SPD*, S. 303 ff.
3 Ebd.

4 Renger, *Ein politisches Leben*, S. 246. Vgl. Eyssen, *Der Aufbruch der Frauen in der SPD*, S. 316 f.

5 Lepsius, *Frauenpolitik als Beruf*, S. 226.

6 Ebd., S. 229.

7 Vgl. Maier, *Männer im Frauenbund*, S. 128 f.

8 Renate Lepsius, zit. nach Lepsius, *Frauenpolitik als Beruf*, S. 229 f. Renate Lepsius, »Das Proletariat auf kleinen Füssen«, FES, Nachlass Renate Lepsius, 1/RLAF 000031.

9 FES, Nachlass Renate Lepsius, 1/RLAF000025. Vgl. Maier, *Männer im Frauenbund*, S. 126.

10 »Kann das neue Familienrecht zur Verantwortung für Arbeit und Freizeit erziehen?«, 7. April 1974, FES, Nachlass Renate Lepsius, 1/RLAF000026.

11 6. Zentrale Frauenkonferenz der Gewerkschaft Textil-Bekleidung, 14./15. März 1974, Heidelberg, Referat Lepsius, FES, Nachlass Renate Lepsius, 1/RLAF000027.

12 »Kann das neue Familienrecht zur Verantwortung für Arbeit und Freizeit erziehen?«, 7. April 1974, FES, Nachlass Renate Lepsius, 1/RLAF000026.

13 »Rede zur Verabschiedung des 1. Eherechtsreformgesetzes«, FES, Nachlass Renate Lepsius, 1/RLAF 000031.

14 »Das Dilemma der Frau: Ihr Wesen«, Referat ASF, Baden-Baden 18. März1972, FES, Nachlass Renate Lepsius, 1/RLAF000056.

15 Renate Lepsius, zit. nach Lepsius, *Frauenpolitik als Beruf*, S. 235.

16 Ebd.

17 Lore Maria Peschel-Gutzeit, zit. nach *Zeitpunkte – feministischer Podcast*, rbbKultur, https://www.rbb-online.de/rbbkultur/podcasts/zeitpunkte-feed.html Zum »Lex Peschel« vgl. Konrad Schuller, »Die Dame fährt schnell«, in: *FAZ*, 22. Juli 2018, https://www.faz.net/aktuell/politik/50-jahre-lex-peschel-diese-dame-faehrt-schnell-15691604.html?printPagedArticle=true#pageIndex_2

18 Renate Lepsius, »Politikerin müsste man sein!«, FES, Nachlass Renate Lepsius, 1/RLAF000057.

19 »Bundesratswahlen 1983«, SRF-Archiv, https://www.youtube.com/watch?v=sX1AfO2VxuQ Interview mit Lilian Uchtenhagen, *Zehn vor Zehn*, SRF, 04. Februar 1993, https://www.srf.ch/play/tv/10vor10/video/interview-lilian-uchtenhagen?urn=urn:srf:video:67a4454a-5b3a-4421-ac00-f76c04a6e327

20 Interview mit Lilian Uchtenhagen, *Zehn vor Zehn*, SRF, 04. Februar 1993.

21 Interview mit Renate Schmidt, Nürnberg, 16. Juli 2020.

22 Ebd.
23 Vgl. Saskia Richter, *Die Aktivistin. Das Leben der Petra Kelly*, München 2010, S. 279 ff.
24 Interview mit Renate Schmidt, Nürnberg, 16. Juli 2020.
25 Renate Schmidt, *Mut zur Menschlichkeit*, München 1993, S. 23. Interview mit Renate Schmidt, Nürnberg, 16. Juli 2020.
26 Schmidt, *Mut zur Menschlichkeit*, S. 31 f. *Phoenix Persönlich*, Interview mit Renate Schmidt, Phoenix, 8. Februar 2019.
27 Schmidt, *Mut zur Menschlichkeit*, S. 33 ff.
28 Interview mit Renate Schmidt, Nürnberg, 16. Juli 2020.
29 Ebd.
30 Ebd., Schmidt, *Mut zur Menschlichkeit*, S. 45.
31 Interview mit Renate Schmidt, Nürnberg, 16. Juli 2020.
32 Ebd.
33 Renate Schmidt, zit. nach Eyssen, *Der Aufbruch der Frauen in der SPD*, S. 361.
34 Vgl. Richter, *Die Aktivistin*, S. 177, 192 ff., 283 f. Gabriele Presber, *Frauenleben, Frauenpolitik*, Tübingen 1992, S. 144.
35 Richter, *Die Aktivistin*, S. 354, 357 f
36 Vgl. ebd., S. 225, 233, 265, 290.
37 Schmidt, *Mut zur Menschlichkeit*, S. 167.
38 Vgl. Eyssen, *Der Aufbruch der Frauen in der SPD*, 346 ff.
39 Interview mit Renate Schmidt, Nürnberg, 16. Juli 2020.
40 Ebd.
41 Ebd.
42 Ebd.
43 Ebd.
44 Vgl. Alice Schwarzer, *Eine tödliche Liebe. Petra Kelly und Gert Bastian*, Köln 1993. Vgl. auch Saskia Richter, *Die Aktivistin*, S. 327.
45 Rita Süssmuth, zit. nach Richter, *Die Aktivistin*, S. 320.
46 Interview mit Claudia Roth via Zoom, 16. März 2021.
47 Ebd.
48 Vgl. Richter, *Die Aktivistin*, S. 277.
49 Interview mit Claudia Roth via Zoom, 16. März 2021.
50 Interview mit Micheline Calmy-Rey, 9. Februar 2021.
51 Claudia Roth, *Das Politische ist privat. Erinnerungen für die Zukunft*, Berlin 2006, S. 58. Madeleine Albright, *Madame Secretary. A Memoir*, New York 2003, S. 219 f., 340. Zitate übersetzt durch die Autorin.
52 Roth, *Das Politische ist privat*, S. 117.
53 Interview mit Claudia Roth via Zoom, 16. März 2021.
54 Ebd.

55 Annemarie Renger, zit. nach https://www.bundestag.de/parlament/praesidium/reden/2008/003-247008; Interview mit Renate Schmidt, Nürnberg, 16. Juli 2020.
56 Interview mit Claudia Roth via Zoom, 16. März 2021.
57 Cher im Interview mit Jane Pauley, 1996, https://www.youtube.com/watch?v=dZsL5R_CR-k

Kapitel 6

1 Interview mit Rita Süssmuth, telefonisch, 18. November 2020.
2 Rita Süssmuth, *Wer nicht kämpft, hat schon verloren. Meine Erfahrungen in der Politik,* München 2002, S. 236 f.
3 Interview mit Rita Süssmuth, telefonisch, 18. November 2020.
4 Süssmuth, *Wer nicht kämpft, hat schon verloren,* S. 238.
5 Interview mit Margot Käßmann, Hannover, 15. August 2020.
6 Sabine Leutheusser-Schnarrenberger, *Haltung ist Stärke,* München 2017, S. 90, 103.
7 Tagesschau, SRF, 14. Dezember 1995, https://www.srf.ch/play/tv/tagesschau/video/ruecktritt-der-justizministerin-sabine-leutheuss---?urn=urn:srf:video:32c28cf8-97ea-4a55-b081-e065a318916b
8 Leutheusser-Schnarrenberger, *Haltung ist Stärke,* S. 104.
9 Ebd., S. 110.
10 Interview mit Sabine Leutheusser-Schnarrenberger, München, 14. Juli 2020.
11 Süssmuth, *Wer nicht kämpft, hat schon verloren,* S. 259.
12 Elisabeth Schwarzhaupt, »Lebensbericht«, in: *Abgeordnete des Deutschen Bundestages, Aufzeichnungen und Erinnerungen,* Bd. 2, Boppard am Rhein 1983, S. 235–283, S. 276.
13 Elisabeth Schwarzhaupt, »Jungfernrede« im Bundestag, 12. Februar 1954, in: Ursula Salentin, *Elisabeth Schwarzhaupt – erste Ministerin der Bundesrepublik. Ein demokratischer Lebensweg,* Freiburg 1986, S. 94–101, S. 99.
14 Schwarzhaupt, »Lebensbericht«, S. 274.
15 *Elisabeth Schwarzhaupt. Portrait einer streitbaren Politikerin und Christin (1901–1986),* hrsg. von der Hessischen Landesregierung, Freiburg 2001, S. 93.
16 Schwarzhaupt, »Lebensbericht«, S. 276.
17 Süssmuth, *Wer nicht kämpft, hat schon verloren,* S. 248 ff., 254.
18 Ebd., S. 252.
19 Ebd., S. 253.
20 https://www.kas.de/de/web/geschichte-der-cdu/personen/biogramm-detail/-/content/dorothee-wilms-v1

21 Rita Süssmuth, *Das Gift des Politischen. Gedanken und Erinnerungen*, München 2015, S. 70, 116.
22 Ebd., S. 74 f.
23 Interview mit Rita Süssmuth, telefonisch, 18. November 2020.
24 Süssmuth, *Wer nicht kämpft, hat schon verloren*, S. 111.
25 Süssmuth, *Das Gift des Politischen*, S. 90.
26 Interview mit Rita Süssmuth, telefonisch, 18. November 2020.
27 Süssmuth, *Wer nicht kämpft, hat schon verloren*, S. 168.
28 »Reagieren weiblich geführte Staaten besser auf die Pandemie?«, Interview mit Eva Illouz, in: *Die Zeit*, 18. April 2021. »New study confirms that female-led countries fared better against coronavirus«, in: *The Hill*, 21. August 2020.
29 Interview mit Rita Süssmuth, telefonisch, 18. November 2020.
30 Süssmuth, *Wer nicht kämpft, hat schon verloren*, S. 170 f., 256.
31 Interview mit Rita Süssmuth, telefonisch, 18. November 2020.
32 https://web.archive.org/web/20180909000420/http://www.geschichte.nrw.de/artikel.php?artikel=550
33 Vgl. hier auch Torsten Körner, *In der Männerrepublik. Wie Frauen die Politik eroberten*, Köln 2020, S. 278 f. An dieser Stelle sei auch Körners sehr sehenswerter Dokumentarfilm *Die Unbeugsamen* erwähnt.
34 »Warum konnte sie nicht nein sagen?«, in: *Die Zeit*, 25. November 1988.
35 Süssmuth, *Wer nicht kämpft hat schon verloren*, S. 120 f.
36 »Warum konnte sie nicht nein sagen?«, in: *Die Zeit*, 25. November 1988.
37 »Ich bin ein Unikat«, Gespräch Hildegard Hamm-Brücher, Sybille Steinbacher, Margot Gerste, in: *Die Zeit*, 1. Dezember 2006, https://www.zeit.de/online/2006/49/ZS-Frauen-Interview/komplettansicht
38 »Der Versuch der alten Dame«, in: *Der Spiegel*, 28. November 1993, https://www.spiegel.de/politik/der-versuch-der-alten-dame-a-824ea04e-0002-0001-0000-000009291670?context=issue
39 »Aussprache über den Misstrauensantrag gegen Helmut Schmidt«, Hildegard Hamm-Brücher, 1. Oktober 1982.
40 Leutheusser-Schnarrenberger, *Haltung ist Stärke*, S. 61.
41 »Protokoll Arbeitskreis Rechtswesen der SPD-Fraktion«, 14. September 1971, Nachlass Annemarie Renger, 1/ARAA001159, FES.
42 Gabriele Presber, *Frauenleben, Frauenpolitik*, Tübingen 1992, Regine Hildebrandt, S. 124, 126 f.
43 »Dann gibt's einen ungeheuren Aufstand«, in: *Der Spiegel*, 13. Juni 1988.
44 Süssmuth, *Wer nicht kämpft, hat schon verloren*, S. 210.

45 »Normal und praktisch«, in: *Der Spiegel*, 10. Mai 1992, https://www.spiegel.de/politik/normal-und-praktisch-a-9e2ce2fd-0002-0001-0000-000013680465
46 Interview mit Sabine Leutheusser-Schnarrenberger, München, 14. Juli 2020.
47 Dr. Gisela Notz, »Perspektiven sexueller Selbstbestimmung in der Familienplanung«, https://www.arbeitskreis-frauengesundheit.de/wp-content/uploads/2015/10/2010_Notz_Gisela_Selbstbestim mung.pdf
48 »Einige haben es nicht überlebt«, in: *Die Zeit*, 17. April 2020, https://www.zeit.de/kultur/2020-04/gewalt-gegen-frauen-naher-osten-europa-frauenbild/seite-2; Rede Waltraud Schoppes im Bundestag, 5. Mai 1983, https://www.deutschlandfunk.de/rhetorik-als-kunst-historische-reden-von-frauen.1184.de.html?dram:article_id=421736
49 Interview mit Sabine Leutheusser-Schnarrenberger, München, 14. Juli 2020.
50 Deutscher Bundestag, Stenografischer Bericht, 15. Mai 1997, 13. Wahlperiode, 175. Sitzung, Tagesordnungspunkt 8, Drucksache 13/7324.
51 Abstimmungsergebnis, Deutscher Bundestag, Stenografischer Bericht, 15. Mai 1997, 13. Wahlperiode, 175. Sitzung, Tagesordnungspunkt 8, Drucksache 13/7324.
52 Interview mit Sabine Leutheusser-Schnarrenberger, München, 14. Juli 2020.
53 Leutheusser-Schnarrenberger, *Haltung ist Stärke*, S. 70.
54 Jaqueline Boysen, *Angela Merkel*, München 2001, S. 211. Angela Merkel, »Die von Helmut Kohl eingeräumten Vorgänge haben der Partei Schaden zugefügt«, in: *FAZ*, 22. Dezember 1999.
55 Interview mit Margot Käßmann, Hannover, 15. August 2020.
56 Elisabeth Raether, »Finde den Fehler«, in: *Die Zeit*, 5. März 2020.
57 Andrea Nahles, *Frau, gläubig, links. Was mir wichtig ist*, München 2009, S. 137.
58 Vgl. *Welt*-Podcast Machtwechsel, »Laschets Team und Merkels Beitrag«, 1. September 2021.
59 Interview mit Micheline Calmy-Rey, telefonisch, 9. Februar 2021.
60 Hillary Clinton, *What happened*, S. 126, 135.
61 Peter Dausend, »408 quälende Tage«, in: *Die Zeit*, 5. Juni 2019.
62 Peter Dausend, »Ich hab da was …«, in: *Die Zeit*, 10. Dezember 2020.
63 Nico Fried im Presseclub, ARD, 2. Juni 2019. https://www.faz.net/aktuell/politik/inland/kevin-kuehnert-schaemt-sich-fuer-umgang-mit-andrea-nahles-16217366.html, *FAZ*, 2. Juni 2019. https://www.haz.de/Nachrichten/Politik/Deutschland-Welt/Frauenfeindlich

keit-wird-nach-Rueckzug-von-Andrea-Nahles-zum-Thema, *RND*, 2. Juni 2019. Cerstin Gammelin, »Als Frau hatte es Nahles an der Spitze doppelt schwer«, in: *SZ*, 3. Juni 2019.

64 Interview mit Christine Haderthauer, Ingolstadt, 8. Juli 2020.

65 Ebd.

66 Ebd.

67 Ebd.

Kapitel 7

1 Vgl. Evelyn Roll, *Die Kanzlerin. Angela Merkels Weg zur Macht*, Berlin 2009, S. 124.

2 Boysen, *Angela Merkel*, S. 81.

3 Angela Merkel, zit. nach Roll, *Die Kanzlerin*, S. 124.

4 Angela Merkel's address, Harvard Commencement 2019, https://www.youtube.com/watch?v=90fED6BInFs; vgl. auch Stefan Kornelius, *Angela Merkel. Die Kanzlerin und ihre Welt*, Hamburg 2013, S. 34.

5 Vgl. Kristina Spohr, *Wendezeit. Die Neuordnung der Welt nach 1989*, München 2019, S. 180.

6 Ebd., S. 181.

7 John Campbell, *Margaret Thatcher*, Vol. II, London 2003, S. 304, übersetzt von der Autorin.

8 Margaret Thatcher, zit. nach Helmut Kohl, *Erinnerungen 1982–1990*, München 2014, S. 1011.

9 Campbell, *Margaret Thatcher*, Vol. II, S. 261 f.

10 Margaret Thatcher, *Die Erinnerungen*, 1925–1975, Düsseldorf 1995, S. 35.

11 Campbell, *Margaret Thatcher*, Vol. I, London 2000, S. 52.

12 Margaret Thatcher, »Wake up, Women!«, zit. nach Robin Harris, *Not for Turning. The Life of Margaret Thatcher*, London 2013, S. 49 f. Übersetzt von der Autorin.

13 Vgl. Harris, *Not for Turning*, S. 41 ff. Campbell, *Margaret Thatcher*, Vol. I, S. 74.

14 Vgl. Campbell, *Margaret Thatcher*, Vol. I, S. 99.

15 Vgl. Campbell, *Margaret Thatcher*, Vol. I, S. 103 f.

16 THE ECB PODCAST, »Fighting biases and empowering women: A conversation on female leadership and gender equality«, Christine Lagarde im Gespräch mit Ursula von der Leyen, 8. März 2021

17 Vgl. Thatcher, *Die Erinnerungen*, 1925–1975, S. 218. Harris, *Not for Turning*, S. 81 f. Campbell, *Margaret Thatcher*, Vol. I, S. 232 ff., 243.

18 Vgl. Campbell, *Margaret Thatcher*, Vol. I, S. 283 f.

19 Margaret Thatcher, zit. nach Campbell, *Margaret Thatcher*, Vol. I, S. 307, übersetzt von der Autorin.

20 Vgl. Jenni Murray, »What did Margaret Thatcher do for women?«, in: *The Guardian*, 9. April 2013; Campbell, Margaret Thatcher, Vol. I, S. 409.

21 Vgl. Jenni Murray, »What did Margaret Thatcher do for women?«, in: *The Guardian*, 9. April 2013.

22 Beatrix Campbell, *Iron Ladies: Why Do Women Vote Tory?*, London 1987.

23 Vgl. Campbell, *Margaret Thatcher*, Vol. I, S. 474. Margaret Thatcher: Woman to Woman with Miriam Stoppard (Political History Documentary), Timelinehttps://www.youtube.com/watch?v=Bzof-se9VKo; Thatcher-Zitate übersetzt von der Autorin.

24 Vgl. Campbell, *Margaret Thatcher*, Vol. II, S. 468 ff.

25 »Merkel und der Feminismus«, 26. April 2017, https://www.srf.ch/news/panorama/merkel-und-der-feminismus; Angela Merkel im *Brigitte*-Talk, 26. Juni 2017, https://www.brigitte.de/aktuell/brigitte-live/brigitte-live-angela-merkel-10924098.html

26 Campbell, *Margaret Thatcher*, Vol. II, S. 303.

27 Barack Obama, *Ein verheißenes Land*, München 2020, S. 733. Merkel trifft Trump bei G7: https://www.youtube.com/watch?v=dJfMFkXxj5U; »Angela Merkel Rolling Her Eyes at Putin Is the Perfect GIF You Didn't Know You Needed«, https://nymag.com/intelligencer/2017/07/angela-merkel-rolls-eyes-at-putin-at-g20-summit.html

28 Bernd Ulrich, »Kann man an der Macht ein guter Mensch sein?«, in: *Die Zeit*, 26. August 2021.

29 Gespräch mit Angela Merkel, in: Herlinde Koelbl, *Spuren der Macht. Die Verwandlung des Menschen durch das Amt. Eine Langzeitstudie*, München 1999, S. 51.

30 THE ECB PODCAST, »Fighting biases and empowering women: A conversation on female leadership and gender equality«, Christine Lagarde im Gespräch mit Ursula von der Leyen, 8. März 2021, übersetzt von der Autorin.

31 Robin Alexander, *Die Getriebenen. Merkel und die Flüchtlingspolitik: Report aus dem Innern der Macht*, München 2017, S. 26, 72, 109.

32 Vgl. Ursula Weidenfeld, *Die Kanzlerin. Portrait einer Epoche*, Berlin 2021, S. 11.

33 Veil, *Und dennoch leben*, S. 288.

34 »Angela Merkel fordert vollständige Parität«, in: *Die Zeit*, 12. November 2018, https://www.zeit.de/politik/deutschland/2018-11/100-jahre-frauenwahlrecht-angela-merkel-gedenkfeier-gleichberechtigung

35 Deutscher Bundestag, Stenografischer Bericht, 99. Sitzung, Bonn, 25. Juni 1992; vgl. Gespräch mit Angela Merkel, in: Koelbl, *Spuren der Macht*, S. 51.
36 Weidenfeld, *Die Kanzlerin*, S. 155.
37 Vgl. ebd., S. 93, 153 ff.
38 Vgl. Ursula von der Leyen, »Mit Macht für Familie und Beruf«, in: Maybrit Illner (Hg.), *Frauen an der Macht. 21 einflussreiche Frauen berichten aus der Wirklichkeit*, München 2005, S. 117–121, S. 120 f.
39 Vgl. Ulrike Demmer und Daniel Goffart, *Kanzlerin der Reserve. Der Aufstieg der Ursula von der Leyen*, Berlin 2015, S. 78 ff.
40 Vgl. Peter Dausend und Elisabeth Niejahr, *Operation Röschen. Das System von der Leyen*, Frankfurt 2015, S. 127.
41 Kristina Schröder, *Danke, emanzipiert sind wir selber. Abschied vom Diktat der Rollenbilder*, München 2012, S. 180 f.
42 Interview mit Kristina Schröder, per Zoom, 28. Januar 2021.
43 Vgl. Demmer/Goffart, *Kanzlerin der Reserve*, S. 140–143.
44 Interview mit Kristina Schröder, per Zoom, 28. Januar 2021.
45 Dausend/Niejahr, *Operation Röschen*, S. 110, 134.
46 Vgl. Ralph Bollmann, *Angela Merkel. Die Kanzlerin und ihre Zeit*, München 2021, S. 383.
47 Regierungserklärung von Bundeskanzlerin Dr. Angela Merkel vor dem Deutschen Bundestag am 30. November 2005, https://www.bundesregierung.de/breg-de/service/bulletin/regierungserklaerung-von-bundeskanzlerin-dr-angela-merkel-795782
48 Bollmann, *Angela Merkel*, S. 709.
49 Das konstatiert auch Bollmann, *Angela Merkel*, S. 284 f.
50 »Angela Merkel fordert vollständige Parität«, in: *Die Zeit*, 12. November 2018. Gespräch mit Angela Merkel, in: Herlinde Koelbl, *Spuren der Macht*, S. 53. *Berliner Zeitung*, 8. September 2021, https://www.berliner-zeitung.de/news/dann-ist-man-gluecklich-angela-merkel-zieht-bilanz-li.181779
51 Bewerbungsrede von Ursula von der Leyen zum EU-Kommissionsvorsitz am 16. Juli 2019, https://www.youtube.com/watch?v=dR3k4fTmX5Y; THE ECB PODCAST, »Fighting biases and empowering women: A conversation on female leadership and gender equality«, Christine Lagarde im Gespräch mit Ursula von der Leyen, 8. März 2021, übersetzt von der Autorin.
52 THE ECB PODCAST, »A conversation about female empowerment, the need for an inclusive recovery and transatlantic cooperation«, Ursula von der Leyen im Gespräch mit Christine Lagarde und Janet Yellen, 12. Juli 2021, https://www.ecb.europa.eu/press/tvservices/podcast/html/ecb.pod210715_episode18.en.html

53 Von der Leyen: »Ich fühlte mich verletzt und allein gelassen«, in: *FAZ*, 27. April 2021 https://www.faz.net/aktuell/politik/ausland/eklat-bei-erdogan-von-der-leyen-fordert-gleichberechtigung-17313746.html

Kapitel 8

1 Chebli zit. nach, *Talk in Berlin*, rbb, 21. August 2020.
2 »Der Tag war ein bittersüßer«, Robert Habeck im Interview mit Tina Hildebrandt und Jana Hensel, in: *Die Zeit*, 21. April 2021.
3 Claudia Roth zit. nach Kirsten Küppers, »Der gleiche Kampf, immer noch«, in: *Die Zeit*, 5. September 2021.
4 Kramp-Karrenbauer zit. nach *Stern*-Podcast »Die Boss. Macht ist weiblich«, Annegret Kramp-Karrenbauer, 7. April 2021.
5 Clinton, *What Happened*, S. 55, übersetzt von der Autorin.
6 Beard, *Frauen & Macht*, S. 72.
7 Interview mit Margot Käßmann, Hannover, 15. August 2020.
8 Annalena Baerbock, *Jetzt. Wie wir unser Land erneuern*, Berlin 2021, S. 58.
9 Ebd., S. 138.
10 Clinton, *What happened*, S. 116. Übersetzt von der Autorin.
11 Bettina Gaus, »Das war's«, in: *Der Spiegel*, 10. Juni 2021, https://www.spiegel.de/politik/deutschland/kanzlerkandidatin-annalena-baerbock-das-war-s-a-69dfbcc1-a2c9-4a67-8c0a-89f1f4571f95; Schoppe zit. nach Cathrin Kahlweit, *Damenwahl*, München 1994, S. 165. »Baerbock am häufigsten Ziel von Fake News«, *tagesschau.de*, 6. September 2021; https://www.tagesschau.de/investigativ/swr/fakenews-bundestagswahl-baerbock-laschet-101.html; »Gefakte Nacktbilder von Baerbock«, *taz.de*, 7. Mai 2021, https://taz.de/Hass-im-Netz-und-Kanzlerkandidatur/!5770602/
12 Tanja Dückers, »Annalena Baerbock hat es schwer«, *Deutschlandfunk*, Politisches Feuilleton, 23. August 2021, https://www.deutschlandfunkkultur.de/frauenfeindlichkeit-im-wahlkampf-annalena-baerbock-hat-es.1005.de.html?dram:article_id=501962
13 Interview mit Sawsan Chebli, telefonisch, 11. Januar 2021.
14 Beard, *Frauen & Macht*, S. 77.
15 »Wie Harris verleumdet wird«, *tagesschau.de*, 20. August 2020, https://www.tagesschau.de/faktenfinder/usa-harris-fakenews-101.html
16 *New Day*, CNN, Interview mit Kamala Harris, 2. Mai 2019, https://www.youtube.com/watch?v=juoy7ZTgmAo

17 Rebecca Solnit, *Wenn Männer mir die Welt erklären*, München 2017.
18 Mary Ann Sieghart, *The Authority Gap*.
19 https://de.statista.com/statistik/daten/studie/1260430/umfrage/umfragewerte-des-tv-triell-scholz-vs-laschet-vs-baerbock/
20 Cathy Caprino, »Gender Bias Is Real: Women's Perceived Competency Drops Significantly When Judged As Being Forceful«, https://www.forbes.com/sites/kathycaprino/2015/08/25/gender-bias-is-real-womens-perceived-competency-drops-significantly-when-judged-as-being-forceful/?sh=3715dd592d85
21 Baerbock, *Jetzt*, S. 55.
22 Der Name wurde geändert.
23 Interview mit K., via Zoom, 8. April 2021.
24 Interview mit Sawsan Chebli, telefonisch, 11. Januar 2021.
25 Interview mit K., via Zoom, 8. April 2021.
26 Interview mit K., via Zoom, 8. April 2021.
27 Hier sei noch mal auf Nicole Seiferts interessantes Buch *Frauen Literatur* verwiesen, das sich intensiv damit auseinandersetzt, wie Schriftstellerinnen von Literaturkritik und -wissenschaft marginalisiert und trivialisiert wurden. Für die Kunst gelingt Linda Nochlin in ihrem Beitrag *Warum hat es keine bedeutenden Künstlerinnen gegeben?*, Ähnliches zu zeigen. Linda Nochlin: *Warum hat es keine bedeutenden Künstlerinnen gegeben?* Original von 1971. In: Beate Söntgen (Hrsg.): *Rahmenwechsel. Kunstgeschichte als Kulturwissenschaft in feministischer Perspektive*, Berlin 1996, S. 27–56.
28 Baerbock, *Jetzt*, S. 76 f.
29 Harris, *Der Wahrheit verpflichtet*, S. 172.
30 Vgl. Madeleine Chapman, *Jacinda Ardern. A New Kind of Leader*, 2020, S. 16.
31 Vgl. ebd., S. 27.
32 Supriya Vani/Carl A. Harte, *Jacinda Ardern. Leading with Empathy*, 2021, S. 179.
33 Chapman, *Jacinda Ardern*, S. 30, 35, 104 f.
34 Ebd., S. 63. Vani/Harte, *Jacinda Ardern*, S. 355.
35 Facebookpost zit. nach Vani/Harte, *Jacinda Ardern*, S. 356, übersetzt von der Autorin.
36 Chapman, *Jacinda Ardern*, S. 105 ff., übersetzt von der Autorin.
37 Ardern zit. nach nach Vani/Harte, *Jacinda Ardern*, S. 4, übersetzt von der Autorin.
38 »Period poverty: New Zealand schools to offer free sanitary products«, *BBC*, 18. Februar 2021, https://www.bbc.com/news/world-asia-56107816; »New Zealand Approves Paid Leave After Miscarri-

age«, in: *New York Times*, 25. Mai 2021, https://www.nytimes.com/2021/03/25/world/asia/new-zealand-miscarriage-paid-leave.html; »Coronavirus: Jacinda Ardern deems Easter Bunny and Tooth Fairy essential workers«, *Newshub*, 6. April 2020.

39 Chapman, *Jacinda Ardern*, S. 84, 138, übersetzt von der Autorin.

40 Vgl. ebd., S. 120 ff. sowie Vani/Harte, *Jacinda Ardern*, S. 412 ff.

41 Ardern, zit. nach Chapman, *Jacinda Ardern*, S. 121, übersetzt von der Autorin.

42 Ardern, zit. nach Vani/Harte, *Jacinda Ardern*, S. 416, übersetzt von der Autorin.

43 Chapman, *Jacinda Ardern*, S. 148, 151.

44 Mely Kiyak, *Frausein*, München 2020, S. 63, 66.

45 Aminata Touré, *Wir können mehr sein. Die Macht der Vielfalt*, Köln 2021, S. 26 f., 67.

46 Ebd., S. 44. Interview mit Aminata Touré, via Zoom, 17. Dezember 2020.

47 Touré, *Wir können mehr sein*, S. 16.

48 Interview mit Aminata Touré, via Zoom, 17. Dezember 2020.

49 Touré, *Wir können mehr sein*, S. 56, 103 ff.

50 Interview mit Sawsan Chebli, telefonisch, 11. Januar 2021.

51 Touré, *Wir können mehr sein*, S. 81.

52 Interview mit Aminata Touré, via Zoom, 17. Dezember 2020.

53 Touré, *Wir können mehr sein*, S. 202.

54 Interview mit Sawsan Chebli, telefonisch, 11. Januar 2021.

55 Interview mit Aminata Touré, via Zoom, 17. Dezember 2020.

56 Interview mit Sawsan Chebli, telefonisch, 11. Januar 2021.

57 Interview mit Aminata Touré, via Zoom, 17. Dezember 2020.

58 »Golden Globes 2020: Michelle Williams Stands Up for Reproductive Freedom«, *NowThis*, https://www.youtube.com/watch?v=LRJNl4faTVA

Abbildungsnachweis

[1], [25]: alamy; [2]: akg-images; [3]: privater Familiennachlass; [4]: Archiv der sozialen Demokratie der Friedrich-Ebert-Stiftung, 6/FOTB041088; [5]: ullstein Bild, HDG Bonn; [6]: ullstein bild; [7]: akg-images/Erich Lessing; [8], [16], [18], [19], [21]: akg-images/picture alliance/dpa; [9]: akg-images/picture alliance/Kurt Rohwedde; [10], [12], [13], [17], [22], [23], [24], [26], [28], [29], [30], [31]: Getty Images; [11]: ullstein bild, Max Ehlert; [14]: Archiv der sozialen Demokratie der Friedrich-Ebert-Stiftung, 6/FOTA080919, J. H. Darchinger/Friedrich-Ebert-Stiftung; [15]: akg-images/INTERFOTO/TV-Yesterday; [20]: akg-images/picture alliance/Hartmut Reeh; [27]: picture alliance/dpa/ Kay Nietfeld

Personenregister